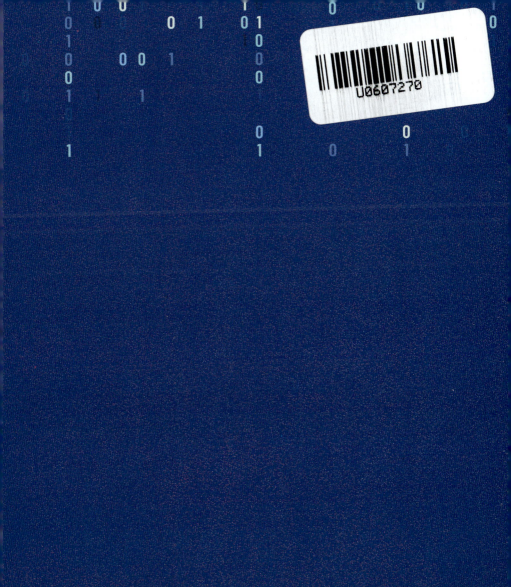

# 量化民族志：
# 一种面向大数据的研究方法

QUANTITATIVE ETHNOGRAPHY

［美］ 大卫·威廉姆斯·谢弗 著
（David Williamson Shaffer）

吴忭 译

重庆大学出版社

# 内容简介

　　自20世纪90年代起，自然科学（即所谓硬科学）开始经历一场变革。越来越多的科学家们投身于诸如环境、恒星和星系、原子和电子、细胞和分子、人体内的微生物菌落、全球经济和人类大脑这样的复杂系统的研究，他们逐渐意识到所面临的问题太过复杂，难以用单一学科的研究方法来解决。因此，科学家们开始不再局限于用所属分支学科，而是以共同面临的复杂问题或是重大挑战来界定他们所从事的工作以及自身身份，并与本领域之外的专家合作研究复杂系统，并建立全新、共通的学术话语体系和可移植的研究方法。这种变革不能简单地将其表达为"跨学科的研究"（因为跨学科通常只是从不同学科的各自视角开展的平行研究方式），而是一种崭新的、功能交叉的整合科学研究方法。

　　但是在教育、心理和其他社会科学领域，科学界的这种变革还尚未展现得淋漓尽致。原因在于这些领域不是硬科学，而是比硬科学更复杂、更困难的科学。这些领域的问题之所以更复杂，正是因为人的因素牵涉其中。人类，不管是个体还是群体，其自身就是复杂系统，将人这一复杂系统放在其他复杂系统中进行研究，领域的复杂度一下子变成了指数级的。

　　大卫·威廉姆斯·谢弗试图通过这本著作提醒大家，教育和社会科学领域的类似变革正在到来。这本书是关于理解为何在数字时代，定性研究和定量研究、科学和人文、数字和理解这种旧的区分方式，在某些情况下限制了我们所能提出的问题，

量化民族志：一种面向大数据的研究方法

而在另一些时候又迫使我们必须接受一些浮于表面的答案。量化民族志是在整合了数据挖掘、话语分析、心理学、统计学和民族志等方法论的基础上，提出的一种全新的科学研究方法。量化民族志方法跨越了上述非此即彼的鸿沟，是大数据时代定性研究工作者理解数据科学、统计学家理解人文科学，以及所有试图理解学习、文化和人类行为的研究者可利用的有效研究工具，可以帮助我们更好地理解这个数据日益丰富的世界。

本书将把量化民族志中的关键概念、工具和方法梳理成三个部分。在谈论如何在研究中整合定性和定量方法之前，我们先需要回顾一下两种方法各自的基本研究逻辑。如果不能理解两种方法本身，就无法建立沟通这两种研究方法的共同话语体系。第一部分包括第2、第3和第4章，分别介绍定性研究方法和定量研究方法的基础。第2章介绍民族志的基本观点：民族志学家思考哪些研究问题，他们会利用哪些研究数据，他们关注的焦点是什么。第2章主要讨论研究中存在的偏见和主体性的问题，以及民族志学家在研究中是如何应对这两个问题所带来的挑战的。第3章探讨民族志研究的机制：民族志学家做什么，他们开展的研究实践背后的逻辑。第3章涉及的主题包括深描和编码，即民族志学家是如何发展、建立及论证关于他们所研究的群体在做什么和为什么这么做的命题的。第4章介绍一般化的概念，即研究者是如何利用统计方法得出不同群体之间相似性和差异度的结论。第4章还讨论抽样和统计意义上显著这两个概念背后的逻辑。第一部分的目的是梳理定性和定量这两种截然不同的研究方法的知识基础，以便在量化民族志中着手建立两者之间的联系。

第二部分包括第5、第6和第7章，介绍了将定量和定性研究相结合的关键理论和研究实践。第5章是关于如何组织定性数据，使其能被用于定量分析。一个实践层面的问题是：如何将数据整理成文档？与之相关但是更重要的问题是，能够用于组织数据的人类交互过程的内在结构模式是什么？第6和第7章探讨建构定量模型的基本量化研究过程，并展示了如何将定量方法应用于通过第5章描述的方法所组织的数据。这两章同样也包括实践层面的问题，即定量模型是由什么构成的，以及方法论层面的问题。其中第6章是关于量化建模过程背后的逻辑；第7章是介绍如何将这一逻辑应用到民族志的情境中。

本书的最后一部分探讨将统计模型用于理解民族志数据的意义，即试图构建人类理解世界的模型。所讨论的内容一方面是这种特殊的统计工具使用方式背后的理论启示，另一方面介绍实际操作的具体细节。第8章关注研究者如何识别人类言谈举止背后的含义，并涉及自动编码和信度的问题。第9章是关于意义建构的结构，以及如何从人们表达对世界的理解方式中构造模型。第10章将所有这些内容联系起来，将量化民族志与分析大数据的其他方法一起讨论。

# 前　言

　　自20世纪90年代起，自然科学（即所谓硬科学）开始经历一场变革。越来越多的科学家们投身于诸如环境、恒星和星系、原子和电子、细胞和分子、人体内的微生物菌落、全球经济和人类大脑这样的复杂系统的研究，他们逐渐意识到所面临的问题太过复杂，难以用单一学科的研究方法来解决。因此，科学家们开始不再局限于用所属分支学科，而是以共同面临的复杂问题或是重大挑战来界定他们所从事的工作以及自身身份，并与本领域之外的专家合作研究复杂系统，并建立全新、共通的学术话语体系和可移植的研究方法。这种变革不能简单地将其表达为"跨学科的研究"（因为跨学科通常只是从不同学科的各自视角开展的平行研究方式），而是一种崭新的、功能交叉的整合科学研究方法。

　　在同一历史时期，高科技行业也呈现出类似的发展趋势。科技企业的组织方式是围绕着高度专业化的团队开展工作，团队成员彼此了解各自的专长，并能有效整合各自的专业技能，来共同攻克重大的行业难题。这种科学界和科技界的进步一定程度上是因新的通信技术、云存储和机器学习技术的出现而驱动的。

　　时至今日，对"脑"的研究已经广泛地汇聚了化学家、物理学家、生物学家、心理学家、计算机科学家、数学家、哲学家，甚至图形艺术学家，这些人都被称作"神经科学家"，或者至少都在从事"神经科学"（neural science）的研究。最近，这些"大脑研究者"又发现在人类的肠道系统中还存在第二个脑，于是他们现在又必须要和"肠道系统的研究者们"进行对话了——谁又能料到会有这一天呢！类似情况在视频游戏行业中也正发生，"如今制作一款游戏可能需要游戏设计师、程序员、导演、工程师、可视化专家、内容设计专家、动作捕捉专家、艺术家、作家等众多不同领域的人员共同参与"。

但是，在教育、心理和其他社会科学领域，科学界的这种变革还尚未展现得淋漓尽致。原因在于这些领域不是硬科学，而是比硬科学更复杂、更困难的科学。这些领域的问题之所以更复杂，正是因为人的因素牵涉其中。人类，不管是个体还是群体，其自身就是复杂系统，将人这一复杂系统放在其他复杂系统中进行研究，领域的复杂度一下子变成了指数级的。

让问题变得更复杂的是人的因素，它与原子、细胞、恒星这样的物理因素不同，其复杂性来自意义建构的挑战。人类的意义建构活动是一种不可量化的问题（一个简单的例子是搜索引擎对于搜索结果的意义一无所知，它仅仅是依据词与词之间的相关性进行计算而得到结果）。目前还没有机器能够像人一样理解世界，更不用说像人一样创造意义，也许机器永远也做不到这一点。科学家们在研究与他们相同的物种并尝试解读的同时，这些物种或许也正在研究和解读科学家们，这就仿佛培养皿中的细胞能够相互谋划着如何让研究它们的科学家大吃一惊一样。

大卫·威廉姆斯·谢弗正试图通过这本著作提醒大家，教育和社会科学领域的类似变革也正在到来。如果现在还有人称得上"博学"，谢弗可位列其中，他正和一些我所认识的最具有多学科背景的科学家和同事一道开展研究工作。这本著作正是他领导的团队工作的结晶。虽然谢弗所在院系的大门口贴着类似"心理学"和"学习科学"这样的名称，他本人却是在MIT知名的媒体实验室接受的学术训练，在他血液里流淌着变革的基因。他不满足于对教育、心理、学习科学的学术贡献和对人类作为社会性动物的深入理解，更希望重塑、整合这些学科，建构新的学术话语体系和新的研究方法，并最终掀起社会科学领域的学术变革。

iii

前言

 谢弗将大数据、数据挖掘、话语分析、社会交互主义、认知、学习科学、统计学和民族志有效整合成一种全新的、整体的研究人的科学。我们从中清晰地看到未来的科研团队该如何组织并开展研究。我们也终于可以看到一种方法来应对由于人的因素而造成的"更复杂的硬科学"（hard hard sciences）的问题。我们在科学研究乃至"装饰"论文门面的过程中，经常踯躅于如何平衡难以普遍化的定性叙事，以及乏味且鲜有实际影响的定量研究追求 $p$ 值（统计量显著性）的迷思。从本书所提供的新方法中，我们可以同时得到数量的结果及其背后的含义，两者不仅不相冲突，而且能够推陈出新，形成新的观点和方法。对于那些关注教学、学习、意义建构、文化、社会交互和人类发展的研究者而言，本书无疑是拉开社会科学研究变革序幕的第一枪。阅读本书就像是在变革之路上的一次疯狂旅行。

詹姆斯·保罗·吉
玛丽·楼·富尔顿师范学院文化研究专业首席教授
亚利桑那州立大学
2017 年 3 月

# 目　录

# 1.

# 引言：舰长的日志

## 科克的遗产

"舰长日志，星历 3614.9"

在我儿时记忆中，推动《星际迷航》（*Star Trek*）①剧情发展的工具就是这位舰长的日志。就像是棒球比赛开赛前所奏响的国歌，我最喜欢的电视剧《星际迷航》每一集都是以詹姆斯·T.科克（James T. Kirk），企业号星舰那位侠盗式舰长的日志条目开启。科克记录下星舰的每次任务描述，并存储在星舰的电脑上，而观众所听到的画外音就是电脑播放的科克舰长日志的独白。

第二季的 "内奸"那一集，讲述的是在企业号星舰访问的一个星球上发生了一系列凶杀案，而其中一个星舰成员被认为是这些凶杀案的嫌疑犯。科克的日志中记载了这次事件：

---

① 《星际迷航》（*Star Trek*）是由美国派拉蒙影业公司制作的科幻影视系列，由7部电视剧、1部动画片、13部电影组成。该系列最初由编剧吉恩·罗登贝瑞〔Gene Roddenberry〕于20世纪60年代提出，经过近50年的不断发展而逐步完善，成为全世界最著名的科幻影视系列之一。——译者注

> 舰长日志，星历 3614.9。阿基里亚斯Ⅱ星。在一次舰艇维护期的休假期间，司考特先生被认为是残忍杀害一名阿基里亚斯妇女的嫌疑犯。城市的行政长官——亨吉斯特先生，负责凶杀案的调查，但是对案件毫无头绪……

即使当时还很年幼，但我已经明白日志条目是为了方便地告诉观众故事由此展开的一种叙事技巧，就不需要通过旁白或者借助一个角色向观众解释事情发生的经过。但我当时没有意识到的是，这个简单的剧情发展工具，会成为《星际迷航》在对未来的预测中最有预见性的设计。

历史上的科幻小说故事往往成为现实中科学发现的灵感来源。儒勒·凡尔纳（Jules Verne）和威尔斯（H.G. Wells）两人所写的关于星际旅行的小说比第一次阿波罗登月早了整整一个世纪。在凡尔纳写于 1865 年的小说《从地球到月球》（*From the Earth to the Moon*）中，宇航员乘坐空心炮弹被大炮射向太空。在威尔斯 1897 年的系列小说《星际战争》（*The War of the Worlds*）中，火星入侵者也是采用同样的方法从火星来到地球。后来在威尔斯 1901 年写的另一部小说《最早登上月球的人》（*The First Men in the Moon*）中一位发明家和一位商人发明了一种更优雅的方法来逃离地球引力，使用一种叫作 "cavorite" 的反引力材料。[1]

在《星际战争》出版的两年后，马萨诸塞州伍斯特市的一名 17 岁男孩在他的日记中写道："如果能够制作一种装置飞到火星去，那将是多么美妙的事啊。"这个男孩就是现代火箭之父——罗伯特·戈达德（Robert Goddard），他一生有关火箭的专利有 214 项，涉及火箭引擎、部件和众多相关技术。戈达德在 1926 年发射了第一枚液体燃料火箭，时至今日，该火箭的相关技术在火箭飞行过程中的稳定和转向控制中仍有应用。可以这么说，戈达德的成就不亚于莱特兄弟在小鹰镇进行的人类历史上第一次飞行。在他日记中描绘火星旅行梦想的 33 年后，戈达德在文章中提到他对于火箭领域的热情来自威尔斯，这位激励他一生事业的作家。后来，戈达德还成为美国火箭协会的主任，这个协会的第一任主席是科幻杂志《科学奇迹故事》（*Science Wonder Stories*）的编辑。

换而言之，始于19世纪的有关空间旅行的科幻故事激励了20世纪火箭和空间探索科学的发展。但小说对于科学的影响还远不止于此。詹姆斯·邦德（James Bond）第一次向大众展示全球定位系统是在1964年的007系列电影《金手指》（*Goldfinger*）中，第一次展示水下照相机是在1965年的电影《霹雳弹》（*Thunderball*）中。而在20世纪70年代，那时电话还是通过有线网络连接，两家电信公司摩托罗拉和美国电话电报正为了市场份额而打得不可开交。摩托罗拉的一名工程师马丁·库珀①（Martin Cooper）被电视剧《星际迷航》中的场景震惊了，他在几年后描述当时电视中的情景时说道，"人在生活工作中是不断移动的，如果可以选择，人绝不希望被拴在一张桌子旁、被限制在家中或者办公室里……在那一刻，我就看到这位科克舰长是用他的无线通信器在讲电话"。就是受到这一瞬间的灵感激发，库珀开始着手研发第一台蜂窝电话，到2009年智能手机开始普及。一度最受欢迎的手机——当时被称为"翻盖"手机，如摩托罗拉著名的RAZR机型，长得和科克舰长使用的通信工具如此相似，也就不能被认为是偶然的了。²

《星际迷航》带给世界的启示还包括个人电脑、平板电脑、移动存储设备、生物识别扫描和无线耳机。《星际迷航》这部剧中所展示的技术是如此鼓舞人心，以至于剧中企业号星舰的原始模型至今仍被放置在美国国家航天航空博物馆的波音飞行里程碑大厅中。远早于威廉·吉布森（William Gibson）在他的科幻处女作《全息玫瑰碎片》（*Burning Chrome*）中发明了"网络空间"一词，以及蒂姆·博纳·李（Tim Berners Lee）和他的同事在欧洲核子研究中心（CERN）发明万维网，甚至早于博尔特·贝拉尼克（Bolt Beranek）和纽曼（Newman）发明第一个可工作的计算机网络之前，《星际

①马丁·库珀（1928年12月26日— ），生于美国伊利诺伊州芝加哥市，著名发明家，因为率先研发出移动电话，被称为移动电话之父。——译者注

迷航》就已经向我们展现了现在称之为"云计算"的幻想。³

企业号星舰上的计算机存储了已知星系中物种相关知识的海量记录，以供星舰上的成员查询，更有意思的是他们不需要通过在电脑上打字输入问题，而是由某个角色直接口头询问获得检索信息。在"内奸"①这一集中，神秘谋杀案的破案是通过星舰成员施行通灵术，而灵媒提到了"redjac"一词，然后斯波克（Spock）先生利用了我们现在熟悉的一个简单的检索功能。

> 斯波克：计算机，语言学数据库，定义下面这个单词：redjac。
> 计算机：检索中。未有发现。
> 斯波克：语言学数据库中没有这个词语吗？
> 计算机：确认没有。
> 斯波克：扫描其他数据库。
> 计算机：检索中。确认。一个人名。
> 斯波克：请定义。
> 计算机：redjac。来自地球，19世纪。语言，英语。女性连环谋杀案凶手的简称。其他地球语近义词，开膛手杰克。

再经过一次类似的"谷歌检索"后，星舰成员们发现凶手原来是亨吉斯特先生，负责这起谋杀案调查的行政长官本人！

《星际迷航》中舰长日志之所以如此富有预见性，原因在于它将舰上所有发生的事情都事无巨细地记录和保存在电脑中了。在"军事法庭"这一集，科克舰长被指控导致一名星舰成员身亡，而不利于他的证据是一段电脑中存储的他在案发当日的行为视频片段。后来的结局当然是科克遭人陷害——电脑记录文件被篡改了。

"军事法庭"这集是在电脑被相互连接并最终形成我们今天的因特网的两年前播出的，当时的数据存储方式还是打孔卡片，就像是一摞摞的索引卡片，每张卡片上记录一行信息。但是在企业号星

---

① "内奸"这集讲述开膛手杰克的恶灵夺取多人性命并栽赃企业号星舰成员斯考特。——译者注

舰上，任何人做的任何事、说的任何话——这些角色的所有行为、他们的决定、他们所做出的解释——一切的一切都被记录下来，并且可以反复检查、检索、整理和分析。[4]

早在1967年，《星际迷航》就已经想象到我们今天所处的大数据时代了。

## 数据，无处不在

如今几乎所有人的手机都是带有拍照功能的，而在19世纪以前还几乎没人拍过照片，这真让人觉得不可思议。在1900年，柯达公司生产了第一台广受欢迎的照相机——布朗尼相机，仅仅五年以后，美国就有超过一千万人开始使用相机了。而在布朗尼相机问世以前，大部分美国人，甚至全世界大部分人，一生都未留下自己的影像记录。那时候货物和服务还是采用以物易物的交易方式或者通过现金支付，家用圣经上还会记载家庭成员的出生和死亡日期，除非有记日记或者写信和保留信件的习惯，那时候大部分人终其一生留下的些许印记也许只是一些官方记录，比如结婚证，每隔10年的人口统计（如果他居住在美国），以及墓碑上的名字。[5]

而如今，我们生活在这样一个数字时代：每个人一生的记录将会形成一座高耸的数据冢。即使我们从来不曾在脸书（facebook）、推特（twitter）或者快拍（Snapchat）这样的当代舰长日志上留下只言片语，但是每当我们刷信用卡、发送电子邮件、通过搜索引擎检索信息、打电话、保存照片，甚至穿过布满安全摄像头的街道的时候，我们就在不经意间为自己人生的轨迹留下了数字脚印。

谷歌母公司Alphabet的主席艾瑞克·施密特（Eric Schmidt）估

计现在世界上每两天产生的信息量等于从四万年前刚有文字记录直到 2003 年产生的所有信息量的总和。在这个星球上几乎三分之一的人拥有至少一个社交账号，他们每分钟发布 400 万条帖子，并上传 400 小时的视频到油管（YouTube）平台。每天我们产生的数据量高达 5 艾字节（1 艾字节=$1024^6$ 字节），相当于充满五百万台电脑硬盘的数据量，每一个在线的男人、女人和孩子都会有 10 亿字节的数据。每人每天产生的信息量相当于 2 000 本书或 160 张数码照片。[6]

在数字时代，我们每个人都是夏洛克·福尔摩斯，而网络就像是我们的最佳搭档华生，它记录了我们的一举一动。你也可以理解为我们和互联网就像是塞缪尔·约翰逊（Samuel Johnson）和博斯韦尔（Boswell）的关系[①]。

《星际迷航》成功地预见了我们的人生将被自动地、连续不断地记录下来，虽然结局常常并不十分明朗，一如对事件的预测也并非总是准确。但是有一点，《星际迷航》中的角色似乎从未担心隐私的问题，但是现实中，我们很快就发现伴随大数据而来的是老大哥[②]，"他"可能是记录电话和审查邮件的国家安全局，可能是通过有选择的信息呈现影响我们情绪的脸书，也可能是通过追踪我们的检索记录和访问过的网页来推送广告的谷歌。[7]

此外，企业号星舰上的人们也不担心数据安全的问题。这些虚构的未来角色未曾担心的问题却是我们现在处于大数据时代所时时刻刻遭遇到的：照片被窃取，信用卡账号被盗，网站被黑，密码被盗。在 2014 年发生的一起臭名昭著的事件中，第一次有人通过偷盗推特账号进行敲诈勒索，而这种数据安全受到侵犯的事件在如今

---

① 塞缪尔·约翰逊（1709 年 9 月 7 日—1784 年 12 月 3 日），英国历史上最有名的文人之一，集文评家、诗人、散文家、传记家于一身。前半生名声不显，直到他花了九年时间独力编出《约翰逊字典》（*A Dictionary of the English Language*），为他赢得了声誉及"博士"的头衔，博斯韦尔后来为他写的传记《约翰逊传》记录了他后半生的言行，使他成为家喻户晓的人物。——译者注

② 乔治·奥威尔（George Orwell）在他的反乌托邦小说《一九八四》（*Nineteen Eighty-Four*）中塑造的一个形象，隐喻对公众无所不在的监控和操控。——译者注

已是司空见惯了。[8]

《星际迷航》的世界里不是没有盗窃。几起著名的黑客事件，一次是由一名外星人利用斯波克先生的大脑来运行大型计算机，控制遥远的西格玛–卓科尼斯Ⅵ星上的地下生态系统；另一次是二元人通过取得企业号上计算机的控制权劫持了星舰。但是，企业号上的成员基本都不是太担心密码安全、身份偷盗、网络欺凌这些处于数字时代的我们时刻忧虑的事情。

我们不妨乐观地想，或许在《星际迷航》中不存在数据隐私和安全问题是因为到了23世纪，这些问题都已经被解决了。也许200年后的生物识别技术和密码学算法已经发展到让偷盗数据变得极其困难。

尽管许多公司和政府并不重视隐私和数据保护，这令人遗憾，但它理当是任何研究伦理和日常行为伦理中极其重要的方面。我们在下文中会涉及这一方面，但是本书的焦点并非使用大数据是否合适，而是如果你获取到某种大数据，应该如何合理地使用。虽然《星际迷航》中对于数据之大做了清晰的描绘——一个所有人和事都自动记录的世界，但是《星际迷航》的作者并没有预见到数据的局限性。

下面我举一个例子来说明什么是数据的局限性。

假设有个人叫凯西，她周六下午4：40在密西西比州格尔夫波特市用信用卡买了13.73美金的无铅汽油。这是在她人生轨迹上留下的一条信息记录。那么现在，你会如何来解读这条信息呢？你能够断定她生活在格尔夫波特市或者密西西比州，甚至美国吗？恐怕不能。她可以是从其他地方去往密西西比，或者是去出差，或者是去度假。也有可能她根本没去过那里，是有人偷了她的信用卡。即使告诉你她的信用卡没有被盗，你确定她是开的自己的车？还是租的车或是借的车？又或者凯西是和她朋友一起，乘着她朋友的车去那里旅行，然后帮朋友付了加油的费用……

所以，第一点需要注意的是，从这个单一的数据中无法确定任何事。但假设我们有更多的数据，比如凯西的出生证件显示她是1996年出生在爱荷华州的奥斯丁市。她周六上午11：52还在路易斯安那州的查尔斯湖，以及那天早上7：01在得州卡城加了油。现在，如果你花点时间在地图上把这些地点标记出来，你会基本确定凯西似乎是从得州，经由路易斯安那，到达密西西比。如果我再告诉你这个周六是三月末，正值得州农工大学的春假……然后，如果你记得卡城是得州农工大学的所在地，你也许会猜到凯西是驾车去佛罗里达度假的大学生。你当然无法断定，因为还有无数其他可能，但是如果你能收集到越来越多的数据与你的猜测相吻合，你就会越来越肯定凯西是谁，她做过些什么。

现实中有许多术语用于描述这种"通过数据进行猜测"的现象，我们可以将凯西开车去佛罗里达度春假的这一想法称为"假设"或者是"推断"，不同的表述视乎我们如何来看待数据。但不论用什么样的术语描述，本质是相同的，我们都在试图解读数据，试图理解发生了什么。

数据本身是无意义的，除非我们建构关于数据的意义，提出对数据的解读，说明我们认为发生了什么。一旦我们开始理解数据的含义，我们其实已经改变了数据本身，数据成了信息，而信息又是故事的一部分，用来诉说世界上正在发生的、已经发生的或者将要发生的某件事。因此，我想要表达的意思是互联网其实根本不是华生，也不是博斯韦尔，它并没有讲述关于我们的故事。大数据更像是中世纪的编年史，记录下那些断断续续的细节，我们需要其他一些工具来解读这些数据，需要一种方法来从浩如烟海的大数据中建构含义。[9]

信息总是离不开数据和意义，二者缺一不可。而这本书所阐述的根本问题就是我们如何可靠、系统地将大数据转变为关键信息，以及如何由关键信息获得深度理解。这本书是关于如何对由计算机收集到的海量数据进行正确解读，而避免做出粗浅的假设，或无关紧要甚至是误导的结论。

# 排列成行的漂亮的小数据

从好的方面看，技术方面的进步不仅为我们提供了海量数据，也同样为我们提供了分析大数据所需要的工具。计算机不仅能够存储我们生活的细节，还能够帮助分析这些细节并从中发现模式和规律。计算机不会被我们每天生产的海量数据所震慑，但坦白来说，人类生产的数据量是如此之大，以至于大部分计算机一次只能够处理其中的沧海一粟。

用来描述这种从海量数据中发现模式规律的学术术语叫作数据挖掘。在教育领域，有一本学术刊物，发表的大部分论文是关于利用计算机技术来检索从信息化教育中搜集到的海量数据，例如教育游戏软件、大规模开放在线课程（或称为慕课，MOOCs）、计算机测试等。这本刊物的名字就叫作《教育数据挖掘期刊》（*Journal of Educational Data Mining*）。国际教育数据挖掘协会（International Educational Data Mining Society）另外还设立了一个教育数据挖掘的学术会议。当然还有许多其他期刊可供研究者们发表关于从大数据中寻找模式的论文，不限专业，比如《数据挖掘》（*Journal of Data Mining*）或者《数据挖掘和知识发现》（*Data Mining and Knowledge Discovery*）这两本期刊。

即使是一些需要复杂数学技巧的数据挖掘研究，其基本思想其实很简单，就是要从许多数字集合中寻找相似性。例如，这里有两个数字集合：

| 身 高 | 体 重 |
|:---:|:---:|
| 72 | 161 |
| 70 | 152 |
| 67 | 150 |
| 66 | 149 |

续表

| 身 高 | 体 重 |
|---|---|
| 73 | 162 |
| 70 | 156 |
| 67 | 145 |
| 69 | 154 |
| 74 | 167 |
| 78 | 170 |

一个集合中是10个人的身高，单位是英寸，另一个集合是同一批人的体重，单位是磅。现在的问题是：什么叫作在某种意义上这两个数据集合具有相似性？

我们可以用数学方法从许多方面比较这两个数据集。有些方法可能更复杂，但是一种较为容易的方式是将每个人的身高和体重用图的方式标记出来，就像下图这样：

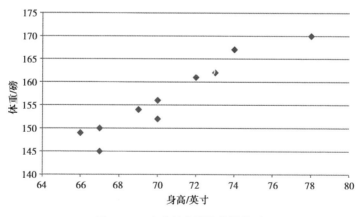

图1.1　10个人的身高和体重关系

在这张图中，每个点代表一个人的身高和体重测量值，我们很容易发现这些点在图上可以连成一条折线。

等一下！这就是所谓的模式！

点可以连成线，是因为这些人的身高和体重存在某种关系。一般而言，越高的人比越矮的体重要更重。当然，这里的"一般而言"很关键。会有各种特殊情况：有又高又瘦的人，也有又矮又胖的人。这就是为什么图上这条线会是一条折线，而不是从左下方到右上方的直线。而且这里还是我虚构的数据，真实的身高体重关系图可能比这根线更曲折。[10]

最早研究人的身高体重之间数学关系的学者是19世纪中叶的比利时统计学家阿道夫·凯特勒（Adolphe Quetelet）。凯特勒也是社会科学的奠基人之一，他最有名的著作是出版于1835年的《论人及其能力的发展》（*On Man and the Development of his Faculties*）。这本书中他提出"平均人"（the average man）的概念，也就是凯特勒假想有一个人，他的特征是社会上所有人的平均值——这有点像是儿童奇幻小说《神奇的收费亭》（*The Phantom Tollbooth*）[①]中米洛遇到的半人男孩（the Half Boy）。因为当时美国平均每个家庭养2.58个小孩，拥有1.3辆汽车，于是他们家里除了爸爸妈妈、哥哥姐姐是完整的1个人，而半人男孩就是0.58个人，他们家里的那辆"0.3个"汽车也只有他能开。[11]

凯特勒的《论人类》（*Treatise of Man*）这部书中有一章分析了人随着年龄的增长，身高和体重的变化趋势，但成年后身高和体重之间的关系趋于稳定的模式。基于这项研究发现，凯特勒提出了根据身高确定某个人的体重是高于还是低于正常体重水平的指标，叫作凯特勒指数。如今我们采用类似的公式，身体质量指数（BMI），来确定一个人相对于他的身高而言是超重还是体重不足。

这种描述两个事物，比如身高多高和体重多重之间关系的统计学术语叫作相关性。相关性就是用数学的语言来表述：在其他因素都相同的情况下，当高度增加（或减少），体重也增加（或减少）。有意思而又稍稍令人伤感的是，相关性以及其他许多统计学思想，

①《神奇的收费亭》是美国著名儿童文学作家诺顿·贾斯特（Norton Juster）最知名的作品。——译者注

事实上大都来自类似凯特勒指数的测量，或者更准确地说来自19世纪晚期的人体测量学（anthropometry），即用统计学的方法测量人的思想和身体。人体测量学也叫生物统计学，其产生受到查尔斯·达尔文（Charles Darwin）进化论的启发，达尔文的表弟弗朗西斯·戈尔顿（Francis Galton）以及后来的英国统计学家卡尔·皮尔逊（Karl Pearson）是该学科的代表人物。生物统计学家尝试利用统计方法确定哪些人属于"正常"，哪些"不正常"。换句话说，统计相关思想的提出孕育了优生学：通过理解"羸弱"和"健壮"群体之间的差异，人为进行干预以在种族和民族的生存竞争中占据优势。[12]

沿着这一轨迹，皮尔逊和其他学者提出了一些现代统计学中的重要概念，包括用来测量相关性强弱的皮尔逊相关系数 $r$。所以在上述例子中，皮尔逊相关系数可以告诉我们在所测量的人群样本中，身高和体重的相关性有多强。如果 $r$ 值为1，说明两个数据集是完全正相关的，也就是身高和体重同步增加。如果 $r$ 值为−1，说明它们是完全负相关的，即身高增加，体重同步减少。皮尔逊相关系数 $r$ 的取值可以是从1到−1，从完全正相关到完全负相关。若 $r$ 等于0，则说明完全不存在相关性。[13]

根据我们之前所拥有的关于身高和体重的小数据集，计算相关性得到 $r$ 等于0.95，相关性很高，这也解释了为什么图中的散点看上去基本在一条直线上。根据从500个人的真实样本中搜集到的身高和体重数据，其计算结果 $r$ 接近0.7，这仍然代表相对较高的相关性，但是差异性更大，对应的散点连线看上去会更曲折。[14]

讲到这里，也许你会问为什么皮尔逊相关系数 $r$ 如此重要。这是因为，在我们刚才举的小例子中，身高和体重的关系吻合得很好，我们可能不需要通过花哨的统计学计算就能发现其中的模式，但是并不是所有的模式都是如此显而易见的。

让我再给你提供两组数据：

| 数据集1 | 数据集2 |
|---|---|
| 7 | 8 |
| 2 | 4 |
| 9 | 6 |
| 4 | 7 |
| 4 | 3 |
| 5 | 2 |
| 8 | 4 |
| 6 | 4 |
| 1 | 1 |
| 8 | 9 |

和上次一样，我们通过作图来寻找规律。来自两个数据集的数据可以在图上形成一条折线，但是这次图上散落的数据点似乎和直线更不吻合，所以我在图上加了一条线来近似表示这两个数据集之间的关系（图1.2）。

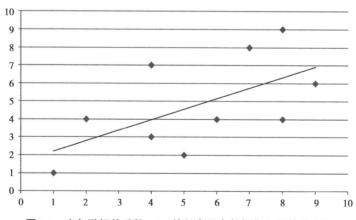

图1.2　皮尔逊相关系数 $r=0.6$ 的任意两个数据集之间的关系图

这张散点图看上去比上一张图更曲折，因为这张图中数据的相关性系数 $r=0.60$，要比第一张图数据的相关性系数 $r=0.95$ 低。准确

来说第二张图中的 $r$ 值更低是因为散点并不在一直线上，$r$ 值描述的是相关性的强度。皮尔逊相关系数 $r$ 值不是散点图看上去曲折的原因，它是测量这种相关的模式有多强。事实上，即使相对较强的数学关系也可能很难通过肉眼观察到。下面图 1.3 中的相关系数 $r=0.5$。看上去似乎不是很强的相关，但是从合理的角度看，一些研究指出收入和幸福感之间的相关性是 $r=0.5$。尽管关系并不完美，也有许多因素会导致有钱的人不快乐或者贫穷的人也快乐，但总体上人似乎越有钱就越幸福。仅靠有钱不能买来幸福，但是两者之间明显存在某种联系。[15]

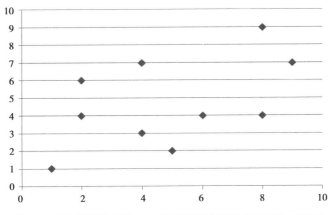

**图 1.3　皮尔逊相关系数 $r=0.5$ 的任意两个数据集之间的关系图**

如果没有一条线来帮助说明，你很难从图中看出个所以然。这也就是为什么皮尔逊相关系数很有用：它能帮助我们发现肉眼难以察觉的规律。当然还有许多其他方法可以测量一种模式的强度。而且和皮尔逊相关系数类似，许多定量计算模式强度的方法之所以很有用是因为，比起确定数据是否更接近一条直线，计算机更擅长计算和比较数字。

这种测量模式强度的能力可以用于分析大数据。我们将数据输入计算机，然后让它利用相关分析和其他统计测量方法寻找模式，测量一种数据在多大程度上和另一种数据存在关系。数据挖掘科学就是利用统计方法去发现隐藏在海量数据背后的关系的学科，是从因特网出现前一个世纪的那场优生运动中继承发展而来的研究方法，但是我们希望它并没有继承优生运动的精神。

# 关于虾的数据挖掘

但是这种数据分析存在一个问题，让我回忆起儿时我父亲跟我说的一个谜题：

如何从一堆虾中分辨死虾和活虾？

答案是：

将它们丢到墙上，会叫痛的就是活的。

坦白地讲，作为原创者我父亲讲这个笑话的时候更有趣，我怀疑是因为他讲得更无厘头。但这里关键的一点是，为什么用统计检验测量模式的强度，进而寻找数据之间的关系，就好像把虾扔到墙上呢？

为了理解其中原因，请再来思考一下我上面提供的两组数据。通过计算相关性很容易发现数据中的相关度，得到两组数据之间存在关联的结论。但是现在有一个问题，我并没有说这些数据代表什么含义。的确，我们可以用统计方法去发现规律，但是如果不知道数字背后的含义，或者这些数字从何而来，那么规律模式就是毫无意义的。

好吧。让我们来修正这个问题：

第一串数字（7，2，9，4，4，5，8，6，1，8）代表我去

年八月某天从自家花园的 10 株番茄树上分别采到的樱桃番茄的数目，第一株采了 7 颗，第二株 2 颗，依次下去。

第二串数字（8，4，6，7，3，2，4，4，1，9）代表同一天我女儿在家中地下室的玩具屋用乐高积木为每个口袋芭比娃娃（Polly Pocket dolls）所搭建的床的高度。第一个娃娃的床高 8 个乐高积木，第二个高 4 个积木，依次下去。

同一天，在同一个房子，两件看似没有联系的事情存在关联（两组数据的相关系数 $r$=0.6）。不仅如此，这两件事情，我采摘的番茄个数和我女儿搭的娃娃床的乐高积木块数不仅有关，而且关联还非常强（$r$=0.6）。它们之间的相关性，虽然没有正常人身高和体重的相关性那么强（$r$=0.7），但却强过收入和幸福感之间的相关性（$r$=0.5）。

我们从两个方面来思考一下这个情况。第一，这个例子说明数据挖掘在我们未预料会有发现的数据中不仅能够发现关系，而且能告诉我们数据所展现的模式的强度。不仅如此，还能将这种预料之外的关系强度和世界上的其他模式和关系进行比较。这只是一个很小的例子，但是从这个例子我们可以清楚地看到统计方法能够做什么，很容易想到，如果我们在互联网时代挖掘计算机生成的海量数据，我们会发现什么样的模式。

所以这是第一点启示：**数据挖掘具有从大数据中发现新的、未预期关系的能力。**

关于这个例子还有第二点更重要的启示：这个统计分析发现的关系是毫无意义的。如果有一天我家花园的樱桃番茄的数量真的和我女儿用在她芭比娃娃床上的乐高积木块数存在关联，那将是非常奇怪的事情。事实上，即使发现是我女儿不知什么原因（有意或者无意的）根据花园种植的番茄来确定芭比娃娃床上的积木块数，或者我故意根据女儿芭比娃娃床上的积木块数来采摘番茄，这仍然有点奇怪。这两者相关是因为偶然，很难想象这种规律会有什么更深层的意义。

　　事实上，如果我们一开始就想一下数据是如何收集的，那么认为这个规律有意义的荒诞想法就很容易被察觉。并没有明显的顺序来数番茄树：即使植株是排成行的，你也可以从两个方向开始数。同样也很难确定哪个芭比娃娃床先数，哪个最后数。和其他积木游戏一样，游戏过程中随着故事情节的发展和变化，玩具床是可以任意移动、改变、拆解、重建的。

　　为了更清楚地说明为什么数据收集方式影响结果，我们可以重新调整芭比娃娃床的顺序。我们将原本的高度值从8，4，6，7，3，2，4，4，1，9，调整顺序为4，8，4，3，6，4，1，7，2，9。同样的数据（1，2，3，6，7，8，9各1个，4有3个），但是不同的顺序。现在数据在图1.4中的样子如下：

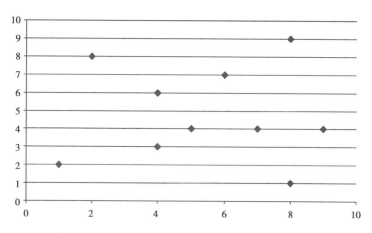

**图1.4　图1.2中两组数据集顺序经过调换后的关系图**

　　调整顺序后的数据不再有容易发现的规律。事实上，现在番茄树和芭比娃娃床的数据之间几乎完全没有相关性了。皮尔逊相关系数 $r=0.01$。你一定还记得皮尔逊系数 $r$ 的取值在−1和1之间，0代表完全没有相关性。$r=0.01$ 几乎就可以认为是完全没有相关性了。

　　虽然这是一个虚构的数据挖掘例子，但它说明了一个非常重要的原则，即"垃圾输入、垃圾输出"（Garbage in，garbage out）。这个说法出现在计算机时代的早期。最早出现在1963年的一篇报道美国国家内政部事件的报纸文章中。"垃圾输入、垃圾输出"描述了当有人在电脑中输入了错误的数据后会出现的结果：如果你输入的内容毫无意义，那么你从电脑中得到的结果当然也是没有任何意义的。[16]

现在真正的数据挖掘技术当然比这个例子要复杂得多，而且真实的数据挖掘中采集的数据远比这个例子中两个数据集的10个数据样本要多得多。但糟糕的是，你也许没想到番茄/芭比娃娃床的问题在真实的数据挖掘中并不是天方夜谭。你不信？这是《连线》（Wired）杂志①主编克里斯·安德森（Chris Anderson）在2008年一篇著名的专栏文章中的说法：

> 拍字节（Petabytes）的数据让我们可以说：相关性足够明显……我们可以在不用假设会有什么结果的情况下进行数据分析。我们可以将数据导入前所未有的大型计算集群，让统计算法去发现那些科学研究无法发现的模式。[17]

换言之，将芭比娃娃床和番茄、汽油费、人的年龄、收入、体重、身高，以及所有你掌握的数据丢进统计算法这个大漏斗，就能够找到模式——会有数据像被扔到墙上的活虾一样痛得大叫。

这个例子从本质上讲，乃是关于数据挖掘统计方法的使用和滥用。如果你提供的数据是无意义的，你就不可能得到有意义的模式结果。而统计方法的滥用不仅出现在数据来源阶段，甚至出现在更早的数据收集阶段。为什么我一开始要收集芭比娃娃床和番茄的数据？测量的是谁的身高和体重？由谁测量，何时测量，目的是什么？

如果这些例子中的目的看起来就愚蠢，那不妨再来看下劳伦斯·科尔伯格（Lawrence Kohlberg）的例子。他算得上是道德心理学的奠基人，他关于道德发展阶段的研究工作是基于针对男性被试的调查提出的。而直到他的原创性研究发表20年后，心理学家卡罗尔·吉利根（Carol Gilligan）才指出了其中的问题：科尔伯格用

---

①美国《连线》是一份科技类月刊杂志，创刊于1993年，着重于报道科学技术应用于现代和未来人类生活的各个方面，并对文化、经济和政治都有较深的影响。——译者注

于测量道德发展的工具是基于对男孩的研究开发的，而他最后得出的结论是：平均而言，女孩的道德发展水平较低。这样的研究设计就好像给讲法语的学生一张用日文出的试卷，然后下结论说：平均而言，讲法语的人比讲日语的人语言能力要差。[18]

这些都不算是最严重的问题，安德森所犯的最大的错误在于，对我们拥有越来越多的数据和越来越强大的计算机后所产生的结果盲目乐观。事实上当我们用统计方法分析大数据的时候，"垃圾输入、垃圾输出"的问题会变得更加严重。从统计的角度看，小数据和大数据是完全不同的，其原因我们后面会做详细讨论。分析一百或者一千条数据所反映的问题和分析十万或者一亿条数据是截然不同的，但这并不是因为分析后者所花费的时间更长。遗憾的是，并非所有使用数据挖掘方法的人都能理解大数据带来的陷阱。

番茄/芭比娃娃床的例子中还有一个重要的启示。坦率来讲，这个例子中的相关性分析，要比我们之前看到的凯西从得州到佛罗里达旅行的例子中的数据来得更复杂。但是这两个虚构的小案例都试图说明我们在分析复杂数据时所采用的方式，两个案例中的数据都是从类似《星际迷航》世界中永恒的计算机所记录的、关于我们自身的数据流中抽取的事实。

但是，这两个例子又是不同的。

这里的不同不是说某个例子中有数字和统计方法，而另一个例子没有。我们分析凯西关于时间和空间位置的数据和计算芭比娃娃床所用的乐高积木数量没有差别。虽然我们也可以用统计的方法，但是我们没有在凯西这个简单的例子中使用。这里的不同也不是说这个例子的分析用到了计算机，那个例子没有用。在这两个例子中，我都使用了计算机，只是用法不同。

真正的不同在于凯西的例子是有意义的，而芭比娃娃床这个例子中的数据分析毫无意义。前一个案例的分析将数据变成有用的信息，而后一个案例的分析却将数据变成令人困惑的结论。前者推断出了凯西的旅行，后者发现的关联则无意义。**是探寻事件背后的故**

事，还是寻找某种模式，这两者之间的差异正是本书所要探讨的内容。这也是数据挖掘研究真正需要考虑的重点。

这本书的目的就是要提供一套理论和实践工具，来帮助区分类似凯西旅行和芭比娃娃床这样不同的两种情形，通过提出一种技术和一套概念来进行有意义的大数据分析。我所提出的应对这一挑战的方法，是将民族志方法和统计工具有效整合，形成一种科学的量化民族志（Quantitative Ethnography）方法，本书将展示如何利用这一方法从我们每天游弋其中的数据海洋中发现真知灼见。

# 理解人

利用定量工具，也就是统计方法来分析大数据是看起来很自然的做法。计算机可以收集大数据，而计算机又是数字工具，也就是说从理论上讲，任何可以用计算机存储的内容都可以用数字来表征。如果我们拿信用卡号，或者社会安全号，或者凯西给汽车加无铅汽油所花费的13.73美金作为信息的实例，则上述基本事实是显而易见的。将凯西购买汽油的日期存储为数字是很合理的，而且凯西的名字事实上也是以数字的形式存储的——每个英文字母是以特定的编码存储在电脑的硬盘上的。

如果凯西用她的苹果手机拍了张照片，然后通过快拍发给她的朋友，照片也是以数字序列的方式存储的（至少在照片被自动删除之前是这样）。照片上的每个像素点有一个颜色值与之关联，计算机用0到16 777 216之间的数字来表示每个像素的颜色值。因此一张4英寸×6英寸的高分辨率的照片（假设是每平方英寸600个像素点）需要存储860万个数字。事实上这并不十分准确，照片上的许多像素点的颜色值是相同的，所以为了减少所占的存储空间，计算机每个颜色值只记录一次，然后记录每行有多少个像素是这个颜色值。本质上信息都是以数字形式存储的。地址、价格、位置、图像、音乐、视频，甚至舰长的日志条目，大数据世界中的一切都是以数字形式存储的，因此也可以用数学的方法来分析。[19]

所以量化民族志中的"量化"是说得通的。但为什么还要"民族志"这种源自对非洲部落和太平洋小岛上的传统文化进行研究的方法？这对于理解超现代数字社会似乎是奇怪的选择。但事实上，民族志因其研究对象是文化本身而使得研究更加真实准确，所以它才是确保大数据分析有意义的关键一环。

当然，这里的"文化"一词含义甚广。有些定义显然和这里所说的文化无关，比如培养皿中细菌生长的总体。但又不能把文化的定义局限于对艺术、文学的描述：一群人用歌曲、故事、图像等形式讲述关于他们自己的、或阳春白雪或下里巴人的故事。这些当然是文化的一部分，因为这些都是关于人如何理解发生在他们自己生活中的形形色色的事件，但文化的含义远不止于艺术的范畴。[20]

文化之所以重要，其原因在于计算机只负责发掘浩如烟海的数据，而人才是徜徉在意义海洋中的主体。人生的旅途是以符号呈现的，包括行为、言谈、文字，以及创造实物，而这些符号代表着对我们自己以及对他人特定的含义。人的言行举止是由拥有共同文化的他人来解读的，而民族志研究就是理解这些解读的科学。文化就是人所理解的万物的含义，且不仅是事物本身的含义，更是连接事物之间、物与人之间，乃至人与人之间的意义之网。

在数据变为信息的过程中，文化就是给数据赋予含义。因此在将大数据变成大信息的过程中，量化民族志中的民族志是与量化同样重要的方面。如果我们想探寻人们做了什么，为何要这么做，我们就需要有种方法可以分析解读大数据背后的含义。换句话说，我们看到的无处不在的海量数据更像是有意义的文化海洋中一串串的岛屿，民族志就是用来描绘这个海洋的，而量化民族志是用统计工具来更好地绘制这张海洋地图，从浩如烟海的数据中发现一个个有用的地标。

　　为了确保文化海洋中有意义的数据岛屿能够凸显出来，从数据到信息、由多变少的统计分析方法也许在数学上是严谨的，但是最终在概念层面上却变得苍白。20世纪最著名的人类学家克利福德·格尔茨（Clifford Geertz）曾说过："结构语言学、计算机工程或者其他先进的思维方式试图让我们在不熟悉人的情况下去理解人，这种做法我难以苟同。"[21]

　　这当然只是"将虾扔到墙上不是发现活虾的好方法"的另一种更严谨的说法。意义建构，特别是要理解复杂和相互关联的人类以及人类所处的文化，需要远比将所要理解的对象不假思考地扔到统计模型中更为复杂的分析方法。数据要具有意义，只有通过了解要分析的数据背后的人和所处的环境来实现。

　　显然民族志不是熟悉并理解人的唯一方法，但是民族志却是克服这一挑战的非常有效的工具，因为民族志是理解符号系统如何工作的科学，特别是理解人所赋予的言行之物的内在含义的科学方法，它实现了对文化资料的解读。当然还有许多其他的研究方法致力于理解人，人文学科中有历史、文学作品分析，社会科学领域有社会学和心理学分析；还有许多其他形式的、基于意义的数据分析（学术名词叫定性分析）。因此，构成量化民族志的基础原理和思想也能很好地适用于其他解读大数据意义的方法。

　　我们从民族志方法入手的原因在于，如果能够结合民族志和统计工具来研究大数据，同样也可以利用这些工具来分析小数据（那些民族志学家、历史学家、新闻记者及其他学者用来研究各种艺术、文学、社会交互形式的小数据）。关于大数据的意义建构可以启发我们更进一步认识如何利用统计工具理解各种类型的文化资料，而且量化民族志的技术在量化历史学、量化新闻学、量化文学作品分析等领域也非常适用。但是好的民族志研究的一个基本要点在于，最好遵循从特殊到一般的研究过程，而不是反方向的。对我而言，那些具体案例来自民族志的研究实践，这是我所熟悉的文化解读形式。相信对大多数读者也是如此。

最后，这本书不是单纯介绍民族志或者统计学的教材。书中会涉及一些重要的统计学问题，也会探讨重要的民族志研究原则，以及更广义的解释性或定性的研究方法。但是，总体而言，本书是关于如何利用民族志方法来引导针对大数据的统计分析。同时，这本书也会探究如何利用统计方法来拓展民族志和其他定性研究方法的使用范畴和用途。

这本书阐述了为何在数字时代，定性研究和定量研究、科学和人文、数字和意义这种旧的区分方式，在某些情况下限制了我们所能提出的问题，而在另一些时候又使我们被迫接受一些浮于表面的答案。量化民族志跨越了上述范式层面的鸿沟，是帮助我们更好地理解这个数据日益丰富的世界的有效手段。

# 全书安排

从第2章开始，本书对量化民族志中的关键概念、工具、方法及其应用展开详细的阐述。大致分为三个板块：

首先，在谈论如何在研究中整合定性和定量方法之前，我们先需要回顾一下两种方法各自的基本逻辑。如果不能理解两种方法本身，就无法建立沟通这两种研究方法的共同话语体系。因此，第一部分包含第2、第3和第4章。第2章从民族志的基本观点展开，试图回答：民族志学家思考哪些研究问题？他们会利用哪些研究数据？关注的焦点又是什么？并主要讨论研究中存在的偏见和主体性（subjectivity）的问题，以及民族志学家在研究中如何应对这两个问题所带来的挑战。第3章探讨民族志研究的机制：民族志学家正在做什么？他们开展研究与实践的背后逻辑是什么？核心部分涉及的主题包括深描（thick description）和编码（coding）的概念，以及民族志学家是如何发展、建立及论证关于他们所研究的群体在做什么和为什么这么做的命题的。最后，第 4 章将谈及一般化（generalization）的概念，即研究者如何利用统计方法得出不同群体之间相似性和差异度的结论。

仅靠一本书的这几个章节当然不可能覆盖定性和定量研究方法这两个宏大、丰富而复杂的领域，这也不是这几章节的目的，我在之前已经清楚地表明了这一点，并且后面还会多次重复这一点。第一部分的目的就是介绍这两种截然不同的研究方法的基本知识，以此作为在量化民族志中着手建立两者之间联系的基础。

第二部分包括第 5、第 6 和第 7 章，主要阐述将定量和定性研究相结合的关键理论和研究实践。第 5 章主要讨论如何组织定性数据使其能被用于定量分析，并且试图回答一个很实用的问题——"如何将数据有效地整理成文档？"，以及与之相关且更重要的问题——"什么样的内在结构模式能够用于组织描述人类交互过程的数据"。第 6、第 7 章探讨建构定量模型的基本量化研究过程，并展示了如何将定量方法应用于通过第 5 章描述的方法所组织的数据。

本书的最后一部分探讨将统计模型用于理解民族志数据的意义，也就是试图构建人类理解世界的模型。一方面希望传达这种特殊的统计工具使用方式背后的理论启示，另一方面阐述实际操作的具体细节。其中，第 8 章关注研究者如何识别人类语言与行为背后的含义，并论述自动编码和信度的问题。第 9 章关注意义建构的结构，以及如何建模人类表达对世界的理解方式。第 10 章将之前的所有内容联系起来，将量化民族志与大数据分析的其他方法进行比较和讨论。

以上是这些章节试图阐释的内容。这是一个还不能像企业号星舰那样完整记录所有生活点滴的时代，于是并不完整但又庞大的数据量对于研究方法的效用又会带来负面影响。在这样的时代，本书希望能对反思我们的研究方式和方法起到抛砖引玉的作用。

我当然希望这本书对所有对大数据研究感兴趣的学者只是一个开始，而远不是这个领域的终结。事实上，你手中这本书的内容来自两个方面：首先是来自我所领导的实验室和其他实验室的一群学术能力非常出色的学生和学者多年的工作总结。我在下文会特别提到其中的部分人，但还有更多人或多或少地影响了我对量化民族志的理解而未被提及。本书的文字及其中的不当之处均是我个人的责任。但我需要特别强调的是，如果没有大家共同的合作努力，就不会形成并延续本书的思想。本书内容的另一个来源是我多年来所教授的一门课程，我写这本书的目的是希望将量化民族志的基本概念和实践方法介绍给第一次涉足这一领域的研究者。

为了帮助那些刚开启研究训练的读者，也许还有些读者正在培养年轻学者，我在每章的结尾都提供了进一步阅读的参考资料，以及将文中的概念付诸实践的练习建议。这些阅读材料和练习基本上也是我教授量化民族志这门课时所使用的材料，当然这部分如果你跳过不看，也并不影响对各章主旨的理解。

最后，有许多关于本书思想的技术文献可以在线获取。在这本书中，我尽可能写得轻松易读，同时又保证内容的严谨和准确。通过阅读本书可以让不同背景的读者对量化民族志有一个整体的理解，甚至能够有所启迪，就是我成书的最大期望。

# 2.

## 偏见

## 标准航行观察

在开始谈量化民族志之前，我们先要了解什么是民族志。但要解释清楚民族志是什么，并不像看起来那么容易。

民族志是一门科学，这里所谓的"科学"是指通过基于数据的系统性探究，对某种事物的运作方式提供解释。事实上，这和英国科学理事会在 2009 年对科学所做的定义极其相似：**科学是追求对自然界和人类社会的知识理解的一种基于证据的系统性研究方法。**简而言之，民族志之所以被称为科学，是因为民族志学家会系统性地收集他们所感兴趣的数据，并利用这些数据来得出关于世界的某个部分是如何运作的结论。[1]

下面我们用一个简单的例子来说明民族志研究。在认知人类学家埃德温·哈钦斯（Edwin Hutchins）关于美国海军水手工作的代表性著作中，他着重观察了水手在确定船只位置时所做的"标准航行观察操作"（Standard steaming watch）操作：水手们为了在航海地图上修正船只位置坐标，常常需要测量方位。所谓方位，是指在地图上确定几个地标，然后利用一种叫罗盘的仪器测量计算船只运行轨迹和地标之间的夹角。船只航行过程中所有的方位都将记录在一张航海地图上，用以展示船只在海域中的航行位置与轨迹。航海地图既记录了船只的历史位置和当前位置，又包括所有用来计算这些位置的方位线。[2]

采用这种导航方式的其中一个挑战是，为了要获得精确的船只位置的坐标修正值，由水手们组成的导航小组需要尽可能同时测量船只与三个地标之间的方位。扮演绘图员角色的水手，需要向一名或多名罗盘操作员提供三个地标。当另一名扮演方位记录员角色的水手喊出"做标记"的口号时，罗盘操作员们要报出他们读到的方位读数，然后由方位记录员记录下来，再由绘图员用来计算船只的位置。当然，这里面还有许多细节问题，例如，由于船只通常处在快速航行过程中，罗盘操作员首先需要在船宽处检查地标位置，因为地标在船宽处的方位角变化最快。也就是说，获取各个地标方位读数的顺序是否正确是至关重要的。但是即便只是发现地标，对于一个新手水手而言也充满挑战，有可能天气状况不佳、能见度较差，又或者船员们归心似箭、心情焦躁，这些因素都有可能影响船员测量和记录的准确性。

哈钦斯的著作中就描述了这样一个案例：某个下午，船员们已经操练了数个小时，操练内容是让船只围绕岸边转圈航行。水手们因为船港近在眼前但仍需练习不能返航而感到沮丧。当船上的技术官发号令"主引擎已加热，准备返航"时，大家一片雀跃，恢复了士气。船只准备入港，指挥官下令："标准航速，向左舵10度，航向305。"船只继续前进，当船只接近陆地的时候，水手需要对船的位置坐标做出新的修订。带着归航的迫切心情，其中一名罗盘操作员在匆忙观测地标时发生了偏差，幸好另一名水手通过监听通信频道而及时发现错误，否则将造成整个导航小组的工作失误。[3]

水手们这种能够发现其他成员错误的能力，在哈钦斯看来就是

量化民族志：一种面向大数据的研究方法

"标准航行观察"工作这一复杂系统中的关键。而能够发现错误的关键要素，则是所有执行导航任务的水手在船上拥有相同的通信频道，每个人都能够听到其他成员的讲话，并且进行互相交流。

当然，不是所有的无线电通信都是这样的工作方式。例如，如果你曾注意到出租车上的无线电通信，你会发现只能听到调度员的声音，其他出租车司机的声音是听不见的。调度员联系司机的通信方式被称为一对多模式，即所有在同一频道上的司机都能听到调度员的声音，而司机们则是以一对一模式和调度员沟通。和这种通信方式不同，水手们的通信则是多对多模式，每个人都能同时听到其他人的讲话，哈钦斯认为这种通信机制是水手们确保航行安全必不可少的一环。

这种多对多通信提供了哈钦斯称为的"宽阔的观测地平线"（a wide horizon of observation），意思是说所有的水手都能够监听到整个任务过程的对话，即使他们只负责其中一小部分工作。但这对于任务的完成是至关重要的，因为可以让整个小组发现某个组员所犯的错误。例如下面就是哈钦斯所记录的水手们在一次标准航行观察中，利用 Loma 角，Hotel del 和 Dive 塔这三个地标，所做的一次坐标修正过程的对话：

> 方位记录员：准备记录，Loma 角，Hotel del 和 Dive 塔。
> 绘图员：告诉他先去测量 Loma 角，在他所在的船宽处。
> 方位记录员：先记录 Loma 角的方位 […]。先在船宽处测量方位，并记录。
> 右舷罗盘操作员：Loma 角，3 度 5 度 9 度。
> 方位记录员：3 度 5 度 9 度 Loma 角。［…］
> 左舷罗盘操作员：Hotel del 0 度 3 度 8 度。
> 方位记录员：0 度 3 度 8 度 Hotel del。
> 左舷罗盘操作员：我找不到 Dive 塔。
> 方位记录员：找不到 Dive 塔。
> 绘图员：告诉他，大概是在 Hotel del 向右 8 度或 9 度的位置。[4]

在这个例子中，绘图员是导航小组中能够看到航海图的人，他可以确保正确的读数顺序是右舷罗盘操作员先测量——"告诉他先去测量Loma角，在他所在的船宽处"。这一指令被方位记录员听到并传递给罗盘操作员。类似地，当左舷罗盘操作员不能找到他需要测量的地标（"我找不到Dive塔"）的时候，绘图员利用航海地图告诉他朝哪个方向去寻找——"大概是在Hotel del 向右8度或9度的位置"。这里，哈钦斯想要表达的意思是，绘图员之所以能为罗盘操作员提供帮助，是因为他能够听到罗盘操作员和方位记录员之间的交流。哈钦斯认为这种"宽阔的观测地平线"对于标准航行观察十分重要，因为它使水手们能够识别问题，并提供解决方案，以实现"错误检测"和"错误纠正"。

我们不难发现这里提出的"观测地平线"的概念，以及它和错误检测的关系在其他情境中也很有用。学者们利用这一概念来理解人如何在其他工作场所学习（拥有"宽阔的观测地平线"可以帮助人们更深入地理解某个组织的运作），例如，为何学校环境的变革没有其他环境那么快（或许是因为新教师的"观测地平线"总是包含了老教师的传统教学方式）；或者帮助我们了解重症监护室和核控制室这些特定情境中的工作机制。在我自己的研究中，我曾用这个概念来阐述学生如何在与同伴协商的过程中，通过观点的交锋来促进学习：即协商过程创设了一种情境，类似哈钦斯研究中的水手们，所有参与协商的学生都能够听到其他同学的观点。[5]

换言之，哈钦斯对于海军水手们的观察研究，不仅告诉我们在"标准航行观察"中发生了什么，而且还告诉我们如何理解航行观察中所发生的一切，我们称之为"观测地平线"。这是一种可以用于理解其他情境中事物的、更为通用的概念工具。此外，哈钦斯的研究也向我们展示了什么是民族志，以及民族志研究是如何开展的。

# 民族志学者的工作

克利福德·格尔茨曾经写道："如果你想要理解某个学科，你不应该先去看它的理论和研究发现，也不应该先去听这个学科的拥护者如何描述它，你应该先去看它的实践者在做些什么。"自布鲁诺·拉图尔（Bruno Latour）在20世纪70年代的研究起，科学研究领域就是这么做的，他们展示了"客观的"科学知识被创造和发现的过程。与其他事物的创造发现过程并无二致，科学知识都是由一群人通过扮演某种角色，遵循特定的规则（偶尔也打破规则）时而合作、时而竞争，来创造和发现的。这一过程既是社会层面的活动，也是技术层面的、概念层面的或者理论层面的活动。[6]

从这一视角出发，哈钦斯的研究是对"标准航行观察"活动的一种文化解读，或者至少是对这一文化的部分解读。哈钦斯解释了水手们如何在交流和行动中，利用特定符号来完成对他们自身和所有船员而言有意义的工作。即便如此，哈钦斯分析的内容，不只是关于某些具体事物的含义，更是关于水手们所处的文化情境中不同事物之间的联系及其所构建的有意义的系统。水手们用到的多对多通信之所以十分重要，是因为它提供了"宽阔的观测地平线"，有利于错误的检测。而错误检测的重要性毋庸置疑，因为在获取船只修正坐标的过程中非常容易出错。这是一个需要多人合作的复杂过程，而每个人只掌握其中的部分信息。因此，获取准确的修正坐标对于水手和其他船员都十分重要，因为船只在沿海岸线航行过程中，有许多礁石、浅滩和其他危险需要规避，因此获取船只所在的精确位置事关船只航行的安全。

也就是说，哈钦斯的民族志研究描绘了用来解释"标准航行观察"中发生了什么的意义之网。哈钦斯为何能理解这一切，其实并没有什么秘诀，他所做的就是坐下来观察。通过观察来理解。这不是寥寥数次的观察，除了在船停靠港口期间对船员的观察之外，他在四个月中花了 11 天在船上和水手们生活在一起，这种观察活动会产生大量的数据。然而相对于典型的民族志研究来说，这样的研究其实只能算是非常短暂和聚焦的。许多民族志学者花费数月甚至数年的时间进行观察。即便如此，哈钦斯还是在一段特定的时间内，做了许多细致的观察。这些观察用技术术语来说是"微观生成的"（microgenetic），意思是这些观察是对水手们每时每刻行为的记录，包括绘制船只位置时，在无线电频道上交流的每一句对话。如"我找不到 Dive 塔。""找不到 Dive 塔。""告诉他，大概是在 Hotel del 向右 8 度或 9 度的位置。"[7]

也许对于民族志研究的视角而言，最关键的一点就是，哈钦斯的所有观察都是针对同一个小群体的。他观察了水手们的所作所为，但是数据不是来自对大量水手的观察，也不是关于水手这个普遍群体的抽样数据。哈钦斯收集了一艘特定船只上，一个相对较小数量的群体的大量数据，而不是一大群人的小部分数据。后者的方法在传统调查研究中较为常见。正因为如此，哈钦斯能够深刻理解这些水手的导航过程，能够解释他们是如何利用无线电通信频道发现可能导致致命事故的错误，以及为何要这样做。他关于水手如何工作的研究结果可以归纳为：关于"宽阔的观测地平线"如何使错误检测和纠正成为可能。

如果想通过这个小例子理解格尔茨所说的，民族志研究的实践者们在做些什么，我们还要对上述哈钦斯的研究结果的表述中所反映的几个重要特征加以注意。首先，哈钦斯的研究结论的适用范围是相当局限的。他所观察和描述的，是关于某个特定的水手团队的所作所为。他的观点是"宽阔的观测地平线"具有错误检测和纠正功能，在某一艘船上为期四个月的航行中，对于一个特定的水手群体是有效的。他绝不是想说"宽阔的观测地平线"总是（或者经常）使得错误被检测和纠正，也不是说在美国海军舰船上都是这样做的。我们当然有理由相信，美国海军的其他舰船上很可能也采用类似的做法，但是需要特别强调的一点是，哈钦斯的数据并没有展示这一点。

这并不是说，哈钦斯的研究工作只对我们了解一艘船上发生了什么有用。就像我们所看到的，其他学者可以将哈钦斯关于观测地平线的思想应用到其他领域的观察研究中去。但是，哈钦斯所得到的结论只能是"观测地平线"能够支持错误检测和纠正，因为在某个特定的地方和特定的时间，事实支持了这一论断。这是某种特殊现象存在的证据：在这个例子中，这种现象就是指"观测地平线"和错误检测之间的联系。

哈钦斯研究结论的第二个重要特征在于它是可证伪的。即其他人有可能通过观察他所提供的例子（通常是指他所提供的原始数据），得到完全不同的结论。比如发现不同的联系或者新的模式；又或者在相同的情境下，通过收集更多的数据，发现关于水手们修正船只坐标位置行为、利用多对多通信频道的完全不同的意义解读。这就需要通过重新审视哈钦斯的数据，或者对其意义重新进行解释来实现。[8]

换言之，哈钦斯和其他所有民族志学者的研究是一种实证取向的研究，通过收集和分析数据得出观点结论。但是这些得出的观点结论是可以辩论、修改的，甚至可以通过进一步分析和更多数据来支持或者推翻的。由此可见，哈钦斯的观察是微观生成的，结论的适用性是有限的，工作是可被证伪的。而他的研究被称为民族志研究的一个更重要的原因是：它是关于人类特定行为背后原因的解读。

# 是关于如何的问题，不是关于是否的问题

民族志研究本质上关注事物的发展过程，解释为何人类会做某

些看似奇特而有趣的事情，而这些事情构成了人的经历。民族志研究通过熟悉特定的群体，试图理解这个群体的男人、女人，理解这个群体的人在做些什么，而不是试图证明每个人总是那样做，或者带有某些特征的群体总是那样做。例如，理解为何有些人不想生小孩，比如某些宗教的信仰者或者修道士，或者就是一个不想要小孩的普通人，而不是试图通过成长环境和社会背景预测一个人是否会要小孩；理解当测量船只位置修正坐标时，一群水手会做些什么，而不是揭示所有的导航员（甚至所有美国海军水手）是否会采用同样的做法；理解为何凯西会在格尔夫波特给汽车加油，而不是探究来自得州农工大学的学生，是否通常更有可能开车而不是搭飞机去佛罗里达度春假。

民族志学者约瑟夫·马克斯威尔（Joseph Maxwell）[1]在谈到过程和预测的区别时，用"如何"和"是否"的问题形式来解释。他写道：过程性问题"关注事物如何发生以及为何发生，而不是变量之间是否存在某种不同或者相似的关系，或是在多大程度上所关注的变量可由其他变量所解释"。民族志研究关心为何某人做了一个决定，而不是是否这种选择和决定具有普遍性。当然，这只是"民族志研究者是文化的诠释者"这种说法的另一种解读。这也是最重要的一点，民族志研究者观察人们在特定的时间地点做些什么，并试图解释为何如此。

但是一个较为棘手的问题在于，民族志研究的定义似乎暗示，它和每个人日常所做的事情没什么差别。作为普通人，我们对周遭发生的事情很关心，也试图理解人们为何要那样做。我们的这种关心和试图理解的努力，有一个显而易见且又非常重要的原因，就是我们希望通过理解周围发生的事情，来让自己做出合适的反应。当我们理解发生了什么，或者在一定程度上有所了解（毕竟没有人能够真正知晓他人的所思所想），我们就能够表现出合适的行为。当然，这些的前提是我们希望自己表现得体。这种理解人类在社交情

---

[1]约瑟夫·马克斯威尔所著的《互动取向的质性研究设计》一书已经由重庆大学出版社引进出版。

境中的行为规范，我们称之为"教化"（encultration），而教化的作用仅是为了让我们能够理解当地文化，使我们表现得像是其中的一分子。任何曾经在异国他乡生活和试图融入当地的人，都不难理解当我们正确和错误理解文化的时候会发生些什么。

如果我们时刻都在解读我们所处的文化环境，那民族志研究和平常的生活又有何分别？我认为至少有这样几点：首先，民族志研究者通常研究的是与他们自身所处的文化不同的文化：玛格丽特·米德（Margaret Mead）在做关于萨摩亚青少年的开创性研究时，她本人并不来自南太平洋群岛[10]；布鲁诺·拉图尔在研究科学实验工作中的社交过程时，他本人也并不是一名实验科学家；哈钦斯不是一名海军水手。我研究新闻记者和建筑师的培训过程，但我也不是新闻记者或者靠建筑设计来养家糊口的工作人员。但是，仅仅置身于另一种文化并不能说就是民族志研究。在研究者自身所处的文化中，也同样可以做好民族志研究。这其中与日常生活最大的区别其实是，在不同的文化中做民族志研究，要比我们在不熟悉的环境中解读日常行为，更耗费精力。

在解读文化方面，民族志研究和我们日常行为的差异在于，民族志研究者是以一种正式的、系统化的方式进行解读。而我们大部分人被教化的过程，是我们了解和学习在大多数日常情形下应该如何做，例如如何在餐厅点菜，如何排队等公交（也许在另外的情形下是不排队的），如何打电话，如何购买礼物，甚至如何得体地闲聊。我们会做这些事情，但是我们通常不会解释、有时候也无法解释为什么我们会这样做。我们只是不经思考地在做合理的事。

我们能够理解所处的文化环境，但是却不能清楚地说出我们行为决策的原因，这看似很不合理。但事实上，许多专业知识技能的工作机制也是如此。哲学家伯特·德赖弗斯（Bert Dreyfus）和他的哥哥——工程师斯图亚特·德赖弗斯（Stuart Dreyfus）认为"能够做某事"和"能够解释如何做某事"的区别，分别对应于践行知识（knowing how）和命题知识（knowing that）。例如，他们写道：[11]

你或许知道如何骑自行车，但那是否意味着你能够总结出一些规则，可以成功教会其他人如何骑车呢？你如何解释以下两种情况间的差别，即"骑车时感觉要摔倒"这种非正常的状况和"转弯时略微失去平衡"这种完全正常的状况？而在这两种状况发生之前，当你有某种不平衡感觉的时候，你会如何反应？

我们具备践行知识，所以会骑车。但是缺少命题知识来解释我们是如何做到的，原因是我们经过反复的实践掌握了骑车的技能。同样，空管员能够判断天上的飞机是否有相撞的危险，而不需要通过雷达上的光点计算它们的位置和飞行方向；放射科医生通过 X 光片能够"看出"肺塌陷，而不是明确地根据图像上的线索推断得出。以往骑自行车、看雷达或看 X 光片的记忆构成了德赖弗斯兄弟称作的"可识别情形的海量资料库"。国际象棋大师大概能够识别50 000 种不同的棋形，包括不同的强、弱、防守、进攻的布局。我们或许也可以回忆出类似数量的过往骑行、转弯、停车、起步的经历。我们可以自如地利用这些过往经验的资料库，无意识地回忆资料库中某一次或几次特定的事件。[12]

这样导致的结果是，我们在理解所处文化环境的时候多半并没有采用规范的、正式的描述或显性的数据分析，我们只是按照合理方式在做。就像象棋大师、空管员或放射科医生那样，根据我们以往的行事经验，不假思索地待人处世。人们当然也会通过详细的分析来解决问题和制定决策，但往往是在无经验可循的时候。例如遇到的问题和之前所解决过的问题完全不同；或者当他们犯了错误，出现了新的事物和预料之外的情况；又或者按照通常做法却行不通。在这些情况下，人们会不再依赖践行知识，而转去试图探究背后的原因。他们会分析当前的情形，并利用分析的结果来决定如何应对。所以我们经常说，仅仅掌握在学校所学的科学知识和原理，并不能将一个人培养成为专家。我们只有在以往经验无法给予很好指引的时候，才会利用规则确定如何行动。明确的知识和规则只是我们在经验尚不完备时可以利用的底牌。它们是我们提供给新手构建经验的资料库时所使用的，而完备的资料库才是新手成长为专家的标志。[13]

基于上述观点，民族志研究的目的在于解释践行知识，即探索如何明确描述某种文化中的默会规则。民族志这个词语本身来自希腊文"记载（graphia）文化（ethnos）"。而这就是民族志研究区别于你我日常生活行为的地方。在日常生活中，我们会利用践行知识，但一般不会解释和描述这种践行知识。这也是海军水手所做的方位测定和坐标修正工作，与埃德温·哈钦斯在他书中所写的海军航行之间的关键区别：水手的工作是给船只引航，而哈钦斯是解释他们如何引航。为了解释清楚这个问题，哈钦斯花费了大量的时间，观察水手们的工作，询问他们正在做什么，观察他们何时犯错以及如何应对错误。但是他观察的目的不是要成为一名水手，而是为了描述海军航行的过程，以及告诉我们，人在团队中如何协调完成复杂任务。

处于某种文化之中的普通人如何理解自己的行为，和民族志学者如何理解某种文化，在区分这两者之间差别的时候，我们忽略了一个更基本的问题：哈钦斯不仅仅是观察水手们的工作，在观察的同时，他还做了记录，这才使得分析和解释这种特定现象成为可能。

# 田野札记

在观察的同时做笔记，将这视作民族志研究的关键环节似乎是显而易见的。例如，对于哈钦斯而言，如果没有记录水手们在工作的时候说了什么，他将难以通过实例来解释水手是如何利用多对多通信频道检测和纠正错误的。但是，将人们的全部言行记录下来，却并不像看上去那么容易。如果你之前从未做过田野调查，你可以试着去某个公共场所，例如一个咖啡馆，然后像任何一本民族志方法教科书中介绍的那样，尝试观察所有发生的事情并记录下来。[14]我没有在开玩笑，真的，你可以去坐一个小时并尝试做记录。这也是我在教学生学习做民族志研究（或者任何定性研究）时所做的第一件事，我发现这样的经历对学生是很值得的。

好了，你完成你的第一次田野札记了吗？

如果你像我所教过的学生（或像我刚进入一个新的情境做观察）那样，你或许会有一种快要崩溃的感觉。对于我们大多数人而言，咖啡馆是日常生活中非常熟悉和适应的环境。但当我们开始正式观察并打算记录在这里发生的一切时，会发现要确定注意力该放在哪里几乎是不可能的。当然，我们也许会随意决定仅仅关注一两件正在发生的事情。比如，我们可以记录每个人分别点了什么饮料，客人是用现金还是信用卡、银行卡，或者手机等方式支付。但我们在记录这些事情的时候，也许就忽略了客人在点单的时候还说了什么，或者谁在用耳机听音乐，谁今天穿了什么，他们排队的时候距离前一位客人分别有多近，哪些客人是带走喝的，哪些选择在咖啡厅喝。

除非你迫使自己只关注于人们在咖啡厅所做的部分事情，否则你很快会发现自己茫然于无尽的谈话声、杯盘碰撞的噪声、音乐声、磨咖啡和咖啡师工作的声音、墙上的装饰、服饰、店门开关时外面吹来的冷风或者热浪、人的移动、灯光、香气，甚至你自己所点的茶或者咖啡的味道。尝试记录我们周围正在发生的事情，会让我们快速回到出生婴儿的状态，正如威廉·詹姆斯所描述的，"被眼睛、耳朵、鼻子、皮肤和脏腑的感官同时撞击，感觉就像是一场'喧嚣的暴乱'"。[15]

在回顾我自己做民族志研究所做的札记时，我总是惊讶于这种喧嚣的感觉又会历历在目。即使是若干年之后的今天，纸上的涂鸦还是能够让我或多或少地回忆起当时的疯狂，那种总是试图记录下文化中任何细小碎片的狂热历程。

例如，在很多年以前，我和我的学生曾开发一款电脑游戏，用于帮助中学生学习写作。作为项目的一部分，我对一门高级新闻学课程进行研究，这门高阶研讨课是教已经学过基本新闻报道的学生如何撰写长篇杂志文章的。这门课的挑战在于，学生已经在初级和中级课程中学习过关于撰写新闻报道的一系列规则，而在这门课中他们需要忘记其中一些规则，或更准确地说，学会更加灵活地运用之前的规则来撰写专题文章。于是我通过观察课堂，试图理解新闻专业的学生是如何学习写作的。

图2.1展示了我在第一堂课上所做的田野札记中节选的一小段记录文字：

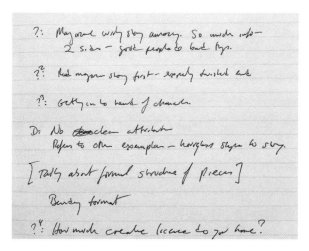

**图2.1　节选自观察高级新闻学课程的田野札记**

对于那些难以辨认我的鸡爪文的读者，我将这段标记及其上下文粗略地翻译如下：

{研讨室，15名学生，圆桌，13女，2男}
{桌子中央是由教授带来的"案例故事"书}
黛德：今天轮到琼
{琼展示了书中两篇作为例子的文章}

琼：两个故事。选择的理由：痴迷于人性扭曲的故事——谋杀和虐待。两个故事都是关于成长：暴力/融入.赫蒙族青少年.[停止阅读文字.]第一人称vs.第三人称

黛德：{打断}琼向我们展示了书评的过程。第一人称适合杂志写作风格还是报纸。更能引起情绪上的共鸣？

J：对我来说，感觉更有力量

黛德：还有谁更喜欢新闻故事的？

斯凯乐：更喜欢杂志故事。更有共鸣？杂志故事很精彩。信息量大–两面性–好人做坏事。

？2：我会先读杂志故事，期待人性扭曲的故事结局。

？3：代入角色的思考

黛德：没有清晰的属性

选择另一篇文章作为例子——沙漏结构的故事

[讨论一种规范的写作结构]

作者如何融合各种写作形式

？4：杂志故事中有多少艺术加工？

J：远比报纸中对角色的描述要多。是不是总是这样？

黛德：不。许多新闻有各种描述。好的写作会创造一种视觉图像。好的写作是视觉的——你可以看到景象。

斯凯乐："展示而不要讲述"

黛德：展示而不要讲述——但另一方面——"这会给我的故事增加什么？"描述不仅仅是利用它，而是有效的利用。"我要怎样才能把这个故事讲得更好"

在这段节选中一位叫琼的学生展示了她读了关于在暴力街区成长的两个故事后写的一篇学习报告。其中一个故事是一篇新闻报道，另一篇是杂志的专题文章。琼刚开始演讲没多久，黛德教授就打断了她并开始探讨杂志和新闻故事的区别。[16]

黛德询问学生是否认为，杂志故事更吸引人的原因是用第一人称写作。学生们认可了这一观点。黛德进一步通过比较两篇故事的文章结构，展示了杂志故事不同于新闻故事的新闻载体，直截了当

的新闻故事更多的是采用传统"沙漏"形式的写作结构。而杂志故事所采用的延伸描述的手法，在新闻故事中是不可能出现的。但是黛德强调说，所有好的写作都会注重描述技巧，而究竟花多大篇幅进行描述，是作者基于如何让故事更打动人心的视角而做出的决定。因此，她叮嘱学生，在选择花多少笔墨进行描述时要问自己：这样的描述方式会给我的故事内容增添怎样的效果？

回到我的这次田野札记中，当我用那些难以辨认的鸡爪文描述当时的情景时，它显得足够清晰整洁，但同时也让我一下就回忆起当时的记录工作有多困难。我几乎不知道任何人的姓名，也对讨论中哪些部分对我的研究是重要的毫无概念，因此也就无法确定哪些部分的讨论需要仔细记录。我甚至没空记录学生的穿着、表情或者姿势，我唯一所能做的就是记录他们的谈话内容。

关于民族志研究的教科书中，大量的内容是关于如何做田野札记的。田野札记是这种及时记录民族志研究者观察内容的专业术语。我需要澄清的一点是，我所做的田野札记远不足以作为大家学习的范本。但这个来自我通过一学期观察所做的数百页札记中的节选片段的确可以展示，试图仔细观察周遭事物所引起的喧嚣混乱给记录工作所带来的挑战。例如，你也许已经注意到，我无法识别所有课堂上的讲话者。其中一些人，如果经常发言，我会用他们名字的首字母，例如黛德和琼来表示。而另一些我还没有记住姓名的同学，我只能用符号和数字，诸如"？2""？3"等来表示。这些快速记录的方法在田野札记中很常见，也是学习民族志研究的学生需要掌握的技巧。

由于需要跟上谈话的节奏，也意味着我无法记录所有的讲话内容。这就是我会在一些短语上面打引号的原因，例如"展示而不要讲述"或者"这会给我的故事增加什么"。所有没有出现在引号内的内容被称作"总结性转录"（summary transcription），目的是抓住说话的大意和确保真实的谈话语气，但不是逐字逐句地记录。引号中的内容被称为"逐字转录"（verbatim transcription），也就是准确记录我所听到的每个单词。还有一些其他的记号，例如，花括号和方括号中的文字是我想写在札记中的内容，但并非教室内任何人所说的话。你会发现原始的手稿很难读懂，即使被我转录成电子版依然难以理解。事实上，好的民族志学者会在观察后重写他们的田野札记，而记好札记的挑战之一就是在足够勤奋地记录以获取好的数据，和强迫自己试图记录所有信息以至于什么也记录不下来，这两者之间取得平衡。[17]

但是关于田野札记真正重要的，不是民族志学者在选择记录他所观察到的内容时所具有的小技巧。记录田野札记的过程带给民族志学者的，是直接触碰我们俗话说的"第三条研究轨道"的机会。


# 丑陋的圣诞节毛衣


所谓"碰触第三条轨道"的隐喻，原本是指许多地铁和通勤火车上用来使车厢沿着铁轨前进的第三条电力轨道。像我这样从小在纽约市长大的人，小时候关于搭地铁的第一课就是触碰第三条轨道会触电。现在回想起来，会觉得当时如此强调的安全问题其实有点奇怪，因为如果你想触碰第三条轨道，你必须要站在火车的铁轨上，而那本身已经是非常危险的举动了。

但是这个隐喻仍然很有用，因为当你沿着某个领域的研究轨迹前行的时候，触碰第三条轨道会是一个危险的举动。所以你最好只是通过一个假想的例子来靠近第三条轨道。下面我就分享一个我的假想例子。

每年临近12月，在我所居住的威斯康星州，总有一件奇怪的事情发生，或者至少对我来说有点奇怪。人们开始穿一种毛衣，毛衣上面或印着一个有白胡子、戴着红帽子的人头，或是一颗松树，或一只巨大的装了礼物的袜子，或是在树林里面下着雪的场景。这些毛衣大多数人在一年的其他时候都不会穿，这并不是因为毛衣上面的图案是冬季的场景。穿这样毛衣的人，许多平时甚至从不会穿印有鲜亮色彩和大胆图案的衣服。

我可以想象许多人都见过这样的毛衣，甚至还穿过。事实上，这种毛衣的制造商在过去的几年里都发了财。美国 ABC 新闻网报道说，2011 年圣诞节毛衣销量火爆——聚会或比赛上，随处可见人们穿着这样节日主题的毛衣。2012 年纽约《时代周刊》发文说："从什么时候开始，假日毛衣从季节性恐怖变成文化试金石了？" [18]

我举圣诞节毛衣的例子是想要来触碰第三条轨道，因为我想问一个假设性的问题：民族志研究者会在他的田野札记中记录关于某个穿圣诞节毛衣的人的什么事情？一位假想的民族志研究者或许会记录如下内容：

1. 贾克琳穿着一件印有抽象风格的一个驯鹿头和两片雪花的毛衣。

2. 贾克琳穿着一件红色的毛衣，前胸有一块棕色的补丁。棕色的补丁上有三个小圆形的黑色补丁，在棕色补丁的上面分叉出黑色的格子图案，在图案的左右两边各有一个八角星。

3. 贾克琳穿着一件红色毛衣，毛衣上带有一个棕色的"盐窖"形（salinon）几何图案，图案里面包含了两个对称位置的黑色圆形图案和一个黑色的鲁洛多边形（Reuleaux polygon）图案，在"盐窖"形几何图案的上方是一个由迭代函数系统（iterated function system）生成的黑色分形（fractal）图案以及两个白色的塞尔布（selburose）图案对称分布在左右两侧。

4. 贾克琳穿着一件属于她姐姐的毛衣。

5. 贾克琳穿着一件看起来有些讽刺意味的圣诞主题的毛衣，因为她压根不过圣诞节。

6. 贾克琳穿着的毛衣体现了全球性的商品和服务交易，这件毛衣来自中国义乌圣诞节市场上 62 000 个展位中的一个，制作这件毛衣的羊毛进口自澳大利亚，而聚酯纤维产自印度。

7.贾克琳穿着一件特别光彩夺目的毛衣。

8.贾克琳穿着一件丑陋的圣诞节毛衣。

事实上，任何一种表述都可以简写为：J≥毛衣，带有驯鹿图案。可以想象，我们的民族志研究者和贾克琳本人都会认可以上的某些表述方式。但我想要说的是，这些对于同一件事情的、假想的描述方式是截然不同的。而这种不同，在民族志研究者看来包括两方面。

其中一点不同在于，民族志研究者通过观察得出的关于事物本身以外的信息量的大小。例如，如果描绘成"贾克琳穿着一件印有驯鹿图案的毛衣"，民族志研究者当然就要知道什么是驯鹿。但是他一定是有了其他额外的信息，才会写成"贾克琳穿着一件属于她姐姐的毛衣"，而这样的信息是仅仅通过观察获取不到的，需要了解关于贾克琳的许多其他信息，例如她的家庭，甚至她的衣柜。

心理学家阿特·格林伯格（Art Glenberg）在他的同事威廉·爱泼斯坦（William Epstein）的研究工作的基础上，将这种不同描述为周遭世界的"可投射（projectable）属性"和"不可投射（non-projectable）属性"之间的区别。爱泼斯坦和格林伯格认为，所谓可投射的，是那些我们可以直接指向的事物，例如观察者可以通过看、听、闻、触感受到的事物。这些事物是我们可以或多或少通过感官直接接触到的。因此严格来说，贾克琳毛衣的可投射属性会是"红色，前面有棕色补丁，补丁上有三个小的圆形黑色补丁"（代表驯鹿的眼睛和鼻子），"棕色补丁上面还分叉出黑色的格子图案"（驯鹿角）。这样的描述当然需要观察者们对红、黑、棕、白的含义，以及圆形、分叉的格子图案这些概念形成某种共识。如果你觉得这种共识多此一举，那我要提醒你注意这样的事实，许多不同的文化群体对颜色的识别是不同的。这种认识上的差异可能就发生在你身边，例如，我和我的妻子就从来没有在任何颜色上达成过共识。当我认为看到的是绿色时，她会称其为绿松石色(turquoise)或

量化民族志：一种面向大数据的研究方法

者青绿色(teal)，甚至是蓝色，这取决于我们当时看到的绿（或蓝）是深是浅。但不管怎样，可投射属性是我们多少可以感受到的事物本身的属性。[19]

而不可投射属性是需要在感官接受信息以外获取的额外信息。所以物理属性，例如颜色、数字、形状、模式或者空间结构通常都是可投射属性。社会属性，例如年龄、成本、所有权都是不可投射属性。我们会利用其他的经验和信息（例如贾克琳衣柜中还有什么东西）来识别某个事物的属性是否是不可投射的。

可投射属性和不可投射属性这种差别对于理解田野札记在民族志研究中的作用至关重要。对于民族志研究者来说，我们对于不可投射属性的理解，是建立在可投射属性之上的。需要澄清的是，没有任何观察到的属性是严格意义上的可投射，因为即使说"毛衣是红色的"，你也要知道什么是"毛衣"。虽然没有任何属性是完全可投射的，我们仍然可以说有些观察的属性相比其他属性更能够投射。相比于"贾克琳穿着一件属于她姐姐的毛衣"的描述，在写"贾克琳穿着一件印有驯鹿图案的毛衣"这种描述时，你确实只需要较少的额外信息。

可投射观察和不可投射观察，或者更准确地说，更多可投射观察和较少可投射观察是田野札记中的两个重要组成部分。更多可投射观察通常被称作"描述"（descriptions）。如民族志研究者科瑞恩·格莱斯（Corinne Glesne）所说，描述性田野札记是一种试图让民族志研究者，或者其他读者身临其境地看到当时的情景、人物和环境的记录方式。格莱斯用"看"（visualize）这个动词，形象地说明描述性田野札记的特点。描述性札记让人可以通过感受，而不需要太多解读来了解事物。格莱斯是这样说的，"你调动全部的感官，你的眼睛、耳朵和双手来捕捉情境中的细节并记录下来"。[20]

但不可投射或者较少可投射属性，也在田野札记中占据一席之地。这些"分析型记录"（analytic notes），有时候又被称作"观察者评述"（observer comments），是民族志研究者在观察的同时所思所想的记录。因此，"贾克琳穿着一件印有驯鹿图案的毛衣"是一个典型的描述性记录；但是好的民族志研究者还希望记录一些分析型笔记，例如"贾克琳穿着一件看起来有些讽刺意味的圣诞主题的毛衣，因为她压根不过圣诞节"。当然，这是在假设这个观察者当时确实有这样的想法情况下所做的记录。

在田野札记中记录分析型评述至少有两点好处。第一个也是最显而易见的好处是，这些评述可以让民族志研究者记录一些与他们所看到的信息有关的事情，虽然这些事情并没有直接出现在观察的场景中。在我自己的田野札记中，我会用方括号来记录分析型评述。比如之前的例子中，我写道：琼在描述她所选择的故事时，[停止阅读文字.]，然后黛德在解释新闻报道和杂志文章区别的时候，[讨论一种规范的写作结构]。在这两个例子中，我都是基于前期背景调研和访谈建立了新闻学认识，然后通过分析行为添加了额外信息。

第二个也是更重要的理由是，田野札记中记录的分析型观察，捕捉了初始的假设和猜想（通常我们会用"诠释"[interpretations]这一术语），是关于发生了什么以及为什么会发生的思考。分析型记录是民族志研究者对于他所记录的文化现象的第一次尝试性诠释。及时捕捉这些现象产生原因的初步猜想是有益的，因为这些初步的想法构成了研究者最终研究报告中的文化诠释的基础。分析型记录是民族志研究者试图向他人解读某种文化，并且区别于为适应特定文化所做的努力的关键所在。通过记录下他们最初的分析（也许是非常错误的），民族志研究者们可以看到他们后来的解释是从哪里一步步得来的。我们都会对身边发生的事情做出猜测，有时候想法很完备，有时候想法非常朴素天真。认识到这一点，而不是刻意不去猜想，有利于一名好的民族志研究者避免草率得出结论。

但说实话，假想的描述方式还存在另一方面的不同，即可投射属性和不可投射属性对于理解民族志田野札记至关重要的另一个重

量化民族志：一种面向大数据的研究方法

要理由：让我们直接接触到民族志研究的第三条轨道①，即主位和客位的不同。

# 主位和客位

在田野札记中，民族志研究者记录下他所观察到的情景的描述（可投射属性）以及他的分析或者诠释（不可投射属性）。但是还存在一个更深层次的问题，即事实上存在两种不同类型的描述和分析，而且这两种不同类型之间的差异更为微妙，也更关键。

例如，我们比较以下两种不同的描述方式，一个是"贾克琳穿着一件印有一个驯鹿头和两片雪花图像的毛衣"，另一个是"贾克琳穿着一件红色毛衣，毛衣上带有一个棕色的'盐窖'形几何图案，图案里面包含了两个对称位置的黑色圆形图案和一个黑色的鲁洛多边形图案，在'盐窖'形几何图案的上方是一个由迭代函数系统生成的黑色分形图案，以及两个白色的塞尔布图案对称分布在左右两侧"。这两种都是描述性的，因为都是在讲可投射的属性。虽然你需要知道什么是"盐窖"形几何图案、鲁洛多边形、迭代函数系统生成的分形图案以及塞尔布图案，才能够理解第二种描述，但你不需要关于毛衣和贾克琳的额外信息就能做出上述两种描述性观察。

假设你像我一样，不查字典就不知道"盐窖"形几何图案、鲁洛多边形、迭代函数系统生成的分形图案以及塞尔布图案的意思，可以看我在图2.2中向你展示的贾克琳的毛衣大致的样子。驯鹿的脸的形状用技术术语来描述可以叫作"盐窖"形几何图案，这是一个由四个半圆构成的几何图形。驯鹿的鼻子是一个鲁洛多边形，或者可以理解为边是弧线而非直线的多边形（在这个例子里是鲁洛三

---

① 第三条轨道指研究中的危险做法，即下文所述的由于主位和客位不同造成的偏见。——译者注

角形）。驯鹿角由迭代函数系统生成的分形图案来表示，分形的含义是说相同的基本模式在越来越小的尺度上不断重复。而雪花是用一种叫作塞尔布的图案形状来表示的，这是一种最早起源于挪威塞尔布地区的冬季衣服的针织图案。如果你对所有这些术语都有所了解，你也许就会同意两种描述毛衣的方式都是准确的。它既可以说是一头驯鹿和两片雪花的图形，也可以说是一个"盐窖"形几何图案、两个圆形、一个鲁洛多边形、一个迭代函数系统生成的分形图案以及两个塞尔布图案。

图2.2　贾克琳的毛衣图案

但是这两种描述方式有一个关键性的区别，也就是贾克琳本人很有可能会用第一种描述（"贾克琳穿着一件印有一个驯鹿头和两片雪花图像的毛衣"），除非她碰巧是研究代数几何的、在写毕业论文的研究生。第二种描述方式是社会学家可能采用的解释毛衣设计图案的方式，因为他可能正试图研究几何构图在大众文化中的作用。例如，许多学者会研究诸如抽象构图在企业商标、服装设计、20世纪的艺术和建筑中的作用这样的主题。[21]

因此第一种描述是贾克琳自己可能采用的描述方式，叫作"主位"（emic）观察，另一种是研究者更有可能采用的描述方式，叫作"客位"（etic）观察。主位和客位的概念是由语言人类学家肯尼思·派克（Kenneth Pike）首先提出的，而这两个单词分别出自语言学中的术语——音位的（phonemic）和语音的（phonetic）。一个音位就是人所能分辨的最小声音单位，例如字母 p 里面包含"噗（puh）"的音，或者长元音 e 发"意（ee）"的音。所以音位就是人在说某种语言的时候，听到的语音的基本单位。它们也是让外语学习者感到头疼的东西，因为当你学习一门外语的时候，这门新的语言中的音位可能并不是你以往在母语中常听到和用到的。[22]

而语音学则是研究人在讲话中发出来的声音和人所听到的讲话声。它所研究的内容，例如，分析怎样的嘴型会发出某个特定的声音；人的脑神经回路在生命各阶段如何发育使得人能够听懂某些声音，而听不懂其他的声音。语音研究的成果还包括音标，一种用于记录某种语言中所有可能的发音的符号系统；在字典中常常利用国际音标的奇怪符号来给字词注音（例如 schwa 表示的是在一个不重读的音节中发现的"呃"声音，或者也可以用倒写的 e 来表示：ə）。值得庆幸的是，如今任何一个好的在线词典都已经能够将单词读给你听了。

音位和研究者用国际音标（语音学）来描述音位，这两个概念对于区分处于文化中的人和研究者如何描述文化是很好的隐喻，因为人当然知道如何讲母语，但是却不用知道他的嘴型怎样才能发出准确的读音，也不用知道如何用国际音标来记录他自己的发音。

但是，不只是可投射属性的描述方式可以分为主位和客位两种。"贾克琳穿着一件看起来有些讽刺意味的圣诞主题的毛衣，因为她压根不过圣诞节"，和"贾克琳穿着的毛衣体现了全球性的商品和服务交易，这件毛衣来自中国义乌圣诞节市场上 62 000 个展位中的一个，制作这件毛衣的羊毛进口自澳大利亚，而聚酯纤维产自印度"，这两种表述都是对"贾克琳穿一件驯鹿毛衣"（或者如果你想采用客位的方式来描述，例如她的毛衣"有一个鲁洛多边形的图案")的诠释。同样，第一种方式我们会觉得更像是贾克琳对她自身的描述："你知道吗，我确实对过圣诞节不感冒，我只是觉得这个毛衣的驯鹿图案很奇怪，穿起来会显得有点俏皮。"而第二种诠释方式看上去更像出自某位研究者。

当然，即使一种叙述看起来像是研究者的语言，也一样有可能是主位的。比如贾克琳也许了解并且关心她所穿的毛衣背后带来的全球化市场启示。如果这就是她对于毛衣的思考方式，那么对于义乌圣诞市场的不可投射观察就不过是和"穿一件看起来有些讽刺意味的圣诞主题的毛衣"类似的反思而已。

我们永远无法确切地知道是主位还是客位，因为我们无法知道他人头脑中真正在想什么。我们只能够说，如果有证据表明描述的是我们观察到的文化中的个体对其自身经历的解读，那么这种观察或者诠释是主位的。

所以，观察有两个维度。在其中一个维度上，可以分为可投射属性的描述，或是对于环境中所发生情况的诠释。在实际中，民族志研究者的记录永远都不会是只有其一的。大部分的观察都包含了一些可以直接观察的东西，也有我们在前面的例子中所看到的一些额外的信息：你要先知道驯鹿是什么，才会写"贾克琳的毛衣上有一个驯鹿图案"。

在另一个维度上，不管是描述性的还是分析型的观察，都可能是主位或者客位的。如果是由所处文化中的个体（不管是贾克琳，还是黛德课堂上的学生，或是一名罗盘操作手）做出的解释或者描述，那它就是主位的。

那么什么是客位的叙述呢？是不是只要是研究者而非文化中的个体说的，就是客位的呢？一些人的确是这样区分的，客位的叙述就是任何非主位的，而且经常有学者用客位这个术语来暗指一个人对某事的看法是外行人讲话。

但是把客位简单定义成"非主位"，事实上却曲解了客位的含义。只有在**系统性**理解某种现象的时候，我们才能称之为客位的叙述。也就是说，只有当它是学术话语体系中的一部分时，我们才称之为客位。所谓学术话语体系就是学者们能够做出的、对在不同情境下不同主位描述和诠释的相同表述，这些表述是可以拿来比较、对比和建立表述之间的相互关联的。客位叙述是元语言的一部分，可以用来讨论多种不同的主位视角。[23]

哈钦斯提出的"观测地平线"就是客位叙述的一个很好的例子。事实上，海军水手不会用这个术语来解释他们自己的工作。但这并不是"观测地平线"被认为是客位叙述的原因，这个术语之所以被认为是客位叙述，是因为它属于更大的术语系统（学术话语体系），即哈钦斯用来解释他所观察的"标准航行观察"中水手们的工作中的一部分。"宽阔的观测地平线"让水手们检测和纠正错误成为可能。更重要的是，"观测地平线"的概念和它与错误监测之间的关系对于理解其他文化，例如工作场所、学校、核控制室等也是有用的。换句话说，"观测地平线"是一个客位的概念，因为它是可以应用到许多不同主位情境中的解释系统的一部分。

这种主位和客位的关系存在一个微妙但重要的问题。在描述和诠释的维度，观察可以是更多投射或者更少投射的，没有纯粹的描述或者诠释。但主位和客位的维度则更复杂。描述或者诠释可以是主位但非客位的，只要这种叙述方式是某种文化中特有的，但在其他文化情境的语言体系中不存在。一种诠释也可以是客位但非主位的，只要这种表述是能够应用于不同情境的学术话语体系的一部分，而不是某种文化中才能使用。但是我们也看到，观察可以既是主位也是客位的，即能够应用于不同情境中的系统性描述的一部分，同时也是某种文化中所使用的语言。比如贾克琳也许知道而且关心中国义乌圣诞节市场 62 000 个摊位的数据。

此外，还有一种情况会困扰民族志研究者们判断自己所做的研究是否具有科学性。

# 反　思

　　让民族志研究者夜不能寐的梦魇（考虑到他们的研究工作常常称得上是艰苦卓绝的，这可能仅是梦魇之一）是这样一种状况，即观察有可能既非主位，也非客位。这种情况说明，民族志研究者所做的观察没有正确反映文化中的人是如何看待事物的，也并不是客位话语体系的一部分。当民族志研究者用其自身所处文化规范来解读异域文化中的现象，而不是试图去理解他所观察的异域文化中的人和事时，就会发生这种情况。

　　分析（analytical）和评价（judgmental）的差异虽然微妙但是很关键。例如"贾克琳穿的毛衣体现了全球性的商品和服务交易"，和"贾克琳穿着一件特别光彩夺目的毛衣"。前者代表了民族志研究者对于贾克琳行为的某种理解，即使这种理解和贾克琳本人的理解并不相同。这种解读可能正确，也可能错误，但它是对贾克琳行为意义的一种尝试性诠释，虽然在这个例子中贾克琳本人很有可能并未意识到。但是描写毛衣"光彩夺目"至多只是观察者个人的观点，对于促进他人对研究者所观察文化的理解帮助有限。[24]

　　观察有可能是基于研究者自身的假设或者信念体系，这种风险就是我所谓的民族志研究、定性研究，或者更宽泛的诠释性研究方法中存在的"第三条轨道"的风险，事实上任何研究都存在这种风险。就像是耶弗他①时期，在基列的犹太人用希伯来文字 שבלת（信仰）来区分敌人还是朋友；在数据分析的世界，也有用自己的暗语来区分不同研究领域的"信众"。这个暗语叫作：[25]

　　**偏见（Bias）。**

　　当民族志研究者站在自身文化的视角，而不是从被观察者的文化视角，来理解后者的所作所为时，就会存在偏见。偏见就是，用

①旧约圣经《士师记》（*The Book of Judges*）中人物。——译者注

研究者自身的文化，而不是被研究的文化进行诠释。更为普遍的偏见是，认为自身文化优于被研究的文化。偏见就是写"贾克琳穿着一件特别光彩夺目的毛衣"——我对圣诞节毛衣的看法，和"贾克琳穿着一件丑陋的圣诞节毛衣"——贾克琳对待圣诞节毛衣的看法，这两者之间的区别。

综上所述，我们可以将可能的描述或诠释分为三个类别：主位、客位和偏见（图2.3）。其中，描述和诠释可以同时是主位和客位的。当然，我们还要注意，这三个类别不是泾渭分明，而是互有交集的，因为在民族志研究（也是日常生活）中，很少有绝对的情况出现。事物总是或多或少地带有偏见，偏向主位或者偏向客位。[26]

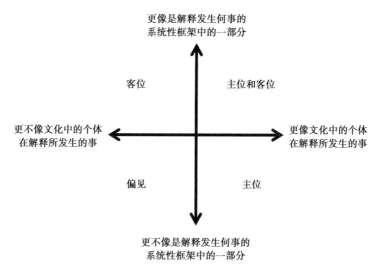

图2.3　民族志观察类型在客位、主位和偏见上的分类

民族志研究者总是谨慎地分辨主位描述和诠释、客位描述和诠释，以及带有偏见的描述和诠释，以此来明确他们自身的信念会对他们所观察的异域文化现象造成怎样的影响。好的民族志研究者甚至会在研究过程中，通过写备忘录的方式来反省告诫自己。

这些备忘录往往所记内容涉及甚广。在观察开始以前，备忘录会记载民族志研究者为何在特定地方进行观察，他希望看到的是什么，他对此次观察活动有何担忧和顾虑。在每天完成田野札记之后，好的民族志研究者会重读一遍自己所做的札记，反思记录中自己的所见所闻有哪些意外，自己对于事件的理解还有哪些可能的解读，当天的观察工作对于未来的观察有怎样的启示，是否有特别重要的问题出现，是否需要对新的事物观察和收集更多的信息。像这样的备忘录，为民族志研究者提供了记录感受、想法、印象、关注点、思考、计划和修正解读的机会。

用来表示这种反思自己的思考的行为的术语，叫作反身性（reflexivity）。戴安·瓦特（Diane Watt）归纳了反身性的重要性，她指出在民族志研究中，研究者是收集和分析数据的主要"工具"。要想收集好的数据和做好的分析，就要清楚了解"工具"的工作方式：它的优缺点是什么？它的局限和偏好是什么？因此记录自己为何在田野札记中记录这些内容，甚至记录下为何在备忘录中记录这些反思的内容，这样的反身性过程是民族志研究中极其重要的部分。[27]

如果这听上去是相当大的工作量，那我必须要说，确实就是的。格莱斯警告民族志研究的新手："你的舒适区也许会被札记记录的要求所打破。你需要在记录足够量的札记以支持你的研究需要，和记录多到让自己觉得厌恶之间取得平衡。"但是所有这些记录的工作都是为了帮助民族志研究者认识到自身的偏见，认识到自己以往的经验、偏好、感受、想法和假设都会对正在进行的观察和解读产生或多或少的影响。[28]

上面这句话对于任何民族志研究都是非常重要的，特别是量化民族志研究，所以请允许我再重复一遍：

> 民族志研究的关键就是要意识到偏见的存在，即以往的经验、偏好、感受、想法和假设都会对正在进行的观察和解读产生或多或少的影响。

在这段话中有两点需要注意。第一是那一长串名词会影响观察和解读，即以往的经验、偏好、感受、想法和假设。其中包括了思想、情感和经历的事件，还可能包括其他因素。民族志研究者的任何方面都是造成偏见的潜在因素，这就是为什么民族志研究者要利用备忘录仔细记录他们工作。

第二点需要注意的是，偏见并不仅仅影响我们对现象的解读，它首先会影响我们的观察。回到我之前展示的我的田野札记，我猜想有些读者，特别是一些年轻的读者或许会有疑问：为什么他的第一手资料是手写的？用笔记本电脑或者平板电脑会更容易，也可以通过拍摄视频或者录制音频的方法。

是，也不是。这些札记是我很多年以前所做的，但是即使回到苹果手机尚未发明的"黑暗年代"，我们还是有电脑和摄像机的。问题是，在电脑甚至平板电脑上打字会产生干扰。人们更容易注意到在角落里打字而不是做笔记的人，尽管这种现象会随着时间的推移而改变。有一些人能够很快忘却谈话过程中摄像机的存在，但是另一些人却始终会觉得不自在。除此以外，还有伦理方面的问题，毕竟从保护研究对象的身份来说，保存录制的音视频数据不被泄露要更困难。

更为重要的原因是，不管民族志研究者如何记录观察，他都只能记录发生的部分事情。录音意味着不能分析观察对象的移动和姿势。录视频意味着只能从一个角度（如果是固定机位拍摄）或者一个视角（如果是移动机位）捕捉场景。正如罗杰斯·赫尔（Rogers Hall）在他的论文《视频录制的理论》（*Video Recording as Theory*）中所说的，"技术和理论的局限，使得我们所获取的数据仅仅展示出我们已经认为有趣的部分，但却无法提供更多的信息"。[29]

我们总是在做决定——要观察什么，不要观察什么。民族志研究者手写田野札记的时候会很快做出各种决定。埃莉诺·奥克斯（Elinor Ochs）认为民族志研究者不仅要决定观察什么，还要决定用何种方式记录观察。在《转录的理论》（*Transcription as Theory*）

中，奥克斯写道："作为特定文化中的一员，我们给转录过程带来空间组织上的偏见。我们展示数据时总会带有某种文化上的期待，也就是内容的呈现会有先后，或者某部分内容会被视作属于一个特殊的群体或者类别。" [30]

因为我们总是必然地、无法避免地需要选择观察什么以及如何观察，所以我们的观察也总是受到我们的经验、偏好、感受、想法和假设的影响。我们所记录的是真实发生的但又和我们作为观察者共同作用的产物。记录的行为事实上是观察者和被观察环境的一种"交互"（interaction）。

所以说，观察"总是"受到偏见的影响。我之所以强调"总是"一词，是因为这个关于观察的事实不仅存在于民族志研究中，在任何社会科学研究，甚至任何人类活动中都普遍存在。所有的数据，甚至是海量的大数据，都是对所发生事件的转录。但是这种"所发生的事件"是观察者和被观察对象之间交互的结果。即使最先进的记录设备也不可能记录所有，而只能记录其中的部分数据，而这种选择所依据的，其实是观察者在分析历史记录数据时所做的有意或无意、显在的或隐含的决定。

让问题变得更复杂的是，有些东西容易记录，而有些则几乎不可能。正如记者亚当·戴维森（Adam Davidson）所指出的，对于1940年代提出并沿用至今的用于政策制定的经济学模型，其实经济学家设计之初"并不清楚如何对母亲抚养子女的能力做出价值评估，或者如何衡量应该为保护清澈的河流或干净的山川付出多大代价。他们只是基于所能够收集到的数据建立统计模型"。如果某类信息比其他信息更容易获取，很可能就会被收集和用来做分析。劳伦斯·柯尔伯格在做关于道德发展研究的开拓性工作时，仅仅访谈了男生；经济学家仅仅考虑了烤面包机本身的价格，而没有测算它从出厂到用户手中的流通成本；还有当今我们关于人的大脑如何工作的发现，大多来自对大学本科生的研究——毕竟对心理学实验室而言，会有源源不断的本科生希望通过参与实验获得一点额外的酬劳，而且又近在咫尺。[31]

也就是说，虽然有些研究者错误地认为偏见可以避免，甚至可以通过一些精心设计的实验和处理数据的方法加以预防，但事实上我们无法完全摆脱偏见。这就是为什么在民族志研究中，最关键的不是要消除偏见（那是不可能的），而是要真正理解研究中造成偏见的可能原因，并对数据为何如此呈现，及其收集的条件和假设详加说明。[32]

但我必须澄清，偏见的问题并不局限于民族志研究，偏见的概念也不是用来区分民族志研究者和其他研究者群体的。偏见只是类似用希伯来文所写的暗语，用来识别那些理解"数据的真正含义永远无法像它所呈现的那样"这句话的研究者的。记载经历的田野札记，以及民族志研究者对于经历的关注点所存在的偶然性，并非民族志研究中的数据所特有的属性。所有的数据都有这种属性，包括我们都正徜徉其中的浩如烟海的大数据。

总之，民族志研究是诠释文化的一种科学研究方法。它利用田野札记来记录世界上的某些群体如何行动和交互，以此来理解这些人是如何认识他们自身的所作所为。民族志是一种微观生成的研究，主要分析特定群体及其在特定环境中的活动所产生的大量数据，所以它的研究结论的适用范围是很有限的：我们只是了解了某些特定群体的人会有怎样的行为以及为何会有这样的行为。当然，好的民族志研究，它会提供一种思考文化如何运作的框架。这种理论模型又可以帮助我们理解其他环境中的另一些人所做的另一些活动。

但是，好的民族志研究工作的一个重要特征就是，它承认所有的生成数据都来自观察者和被观察对象之间的交互。因此，没有数据是真正"客观"的，偏见永远存在。真正重要的是，我们如何在不可避免的偏见影响下，采用系统性的方法应对数据诠释带来的各种挑战。

从传统的民族志研究迈向量化民族志研究的第一步，就是要理解这种科学研究方法的体系如何运作。在始终存在研究者自身对研究过程的影响的情况下，民族志研究如何利用田野札记来理解文化。在下一章中，我们将对这个体系的基本架构做更正式的阐述。

# 田野调查

对于想要进一步了解本章所涉及的一些内容的读者，我推荐阅读埃德温·哈钦斯的一些著作。他最知名的著作是《荒野中的认知》（*Cognition in the Wild*）。除此之外，他还写了一些关于海军航行、飞行员和其他群体协作完成复杂任务的文章。我最喜欢的一篇文章是《飞机驾驶舱是如何记住它的飞行速度的》（*How a Cockpit Remembers Its Speed*）。在我教授定性方法课的时候，我会选用科瑞恩·格莱斯写的教材《定性研究方法导论》（*Becoming Qualitative Researchers: An Introduction*）。它已经出版了很多版本，最近的几版都很值得阅读。格莱斯的书中有专门介绍民族志方法的章节，书中还涉及定性研究的其他方面，其中有些问题会在本书的后续章节有更详尽的阐述。[33]

对那些研究方法初学者，我还是强烈建议我在本章开始所说的：找一个公共的、人们都会互相交流的场所，例如咖啡馆，然后花一两个小时，试着观察和做札记。

如果你确实这样做了，下面有一些问题是供你思考的，而且最好可以写入你的备忘录：

## 观察备忘录

1. 你是如何做记录的？简单还是困难？为什么？
2. 你观察的焦点是什么？为什么你当时选择观察这个点而

不是其他点？

3. 有没有什么焦点以外的发现？如果有，那是什么？如果没有，又为什么呢？

4. 从这次观察中你会得出什么样的结论是你觉得其他人也会觉得有趣的？你为什么觉得这些是其他人也感兴趣的发现呢？

# 3.

## 抓地力

### "战地故事"

民族志是一种系统性观察世界的方法，是利用数据来诠释文化的研究方法。不同于那些简单盲目地将数字扔进方程，寻找可能有意义也可能无意义的模型的方法，民族志研究的工具和技术给我们提供了一种使用大数据的新方式。

但是在采用民族志方法分析大数据之前，我们需要对民族志是一种系统性理解世界的方法有更准确的认识，即需要了解民族志研究者所使用的工具和技术，以及在始终存在研究者自身对研究过程的影响的情况下，民族志研究者如何将田野札记转变为对文化的理解。

在提出量化民族志的分析框架之前，我们先要看看民族志研究是如何进行的。我还是先从一个例子说起，之所以选择这个例子，是因为这是我自己曾经做过的一个研究，我很熟悉。但它绝不是民族志研究中做得最好的案例，我展示的目的也不是让读者来模仿。这个例子无法涵盖民族志研究的所有工作，事实上没有哪个民族志

量化民族志：一种面向大数据的研究方法

研究可以包罗全部。但这个节选的例子展示了民族志研究中将田野札记转变为诠释文化活动的三个关键部分。

在上一章，我提到了许多年前，我在研究新闻学高级报道写作课程的田野札记中记录的部分内容。关于这门课程的研究，我曾取了一个夺人眼球的题目："认识论和专业实践中的参与结构：新闻学 J828 课程背后的故事"（*Epistemography and the Participant Structures of a Professional Practicum: A Story Behind the Story of Journalism 828*）。下面是摘录自这篇论文中的一段关于课堂的描述，为使内容更为清晰，我稍微做了修改。[1]

在一整个学期中，新闻学 J828 这门课的学生完成了 4 个新闻故事的作业。在学期开始时，课程主讲老师黛德布置了一个作业，叫作"作者的集训营"。学生们观看了电影《义海雄风》（*A Few Good Men*）的最后试镜场景，然后要写一篇 500 字的报道。第二次作业，学生们花了一天时间待在县法院，通过观察完成一篇关于某次审判的报道。第三次作业要求学生写一篇跟踪报道，是就他们第二次所观察的审判中发生的某个事件，通过深入挖掘进行后续报道。最后一个大作业，学生们要从 12 个后续报道中选择其中的三个主题，然后以小组形式，每组 4 名"记者"，就某个主题完成一份完整的专题新闻作品，包括一篇主要报道和一些相关的边栏新闻。其中一个小组的主题是少年拘留系统中的不平等现象，另一组的主题是法院系统里的酒驾司机，第三组（也是我主要关注的小组）选择的主题是贫穷被告群体寻求法律代表的能力。最后这个大作业中包括三份作业：向政府机构提交一份自由信息法案的请求、一份初稿和一份最终稿。

每次作业的课堂活动有三种组织形式："战地故事"（war stories，意指现场报道）、新闻会客室和审稿环节。在"战地故事"活动中，一位退休记者（教授本人或者邀请的嘉宾记者）会和全班学生分享回顾他自己的新闻职业生涯。学生有时会（如果是嘉宾记者的话，老师也会）向演讲者提问，但通常演讲者会做一个完整的报告，包括叙述事件的经过，并简要说明故事背后的道德问题和吸取的教训。

例如，黛德介绍第二次作业"警察和法院"的时候解释说，警察和法院对于记者来说是一个典型的初级新闻报道任务，它给年轻的新闻记者了解官方和非官方在报道重要事件时的区别提供了学习的机会。她说："向新闻记者撒谎是被社会大众接受的现象，但是新闻记者却绝不能报道假新闻。"通过举例，她和学生分享了她第一次当记者时发生的一个故事。在她当时工作的一个小乡村，她写了一篇和当地一名治安官对事件的描述相矛盾的报道，这使得这名治安官之后一直拒绝再接受她的采访。她总结道："新闻记者永远都不会和新闻线索的来源人成为朋友。如果你觉得对谁有所亏欠，那应该是对读者和对事实的真相。如果你是一名优秀的新闻记者，在完成工作的时候就有可能会激怒受访者，但如果他们是正直善良的，那他们早晚会忘记当时的不快。这不是私人恩怨，媒体的力量不是针对个人的。"

同样，一名记者吉尔受邀作为演讲嘉宾来到课堂时，他花了很长时间讲述了一个关于一家报社卷入一起国家养老金丑闻的新闻报道。这个丑闻是：在一次县政府关于新的养老金计划进行投票的例行会议上，县监事们计划通过减少民众收入涨幅来降低税收，同时又提高县里公务员的养老金。当时与会的新闻记者并没有发现其中的端倪（没有觉得是有价值的新闻），但为当地一家杂志社供稿的另一名自由职业者将这则消息泄露了出来，于是该杂志社派出一组记者就此事展开了深度调查。"一位调查记者后来被派去事发县，而另一名拥有丰富经验的资深财经记者负责阅读这次事件的相关经济文档。"他们花了两周时间揭露了复杂的养老金系统存在的问题，但超出他们预期的是，当这则新闻最后被报道出来时引起了一场社会地震。吉尔说："我从来没有在做一篇新闻报道的过程中有类似这样的经历，这篇报道发布后的第二天就掀起了当地群众极大的愤怒情绪。"县里的电话系统都瘫痪了，县长和他的团队最后被迫辞职，县监事会收到要求召回计划的请愿书。吉尔解释道："我们从未见过在类似这样一次例行会议后，会引发如此之多的报道。最后，一个两年前认识的老友向我透露了内幕。这种丑闻的内幕最后会透露给一个诚实的人，他们希望找这样的人来诉说内情。如果你是一名记者，你会希望他们第一个想到的是你。"他在故事的结尾总结说，在这样一个自组织的社会，我们需要警觉的媒体，没有什么比扮演"看门狗"的角色更重要的工作了。他总结道："只有在聚光灯下，政府部门的工作才会保持廉洁而没有污点，因此要让新闻媒体的聚光灯能够到达那些暗处"。

在这次研究中，我还谈到了我所关注的课堂上的另外两类活动：新闻会客室（news meeting）和审稿环节（copy editing）。但在这里，我只想指出，我所列举的"战地故事"活动的两个例子都是关于"新闻记者扮演的是'看门狗'的角色"这个核心思想的。黛德和吉尔在"战地故事"中所举的例子都是为了要告诉学生，新闻记者的职责就是要确保丑闻得以曝光。对于这一观点，他们的解释包括：

> "新闻记者永远都不应该报道假新闻。"
> "如果你觉得对谁有所亏欠，那应该是对读者和对事实的真相，不管真相是什么。"
> "你从未见过……会引发如此之多的报道。最后是一个两年前认识的老友向我透露了内幕。这种丑闻的内幕最后会透露给一个诚实的人，他们希望找这样的人来诉说内情。如果你是一名记者，你会希望他们第一个想到的是你。"

"新闻记者扮演'看门狗'（watchdog）角色"是一个主位概念。"看门狗"的说法常常被新闻记者用来描述自己的工作，黛德老师在她的课堂上常常提到这个词。2001 年，在我开始这项研究前不久，担任《纽约时报》（*New York Times*）华盛顿分社社长和

《亚特兰大宪法报》（*The Atlanta Journal-Constitution*）主编的比尔·科瓦奇（Bill Kovach）和美国新闻协会执行会长汤姆·罗森斯特（Tom Rosenstiel）在一篇发表在《哥伦比亚新闻评论》（*Columbia Journalism Review*）上的重要文章中问"看门狗是否成了濒危物种？"他们合著的《新闻的十大基本原则》（*The Elements of Journalism*）指出，新闻从业者的职责就是"监督权力和给没有话语权的人提供说话的机会"（p.111）。他们认为调查记者应当致力于将躲在暗处的"强大势力和社会机构"（p.13）的真实情况公之于众。[2]

因此，我在观察课堂时所做的田野札记就转变为，诠释在新闻学课程J828的课堂上，新闻工作者和受训练的新闻专业学生是如何理解他们的所作所为的。

## 身份、实践、价值观和知识

新闻记者应该不负公众信任，扮演"看门狗"的角色来向关注对象提问。这不是解释在J828这门新闻学课程上新闻工作者们所作所为的唯一一个主位思想。新闻记者并不总是使用"战地故事"这样的术语来描述他们的工作经历，也许是因为"战地故事"本身字面的含义就是发生在战争现场的新闻故事。真正的战地故事对于一名新闻记者的成长是非常重要的经历。越南战争的战地记者大卫·哈伯斯塔姆（David Halberstam）曾提及他如何通过"潜移默化"的方式掌握新闻写作技巧，也就是观察更有经验的资深新闻记者如何工作，并和他们把酒相谈直至夜深。我在J828这门课上的另一研究问题就是希望了解这种"潜移默化"是如何具体实现的，即资深的新闻记者在讲述战地故事的时候希望传递什么样的知识，以及学生从这样的分享中学到了关于成为一名记者的什么样的知识。[3]

下面我通过这项研究中的另外一个战地故事的例子来加以

说明：

  在课程中期，一名叫作布莱恩的当地记者受邀担任课堂嘉宾，介绍他主办的报纸和他的新闻写作风格。布莱恩说道："对于新闻记者来说，关键问题是，那个爆料人可信度如何？"他解释说他总是希望能够保持低调……就像一名普通人，……"我更希望是出现在这种情境下，也就是当事情发生时，有人正巧在说'我想找个记者'。虽然这种情况并不多见。"但是，他告诫学生们，接受新闻记者采访并不总是符合受访者自身的最佳利益，所以他总会记得向消息源解释可能的负面影响。布莱恩解释说他希望消息源拥有是否透露消息给他的选择权。

  布莱恩为了说明这一点，举了一个例子。几年前，一个叫丽塔的女人告诉警方，她被人"用刀挟持强奸并打劫"。警察没有选择相信她，于是在压力之下，她选择将她的遭遇公诸媒体。地区检察官向丽塔提起诉讼，指控她向警方撒谎，但后来因为找到证据证明她确实曾被性侵而又撤销指控。但是当地警方仍然没有就丽塔最初的指控展开调查，于是她向当地法院提起诉讼，但最终仍被撤销。最后，联邦法院终于展开调查，并找到了犯罪嫌疑人。

  "你当时对此事的报道是否影响了事件的走向？"黛德问。

  "是的，带来了负面的影响，"布莱恩回答，"他们千方百计想要证明他们没有犯错。"警察想要"证明他们是对的"，并不惜"抹黑"受害者。布莱恩说在那个时候刑事司法体系"让我感到恐惧。（警察们）如此强势而缺少担当。他们觉得可以摆平一切，而且事实确实如此。他们从来不承认自己错了，他们不愿意承认他们远比想象的容易犯错，这让他们成为这个星球上最危险的一群人"。

  "当然，并不是所有警察都是正义的"，黛德补充道。然后她分享了一个她还是记者时候的例子。一名银行家说服了一名当地警察局长，让他篡改警方报告来掩盖银行家自己的罪行。黛德当时无法找到独立的证据，因此没办法将此事公之于众。

她总结说："没有确凿的证据，你无法对付警察，你是不可能动动嘴皮子就赢了警察的。"

"但有些警察确实很坏"，布莱恩继续回应说，"主要问题是权力越大，被问责的可能性就越小。"他继续解释他在做记者时的做法，他会告诉那些来向他爆料的人，"先去找律师，如果律师希望将这件事情公开，再来找我"。

我们从这些战地故事中可以看到布莱恩和黛德是如何与学生分享他们对于记者身份的认识的，记者就是"当事情发生时，有人正巧在说'我想找个记者'，会出现在旁边的人"。对于布莱恩而言，这意味着遵循一系列价值观：让那些原本没有机会讲述他们自己（或者他们身边）故事的人能够找到说话的渠道，并通过这样的做法使警察——那些以为可以摆平一切的人——为自己的行为负责。为了让这些价值观得以体现，布莱恩采取一系列特殊的实践行为：向潜在的爆料人解释可能的负面影响，使得他们可以选择是否继续爆料给记者，或者直接告诉他们"先去找个律师，如果律师希望将事情公开，再来找我"。这些实践本身需要记者具备对新闻工作的基本认识，例如接受记者采访并不总是符合受访者自身的最佳利益，或者"没有确凿的证据很难对付警察"。

换句话说，布莱恩和黛德在用这些故事向学生展示扮演"看门狗"的记者所具有的身份、价值观、实践和知识之间的关联：记者如何引起公众对不平等的关注，如何监督拥有权力的人和机构，以及如何给没掌握权力的人提供发声的机会。

这个例子所反映的主题是，扮演"看门狗"意味着记者"要出现在群众需要的地方"。不仅要给那些没有话语权的人提供发声的渠道，还有责任提醒那些消息源接受记者采访所面临的潜在风险，甚至还必须认识到自己需要有确凿的证据才能"对付"警方。

这些都是主位的想法，但是在阅读这个例子的过程中你会注意到一种从主位到客位的转移。在例子的倒数第二段中，我在描述这些主位概念的时候用到的术语绝对不是布莱恩和黛德在课堂上会想到的词汇，例如"身份""价值观""实践"和"知识"。这些词语当然是布莱恩或黛德在日常生活中会用的，但我所使用的情境和他们是不同的。我是在建构的理论框架下，解释在J828这门课上发生了什么的时候，用到这些概念。

事实上，身份、价值观、实践和知识这几个概念分别来自不同的理论框架，其中最广为人知的是"实践共同体"的思想。在20世纪90年代初，研究者让·莱夫（Jean Lave）和爱丁纳·温格（Étienne Wenger）把在一起工作、解决相似问题、互相之间分享相似解决方法的一群人称作实践共同体，例如裁缝、新闻工作者或是海军水手们。每一个实践共同体都有一些方法，可以使得初次进入共同体的"新手"学习着像其他共同体成员一样工作实践。在这个过程中，这些新手也会逐渐把自己视作共同体中的一分子。在我研究J828这门课的时候（包括现在也是），我的兴趣在于研究"新手"成为实践共同体成员的过程，这个过程同时也是伴随着整个共同体的知识和价值观不断积累和成长的过程。[4]

我们后面还会回到实践共同体的思想，以及什么叫作成为共同体成员的主题上来。眼下我之所以提到实践共同体的思想，是因为它是一个概括了身份、价值观、实践和知识这些概念的理论框架，所以它们是客位的概念。关于这个例子的一个关键部分，也是我在上一节开始时所讲的三个关键部分中的第一个，是我对于新闻记者在分享战地故事时所作所为的解释，将这些客位概念和关于扮演"看门狗"角色的主位概念关联在了一起。"看门狗"的意思就是要在群众需要记者的地方出现，给没有话语权的人提供讲话的机会，提醒他们接受记者采访所面临的潜在风险，以及了解新闻记者需要确凿的证据才能"对付"警方，等等。

民族志研究者和许多其他类型的定性研究者都用到一个术语，来解释这种主位和客位概念建立的关系，叫作"深描"（thick description）。

# 深　描

　　民族志研究中的深描思想来自克利福德·格尔茨的开创性著作《深描：文化的诠释》（*Thick Description: Toward an Interpretive Theory of Culture*）。深描以及它与另一个相对应的词"浅描"之间的区别，是格尔茨从吉尔伯特·赖尔（Gilbert Ryle）的研究中借用过来的。像与他同时期的路德维希·维根斯坦（Ludwig Wittgenstein）一样，哲学家赖尔将语言视作理解思维工作方式的一种途径。赖尔的另一句名言"机器中的鬼魂"后来变成了阿瑟·库斯勒（Arthur Koestler）写于 1967 年的哲学心理学著作的书名，英国摇滚乐队警察乐队在 1981 年创作的一张专辑的名称和好几本儿童小说的书名。[5]

　　赖尔在萨斯喀彻温大学的一次演讲中解释了深描的含义，后来这一概念被收录到他的著作集中。就像许多哲学家经常做的那样，赖尔用一个杜撰的例子来解释深描的含义。这个例子值得花些篇幅在这里引用，为了突出重点我删掉了一些过于哲学意味的细节，并将原文中长的段落做了一些分割：[6]

　　　　两个男孩飞快地眨了下右眼。其中一个男孩只是不由自主地眨眼；但是另一个是为了和某人密谋什么事而狡黠地故意眨眼。

　　　　采用最浅描的方式，两个人眨眼的动作一模一样。如果像放电影一样呈现这两张脸上的表情变化，很可能无法区分哪一个是不由自主地眨眼，哪一个是故意地眨眼。

　　　　虽然这两种眨眼之间从影像上无法区分，但是仍有巨大的差别。故意眨眼是想要向特定的对象，而非其他人传递某种信号，而这一信号是双方早已沟通过的暗号，这种眨眼是有成功或者失败的唯一结果的。

　　　　所谓失败就是特定的接收对象并没有看到眨眼；或者看到了但是不知道或忘记了眨眼背后的暗语；或者误解了眨眼的含义；或者并没有遵照眨眼背后的含义做出反应，对此视而不见；还有可能被错误的对象看到了。而不由自主地眨眼则无所谓成功与否，它没有预期的接收者，也没有不想被其他人看到的意思。它不是为了传递信息，可能是一种疾病的症状。

故意眨眼的人不可能不知道自己在眨眼；但是不由自主眨眼的人却很可能并不自知。

故意眨眼的人能够解释他这么做的原因；但是不由自主眨眼的人也许会极力否认他眨眼了。

到目前为止，我们都了解了这样两种不同的眨眼。我们将故意地、自发地、串通过地、为了传递暗号地眨眼和不由自主地眨眼做了区分。但是，也许这个想要故意眨眼的男孩，由于技巧并不娴熟，眼眨得又慢、又扭曲、又明显。

第三个男孩，为了打趣他的这个小伙伴，模仿他同样笨拙地眨眼。他是怎么做的呢？就是像第二个男孩一样笨拙地眨了下右眼。但是这个打趣者自己并不是笨拙地想要暗暗传递信息给共谋者。他是很搞蛋地想要故意展示他的表演，如果他的同伴（也就是第二个男生）没有看他，或者没有被逗乐，或者误解为他想要暗暗传递某个共谋的信息，那他的表演也就失败了……

像套娃玩具，我们可以很容易地继续增加新的情形。例如，对于打趣者来说，为了使自己的模仿更惟妙惟肖，他可能会独自练习面部模仿。因此，在练习的时候，他还没有想要去打趣别人。因为这时候他只是一个人，他只是在为接下来的公开表演做着排演……

赖尔的意思是想说这种不由自主地眨眼、故意眨眼、模仿笨拙地故意眨眼、练习模仿笨拙地故意眨眼，从动作上看都是在眨眼。如果赖尔的"电影放映机"记录了这四种男孩的表情，播放出来的都是类似的。

赖尔这样总结：

> 对于练习模仿笨拙地故意眨眼的表情做浅描，基本上是和不由自主眨眼的表情没有区别的；但是深描则像一个有许多层次的三明治，只有三明治的最底层才是浅描的样子。

对上述例子的浅描是"两个男孩飞快地眨了下右眼"；而深描

则会描写为其中一个男孩"想要向特定的对象，而非其他人传递某种信号，而这一信号是双方早已沟通过的暗号"。格尔茨认为深描和浅描之间这个最基本的区别是民族志研究的核心。在格尔茨看来，民族志研究的目的就是要提供这样一种深描："一种分层的、有意义的结构，来展示是不由自主地眨眼、故意眨眼、模仿笨拙地故意眨眼，还是练习模仿笨拙地故意眨眼，究竟是其中的哪一种发生了并被接收到了，以及如何解读这种行为。"[7]

民族志研究者通过解释人为何会有某种所作所为而进行深描，深描对象可以像我之前举例的新闻记者、海军水手，或者像格尔茨在他的著作中所列举的柏柏尔部落的人、犹太商人和法国士兵。也就是说民族志研究创造了某种文化的客位表征，作为对文化的一种系统性诠释。

然而问题的症结在于什么样的描述才能称得上是深描，才能因此被认为是民族志研究。这种系统性的诠释是否是基于新闻记者、军需官或柏柏尔人自身对其所作所为的理解。这里我们要注意的是，正如我们无法确定贾克琳是否知道或者关心她的毛衣对于国际化市场的启示，我们也无法基于他人的思考来做出诠释。但我们可以确保我们的系统性诠释——客位的诠释——是基于本位的描述和诠释而做出的。就像格尔茨所论述的，所谓民族志的表述就是"有关柏柏尔人的文化、犹太人的文化和法国人的文化的描述，必须依照我们想象的柏柏尔人、犹太人和法国人对他们自己生活经验的理解，以及他们用来明确说明其经历的语言来构建"。著名的民族志研究者马歇尔·萨林斯（Marshall Sahlins）有更为简洁的解释："所有客位概念或者客观的、科学描述的语言是基于一系列有意义的、主位概念建立的。"[8]

深描之所以是民族志研究必不可少的部分，是因为它描述了民族志研究者如何进入某些情境（在这些情境中一些特殊的现象正在发生），并系统性地记录下观察的过程。那些观察包括正在发生的现象的可投射属性（描述）以及不可投射属性（诠释）。在之前我们已经讨论过，描述和诠释可能是主位的，也可能是客位的。与之相对，浅描主要记录现象的客位属性，例如"两个男孩飞快地眨了下右眼"。

用图的形式来表示，这种对观察类型的分类（也就是萨林斯所谓的有意义的网格）可能如图3.1所示。

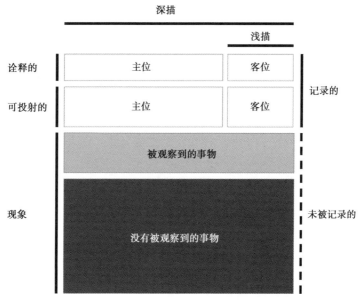

**图3.1　观察的分类**

在所有可被观察到的事物中，民族志研究者只关注其中的一部分事物，而能够被记录下来的，又是所关注的事物中的一小部分。这些记录的内容中，有一部分是当前情境的可投射属性，是属于文化情境中的人本身所使用的话语体系（例如，"贾克琳穿着一件印有抽象风格的一头驯鹿和两片雪花的毛衣"，就属于这种描述方式），或者客位的话语体系（例如，"贾克琳穿着一件红色毛衣，毛衣上带有一个棕色的"盐窖"形几何图案，图案里面包含了两个对称位置的黑色圆形图案和一个黑色的鲁洛多边形图案，在"盐窖"形几何图案的上方是一个由迭代函数系统生成的黑色分形图案以及两个白色的塞尔布图案对称分布在左右两侧"，就属于这种描述方式）。同样，对观察到的现象的诠释也可能是主位的（出现在需要记者的人面前）或者客位的（专业的新闻记者和学生分享他们对于身份的认识）。

但是在图 3.1 中遗漏了一个关键信息，就是深描的不同元素之间都存在关联。我之所以把元素之间的关联都隐去，是因为如果像图 3.2 那样绘制，图会变得杂乱而难以理解。

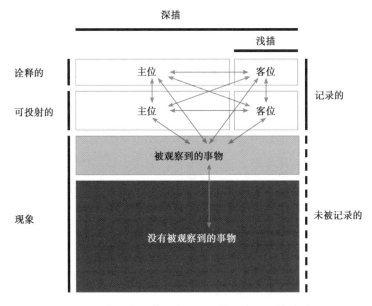

图 3.2　在观察分类图中展示深描元素之间的关联

你也许马上就会发现，图中几乎所有的部分都和其他部分存在关联，并且所有的连线都是双向的。原因是，一方面客位的描述和诠释需要建立在主位观察之上；另一方面，民族志研究者的客位理解会影响其关注的焦点，进而影响其所观察到的内容。换言之，客位描述基于主位理解，但反过来客位理解也影响主位观察。

许多学者都提到过民族志的叙述应该基于主位描述这样的观点，也就是说民族志的叙述应该使用被研究的文化中的人所使用的语言和概念。有些定性分析的实践者甚至建议民族志研究者应该只运用主位观察，但是就像格尔茨所指出的："我们构建的关于研究对象的符号系统应该是面向角色的……但并不是说这些描述本身就

量化民族志：一种面向大数据的研究方法

是柏柏尔人、犹太人或者法国人……他们是民族志研究取向的，是科学分析中的理论发展体系的一部分。文化诠释必须依照于特定的一类人对他们自己经验的解释，因为那是他们所承认的描述方式；同时这些诠释也是民族志式的诠释，因为是用民族志研究者们的话语体系来描述的。"⁹

在下一节我们将展示本位和客位诠释之间的一种连接机制。在结束关于深描的话题之前，我们还要指出的一点：图3.2可以帮助我们理解为什么只拥有越来越多的数据，但是不去理解数据背后的含义是不够的。因为数据挖掘结果（即克里斯·安德森所谓的相关性足够明显）本身并不能促进深度理解。

我们现在所能获取的数据量比以往任何时候都要多。但是如果我们在分析数据的同时忽视数据在情境中的含义，我们就只是比过去分析了更长的数据流，而并没有比过去做的刻画更有深度。如果移除了观察者——或者更甚者，忽视任何记录数据过程中的偏见——我们所构建的就是如图3.3所示的纯粹的客位解读。

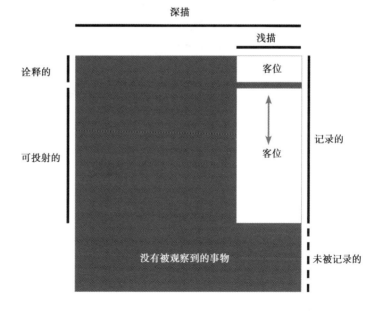

**图3.3 纯数据挖掘的图示**

从民族志研究的角度，这种解读只是针对数据本身，而不是产生数据的研究对象的实际经历。这种解读方式是在不熟悉研究对象的情况下试图理解他们，甚至更糟糕的情况是，试图理解数据而不关心这些数据来自哪里，不关心对于产生这些数据的人而言数据意味着什么。

我还要补充一点，创造纯粹的、有关情境的可投射描述是可能的，也就是描述中完全没有诠释的部分。古老的中世纪编年体的写作方式就是这样的，例如下面这段来自《盎格鲁-撒克逊编年史》（*Anglo-Saxon Chronicle*）中的记载：[10]

> 公元604年。这一年，奥斯丁（Augustine）派出了两位主教，米利图斯（Mellitus）和犹斯图斯（Justus）去外地传教。他派米利图斯去向东撒克逊人（East-Saxons）传教洗礼。他们的国王被称为塞伯特（Seabert），他是埃塞尔伯特的妹妹利科拉（Ricola）的儿子，埃塞尔伯特（Ethelbert）任命他为那里的国王。埃塞尔伯特也授予米利图斯伦敦主教的职位。埃塞尔伯特让犹斯图斯担任罗切斯特的主教，罗切斯特距离坎特伯雷二十四英里。

编年史所提供的是一个又一个的可投射属性：这件事发生了，然后又发生了一件事，还发生了一件事。但没有任何的诠释和评价。此外，也可以只有纯粹主位的事件描述，称为叙事，也就是准确的事实。尽管叙事和编年体，这些被称作浅描的记录形式也有其存在的价值，但是它们和民族志研究所采用的深描是完全不同的。

关于主位和客位描述还有许多可以进一步分析的内容，但是最关键的一点就是本节所强调的，好的民族志研究建基于对文化的深描。这也是我们从关于J828这门课程的研究中学到的第一课。

# 话　语

当然，深描和田野札记也有看起来不怎么样的一面。民族志研究者科瑞恩·格莱斯指出了她在收集她所谓的"胖数据"（fat data）时遇到的尴尬——"数据量大得吓人！你不可避免地会收集比你所需要的更多的数据。这么多的数据摆在你面前，会让你产生拖延症，完全不想去分析这看似无穷无尽的数据。"关于民族志研究的一个事实就是，你需要掌握你所观察的对象的大量信息，才有可能真正理解研究对象所处的文化。[11]

但是，正如我们不断重复的，仅仅拥有大量的数据并不意味着理解的深度更深。因此，即使是最注重观察细节的民族志研究者所收集的田野札记的数据量，或者"最胖"的"胖民族志数据"，在海量的大数据面前也显得十分渺小。但是分析这样的数据事实上十分困难，因为我们不可能简单地通过从胖数据中寻找模式来进行深描，**数据必须先被赋予含义**。

正如我们之前所看到的，数据的意义总是和某种文化相关，也就是和某些社群相关，所谓社群就是一个分享同种文化的群体。为了了解民族志研究者是如何寻找胖数据中的意义的，我们可以借用一些来自詹姆斯·吉（James Gee）在话语分析研究中的术语。这是一组对应的术语，分别是吉所谓的"小写话语"（discouse）和"大写话语"（Discourse）①。

小写话语是人们实际所讲的"话"。我用引号的原因是沟通交流不仅仅是一个人向另一个人用语言进行表达。吉认为这里的"语言"还包括"肢体语言、穿着打扮、非语言的符号、物件、工具、技术、时间和空间"，以及"行为和交互的方式"。从这个角度看，任何个人的行为都可以视作一种"语言"，是一种意义观念的交换

---

①更多关于大写话语的知识可以参考詹姆斯·保罗·吉的两本著作《话语分析导论：理论与方法》和《话语分析：实用工具和练习指导》（重庆大学出版社出版，"万卷方法"）。——译者注

来往，言谈只是其中一种特殊而强大的人类行为。因此，小写的话语是沟通的一种公开声明，是我们能够真正观察到的人们相互交流的部分。[12]

对于吉来说，大写话语是指"（使用各种不同的物件、符号、图像、工具和技术）进行谈话、倾听、写作、阅读、表演、交流、相信、珍视、感受"的一种特定方式。我称之为一种特定的方式，是因为它特别针对分享一种共同文化的某一个群体（即所谓特定的社群）。大写话语是一种沟通的模式，即某个社群会讨论的话题，以及他们对所讨论的话题的认识。大写话语代表的是这一群人或那一群人所使用的、特定类型的小写话语。一个人的谈话方式是否契合他所处的群体，就是指他的小写话语是否与社群的大写话语相匹配。所以我们又说大写话语是某种文化的公开声明，是在某个社群中的人表达某种含义时所展示的内容。[13]

大写话语之所以对我们来说是一个有用的概念，是因为在记录着民族志研究者所观察到的信息的札记，与研究者所试图解释的文化之间，它开辟了一个分析的中间层面。如果小写话语是我们能够看到的沟通内容，民族志研究者记录的田野札记就是他所能观察到的小写话语的子集。如果大写话语是通过行为所呈现的特定文化，那么民族志研究所面临的挑战就是如何利用田野札记理解由小写话语的特定模式组成的、被研究的大写话语，即理解某个文化中的人群做了什么以及为什么这样做？

然而问题是，就像世界上大多数的复杂事物一样，理解大写话语的概念是比较困难的，我们很少能窥见它的全貌。我们常常能够看到小写话语的细节，那些特定人群所说所做的特定的事情，并试图通过这些言谈举止进行推断和解读。虽然我们试图避免只见树木不见森林的情况出现，但糟糕的是，大写话语就像文化本身，是一种看起来虚无缥缈的东西。当然我并不是说它本身不真实，而是它是在理解基础上构建的，不是原本在世界上就清晰可见地存在的。在大写话语中存在的每一条规则都可能存在某些例外的情况，每一条关于文化的声明都是在某种程度上的简化。有多少个被观察的个体和时机，就会存在多少个细微的变化。文化和表征文化的大写话语是随着时间的流逝而移动的森林，就像托尔金（Tolkien）在《魔戒》（*Lord of the Rings*）中塑造的树人种族，也像广泛分布在中南美洲地区的移动的棕榈树丛一样。

安德鲁·皮克林（Andrew Pickering）在所著的《实践的冲撞》（*The Mangle of Practice*）一书中，认为科学研究的对象都具有这样的特点——难以捉摸。这就像存在一种抵制被系统性理解的力量，当研究者试图在某个层面解释物理世界的时候，就会有更新层面的复杂性和问题产生。结果就如皮克林所说的，科学家永远在和他们所研究的对象"共舞"。[14]

我们来看看他们是怎样**共舞**的。研究者发明了一种收集和解读信息的方式，就是皮克林所谓的获取研究对象的"机器"。有时候这种机器是物理仪器，也有时候是概念层面的仪器——一些分析和解释事物的规则和分类方式。研究者们所构造的或物理的、或概念的机器，需要随着周遭世界的变化而不断被改造。为了解释这个问题，皮克林列举了一个为跟踪基本粒子轨迹所开发的气泡室的例子——这一发明让唐纳德·格拉泽（Donald Glaser）获得了1960年的诺贝尔物理学奖。为了设计一个可以工作的粒子检测装置，格拉泽必须要解决一系列理论和实践层面的问题。他在试图捕获质子、中子、电子和其他粒子的科研道路上，不断开发、测试和完善所发明的气泡室原型。皮克林还列举了吉亚卡摩·奥波格（Giacomo Morpurgo）发现夸克存在的证据，以及威廉·哈密顿爵士（Sir William Rowan Hamilton）发明四元数（quaternions，一个无理数集合的延伸）的例子。

皮克林在这些例子中想要表达的观点是，任何科学研究就是要寻找一种快速获取研究对象的方法。研究者需要建立科学所用仪器与非精确的、转瞬即逝的科研对象之间的关联，这里的仪器泛指一切用于系统性研究的概念、工具、思想和技术。就是这种关联，让具体的研究对象，不管是夸克、无理数、新闻工作者还是海军水手，都具有被研究的可能。皮克林把这种将分析工具与混乱、多样的客观世界相接触的方式，比作"机械抓地力"（machinic grip/mechanical grip）。因为皮克林在谈论科学研究的时候，用创造一种机器来做比喻，因此用"机械抓地力"来暗喻研究工具和研究对象之间的关系是很贴切的。这里"抓地"的目的是想要提供一种"工具层面"的研究方法，研究工具就像是记录和分析数据的仪器，能够紧紧抓住复杂、转瞬即逝的研究对象。

于是我们要实现从田野札记到文化诠释的需求，就是要通过某种方式，获取在大写话语上的"机械抓地力"。而这种抓地力的获取是基于这样一个事实——大写话语中包含了一组"编码"。

# 编　码

和"文化"一词一样，编码也包含多种含义，大部分常见的含义在我们这里都是适用的。编码可以是指一套暗号，即一种隐藏信息的方式，就像之前案例中的故意眨眼，目的是只被所预期的观众理解。因此，在某种意义上说，编码是加密的，就像第二次世界大战中德军用恩尼格玛密码机（Enigma machine）来传递信息，而想让编码后的信息再次被解读，是需要通过分享或者掌握编码的规则来实现的（我们经常用"破译"来描述这个过程）。编码也可以是指现实世界中的一种行为规范，就像美国西部牛仔文化中的守则或者日本的武士道精神。在符号学（研究人类活动如何通过符号传递意义的学科）中编码又是一套解读行为的规约。而在民族志研究的术语中，正如珍妮·凯悦（Jenny Hyatt）和海伦·西蒙斯（Helen Simons）所言，编码是"与特定（亚）文化中的成员相关的、有意义的符号和系统"。[15]

在我们所谓的大写话语中，上述编码的含义都是适用的：文化是由许多关于言行举止的规则组成的，而这些规则对于某种文化的局外人而言并不总是显而易见的。换句话说，编码就是与文化相关的特定行为的含义，是对所发生的事物的某种解读。因此，编码是大写话语中很关键的部分：是与特定群体的人如何谈话、倾听、书写、阅读、表演、交流、相信、珍视和感受周遭世界相关的部分。在其他研究领域也有用其他的术语来表达类似的含义，比如社会学家有时候会用"分类"（categories）一词。在自然语言处理和其他计算机科学领域中，编码有时候被称作"注释"（annotations）。还有些时候，就用"标签"（labels）一词表示编码的含义。所有这些术语的意思都是一样的：编码（分类、注释、标签）是研究者认为与特定文化情境相关联的、大写话语中的一部分。

不管我们采用哪个术语，在谈到人们如何理解特定事物的时候，我们都可以很容易地用某种抽象的方式来表述。例如新闻工作者拥有相同的大写话语。事实上，他们有很多不同的大写话语，因为有许多类型的新闻工作者，许多不同的报纸、杂志、新闻网站，他们都有自己的规则和传统。在 J828 这门课程中，黛德和布莱恩试图告诉新闻学专业学生有关"深度报道"这个大写话语的含义。课程大纲中对其是这样描述的："好的新闻学作品是严谨的、批判的、知识丰富的、闪烁智慧的，甚至文笔优美的作品……这种深度而犀利的专题报道往往就是许多世界知名记者的成名之作。"

而这样的大写话语是由许多编码构成的。比如在黛德和布莱恩谈到深度报道的时候，他们会提到许多有关新闻报道的关键性行为、关注点、举止和思考，例如讲述"战地故事"（即来自新闻发生现场的报道）和"扮演'看门狗'的角色"（即起到监察的作用）。不仅如此，他们还会进一步介绍什么是"扮演'看门狗'角色"的必要元素，例如"出现在人们需要的地方""给缺乏话语权的群体提供说话的机会"和"确凿的证据"。他们会引入新闻实践中的一些基本思想，例如"权利"和"责任"。当然，"深度报道"本身也是新闻学这个大写话语中的一个编码。

人类学家查尔斯·古德温（Charles Goodwin）将学习从事任何专业领域的工作，例如新闻学、法学、建筑等，都视作发展一种"专业的视角"（professional vision），或者对于特定社会团体而言的、具有独特兴趣的观察和理解事物的社会组织方式。需要注意的是，这种对专业视角的定义在各种职业中具有普遍性，它是任何文化的关键组成部分。[16]

古德温认为发展专业视角的关键是学习一套特定的文化编码。例如，他在描述如何训练考古学研究者的时候写道：

> 考古学研究者工作的媒介就是尘土。他们通常会给学生提供一张表格，里面详细列举了如何描述考古遗迹的颜色、一致性、质地的各种类别，甚至有时还需要用嘴品尝遗迹样本来确定它的松软程度。更多的时候，会用到一些额外的检测工具来帮助分类，例如全世界考古工作者都使用的一套叫作孟塞尔颜色系统（Munsell Color chart）的色彩描述标准。

考古学家当然会做上述的这些工作，因为他们的兴趣就是阅读现存证据中记载的历史事件。例如，一个有悠久历史的石柱被发现了，它有可能是人类曾经在此定居的证据。石柱会在风化过程中留下不同颜色的尘土，因此，准确地区分不同考古发掘地点的尘土就成为考古文化活动中重要的环节。[17]

考古学家就是通过这样一种教化方式培养出来的，他们需要学习如何科学地分类，即掌握不同的编码来描述考古遗迹的属性，包括"颜色""一致性"和"质地"。农民当然也会关心土质，但他们称其为"土壤"，这是和"尘土"完全不同的事物，而且拥有一套不同的编码，农民很少会使用孟塞尔颜色系统来辨别"土壤"。而建筑工程师在考虑土地的时候又有另一套编码，出生在纽约市的我对于尘土则只有一个编码：会不会太"泥泞"而把我的鞋子弄脏？

我们可以通过人们所使用的编码来表达和理解不同的文化。

那么民族志研究者是如何寻找大写话语中的编码的呢？这是民族志分析中非常核心的问题。一个简单的答案是——没有固定的方法。借用皮克林的话说，就是民族志研究者使用许多不同的机器来分析他们的数据。几乎所有民族志研究者都会反复阅读好几遍他们的数据，就像你要写一篇关于某本小说的议论文，就需要反复通读这本小说。在阅读完数据之后，不同的民族志研究者在不同的情境下，面对不同类型的数据甚至基于不同的定性分析研究路向，会采用不同的方法来进行编码。正如方法学家丹·罗姆尼（Dan Romney）说的，没有一套"机械的配方"（mechanistic formula）来开发编码。[18]

格莱斯描述她所采用的"梳理和定义"（sorting and defining）编码的过程是这样的：

> 编码是一个根据我们的研究目的，对收集的数据片段不断进行梳理—定义—再定义—再梳理的过程（例如观察札记、访谈誊本、备忘录、文档、相关文献笔记）。我们通过将相同的片段汇聚成数据块，建构出结构化的理论框架。之所以说这个编码过程是不断进行的，是因为我们先从数据中找出主编码块用来对数据进行梳理，然后对每个主编码块的内容进行再次编码，从而将主编码块分解成许多次级编码块。

在一些研究传统中将"开放编码"（open coding）和"主轴编码"（axial coding）这两种编码方式区分开来。前者是指第一轮基于数据的直接编码，后者是将编码分组形成高层编码和将高层编码分解成为子编码的过程。在我自己的研究中，我经常采用我称之为"30法则"的编码策略——选择30个我所听到的即使尚不清楚意思，但是看似具有深层含义的、重要的或者吸引人的事物；然后，我尝试分析其中哪些事物的意义是相似的，再从归类之后的更小的事物分类中识别看似有趣的模式，并就此展开进一步分析。当然上述过程是迭代的。[19]

通过数据分析制定编码的一个有用的方法被称作"扎根法"（grounded）。这个术语来自"扎根理论"（grounded theory）的数据分析方法，是由社会学家巴尼·格拉泽（Barney Glaser）和安塞尔姆·斯特劳斯（Anselm Strauss）最早提出的。但是扎根理论只是一种制定编码的统称。准确地说，自从格拉泽和斯特劳斯因观点不合而各自开发了不同版本的扎根理论后，出现了好几种扎根理论的分析方法。不同的版本通常是基于处理数据的不同假设和分析途径来开发的。有人甚至认为，有多少人在使用扎根理论，就有多少种不同版本的扎根理论。[20]

有必要说明的一点是，我们可以用扎根的方式制定编码，而不需要使用任何版本的扎根理论的术语、方法和规则。一些严格的方法论遵循者会说这个方法是"受到扎根理论的启发"或者"遵循扎根理论的研究传统"，但是对我来说使用术语"扎根的"就已经足够传递这样的信息了。"扎根的"基本就是指通过自下而上的方式识别主位概念而不是预先定义一些类别，或者说是根据数据而不是通过现有的理论来制定编码。相对于另外一种由外而内的编码方式，我们称这样的编码方式为由内而外的编码。[21]

几乎所有类似这种从数据中寻找编码的方式都是一个迭代的过程：产生编码和寻找数据的循环要重复许多次。这种重复是很自然的：如果你有许多编码，你就很有可能需要不止一次地回去检查数据。即使只有一个编码，研究者也需要完善他对于编码在大写话语中所处位置的理解。唯一的方法就是从数据中寻找更多符合当前编码的例子，并将新找到的例子和编码所代表的已有例子进行分析比对。这就像洗发水瓶身上所打的广告：揉出泡沫、冲水，再重复上述操作。

但是你怎么知道要洗多久才足够呢？从胖数据中寻找编码是一个耗费精力的过程。如果数据量巨大，你会发现编码过程似乎无穷无尽。特别是每当我们发现了某个编码的一个新例子，就会需要重新审视已有的例子，这样整个分析过程就几乎永无休止了。我们常说的一句话：如果你足够仔细地研究数据，你总能发现某些规律。这就像诺贝尔经济学奖得主罗纳德·科斯（Ronald Coase）所说的，"你对数据'严刑拷打'到了一定程度，大自然就会屈服"。[22]

关于上述问题，扎根理论提供了一种思考方式，叫作"理论饱和"（theretical saturation）。格拉泽和斯特劳斯将饱和定义为一种状态，就是"社会学家无法再从数据中发现新的分类属性。研究者通过反复检查数据中的相似例子，逐渐相信他所寻找到的分类数目已经完备了"。虽然理论饱和来自扎根理论，但是这个概念已经成为一种通用的术语，用来表述数据分析到一定程度后，额外的例子已不再能提供任何新的信息了。换句话说，就是当编码已经稳定，新的数据会产生冗余编码的时候，你就知道这个时候可以停止分析你的田野札记了。[23]

当然，不是所有的编码都是由研究者通过分析数据获取的。我们知道深描包括主位和客位的诠释，也就是特定文化环境中的群体解释他们自身经历的方式和属于跨文化描述系统中的解读。在我对J828这门课的描述中，我解释了布莱恩和黛德是如何利用来自新闻专业实践共同体的"身份""价值观""实践"和"知识"这些概念的。埃德温·哈钦斯解释了水手们如何利用"宽阔的观测地平线"来帮助检测和纠正错误。身份、价值观、实践、知识、实践共同体、观测地平线、检测错误和纠正错误，这些表述都被称作编码。就像吉说的，它们是"言行举止的特定方式"，是关于新闻从业者和水手的大写话语中的一部分。另外，即使是在扎根理论中，也不是所有的编码都是主位的。格拉泽和斯特劳斯曾这样论述："探索式的扎根理论研究是将大部分来自数据的概念和假设，与某些已有的、明显有用的概念和假设相结合。"

但不管研究者如何从群体的大写话语中识别出相关的事物，民族志研究的特点决定了总是有大量的数据需要分析。民族志研究记录的胖数据使得深描成为可能。所以分析数据的过程就像是在挖一座矿山，民族志学家阿兰·佩什金（Alan Peshkin）就是这样形容的——"置身于编码的矿山之中"。[24]

换言之，民族志研究本身就可以视作数据挖掘的一种方式，它也是从海量数据中寻找模式，但是关键的一点是，这个模式必须对于被研究的文化而言是有意义的。

# 依　据

我们至此已经构建了许多概念工具，当然这也是本章的目的。为了开发用于量化民族志研究的分析工具，我们首先需要理解民族志研究本身的工作机制（或者用皮克林的话，"机器"）。

我们目前所了解的是，民族志研究主要通过收集田野札记，然后通过对大写话语进行深描，来回答特定的文化环境如何运作这样的研究问题。也就是说，民族志的研究通过把理论解读（客位的诠释和描述）与群体内部如何解读自身所处环境（主位的诠释和描述）关联起来，来解释特定群体如何言行举止。这个过程中的一个关键步骤就是，反复地审视数据来制定理论饱和的编码，即寻找大写话语中的相关概念，并且这些概念的含义在有新数据出现的情况下，并不会发生显著的变化。

或许你会觉得奇怪，为什么我要强调编码是民族志研究中的关键步骤，为什么我认为编码是民族志研究的"机械抓地力"的关键环节？毕竟之前的介绍中，我们提到了很多工具，许多可供民族志学者研究文化的概念机器。例如，田野札记、备忘录、主位和客位的诠释、深描等。事实上这些都很重要，而将哪些观察记录到田野札记中？以何种形式？如何记录？这都是民族志研究的"机械抓地力"的重要部分。它们是记录所见所闻并对此展开研究的途径。我们后面介绍的对于观察内容的组织方式，同样也是民族志研究工作机制的一部分，但是编码仍应该视作民族志研究方法和被研究的文化之间"接触"的关键点所在。

为什么这么说呢？我们需要再引入两个概念。在之前的章节中，我们知道了大写话语和小写话语的区别，某个特定群体的交流方式称为大写话语，在特定时间具体的群体实际所说的话称为小写话语。在大写话语中，我们用大写编码（Code）来表示特定行为在文化层面的相似含义，即对所发生的事件的某种解读。顺着这一逻辑，小写编码（code）是指某人或者某个群体的具体言行，是可用于诠释文化的具体证据。[25]

如果觉得太抽象，我们可以举个例子。在我研究的J828这门课中，一个大写编码的例子是新闻记者谈论具体的新闻实践。因此"实践"就是一个大写编码，它是大写话语中的一个重要组成部分。但是怎样才能下结论说，这个大写编码真的在J828这门课中被使用了呢？我如何向其他人展示甚至说服自己，这个大写编码是大写话语中的一部分呢？答案就是我必须从小写话语，即人们实际的言行中寻找证据，说明他们确实是在谈论或者践行新闻工作。比如，当黛德在谈论提交信息自由申请时告诫学生，"每一个合格的新闻专业毕业生都应该了解如何提交信息自由申请，这是一个基本的新闻调查工具"。作为一名民族志研究者，我指出这两句话就是黛德在谈论重要的新闻实践的证据——一个"基本的调查工具"。你可以赞成或者反对我的解读，但是小写编码就是（这个例子中）黛德所说的或者所做的具体的事情，也是我得出上述结论所依赖的证据。

因此，小写的编码也叫作"理据"（warrant）。

我们经常把"理据"当作一个法律术语：一份授权某人可以做某事的文书。例如一张搜查令可以让警察进入你的屋子，而不需要经过你的允许。类似地，如果没有执行死刑的命令，杀人是非法的。但是，这个词语更普遍的意义来自古老的德文 werēnto，是指任何形式的保证或许可。一个小写编码之所以被认为是一种依据，是因为它告诉我们需要在小写话语中寻找一些内容，才能支持在大写话语中出现某个大写编码的论断。

下面是关于证据链的工作流程：

1. 为了诠释某种文化，我们必须理解如何以及为什么特定文化中的人们具有某种行事方式，也就是我们需要理解关于该文化的大写话语。

2. 为了理解关于该文化的大写话语，我们必须：（a）识别文化中事物的含义，即理解大写话语中的文化相关的大写编码；以及（b）寻找这些大写编码在实际我们所观察到的小写话语中何时出现，以及如何使用。

3. 为了实现第二点，我们必须对田野札记（关于小写话语的记录）中发现的事物进行定义，这些事物是我们认为重要的每个大写编码存在的依据。

我们用图3.4来表示上述证据链的过程，其中虚线箭头代表我们的研究目标，实线箭头代表我们实际操作的流程：

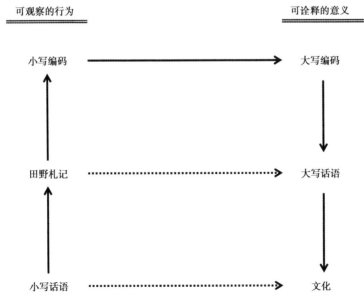

图3.4 民族志研究的证据链

虚线箭头代表期望的推理过程，实线箭头代表实际的推理途径。

我们最终希望实现的是：通过观察人们的所作所为（小写话语）来理解人们所处的特定文化情境。作为民族志研究者，我们生成一些小写话语的记录（即田野札记），然后通过记录试图理解人们的行为方式和背后的原因。但是要从田野札记中形成大写话语，我们必须掌握依据，也就是我们必须从札记中寻找特定的事物（我们观察到的关于特定群体的小写话语），这些事物可以提供我们所说的关于大写话语的证据。简而言之，小写编码是签发授权文书所依据的规则，它们向我们展示了在小写话语中需要寻找的证据是什么（即那些有特殊含义的事物）。因此，小写编码也被称作大写编码的"操作化"（Operationalization），是我们在研究实践活动中实际看到的大写编码的存在形式。

这也就是建立大写编码和小写编码之间的关联对民族志研究而言如此重要的原因。它是民族志研究者将行为转变为意义的关键途径，小写编码明确展示了研究者的诠释方式。

你也许已经注意到在图 3.4 中，文化、大写话语和大写编码是在理论含义和理论重要性层面形成的产物，它们是特定研究群体诠释被研究文化的方式。而小写话语、田野札记和小写编码是在行动层面形成的产物，是发生在现实世界的可观察的事物。我们希望能够理解这些行动，这些我们所看到的小写话语。作为民族志研究者，我们收集关于文化的田野札记，希望最终能够看到大写话语，即构成文化的活动模式，这就是深描的目标。但是除非我们已经理解了某种文化，不然无论是理论层面还是实践层面的推理途径都并非唾手可得。

我们只能通过先识别一些和特定文化相关的人们的言行（大写编码），然后决定哪些具体的言谈举止能够体现出与这种文化相关的事物正在发生（小写编码）。这些就是在尚未完全理解我们所研究的文化时，我们可以做的或至少可以开始探索的研究工作。因此我们说，小写编码和大写编码之间的关联，是民族志研究建立关于某种文化的"机械抓地力"的关键环节。

# 编码本

在民族志研究中，小写编码和大写编码的关联是通过"编码本"（code book）明确记录在案的。之所以称之为编码本，我想是因为我们有时候是真的把数据和分析结果记录在纸质的笔记本上。但是为了我们后面将会谈及的某些原因，我们经常以电子文档的方式保存编码本。

撇开记录方式不谈，任何形式的编码本都包含了每个编码的三部分信息。在后面讨论量化民族志的时候，我们还会给编码本添加其他元素，但是一个典型的民族志研究的编码本至少包括：

1. 编码的名称。这是一个在数据中出现的、体现大写编码核心概念的单词或者短语。人们通常会用相同长度的英文首字母缩写来表示。所以当黛德谈论学生需要掌握的成为新闻记者的技巧时，我们不是写"新闻记者的技巧"（Skills of Journalism），而是用 SKJ 来标记。我们也不会写成"新闻工作者的身份"（Identity of a Journalist），而是写 IDJ。如果你是在纸上记录编码，缩写是有帮助的。但除此之外，对我而言，这种三个字母的缩写方式只不过是让编码看起来像是科学的密码而已。我还是建议采用简短的描述，写成"新闻工作者的身份"。[26]

2. 编码的"定义"（definition）。这是对于大写编码，即某种可识别的想法或者现象的解释。定义是编码条目中最重要的部分，其实也正是编码本身。当你和同事一起比较札记中的数据，或者争论某个小写话语中的内容是否可以算是大写编码的实例时，编码定义就是你们可以参考的依据。所以无论你是将编码命名为 IDJ 还是

"新闻工作者的身份"，甚至只是"身份"，真正关键的是它的定义是什么。

3. 编码"举例"（examples）。从田野札记中摘选出某个编码的典型例子，这对分析是很有帮助的。这些例子不仅可以帮助理解定义在实际情况中的呈现方式，也能够帮助我们检查定义是否完整地表述了这个编码所应代表的含义。编码举例可以让你或者其他承担编码工作的研究者确保——对数据的编码符合所预期的、与文化相关的含义。

为了让你更直观地理解编码本的要素，我从对J828课程所做的研究中用到的编码本中节选了一部分展示在表3.1中：[27]

表3.1  来自新闻学课程研究的编码本中关于"新闻工作者的身份"的编码

| 名称 | 定义 | 举例 |
|---|---|---|
| 新闻工作者的身份 | 对于新闻工作者这一特定群体所具有的属性的一种描述 | "新闻工作者是……一种专业的害虫。""新闻记者都是独行侠。""我并不算是一个好的专题记者。" |

在本研究中，"新闻工作者的身份"这个编码，是人们在谈论新闻工作者某个个体或者整个群体的属性时所提到的内容。我之所以把黛德说"新闻记者都是独行侠"作为这个编码的举例，是因为她描述了对于新闻记者群体而言（"新闻记者都是"）的一种属性（"独行侠"）。

现在，我有必要指出关于编码本的两个注意点。首先，编码本中的编码举例通常都很简短，常常是一句话甚至更短。虽然例子通常很短，实际被编码的数据却有可能包含一段讨论的多个回合。例如，我们假设"粗鲁地回应"是大写话语中的一个重要的大写编码，我们几乎不可能只通过一个人的讲话而没有其他人的回应来做出判断。这也就是为什么我们在确定数据是否属于这个编码时，需要分析不只一句话语。

坦率地讲，有时候要确定一个编码需要分析的远不只一句话。

例如，在J828中，师生交流的一种方式是被称作"新闻会客室"的教学活动，这种教学形式和黛德、布莱恩讲述"战地故事"的教学环节完全不同。在"战地故事"环节，新闻记者在全班学生面前讲述他职业生涯的经历，通常这个讲述过程不被打断，最后记者会对故事所带来的启示进行解释，以此作为这个环节的总结。而在"新闻会客室"中，是由学生向新闻记者（黛德或者嘉宾）和全班同学展示他们在实践活动中所创作的一个新闻故事，并接受专家们的反馈点评。演讲内容包括（a）故事的主题，（b）学生讲述的方式或视角，（c）采访对象，以及（d）搜集到的关键信息。专家反馈的内容包括（a）鼓励，（b）关于报道技巧的建议，以及（c）关于素材和采访对象的建议。

所以我实际上向你提供了关于"新闻会客室"这个编码的两个部分。编码名称是"新闻会客室"，定义是：学生向新闻工作战线的老兵展示他们正在创作的新闻故事的主题、视角、来源和关键信息；老兵给予鼓励，并提出关于报道技巧、额外素材和采访对象的建议。基于这样的定义，在对J828课堂上的讨论的描述中，有哪些是这个编码本的典型例子呢？

在一次课上，梅拉妮描述了一场她亲眼目睹的法庭辩论，一位22岁的男子对醉驾指控进行自我辩护。"他完全不知道自己在做什么"，她说道，"他提出的证据不被法庭采信，他的质询也毫无章法，而他的关于警察撒谎的辩护观点最后以失败告终。这场法庭辩论就是一个错误。"梅拉妮继续说，"根据被告的说法，他在一场车祸后坐在车内等待警察到来，并通过喝伏特加来麻痹车祸造成的身体疼痛。""而他之所以自我辩护是因为没钱。"

"这是一个很好的审判案例"，黛德说，"那你是如何继续跟踪这个案例的呢？"

梅拉妮回答说，"他是一个没有代表律师的年轻人，而只有那些极度贫困的人才有资格得到公共辩护人。我就从这方面的法律体系漏洞进一步展开调查。"梅拉妮说她或许会调查法官的背景；

"这位被指控的年轻人实际上非常通情达理，他只是在辩论快要失败的时候才开始发脾气……而法官也很有耐心，总是会重复他的问题。"

黛德认为从法官入手应该会找到一个好的故事。她建议梅拉妮给法官或者他的秘书打个电话，看是否可以得到采访法官的机会，并且要有一个后备的方案，以应对最后没有采访到法官的局面。黛德还补充说，她对"公平审判的所有权利，法庭辩论相关的经济资助机制及其影响，以及公共辩护人所承担的辩护案件工作量等话题"很感兴趣。

看完这个例子，我猜你的答案是希望将所有谈话内容作为"新闻会客室"这个编码的典型例子。事实上，有时候需要利用较大量的数据才能确定一个编码，这让研究者们形成这样一个认识：有些数据是无法编码的，甚至没有什么是可以编码的。如果不能够脱离它的大背景来理解某个数据片段，我们又怎么能对这个数据片段进行编码呢？更为普遍的一个问题是布兰登·奥尔谢夫斯基（Brandon Olszewski）、德博拉·梅西（Deborah Macey）和劳伦·林斯特龙（Lauren Lindstrom）在他们对研究者实际如何进行编码所做的研究中提出的，"如何能在编码的同时，确保不曲解说话者的本意，造成研究者理解上的错误？" 因此，在定性研究的一些分支中，研究人员根本不使用我所描述的那种正式代码。[28]

但是，我认为这是一种对数据进行编码的误解。如果一位研究者希望诠释现实世界的某种现象，他就必须能够识别这种现象，也就是他相信这种现象发生了，并对这种现象进行论述。这种论述可以是简单的陈述——"梅拉妮有天在课堂上发了言"，也可以是较为复杂的——"黛德对梅拉妮所讲述的故事背后更深远的社会启示很感兴趣"。但不管是哪一种表述，研究者都应该得出这样的结论——"我相信某事在这个情境下确实发生了"。

不管论断是什么——无论是简单还是复杂，无论需要多少数据来理解这个论断，它都需要某种程度的证据作为支撑。研究者要能够指着数据中的某一部分说："我之所以相信 X 发生了，是因为我从数据中看到了 Y"。不管用于理解 X 的数据是多是少，必须有一部分的数据（也就是某些 Y）能够作为研究者说 X 发生的依据。这就是我们对数据进行编码的意义所在。数据永远都是小写话语的某种记录。

感兴趣的现象、对发生的事件的解读、某个论断、任何 X 所代表的内容都是大写编码，这些编码可能是主位的也可能是客位的。它们是大写话语中相互关联的部分，是人们谈论、倾听、写作、表演、交流、相信、珍视和感受世界的某种有意义的方式。而这些大写编码存在的证据、你从小写话语中发现的事物、论断的依据及任何 Y 所代表的内容都是小写的编码。它们是某人或者某些人所说或者所做的，可以作为诠释文化的佐证。

当然，小写编码有好的编码和坏的编码：即证据的可信度有高低之分。大写编码也同样有好有坏：对于数据所处的情境是否敏感、是否是扎根的、对于现象的解释是否有用。

但归根结底，无论研究者认为多少数据才是足够的证据，无论研究者是否使用正式的编码本，无论这个分析过程是被称为编码、分类、注释还是打标签，**将解释与证据联系起来的过程才是民族志研究的关键部分，事实上也是任何研究的关键部分**。

# 关　联

在本章一开始，我举的例子中的第一个关键点，就是民族志研究者通过深描，建立主位和客位概念之间的关联。第二点是这些关联的建立，是在大写话语中定义大写编码，而这些大写编码能够在数据中通过小写编码被识别。现在要说的第三个关键点是，民族志研究者是通过理解大写编码之间的关系来实现深描的。

从本质上讲，当某人谈到的行为、对象或者事物的重要性超过了它本身的物理层面时，它就是"有意义的"。我女儿所喜爱的动物玩偶对她而言是有意义的，原因是她看到的不仅仅是一个实实在在的物体，一个黑白布料剪裁而成的、填充了棉花的、像牛的玩偶。对她而言，这个物理的对象是与在床上的温暖安全的回忆、舒适的情绪，以及通过和这个最喜爱的玩偶交谈建立起来的幻想中的玩偶性格联系在一起的。更清晰的解释是，一个词语只是说话时的一串声音，或者书写时落在白纸上的黑色标记，它的意义来自让我们联想到的一些事物的发音或者标记。因此，单词"cow"只是写在纸上的三个字母组成的单词，但它也让你联想到你曾经看到过的画面——曾经在某个温暖宜人的日子里，在农场闻到的肥料气味，曾触摸过的湿漉漉的牛鼻子和柔软的牛脖子，在牛栏里听到的牛的低哞，甚至曾尝过的食物，比如牛肉、牛奶和奶酪。

这就是被称作"符号"的事物，它是克利福德·格尔茨所谓的"通常是词语的形式，但也可以是姿势、绘画、音乐声、机械设备如钟表或自然物如珠宝，事实上任何存在物都不只是物理的，也是经由与之相关的某些经历而附着了某种意义的事物"。如果用心理学家阿特·格林伯格和威廉·爱泼斯坦所使用的术语来说，具有非可投射属性的事物是有意义的，因为它与一些不能直接看到、听到、触摸到、闻到或尝到的东西相关联，这些东西就是过往的经历。[29]

事实上，我们有许多方式来论述符号如何具有意义，如何通过关联获得非可投射属性，而不仅是一个客观存在。乔治·莱考夫（George Lakoff）和马克·约翰逊（Mark Johnson）的著作《我们赖以生存的隐喻》（*Metaphors We Live By*）中，解释了单词（如我之前提到的我女儿的填充玩偶）的意义是如何"扎根"在经历之中的。他们认为人们是在反复实践过程中创造出了特定的概念。书中这样写道，"我们的概念系统是通过在物理和文化环境中长期成功地运作而产生的。我们对经历的划分…是基于我们自身的经历。" 弗迪南·德·索绪尔（Ferdinand de Saussure）和其他符号学家认为意义由"能指"（Signifier）和"所指"（Signified）两部分组成，即意义层面和它所指代的具体对象。[30]

但是意义不只是来自符号和实际经验之间的关联。在《象征性物种》（*The Symbolic Species*）一书中，语言学家特伦斯·迪肯（Terrence Deacon）认为单词或对象和过往经历的连结只是一种关联性学习，就像动物学习遵照基本指令完成任务一样。一条狗会在他主人说"跟着走（Heel）"时，在主人身旁一起行走，是因为它知道这样做会得到赞扬或者奖励。而符号不只具备简单关联，它还可以和其他符号建立连结。

用迪肯的话说："决定符号（比如单词）和某些事物之间是否存在配对关系的，不是它们共同出现的概率，而是符号与符号之间的复杂作用关系。"索绪尔也认为由"能指"和"所指"组成的符号只有在互相能用对方进行阐释时才有意义。[31]

迪肯和索绪尔等人的意思是说符号是在意义之网中进行交互的。为了理解某种文化中"勇敢"的含义，我们不但需要知道它的反义词"胆小"，我们还需要知道这种文化是如何理解害怕、羞愧和恐惧等含义的。是否有可能在没有体验过害怕的情况下，称一个人是勇敢的？或者是否当一个人在害怕的情况下，表现出勇敢就可以称为勇敢？是否只有当他敢于承受身体上的伤害才能被称为勇敢？或者是当他能够冒着被他人羞辱的风险，而坚持做他认为正确的事情也可以被称作勇敢？为了理解勇敢，我们还必须理解勇敢的人是如何被祝贺的，理解英雄甚至反派的概念等。

这就是为什么像雷尼塔·特奇（Renata Tesch）这样研究定性研究方法的人，会认为寻找文化中概念之间的关联是极其重要的。迈克尔·帕特森（Michael Patterson）和丹尼尔·威廉姆斯（Daniel Williams）在论及特奇所谓定性分析中的"组织系统"（organizing system）时写道，"一个成功的组织系统能够通过揭示主题之间的关联，促进更完善地理解某种现象。"无怪乎格尔茨会将民族志研究中最根本的研究对象——"文化"定义为"由重要的符号元素构建的有组织的系统"。[32]

所以从确定大写编码到实现深描的这个过程，在于理解这些编码相互关联的方式。这是因为深描的特点在于，客位的诠释是扎根在主位的观察之中的。在进一步探讨这个抽象的定义之前，让我用一个具体的例子来加以说明。

当我在描述 J828 这门课中的"战地故事"环节时，我举了几个例子来说明有经验的新闻记者如何在全班学生面前讲述他们职业生涯中发生的故事，并通过这些故事来说明某个道理，然后我又对他们所讲的"战地故事"的内容进行分析。这些记者透过他们的"战地故事"谈论的，其实是他们对于记者"身份"的认识——会出现在这种罕见情境下的人，也就是当事情发生时有人正巧在说"我想找个记者"；其实是他们作为记者的"价值观"——帮助那些需要曝光自身遭遇的人，或是让警察为自己的行为负责；其实是新闻记者的专业"实践"——向他们的消息来源解释可能的后果，告诫人们先去找律师，然后再来联系记者；以及新闻记者所应具备的基本"知识"——没有确凿的证据很难对付警察。

这些"战地故事"让我感兴趣的地方在于，它们是如何起作用的？特别是经验丰富的新闻记者是如何通过这些故事向学生们展示如何"监督权力和给没掌握权力的人提供发声的机会"的？如何看待自身职业身份？记者的关注点是什么？记者如何行动？以及记者需要知道什么？也就是说，我所关注的是这些记者是如何通过建立"扮演看门狗角色"所需要的"身份""价值观""实践""知识"之间的关联，来理解"战地故事"的意义的。

不仅如此，我还研究"新闻会客室"环节是如何展示"身份""价值观""实践""知识"之间的另一种关联，记者们将这种关联叫作"新闻写作"，这个大写编码出自普利策奖得主乔恩·富兰克林（Jon Franklin）所写的一本书的名字。新闻调查记者需要清晰地描述抽象复杂的新闻事件，例如养老金丑闻，以及决定谁能够得到法院指派的律师等一些错综复杂的法律条文。新闻写作是记者们解释这些问题的一种方式，即讲述关于特定人群具体经历的新闻故事。例如，一名22岁的青年男子在一场交通事故之后坐在车中等待警察的到来，同时他为了麻痹受伤带来的疼痛而喝着伏特加酒。当他被指控酒驾时，他没钱请律师辩护，因此要自我辩护。[33]

"战地故事"向学生展示了新闻工作的一个方面，即扮演看门狗角色。"新闻会客室"则展示了另一个方面，即新闻写作。J828这门课上还有第三个环节——"审稿环节"，是为了教会这些年轻的新闻系学生们新闻写作的技巧，包括如何利用标准的新闻报道结构以及新闻素材等。

因此，我是在讲述一个关于J828这门课程的故事，展示课堂上各种不同的交互过程是如何帮助学生理解新闻学的大写话语中所包含的各个部分的。这个例子的最后一个关键点就是，我所讲述的故事展示了，深度报道的大写编码之间如何通过课堂的不同活动而建立各种不同的关联。

在此，我有必要指出整个研究过程的目的：记录田野札记、确定大写编码、制定小写编码、寻找关联、实现深描以及描述大写话语，这一连串活动的最终目的是要解释这些新闻记者和新闻专业的学生在J828课程课堂上的所作所为，目的就是为了要理解在这门课上所发生的一切其背后的含义。

作为民族志研究者，我的工作就是要对所发生的事给出解释，从而揭示所涉及的群体和文化系统背后的动机。那么为了实现这个目标，我是不是在验证关于J828课堂如何运作的已提出的研究假设呢？其实并不是的，因为在我着手开始研究时，对于会有怎样的发现并没有具体的想法。我有没有可能就J828这门课讲述一个完全不同的故事，解释这群新闻记者和学生们另一方面的行为？完全有可能。因为我的田野札记只记录了课堂上所发生的一部分事件。而且即使是我所记录的田野札记中，也可能包含了许多不同的故事。但是有一点是确定的，就是至少可以讲述一个故事，因为这些数据是关于人们在现实世界中的言行举止，他们在J828这门课上的所作所为自有他们的一番道理。

民族志数据中总会有某个故事存在，因为这些数据是来自特定的文化。因此数据是有意义的，而意义体现在不同的大写编码（也就是人们言行的不同方面）是如何互相关联的。你所掌握的数据的含义，并不总是如你在开始做民族志研究时所预想的那样，事实上也很少如此。也就是说，你最后通过数据讲述的民族志故事，有可能并不是你最希望讲述的那个故事。而不管你想讲述的故事是什么，这绝不会是唯一的可讲述的故事，因为数据几乎总是具有各种含义，况且通常数据涉及的研究对象也不止一位。但是不管最后所讲述的故事是什么，民族志研究都是通过系统性地分析，去理解被研究群体如何利用各种关联来解释他们的日常经历，进而讲述这群人在他们所处的世界中有怎样的言行，以及为何会有这样的言行的故事。

我希望你能够意识到，要做民族志研究或者好的民族志研究，所要考虑的内容远不止我在这两章中所论述的。例如，参与式观察和以收集数据为目的的观察两者之间的区别，或者民族志研究者的工作所处的更宏大的社会和政治环境，这些我没有谈论得太多。我只能说，民族志研究不是一两个章节的篇幅所能够涵盖的。但通过之前的介绍，我们可以对民族志研究如何工作的关键概念机制有所了解，这是我们即将要建立的量化民族志方法的基础。

为了构建量化民族志方法，我们同样还需要对量化方法的概念基础有所了解，这将是下一章所要讲述的主题。


# 田野调查


对于想要进一步了解本章所涉及内容的读者，我强烈推荐阅读查尔斯·古德温的文章《专业视角》（*Professional Vision*），这篇文章思想深刻，有趣且清晰地解释了人们是如何编码自身的经历的。克利福德·格尔茨的著作《深描：文化的诠释》是关于民族志方法理论极好的概述。还有许多极优秀的民族志学者的作品也值得一读，但是我这里特别推荐上述两位作者，他们的著作对于理解什么是民族志以及如何开展民族志研究是很有帮助的。对于想要了解更普遍的科学研究（当然也包括民族志研究）如何开展的读者，你也许会对皮克林的《实践的冲撞》感兴趣。这是一部需要仔细阅读的著作，但同时也是关于什么是科学研究的一本很棒的入门读物。[34]

对于想要开始量化民族志研究的读者，我也强烈建议从一个小范围的研究开始，例如通过一个预研究或者探索性的研究，来将之前所介绍的内容运用到研究实践中去。

如果你正在尝试这么做，最好先思考你想要研究的主题是什么。如果你对研究主题有了一定的想法，下面这些问题是供你进一步考虑的，而且建议你将思考的结果写到你的备忘录中。

# 数据备忘录

1. 你对于研究什么感兴趣，为什么感兴趣？是什么让你觉得这是一个好的研究主题？

2. 你会使用什么类型的数据来分析你的研究主题？

3. 你会从哪里收集这些数据？你觉得在数据收集过程中可能会遇到哪些问题？你觉得这些问题会对你的研究结果造成怎样的影响或者局限？

4. 如果你有更多的时间和资源，你是否还会收集其他类型的数据？你觉得这些额外的数据会对你的结果产生怎样的影响？

# 4.

## 抽样

## 大　象

　　佛教经典《自说经》（*The Udana*）中讲述了这样一个故事：一位国王下令让舍卫城中所有的盲人无论男女都去摸一头大象，然后报告他们各自认为的大象的样子。其中有些盲人摸了大象的耳朵，报告说"大象就像一个簸箕"；有的摸了大象的腿然后说"大象就像石柱"；有的摸了大象的牙齿，认为"大象就像犁地用的锄头"；还有一些人摸了大象的尾巴，下结论说"大象就像扫帚"。[1]

　　《自说经》中的这个故事是为了展示不同佛教派别之间相互争论的愚昧，因为在《自说经》看来这只不过是真理的不同方面而已。同样，这个故事也出现在了一些东方的宗教故事中、19 世纪的英国诗歌中，并在几年前被写入娜坦莉·莫森特（Natalie Merchant）创作的歌曲之中。尽管所有这些故事的版本都没有解释国王为什么要下令让盲人子民去了解大象的样子，但是这些不同版本阐述的道理都是相似的：我们常常只能够看到真相的一部分，需要对结论保持谦卑。[2]

在心理学家史蒂夫·安德鲁斯（Steve Andreas）的著作《六头盲象》中，作者讲述了一个经过改编的故事：六头盲象想要了解聪明人长什么样子。第一头盲象考察之后的结论是"聪明人都是平的"；然后其他的盲象在考察之后都对第一头象的观点表示同意。安德鲁斯引用德国物理学家维尔纳·海森堡（Werner Heisenberg）的话来总结这个故事——"我们所观察到的不是自然界本身，而是在我们的拷问下自然界所展示出来的样子"。[3]

如果你觉得这个说法听起来也像是民族志研究的核心观点，那你说的一点没错。毕竟我们之前就说过：

民族志研究的关键就是要意识到偏见的存在，即以往的经验、偏好、感受、想法和假设都会对正在进行的观察和解读产生或多或少的影响。

因此，民族志研究的关键环节就是要弄清楚我们的拷问方式会对我们发现的答案产生怎样的影响：我们所观察到的内容是基于我们何时、何地及如何进行观察而得到的。

在之前的章节中我们已经看到民族志研究者是如何解决这个问题的了，他们依据"理论饱和"这个概念作为对盲人摸象问题的回应。从理论饱和的视角来看，盲人摸象的问题在于他们只触摸了大象的一个局部，而不是继续探索大象直到没有新的信息被获取为止。但要强调的是，民族志研究是反思偏见产生的原因及理解偏见带来的影响，而不是试图消除偏见。

我们发现这个仅仅依赖少量数据就下结论的问题，也是量化研究的一个关键性问题，你可以把它叫作统计之屋里的大象。在你抱怨我们说了太多关于大象的烂笑话之前，让我先通过一个更熟悉的量化研究问题来加以说明。

通常来讲，男人比女人的身高要更高。我并不是说每个男人都要高过女人，当然有特别矮的男人和特别高的女人。但是男人总体的平均身高要比女人总体的平均身高更高。体重也是，男人的平均体重要比女人的平均体重更重。当然男人更重，部分原因是男人更高。这些是 19 世纪末 20 世纪初的生物统计学家，如弗朗西斯·戈尔顿、卡尔·皮尔逊等人所感兴趣的统计学发现。那么顺着他们的观点，让我们来问一个答案不那么明显的问题：请问女人的平均身体质量指数（BMI）比男人的是高还是低呢？

你或许还记得，我们在第 1 章介绍过 BMI 指数是由 Quetelet 指数发展而来的，两种指数都是用来测量某人的体重与和他身高相同的群体的体重均值相比是更重还是更轻。所以，当一个身高 5 英尺 4 英寸（162 厘米），重 140 磅（64 公斤）的人的 BMI 是 24 时，他处在正常范围的上限，既没有过瘦，也没有过重。而另一个体重相同，但是身高 6 英尺 6 英寸（198 厘米）的人，BMI 只有 16，显然是过瘦了。[4]

所以一般意义上，女人是否比相同身高的男人更重呢？当然，我们可以通过谷歌查找到这个问题的答案。即使在大数据的时代，你会发现要快速找到类似这些问题的权威答案也并非易事（原因我们稍后会谈）。下面，让我们来设想一下，假如我们测量了 10 个男人和 10 个女人的身高、体重，然后计算出他们各自的 BMI。比如男人的平均 BMI 是 24.7，女人的是 25.1，也就是男人的指标略低于25，而女人的略高于 25。那么基于这样 20 个 BMI 的测量值，我们是否可以得出结论呢？

我们当然可以下结论说这 10 个男人的 BMI 平均值要低于这 10 个女人的。我们之所以能下这样的结论是因为我们实实在在测量了这 20 个人的 BMI 值，然后取平均值，再做比较。但如果将这个结果从普遍意义上推广到"男人的平均 BMI 要低于女人的平均BMI"，就似乎有些问题了。毕竟如果我们碰巧是测量了一群身高特别高但特别瘦的男人和一群矮而胖的女人呢？或者假如这些男人和女人都来自荷兰呢？要知道那里的人身高要比大部分国家的人身高都要高。但是最关键的一点是，谁会相信仅仅测量 20 个人的身高体重，就能够告诉我们普遍意义上的男人和女人的情况呢？

在继续说明这个例子之前，我们先不妨停下思考一个问题：什么叫作"在普遍意义上"，男人的平均BMI低于女人的平均BMI？或者，什么叫作"在普遍意义上"某件事是真的？

在平均BMI的例子中，我们可以这样考虑，假设我们测量的不是10个男人和10个女人的BMI，而是能够测量这个地球上所有男人和所有女人的BMI。我必须承认这绝对是一个吃力不讨好的任务，而且几乎是不可行的。但是我们不妨暂时不考虑从哪里获得这个研究的经费，如何确保数据的收集是基本同步的，如何存储这些数据等一系列可行性方面的担忧；我们也暂时不去考虑数据的错误问题：测量错误、数据丢失等。我们稍后也会谈论这些话题。现在我们只假设真的可以在很短的时间内，精确测量每个男人和女人的身高体重。

所以，我们获得了每个人的身高和体重，然后计算了地球上所有男人和所有女人的平均BMI。如果我告诉你，男人的平均BMI是26.3，女人的平均BMI是24.9，你能够据此得出什么结论呢？

当我们测量了10个男人和10个女人的BMI，然后发现男人的平均BMI是24.7，女人是25.1时，我们很容易得出结论：这10个男人的平均BMI比这10个女人的平均BMI要低，因为我们实际测量了他们的身高和体重。男人和女人的平均BMI是他们的实际平均值，我们是通过测量和计算得到的。

类似地，当我们假设可以实际测量地球上每个男人和女人的身高体重时，我们实际上就可以计算出每个人的BMI。所以男人的平均BMI是地球上每个男人的**真实平均值**，女人也一样。这里所谓的真实不是哲学意义上的，而是我们实际做了测量。这就意味着我们可以确信男人的平均BMI的确要比女人的平均BMI高：26.3大于24.9。这两个数字是基于测量每个人所得到的真实平均值。碰巧这个结果也让我们有理由怀疑基于开始的20个男女的测量所得出的结论。这些男人可能确实是偏瘦的，而女人是比平均水平偏胖的。

当然，现实中我们无法测量整个地球上所有男人和女人的身高和体重。我们所谓的在一般意义上男人的平均 BMI 高于女人是说，如果我们真的有能力测量每个男人和女人，所有男人的真实平均值要高于女人的真实平均值。

正如我们所看到的，仅仅测量 20 个人的 BMI 不足以让我们相信：如果我们真的测量了所有男人和女人，男人的真实平均值会比女人的真实平均值高。[5]

但如果我们能够测量 100 个人的 BMI 呢？

或者可以测量 1 000 个人呢？

10 000 个人呢？

1 000 000 个人呢？

如果我们测量足够多的人，我们当然会有信心说，男人的平均 BMI 比女人要高，这也是事实上大多数人相信的结论。

你还是不相信？好吧，如果我们只测量一个男人和一个女人的 BMI，然后下结论说男人的 BMI 更低，你当然不会相信。但是如果我们测量了比全球所有男人和女人的人数少一个男人和一个女人的 BMI，你也许会相信我们的结论是正确的。毕竟你已经计算了 2 999 999 999 个人的平均值（假设世界总人口 60 亿的一半是男人，另一半是女人），再加多 1 个人并不会对结果造成多大的影响。

那么如果我们测量了比所有人少 100 个人呢？少 1 000 个人呢？少 10 000 个人呢？重点是，测量人数达到什么数量，你会认为人数足够多从而接受结论是关于一般意义上男人和女人的 BMI 的，而当测量人数没有达到这些数量的时候，你会觉得人数太少。[6]

因此统计的核心问题或者核心问题之一，就是我们测量的数量是否足够让我们下结论说某件事在一般意义上是真的。这里的两个关键词分别是"一般意义上"和"真的"。

# 样　本

　　上述例子中的数据其实都是编造的。事实上这样做也有道理，因为实际BMI的测量方法是有争议的。直到2000年，正常体重的BMI标准一直是基于美国疾病控制与预防中心（CDC）的国家健康和营养研究普查的结果，而且这一标准对男女是不同的。根据调查结果，女性BMI正常分布的峰值为25.8，略低于男性的26.4。所以很有可能至少在2000年之前的美国，男性要比女性更胖一些。目前，美国疾病控制与预防中心和世界卫生组织（WHO）的标准对于男性和女性是一样的，虽然有些专家认为这有问题，问题在于如果男人和女人的BMI相同，女性很可能体脂更高，因为女性的身体构造和男性不同。虽然提出BMI的目的就是为了预测体脂的多少，但糟糕的是，BMI事实上对于具体的一个人是否存在体重问题并不是完美的测量指标，因为每个人的肌肉比例不同，因此可能高BMI的人体脂比例却很低。虽然还有其他更好的方法来测量一个人不健康的脂肪含量有多少，但是这种测量方法更为复杂，因此人们仍然首选BMI这种方法。但不管怎样，对于同样BMI数值的人，年龄越大越健康，所以对于60岁而言正常的BMI值，和对于20岁而言正常的BMI值是不同的。[7]

　　可能你觉得目前的做法还不理想，而事实上在一个世纪以前情况更糟糕。在1929年，关于理想身高和体重的测量图表大概有30多张，其中还有许多反映了相同年龄段儿童的平均体重。即使当前的BMI版本简化了这一步骤，但我们依靠BMI来制定任何健康决策时都还是需要小心谨慎。[8]

　　尽管BMI是不完美的，我的举例中还缺少真实的BMI数据，但因为它很简单所以我以此为例子来引出统计概念。在第1章，我就指出要想建立量化民族志的研究方法，需要先理解什么是民族志以及民族志研究是如何做的，这并不是说要了解民族志研究的每个细节，而是要能让我们明白将统计方法应用到民族志研究收集的数据中的意义。同样的逻辑也适用于量化民族志研究中的量化部分：我们要理解将统计方法应用于分析数据是指什么，在不需要掌握所有细节的基础上，清楚什么是用统计方法来解读民族志的数据。

所以让我们先来介绍一些技术术语，我们可以称之为一些关于统计学的大写话语中的大写编码。这里需要用到的大写编码有：总体（population）、参数（Parameter）、个体（unit）、观察（observation）和样本（sample）。

让我们先来了解前面四个，稍后再讨论第五个，当然它也是十分重要的概念。

在统计学中，**总体**指的是我们想谈论的群体，**个体**是这个群体的成员，**参数**则是关于总体某些可以测量的特征。我们可以用某种测量方法来计算参数，比如**观察**总体中的每个个体。

在之前的例子中，我们想知道如果能够实际测量每个男人和女人的BMI，所有男人的真实平均BMI是否会高于所有女人的真实平均BMI？在这种情况下：

> 我们想谈论的总体是所有的男人和女人
> 个体是总体中的每个男人和女人
> 测量的参数是"平均BMI"
> 我们通过观察每个男人和女人来计算参数，也就是要测量每个人的BMI

确切地说，我们谈论的总体有两个：地球上所有男人和女人。我们要做的是比较一个总体和另一个总体的相同参数（平均BMI）。

实际上，如果我们真的可以观察一个总体中的所有个体，那么就不需要统计学了。我们只需要测量所有个体，并计算感兴趣的参数。但大多数情况下，对总体进行测量是不切实际的，即便从理论上测量也是不可能的。（稍后我会进一步谈到这一点。）

当我们无法根据总体中的所有个体来计算参数时，我们就只能计算总体中部分个体的参数。我在这里将大写参数（Parameter）改为小写参数（parameter），以表明我们仅测量了总体中部分个体的某些特征。既然我们无法测量所有男人和女人的BMI，只能测量并计算总体中某个小群体的平均BMI。那么，选择总体中的哪部分个体、测量哪些特征就成为关键问题，我们称这一选择过程为"抽样"（sampling），被测量的较小的群体被称为"样本"（sample）。换句话说，样本也就是我们所观察的总体的子集。

对于那些仔细斟酌术语的人，我们这里将整个总体称为大写总体，总体中的样本称为小写总体是为了表述上的一致。这种称谓不是统计学中使用的术语，如果读者更习惯于总体、样本这样的统计学术语，也是完全没问题的。

在这里需要说明一点，抽样的过程实际上是选择测量哪些个体的过程。"随机抽样"（random sampling）是指用随机方法从总体中选择个体，例如掷骰子、投硬币；"便利抽样"（convenience sampling）是选择容易测量的个体。抽样过程（选择需要测量的个体）结束时，我们分析的样本实际上是一组观察的集合。我们也把样本称作我们对选择的个体进行测量的结果。关于样本的这两层含义我们暂时不做区分，但是稍后会说明两者的差别。

抛开上述操作层面的问题，统计问题实际探讨的是：根据某些样本的参数值，能够可靠地推断出总体参数的哪些结论。参照上一章中民族志研究的证据链的形式，如果我们想要知道关于总体的某些特征，但手里只有一些抽样的个体，那么是无法从这些观察到的个体数据中直接推断出关于总体的特征的，如图4.1中的虚线所示。

首先，我们需要决定测量什么，也就是收集哪些观察值。然后我们抽取样本个体并收集这些样本的观察值。根据样本观察值计算得出某些参数值，再根据样本参数值尽可能推断总体参数值。

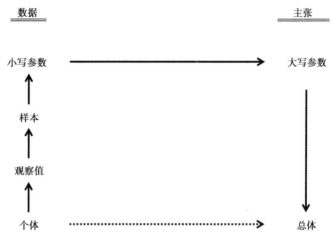

图4.1　统计学证据链（虚线箭头表示我们想做的推断，实线箭头表示实际的推断过程）

　　我们可以结合真实数据来更好地理解上述过程。这里，我用一款名为"土地科学"（*Land Science*）的教育游戏中的数据作为例子来加以解释。尽管这个例子并不一定像上一章新闻学课程的民族志研究案例那样合适，但它是我记忆中比较不错的一个，起码我可以利用其中所有的游戏数据。

　　"土地科学"起初是由我的同事凯利·贝克特（Kelly Beckett）和伊丽莎白·巴格利（Elizabeth Bagley）设计开发的，后来实验室中的学生和研究人员，包括珍妮·苏克曼（Jenny Saucerman）、扎卡里·斯威茨基（Zachari Swiecki）、阿曼达·西伯特－韦斯顿（Amanda Siebert-Evenstone）和韦斯利·科利尔（Wesley Collier）等人都用它做过研究。实际上贝克特、巴格利是和克里斯·瑟米尼希（Kris Scopinich）、罗宾·斯图尔特（Robin Stuart），以及马萨诸塞州奥杜邦协会[①]的其他教育工作者们一起合作完成了这款游戏的设计开发。多年来有很多人对这款教育游戏做出过贡献，我必须要指

①马萨诸塞州一个致力于当地环保的非营利性组织。——译者注

明这一点来表达我的感谢。

这是一款关于虚拟实习（virtual internship）的角色扮演类游戏。学生在一家名为"地区设计协会"的虚拟市政规划公司里扮演实习生角色，根据（虚构的）市长提出的要求以团队合作的形式通过 10~12 小时的工作，为马萨诸塞州罗威尔市制订土地规划方案。学生可以使用在线平台向其他虚拟角色发送电子邮件或聊天交流，如导师、公司主管和该市的利益相关者。为了制订计划，学生需要研究城市的生态和社会问题，包括住房、就业、空气污染以及流经罗威尔市的梅里马克河中的磷化物径流问题。由于利益相关群体的关注点不尽相同，因此学生们需要平衡不同利益相关者的诉求。

这些关于"土地科学"游戏的内容细节很重要，马萨诸塞州奥杜邦协会想通过市政规划虚拟仿真游戏的方式，让学生体会到解决真实世界的环境问题是一件多么复杂的事情。

那么我们究竟是怎样测试学生表现的呢？下面是我们的做法。

由（虚构的）"研究设计协会"的人力资源部门在游戏开始前对学生进行入职访谈，并在几天的实习结束后进行离职访谈。访谈中，学生需要回答生态和社会方面的问题，例如，有一个问题要求学生按照 1~4 的等级评定自己是否"知道如何联系社会问题和环境问题"，1 表示完全不同意，4 表示非常同意；另一个问题要求学生用同样的方式评定自己是否"能够让人们关心社会问题或环境问题"，数字越大表示有能力让人们关心社会问题或环境问题的把握越大。

学生要在实习开始和结束时的两次访谈中回答这些问题，表 4.1 呈现了一小部分数据分析结果，其中前测表示入职访谈，后测表示离职访谈。

表 4.1 "土地科学"游戏前后测访谈采集的数据节选

| 用户ID | 班级 | 年级 | 测试 | 后测 我视自己为RDA的实习生 | 后测 参加"土地科学"游戏总体上很有趣 | 前测 我知道如何联系社会和环境问题 | 后测 我知道如何联系社会和环境问题 | 前测 我能够让人们关心社会或环境问题 | 后测 我能够让人们关心社会或环境问题 |
|---|---|---|---|---|---|---|---|---|---|
| 100 | Is_uni1-13a | College | B | 4 | 3 | 4 | 4 | 3 | 4 |
| 101 | Is_uni1-13a | College | B | 3 | 3 | 3 | 4 | 3 | 2 |
| 88 | Is_uni1-13a | College | B | 2 | 3 | 3 | 4 | 3 | 2 |
| 89 | Is_uni1-13a | College | A | 3 | 4 | 2 | 4 | 3 | 3 |
| 90 | Is_uni1-13a | College | B | 2 | 2 | 3 | 4 | 2 | 3 |
| 92 | Is_uni1-13b | College | A | 4 | 3 | 3 | 4 | 3 | 4 |
| 93 | Is_uni1-13b | College | B | 1 | 1 | 3 | 4 | 4 | 4 |
| 96 | Is_uni1-13b | College | A | 2 | 3 | 4 | 4 | 3 | 3 |
| 97 | Is_uni1-13b | College | B | 3 | 3 | NA | 3 | NA | 4 |
| 98 | Is_uni1-13b | College | A | 3 | 4 | 3 | 4 | 3 | 4 |

　　你或许也能猜到，设计这些问题是想测试学生完成虚拟实习后，他们的回答是否会倾向更正向的答案。以89号学生为例（如表4.1），他在虚拟实习之前对于"知道如何联系社会问题与环境问题"的回答是2（"不同意"），而在实习过后选择了4（"非常同意"），这意味着他在实习过后能够更好地理解社会与环境问题之间的联系了。另一方面，关于"能够让人们关心社会问题或环境问题"，他在虚拟实习前后都选择了3（"同意"），说明游戏前后他在这一方面并没有发生改变。

　　有了上述背景信息后，我们就可以启动皮克林最强大的机器之一——统计分析了。特别要警告大家：注意小数点。我们以前总是习惯于将小数点后面的数作为舍入误差而忽略掉。但在统计学中，小数点之后的数字则不可忽视，它将起到非常关键的作用，对"土地科学"这个案例的分析也是如此。

近年来，已经有500名学生使用过"土地科学"游戏，358名完成了前后测的访谈。其中，关于"知道如何联系社会问题和环境问题"的平均值，由玩游戏前的3.12提高到游戏后的3.44，增加了0.32，大约提高了11%，这相当于高中成绩的等级B和C的差别；关于"能够让人们关心社会问题或环境问题"的平均值由3.04提高到3.10，仅仅增加了0.06，大约提高了2%，这可能还不足以让学生由等级C提高到C+。

第二个问题得分变化很小，所以我们就会有疑问：玩了"土地科学"游戏之后，学生是否更能够使人们关心社会问题或环境问题？

# 置信度

如果用统计学术语来描述这个问题，我们感兴趣的两个总体（来自对同一群观察值的两个阶段观察）分别是：还未参加"土地科学"游戏的学生群体和已经完成"土地科学"游戏的学生群体。这里的观察值是我们已经收集的完成前后测的358名学生的数据。[9]

具体的观察值是每个抽样的学生个体在玩"土地科学"游戏前后对于采用李克特量表计分的问题——"我能够让人们关心社会问题或环境问题"的回答。我们想要了解的大写参数是学生关于是否"能够让人们关心社会问题或环境问题"的平均得分。

为了减少重复，我用大写参数C的取值来表示学生关于是否"能够让人们关心社会问题或环境问题"的平均得分。我们感兴趣的是，两个总体的大写参数C的取值是否有差别，即$C_{后测}$（游戏后该问卷题目的平均分）的值是否会高于$C_{前测}$（游戏前的平均分)。

从已经抽样的学生样本数据结果来看,样本参数 $C_{后测}$ 的得分高于 $C_{前测}$ 的得分。显然,这个抽样的学生群体认为玩了"土地科学"游戏后,他们能够让人们更加关心社会问题或环境问题。

实际上,严格来说这并不完全准确。我们所能够确定的是,学生在玩过游戏之后自评能力水平有所提高,即两个样本群体的参数 $C_{后测}$ 得分不同于 $C_{前测}$ 得分。但这一结果的实际含义要更加复杂。这一差别至关重要,我们稍后再做讨论。撇开我们可以得出什么结论不谈,我们暂时先来探讨一个更加基本的问题:

> 根据我们采集的样本数据,我们能否下结论说,在玩"土地科学"游戏前后,学生总体的大写参数 C 是不同的?

图 4.2 为我们提供了关于该问题的一种图示化的思考方式。

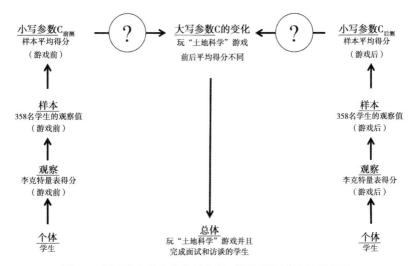

图4.2　用于确定学生总体的参数 C 取值是否改变的示意图

确切地说,这里我们获得了两组观察值(游戏前后),因此有两种不同条件下的观察样本。我们通过抽样、观察来获取样本观察值，并计算我们所关心的参数值。我们的问题是，我们可以由此得出关于总体的某个大写参数的什么样的结论？就这个例子而言，我们的问题是两个总体中的同一个大写参数取值是否存在差异？

如果我们仔细观察样本数据，便能发现两次观察之间存在差异，常用方式是观察直方图。图4.3显示了前后测中对于这个问题选择不同答案的学生人数。

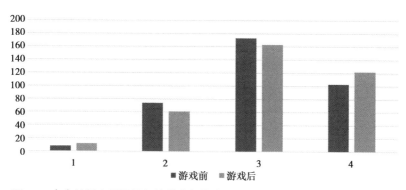

**图4.3 李克特量表不同评级的学生数量直方图（可用于计算 $C_{前测}$ 和 $C_{后测}$）**

黑色柱形表示学生参与游戏前的答题分数，灰色柱形表示游戏后的答题分数。其中，103名学生在游戏前给出4分（最高分），122名学生在游戏后给出4分。从图中可以直观地看出，游戏后给出4分的学生数比游戏前的更多，而给出2分和3分的学生数更少。这一对比仅仅代表了样本中具体的学生分数分布。而要想知道关于学生总体的大写参数，我们需要考虑这样一个稍有不同的问题：

> 如果我们从同一总体中抽取不同的样本，会得到怎样的小写参数取值？

我们知道游戏前的平均分是3.04，这仅能代表参加测试的358名学生的平均值。如果我们对3 580名学生或35 800名学生进行测试，这些大样本的平均分也有可能接近3.04分，但是不太可能正好也是3.04。

换句话说，假设我们从一个总体中抽取不同样本，不仅样本数不同，而且选择不同的样本个体（即这个例子中不同的学生），我们预计随着抽取的样本不同，会获得不同的小写参数取值。如果我们一遍又一遍地反复抽样，我们就会得到在一定范围内的关于这个参数的不同取值。

比如，图4.4展示了100次抽样所获得的参数 $C_{前测}$ 的取值。

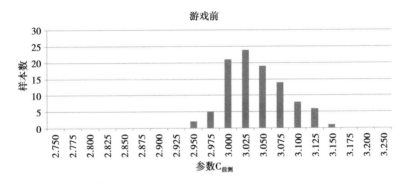

图4.4　100个学生样本参数 $C_{前测}$ 的直方图

如图所示，100个样本中接近3.050分的有19个样本，有更多样本值接近3.025或3.000，有一部分超过3.100，只有两个低至2.950。

在这里，参数的每个取值都是根据样本精确计算得来的。我们对样本中每个个体的观察值（李克特量表评级）求平均就可以得到这个样本的 $C_{前测}$ 取值。但应该选哪一个作为总体的参数 $C_{前测}$ 的取值呢？

答案是哪个都不选！我们无法知道确切的取值是多少，但可以给出一个取值范围，我们称它为置信区间（confidance interval），并且认为总体的参数值 $C_{前测}$ 会落在这个置信区间内。

这个置信区间的产生过程如下：

我们先要找到样本的参数值 $C_{前测}$，在本例中是3.04。之后，选择一个显著性水平来表示我们可能犯错的概率，一般用希腊字

母 α 或 alpha 表示，常用的显著性水平是 α = 0.05。它意味着总体参数仅有 5% 的可能性落在置信区间外。或者换个角度来理解它，从总体中抽取 100 次样本，分别计算每个样本的置信区间，以此推断总体的参数值，我们期望 100 次抽样中有 95 次大写参数确定会落在样本的置信区间内。这就是人们经常提到的 95% 的置信区间的含义。

　　如图 4.4 所示，大多数参数值在 2.975 至 3.125 之间，因此置信区间应该大约在 2.975 至 3.125 之间，并且置信区间的中间值大约是原始样本的均值。实际上，95% 置信区间的精确测量值在 2.96 和 3.12 之间，因此我们预计参数值 $C_{前测}$ 落在 3.04 加或减 0.08 的区间内（有时候也记作 3.04±0.08），通常用这种方式表示置信区间。[10]

　　当然，如果我们想得到更加保守的估计结果，可以选择较低的显著性水平，比如 α = 0.01，这意味着置信区间会变大。置信区间越大，总体参数落在置信区间外的可能性越小。因为显著性水平表示我们愿意接受的犯错误水平，所以当我们愿意接受较少的错误时，置信区间就会变大：区间范围越大，犯错误的可能性越小。比如，当 α = 0.01 时，$C_{前测}$ 的置信区间为 3.04±0.10 而不是 3.04±0.08。

　　还有另一种方法来表示测量的不确定性，那就是 "接受域"（acceptance region）。

　　让我们先来看一个实例以便理解接受域：想象一下，我们已经从同一总体中抽取了新的样本，这次抽样样本的均值一般不会和第一次抽样一样，但二者相差多少？图 4.4 告诉我们的正好就是这一点！在大多数情况下，我们预计来自同一总体的新样本均值接近直方图的中间位置：大约为 2.96~3.12，因为 95% 的置信区间为 2.96~3.12。

　　反过来，样本均值落在这一区间外的可能性为 5%。

　　那么，在不知道样本来自哪一个总体的情况下，我们又该如何判断它是否和其他样本来自同一总体呢？

如果我们能够接受的犯错误的概率不超过5%，我们就应该接受这样的观点：假如参数落在2.96~3.12区间，那么第二次抽样的样本来自原始总体，我们称这个区间为接受域。一旦未知样本参数超出接受域，我们就可以认为这个样本不是从原始总体中抽取出来的。

因为我们能够接受的犯错误概率为5%，新样本来自原始总体的可能性低于5%。这时候如果再假设第二次抽样样本和其他样本来自同一总体的话，犯错误的概率将会超过5%，比我们可以接受的犯错误概率要高。

现在我们可以回答学生玩了"土地科学"游戏之后总体参数C是否发生改变这一问题了。从游戏前的学生总体中抽取样本，100次抽样中有95次样本均值在2.96~3.12，而游戏后学生样本的平均得分为3.10。如图4.5所示，3.10落在游戏前学生群体的95%接受域内。

这说明游戏后的学生样本有可能是来自游戏前的学生总体。

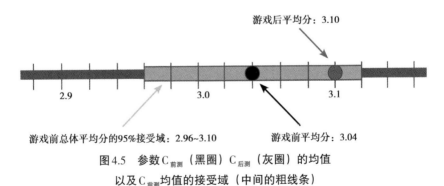

图4.5　参数$C_{前测}$（黑圈）$C_{后测}$（灰圈）的均值
以及$C_{前测}$均值的接受域（中间的粗线条）

表示这种关系的更常用的方法是使用如图4.6所示的柱形图，通过显示各组的平均值以及误差（用柱形顶端的垂直的黑色线条表示）来表示95%的接受域。

通常柱形图的纵轴是从0开始，但是在这个柱形图中，为了方便观察后测样本均值是落在前测均值的接受范围之内，同样前测均值也落在后测的接受范围之内，所以对坐标轴做了放大处理。我另外添加了两条虚线，以便更清晰地展示每个总体的均值都在另一个总体的接受范围内这个结果。

这种重叠说明，即使学生的后测参数 C 值更高，我们也仍然无法下结论说两个总体的大写参数 C 的取值存在差异。

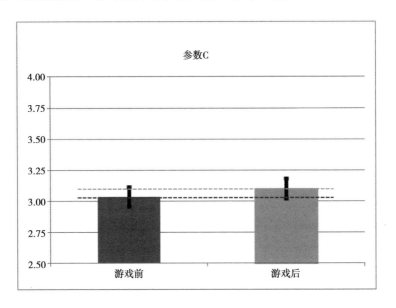

图 4.6　参数 $C_{前测}$（左）和 $C_{后测}$（右）的均值柱形图
（垂直的黑色线条表示 95% 的接受域）

但是情形并不总是这样。例如，图 4.7 展示了学生关于"知道如何联系社会问题和环境问题"的均值和接受域，并用大写参数 K 来表示这个问题的回答。

游戏前学生样本的参数 K 值为 3.12，游戏后的取值为 3.44，两者的接受域分别为 3.12±0.07 和 3.44±0.06。游戏后参数 K 的平均值在游戏前的接受域之外，反之亦然。

这个例子中，因为我们愿意接受 5% 的犯错概率和 95% 的接受域，我们因此会拒绝两个样本来自同一总体的假设。

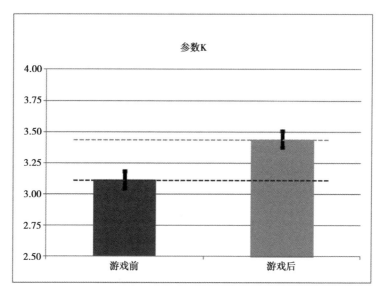

**图4.7　参数 K$_{前测}$（左）和 K$_{后测}$（右）的均值柱形图**
**（垂直的黑色线条表示95%的接受域）**

　　但是如果我们愿意接受的犯错概率为1%，0.1%，或者0.000 1%，又会得出怎样的结论呢？

　　实际上，我计算接受域的方法叫作 t 检验方法，更准确地说，叫作 *Student's* t 检验（虽然已经没有人这么叫了）。该方法用到了威廉·西利·戈塞特（William Sealy Gosset）在1908年提出的 t 统计量。戈塞特从吉尼斯啤酒厂的化学研究岗位离职后，来到卡尔·皮尔森实验室从事统计研究，最终提出著名的 t 统计量，这发生在皮尔森提出相关系数 r 统计量的12年之后。研究过程中，他提出了 t 检验的方法，用来测量不同大麦品种的差异。但由于吉尼斯不允许员工发表研究成果，所以戈塞特以"Student"作为化名发表了这一统计方法。[11]

　　t 检验有几种不同的形式，包括上面用来计算每个样本接受域和置信区间的单样本检验，以及这个前后测的例子中更适合采用的配对样本检验。由于这两个样本并不是完全不同的，所以采用配对样本检验更适合。学生在参与"土地科学"游戏前后，我们分别对他们进行了问卷调查，每个学生就有两个测量值。配对样本检验会在计算中考虑这一信息。[12]

但是，不管是哪种形式的 $t$ 检验都会产生一个有用的信息，叫作 $p$ 值（伴随概率），$p$ 值会告诉我们样本取值与接受域相比，处于哪个位置。如果样本值超出接受域，即 $p < \alpha$，则预计犯错的概率要比我们可以接受的犯错概率小，我们就能下结论说样本参数值可以一定程度上反映总体参数值。换句话说，通过比较 $p$ 和 $\alpha$ 的大小关系，可以判断出能否根据样本参数推断总体参数。

这就是统计分析中由数据到论断的关键步骤（图4.8）。

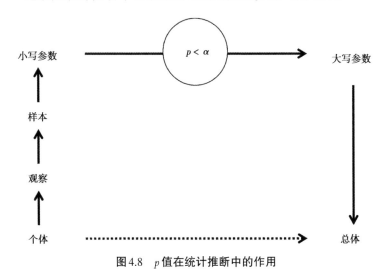

图4.8 $p$ 值在统计推断中的作用

对参数 C 进行配对样本 $t$ 检验，得到 $p>0.15$。意味着在5%的犯错概率下，不能认为参加"土地科学"游戏前后学生的参数 C 值存在差异。而参数 K 的配对样本检验的 $p<1.26\times10^{-14}$，犯错概率小于 0.000 000 000 000 01%，游戏前后参数 K 值存在差异。即如果两个总体是相同的，我们进行十万亿次抽样，只会有一次抽样得出类似的结果。这几乎是不可能发生的。

我们得出这样的结论是因为 $p=0.15$，高于设定的显著性水平 $\alpha=0.05$，而 $p=1.26\times10^{-14}$ 低于 $\alpha=0.05$。我们愿意接受5%或者更小的犯错概率，但显然15%太大了，而0.000 000 000 000 01%是可接受的。

因此，基于上述样本我们可以得出以下结论：在α=0.05的显著性水平下，学生玩"土地科学"游戏后参数K的得分会提高，而参数C的情况难以判断，不能下定论。虽然从前测样本到后测样本的参数C得分略有提高，但并不足以断定，对玩"土地科学"游戏的学生，一般而言这个大写参数是否发生了变化。

事实上，上面的结论并不是非常准确。我们真正能够得出的结论是：如果学生玩"土地科学"游戏后参数K的得分没有提高，我们碰巧得到类似这样两个样本的可能性低于5%。因为这样的可能性很低，所以可以下结论说，这些样本很可能不是来自参数K得分相同的同一个总体。也就是说，我们认为两个总体的大写参数K得分是不同的。或者用通俗的语言表达就是，得出"玩土地科学游戏后，学生的参数K值提高"这一结论的犯错概率低于5%。虽然这里的表述方式或者逻辑有点复杂，但是如果想要对其中的统计学含义有准确严格的理解，认识到这些表述之间的差异就十分重要了。

而事实上真正精确的语言是，认为两个样本不同的假设被称为"零假设"（null hypothesis）。它是由杰西·内曼（Jerzy Neyman）和埃贡·皮尔森（Egon Pearson，即做过威廉·西利·戈塞特老师的卡尔·皮尔森之子）在1920年提出的概念。后来罗纳德·费舍尔（Ronald Fisher）在他的《实验设计》（*The Design of Experiments*）一书中进一步完善了这一概念，不过费舍尔并不同意内曼和皮尔森对零假设中显著性的解释。然而，奇怪的是，如今统计学课堂上教授的假设检验理论却整合了费舍尔、内曼和皮尔森的不同观点，这或许部分解释了为什么这么多人对零假设的概念感到困惑！[13]

零假设的想法是假设与我们认为可能正确的相反。也就是说，我们试图证明我们感兴趣的东西实际上是假的。这里的例子是，我们认为学生玩"土地科学"前后的参数K可能有差异。所以我们测试看看是否真的没有区别。在这种情况下，如果两个群体中的参数实际上是相同的，我们就不太可能看到两个样本的参数之间有我们测量到的那么大的差异。所以我们"拒绝"零假设——也就是说，我们断定我们测试的东西不是假的，然后我们称我们发现的差异具有"统计显著性"（statistically significant）。[14]

显著性检验的这一逻辑经常会让研究者感到困惑。检验结果"在统计上显著"意味着如果你假设它是非真的，你得到的结果将几乎不可能出现。这与证明它为真不是一回事，就像你也无法证明它为非真。在科研实践中，当我们想要证明某事是错误和失败的时候，通常的做法就是在没有找到推翻它的证据之前，认为它是真的。

但无论如何，这段在统计学意义上表述精确的信息，事实上延伸出一个更加重要的问题：**那又怎样呢？**

## 控制变量

这一结论的标准表述方式是：参与"土地科学"游戏前后，大写参数 K 的得分在 $\alpha=0.05$ 的水平上存在统计显著的变化，但是大写参数 C 在 $\alpha=0.05$ 的水平上不存在统计显著的变化。再通俗点说，游戏前后，学生关于"知道如何联系社会问题和环境问题"的分数变化在统计上是显著的，而关于"能够让人们关心社会问题或环境问题"的分数变化在统计上是不显著的。但正如我们所见到的，这是我们根据抽样的样本所得到的结论，如果我们对总体的 K 参数得分承认上述结论，犯错的概率小于5%；而对总体的 C 参数得分承认上述结论，犯错的概率将大于5%。

换言之，统计学的核心是称为"一般化"的概念。也就是统计让我们设定一个普遍适用的结论的犯错概率的上限，这个结论是基于来自总体的样本参数取值所得出的，即关于总体的大写参数取值。我们通常会说，我可以接受一定程度的错误，但无法接受更多的错误。[16]

这种思想既是统计学的优势也是它的弱点所在。统计学为我们提供了一套决定何时可以泛化推广的、强有力的、绝妙的工具。但是，一般化的能力完全依赖于我们所选择的大写参数、所收集的样本以及所具有的总体。

比如，在"土地科学"游戏的数据中，我们一直在关注学生对两个问题的回答。但这358名学生对问题的理解是否都相同呢？这些问题似乎是很明确的：

用1（非常不同意）到4（非常同意）的等级来评定您对以下陈述的同意或不同意程度：
A. 我知道如何联系社会问题和环境问题
B. 我能够让人们关心社会问题或环境问题

根据这两个问题，我们确定了大写参数K表示问题A中学生回答的平均值，大写参数C表示问题B中学生回答的平均值。

但是有很多证据表明，上述这种由伦西斯·李克特（Rensis Likert）于1932年发明的，要求人们按照1~4或1~7或1~10的等级评定事物的李克特尺度问题并不完全可靠。比如，有些学者提出究竟应该给问题提供几个等级的答案选项？争论的焦点在于：是要设置奇数个选项，即提供"既不同意也不反对"的中立选项；还是要强制人们在同意或不同意中做出选择，哪怕是很微妙的倾向。对这种量表的形式是否存在偏见，人们也有争议，即用数字来表示在多大程度上同意或不同意某一观点，这在一些人看来是很愚蠢的。此外还有一个问题就是，学生们在回答时是否考虑了相同的环境问题和社会问题？可能有人思考得很简单，有人思考得很复杂。[17]

即使不考虑李克特量表的结构问题，我们也只收集了学生对于

"知道如何联系社会问题和环境问题"和"能够让人们关心社会问题或环境问题"的主观自我评价。当然访谈中不只包含这两个问题，但是从这两个问题中，我们只能够知道学生对于自己知识与技能的看法。这并不能代表学生实际掌握的知识与技能，他们可能会高估或低估自己的水平。如果他们喜欢这个游戏，他们就有可能在玩了"土地科学"游戏后给问题选择更高的分数项作为自评结果（反之亦然）。他们甚至有可能原本不认为说服别人关注社会环境等问题很困难，而玩了这个游戏后，让他们意识到说服别人比想象中更具挑战性，所以会对自己能够说服别人的评价打低分，而这事实上不是因为他们在玩游戏后能力变差了。除此之外，他们也有可能因为不小心而点选了并非本意的选项。

因此，我们往往只能下结论说，学生在玩"土地科学"游戏后，通常更加同意自己"知道如何联系社会问题和环境问题"。也就是说，我们只能得出一个关于某个大写参数的非常局限的结论。

这当然也是为什么我们会说这种数据的量化分析是浅描的原因。我们收集了大量学生（在这个例子中总共有358名学生）的数据，但这些数据并没有给我们提供更多关于学生的信息。我们知道他们的分数或许上升了，或许没有，但并不知道为什么会是这样。如果有更多的访谈问题和样本数据，我们可能会发现更多有趣的模式，但是仍然无法避免同样的统计分析所带来的结论的局限性。

更令人沮丧的是，我们的样本是来自358名完成游戏前后测的学生，而这358名学生又来自582名参与过该游戏的学生群体，其中有224名学生没有完成游戏前后测的问卷调查。对于这部分学生，我们该怎么办呢？我之所以没有把这些学生的数据包括进来，原因之一是他们要么缺少前测数据，要么缺少后测数据，我们无法进行配对样本 $t$ 检验（paired-sample $t$-test）。虽然我们还可以使用其他统计检验方法，但对于有缺失数据的学生，想要得出一些有用的结论仍然是十分困难的。

我没有利用这224名学生的数据的另一个原因是，我不知道他们为什么没有完成问卷。是因为他们中途退出游戏了？还是开始参与的时间晚了？他们是因为生病缺课？还是因为老师的安排不当造成时间不够？无论是什么原因导致学生没有完成访谈，我们能够分析得出结论的数据只有那些完成游戏前后测的学生的数据。

并且我们还没有考虑学生的背景信息：他们是谁？来自美国还是其他国家？英语是他们的母语还是第二语言？他们来自好学校还是差学校？他们多大年龄？在班里表现怎么样？

这些问题很重要，其原因有两点。最重要的一点是，我们只能将样本分析结果推广到与其特征相似的总体。如果一个样本中全是女生，我们就无法得出关于男生的结论。如果样本中的每个人都是美国大学生，我们就不应该得出年龄更大、更小，或来自不同社会经济背景、不同国家的群体的结论。这是显而易见的常识，但经常会被许多心理学或其他领域的研究者所忽视——你只要想想看，在过去几十年中心理学家做了多少这种研究，即通过测试50名本科生在心理学入门课程中的表现，就得出关于"人类普遍的思维方式"的结论。[18]

换句话说，我们不仅要对能够得出的结论非常小心，例如之前例子的结论是来自总体的学生认为他们完成"土地科学"游戏后更加理解"如何联系社会问题和环境问题"，也应该对这一结论所针对的总体持谨慎态度。我们只能够说结论中的总体是指和那些样本相似的学生群体。

其次，即使样本内部不同的学生群体或者不同类型的学生也会有某些共同点，比如在相同班级、年级和学校的学生，或者都以英语为母语的学生，再或者都是在学校里表现优异的学生。所有这些共同点都可能会对问题的回答产生影响。

我们来看下面这组数据。

关于这358名学生的样本，我还没有告诉你的是，其中有226

人是高中生，132人是大学一年级学生。分析结果显示，这两个不同的群体在"如何联系环境问题和社会问题"的理解上，即大写参数K值上没有差异。更准确地说，根据他们关于"多大程度上他们认为自己理解这一联系（即环境问题和社会问题的联系）"的回答，可以发现不同年级的学生之间没有差异。但是，关于大写参数C，即如何让人们更关注这些问题，结果受年级差别的影响却大许多。

如图4.9所示，高中生关于大写参数C从游戏前的3.08降低到游戏后的3.04，虽然有所降低，但是这一变化在统计上是不显著的。所以我们无法得出关于高中生的任何结论。而对于大学生，大写参数C从2.97增加到3.20，$p < 0.004$远小于$\alpha = 0.05$。也就是说，大学生在游戏前得分低于高中生，完成游戏后得分远高于后者。事实上，如果我们使用另一种logistic回归（logistic regression）的统计模型就能发现，和高中生相比，大学生认为自己通过玩"土地科学"游戏，更有能力说服人们关心环境或社会问题。这种自我评定的差别，大学生是高中生的近乎两倍。

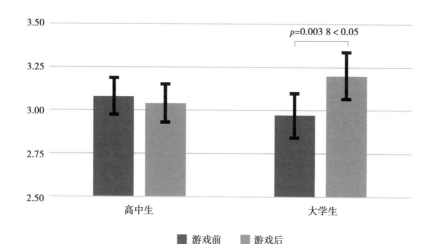

图4.9 高中生和大学生参数$C_{前测}$（黑色）$C_{后测}$（灰色）条形图

　　这个例子说明了"协方差"（covariance）这个统计学概念，它是另一种相关性，表示的是两个事物都和第三个事物存在关联。在这个例子中，学生的年级（高中或大学）与"土地科学"游戏对他们的影响之间存在某种关联。在不涉及协方差之前，根据样本数据，我们无法断定"土地科学"对大写参数C是否有影响。但如果考虑了协方差的因素，用统计学的语言来表述就是：如果我们控制了年级这一变量，再进行统计检验的计算，就发现"土地科学"游戏会对大写参数C有影响……但是我们发现，其实只对大学生有影响。同理，我们也可以分析不同的老师是否会对学生的表现产生影响（实际分析结果显示没有影响）。或者我们也可以分析，与不喜欢玩这个游戏的学生相比，喜欢玩的学生的大写参数是否会变化更大（答案不出我们所料，是有影响的）。[19]

　　但是我们无法控制所有的因素，有无穷多的因素可能会与我们感兴趣的大写参数有关（与其有相关或协变关系），有$5.8×10^{107}$即接近六千亿万亿种方式对358名学生进行分组。这意味着我们必须要事先对研究情境有所了解，以便知道在分析中应该控制哪些因素。我们需要了解关于总体、样本及数据采集方式等的信息，了解样本中的被试或者研究对象，了解大写参数及其作用方式。我们需要了解这一切重要的信息，来确保我们收集的数据、分析的结果、提出的问题和对结果的解读都是合理的。

　　总之，如果数据过于单一我们就无法得出有意义的结论。尽管有像克里斯·安德森这样纯数据驱动研究的忠实拥趸者，但我认为必须首先理解数据的含义、了解数据如何收集，以及所有这些信息如何影响我们采用统计手段控制变量和解读分析结果。在不具备这些认识的基础上，展开任何有意义的统计分析是不可能的。

# 结　构

虽然我之前说如果数据过于单一，我们就无法得出太多有用的结论。但我必须澄清，统计分析的确可以告诉我们许多有用和重要的发现。否则，在一本介绍如何用统计方法来做定性数据分析的书中，宣称统计分析没有用就显得太奇怪了。但任何一本好的统计方法导论书都会告诉你，在没有理解研究问题的实质和所收集的数据的局限性之前，都不可能做出高质量的定量分析。所以上文展示的案例，目的不是要告诉你统计分析没有意义，而是要向你展示，让这样的统计分析变得可行的一些关键性假设和前提条件。[20]

在进一步讨论之前，我要说明的一点是，一个好的定量分析远不只我在之前例子中描述的那样简单，它会是一项非常详细和复杂的工作。这就像是好的量化民族志研究也要比前几章中展示的例子更加详细和复杂。比如，我们有办法来检验上一节所提出的关于问卷有效性的问题，即验证问卷中的问题是否真的提供我们想要的信息。其中最基本的做法是，我们会为同一个概念或问题设计一个以上的问卷题项，然后检查几个题项的答案是否相似。如果我们就同一个话题设计了五个问题项，而且得到的答案都很相似，那么很可能我们得到的测量结果就是可靠的。而如果他们的五个题项的答案有很大差异，则意味着也许在理解主题或者题项上可能存在偏差。此外，我们在设计问卷的时候，也会采用重测来检验问卷题目的效度，我们会让学生在相隔不是很久的两个时间点回答同一份调查问卷，以检验他们的答案是否一致。

在实际的前后测中，我们不仅会询问学生对环境问题认识水平的自我评价，还会通过问题来测试他们的实际理解水平。比如，有一个问题是这样提问的：

米德维尔镇有一个大型自然保护区，它不仅是蝴蝶的栖息地，也

量化民族志：一种面向大数据的研究方法

是人们的娱乐场所。有一位开发商打算在小镇附近的奥克伍德自然保护区的所在区域建一个大型购物中心。你觉得为什么市民会为镇上购物中心的开张而感到开心呢？

诸如此类的问题，我们会设计两个版本，因为让学生对同样的问题回答两次是没有意义的。学生会记住第一次的答案，这很可能会影响他们第二次作答。这种情况发生的时候，学生们有时候甚至会说"正如我之前所说的……"。因此，另一个版本不再问他们，人们为什么对自然保护区里建购物中心感到开心，而是询问为什么人们对影响当地河流的商业或工业开发项目感到开心。

当我们有了两个版本的问题，就需要设计两种测试情形。测试情形 A 要求学生在前测中回答版本 1 的问题，在后测中回答版本 2 的问题。测试情形 B 则相反，前测采用版本 2 的问题，后测采用版本 1 的问题。我们将学生随机分配采用测试 A 或 B，测试他们对两个版本问题的作答是否存在差异。[21]

我们还可以控制更多因素，确切地说，我们可以检验是否需要控制更多的因素，以及是否需要采用更复杂的统计方法。在使用任何统计检验方法时，我们都必须首先考虑该检验方法的假设条件是否满足。比如，我之前用单样本 $t$ 检验来确定置信区间和接受域时，假设样本所在的总体服从正态分布，并且我们可以用统计检验来验证这一假设条件是否满足。用来验证总体从前测到后测是否发生变化的配对样本 $t$ 检验所需要满足的假设条件是，配对数据之差要服从正态分布。同样，我们也有统计方法来验证这一假设。

任何统计检验都需要满足一定的数学条件前提，其思想是相同的，即用样本信息推断关于总体的结论时，通过计算伴随概率 $p$ 值，让我们将犯错概率限制在我们可接受的范围内。

但是，我们只有在确保数据的结构是正确的情况下，才能做到这一点。

我所说的"结构"（structure）指的是什么呢？回想一下我之前展示的这个例子中的小部分数据。

我们所要研究的总体中的每个个体是玩"土地科学"游戏并完成前后测的学生。因为我们的观察值是学生在问卷中的回答，所以我们需要对个体（即学生）进行两次问卷调查。如表4.1中的定量数据所示，每一行代表一名学生，包含了我们所收集的关于这名学生的所有信息。

数据表中的前四列所包含的学生信息是我们希望作为控制变量的，包括学生所在的班级，来自高中还是大学，采用了哪个问卷进行测试。以上信息被称为元数据（metadata），它们描述了其他列中数据的属性。

表中的后六列则反映了学生的问卷作答情况。为了分析学生参与虚拟实习前后是否有变化，我们必须做前后两次问卷调查，并在表4.1中表头用"前测"和"后测"的标签作为列名加以区分。请注意，倒数第二行所代表的一名学生的前测数据列中出现了 NA（"未作答"或"缺失值"），表示该学生由于某种原因没有完成问卷，所以我们在一些分析中就无法利用这个学生的数据了。

因此，数据表是按行记录的数据，每一行代表一名学生，因为学生是我们希望研究的总体中的一个个体，列代表关于学生的元数据以及问卷的作答情况。

像这种形式的定量数据表就是"结构良好"（well-formed）的。

# 规 范

什么样的数据表是格式良好的呢？

我所说的结构良好，并不是说它看起来清晰直观。事实上，我用来做分析的数据表对有的人来说确实有些难读。如表4.2是由表4.1改造后的易读版本：

表 4.2　易读数据表

| 用户ID | 测试情形 | 前测问卷 匹配问题 我知道如何联系社会和环境问题 | 前测问卷 匹配问题 我能够让人们关心社会和环境问题 | 前测问卷 匹配问题 我能够制订一个计划来解决这些问题 | 后测问卷 匹配问题 我知道如何联系社会和环境问题 | 后测问卷 匹配问题 我能够让人们关心社会和环境问题 | 后测问卷 匹配问题 我能够制订一个计划来解决这些问题 | 后测问卷 态度题 我能够将自己定位为RDA的一名实习生 | 后测问卷 态度题 参加土地科学游戏是很有趣的体验 |
|---|---|---|---|---|---|---|---|---|---|
| 班级 学段 | Is_umi1–13a 大学 | | | | | | | | |
| 100 | B | 4 | 3 | 3 | 4 | 4 | 4 | 4 | 3 |
| 101 | B | 3 | 3 | 3 | 4 | 2 | 3 | 3 | 3 |
| 88 | B | 3 | 3 | 1 | 4 | 2 | 3 | 2 | 3 |
| 89 | A | 2 | 3 | 3 | 4 | 3 | 3 | 2 | 2 |
| 90 | B | 3 | 2 | 1 | 4 | 3 | 3 | 2 | 2 |
| 平均分 | | 3 | 2.8 | 2.2 | 4 | 2.8 | 3.2 | 2.8 | 3 |
| 班级 学段 | Is_umi1–13b 大学 | | | | | | | | |
| 92 | A | 3 | 3 | 2 | 4 | 4 | 3 | 4 | 3 |
| 93 | B | 4 | 4 | 4 | 3 | 4 | 4 | 1 | 1 |
| 96 | A | 4 | 3 | 4 | 4 | 3 | 2 | 2 | 3 |
| 97 | B | | | | 3 | 4 | 4 | 3 | 3 |
| 98 | A | 3 | 3 | 3 | 4 | 4 | 4 | 3 | 4 |
| 平均分 | | 3.5 | 3.25 | 3.25 | 3.6 | 3.8 | 3.4 | 2.6 | 2.8 |
| 整体平均分 | | 3.22 | 3.00 | 2.67 | 3.80 | 3.30 | 3.30 | 2.70 | 2.90 |
| 前测 | | 3.22 | 3.00 | 2.67 | | | | | |
| 后测 | | 3.80 | 3.30 | 3.30 | | | | | |
| 变化 | | 0.58 | 0.30 | 0.63 | | | | | |

这个版本比表 4.1 反映的信息更多，包括每个班的均值、总体均值以及每个问题的前后测变化值。它的组织方式更具视觉吸引力。每个班的学生被归为一组，并且将前测和后测区分开来，为它们加上清晰的标题行。问题的"类型"做了标记。同时，用线框和空行把图表分成几个区域，更便于展现信息的组织结构。

显然表 4.2 更易于阅读。这是一种可以展示在论文或报告中的数据呈现方式，也是我经常看到的经验不足的研究者在收集数据时常常采用的数据组织方式。但问题是，第二种数据表虽然易读，但却并不是结构良好的，而且基本上无法用于统计检验。

易读但结构不良的数据表不适用于定量分析，其原因有两点：首先，它不是计算机可读的，无法用统计软件自动读取数据并对其进行分析。线条的粗细对计算机没有意义，或者至少对大多数研究者使用的统计软件来说没有任何意义。因此，当计算机读取该文件时，这些信息都会丢失。更糟糕的是，用空行的方式作区分虽然便于人脑组织信息，但却会迷惑计算机。计算机无法区分空行是否代表信息丢失，也无法辨认分组数据是从哪里开始到哪里结束。

其次，也是更重要的一点，易读版本的数据表中不是所有我们关心的个体信息（这里指每个学生的信息）都是直接关联的。例如，我只有看出来数据表是按照班级分组的，而每个班级的名字都在这组学生的顶端，才能发现学生 88 属于班级 ls_unil–13a。而在用于定量分析的结构良好的数据表中，每个学生的所有信息都在一行中，包括学生的编号、所在班级、学段、测试情形和问卷问题的作答情况。

换言之，结构良好的量化数据表中，每一行都具有"证据完整性"（evidentiary completeness）。所谓证据完整性，指的是每一行都要包含某个事物的所有相关数据。比如，学生 89 所在的那一行包含了我们分析过程中用到的关于该名学生的所有数据。如果我们要用到不同个体的数据，那么每一行都要有所代表的个体的全部信息。如果个体是班级、问卷调查或者天，那么表中的任何一行都要有关于某个班级、某次调查或者某一天的所有相关信息。总之，每一行都要包含我们分析时要用到的每个个体的所有数据，即所有的证据，这就是所谓的证据完整性。

但两种数据表的格式还有另一个区别。假设我们保持数据表的标题行不变，打乱其他行的顺序会怎么样呢？格式良好的数据表除了行的顺序被打乱以外，不会有什么本质的变化，所有信息还是可以和学生一一对应起来。类似地，如果我们打乱列的顺序，它也还会和原来一样，即调换前后，数据表包含完全相同的信息。而易读版本的数据表就不一样了。如果我们打乱行的顺序，即使我们保留了所有的"标题行"，数据也会变得毫无意义。改变行的顺序之后，学生就会关联到和原先不同的班级和学段。类似地，如果打乱列的顺序，也会导致题项关联到错误的前后测问卷以及问题类型（表4.3）。

总之，我们就会得到一张无意义的数据表。

两个数据表的不同之处在于，在表4.1所示的结构良好的表格中（我经常用它做数据分析），任何一列（去除标题行）的所有数据都代表相同类型的信息。用户ID列就只包含用户的编号，而不包含其他内容，不会有像易读数据表那样的标签或标题行。问卷题项所在列也只有学生的作答信息，不会包含平均值或其他信息。同样，除了标题行外，每一行都有相同类型的信息，即所有数据都与样本中的学生一一对应，且是唯一对应，没有副标题或空行。

用术语来描述就是，在结构良好的数据表中，行和列都具有"本体一致性"（ontological consistency）。作为哲学的一个分支，本体论是代表事物的本质，即它们是什么以及它们如何分类的问题。如果两个事物是同一类的话，它们在本体上是相似的。假设一个房间里有两个人和一把椅子，即使是不同的两个人，我们也称他们在本体上是相似的，因为和椅子相比，两个人是同类事物。所以，如果数据表中每一列仅包含一类信息，那么同一列数据就具有本体一致性，即使数值可能不同。像"学段"这一列，有些行的取值是

表 4.3 调换行列顺序之后的表 4.2

| 用户ID | 测试情形 | 前测问卷 匹配问题 | | | | 后测问卷 匹配问题 | | 后测问卷 态度题 | |
|---|---|---|---|---|---|---|---|---|---|
| | | 参加土地科学游戏是很有趣的体验 | 我能够将自己定位为RDA的一名实习生 | 我知道如何联系社会和环境问题 | 我知道如何联系社会和环境问题 | 我能够制订一个计划来解决这些问题 | 我能够制订一个计划来解决这些问题 | 我能够让人们关心社会和环境问题 | 我能够让人们关心社会和环境问题 |
| 88 | B | 3 | 2 | 3 | 3 | 1 | 3 | 3 | 2 |
| 89 | A | 4 | 3 | 2 | 4 | 3 | 3 | 3 | 3 |
| 90 | B | 2 | 2 | 3 | 4 | 1 | 3 | 2 | 3 |
| 92 | A | 3 | 4 | 4 | 3 | 2 | 4 | 3 | 4 |
| 93 | B | 1 | 1 | 4 | 4 | 4 | 2 | 4 | 4 |
| 96 | A | 3 | 2 | 3 | 3 | 4 | 4 | 3 | 3 |
| 97 | B | 3 | 3 | 4 | 4 | 3 | 4 | 3 | 4 |
| 98 | A | 4 | 3 | 4 | 4 | 3 | 4 | 3 | 4 |
| 100 | B | 3 | 4 | 4 | 4 | 3 | 4 | 3 | 4 |
| 101 | B | 3 | 3 | 3 | 4 | 3 | 3 | 3 | 2 |
| 平均分 | | 2.8 | 2.6 | 3.75 | 3.6 | 3.5 | 3.6 | 3.25 | 3.8 |
| 平均分 | | 3.2 | 3 | 3.5 | 3.8 | 3.25 | 3.4 | 3 | 3.4 |
| 班级 | ls_unil-13a | | | | | | | | |
| 班级 | ls_unil-13b | | | | | | | | |
| 学段 | 大学 | | | | | | | | |
| 学段 | 大学 | | | | | | | | |
| 整体平均分 | | 3.17 | 2.93 | 3.21 | 3.90 | 2.79 | 3.33 | 3.04 | 3.03 |
| 前测 | | 0.00 | | 0.00 | | 0.00 | | 0.00 | |
| 后测 | | 0.00 | | 0.00 | | 0.00 | | 0.00 | |
| 变化 | | 0.00 | | 0.00 | | 0.00 | | 0.00 | |

"高中"，有些是"大学"（当然也可能是"NA"，代表缺失值），但不会有其他类型的信息出现在这一列。同样地，如果认为每一行包含样本中某一个个体（例如学生）的所有信息，那么数据表中的所有行就具有本体一致性。

最后一点，结构良好的量化数据表需要保证"术语一致性"（terminological consistency）。用多个不同术语描述同一个信息，会导致定量分析出现问题。如果高中生有时候用"HS"表示，有时候又用"高中"表示，就容易产生混淆。所以在一个数据列中要用同一个标记来表示相同的信息。

综上所述，结构良好的数据表具有以下四个特征：

1. 行的证据完整性：与样本中个体（本例中指的是学生）相关的所有信息都在同一行

2. 行的本体一致性：所有行都包含相同类型的信息

3. 列的本体一致性：每一列仅包含一种信息

4. 列的术语一致性：每一列只用一个术语表示一种特定类型的信息

由此看来，我最初使用的数据表是格式良好的。不过用其他方式也可以将数据组织成结构良好的形式。我之所以把每个学生的信息作为行数据，是因为在进行配对样本 $t$ 检验时，这样做更便于操作。而在之前介绍我做的 logistic 回归分析时（我只是简单介绍了分析结果），就不再以每个学生作为个体，而是以每个学生的问卷数据作为个体，所以我会重新组织这批数据。在新的数据表中，每行包含了某位学生对某份问卷的作答信息，同一名学生占两行，分别代表他的前测和后测数据记录（注意前测问卷和后测问卷相同）。但这个数据表仍然是结构良好的，因为它满足行的证据完整性（每一行包含关于一名学生一次问卷的所有作答信息）和本体一致性（各行包含的学生的问卷数据类型都是相同的）。

无论数据的个体是学生，或是学生的一份问卷数据，还是总体中的其他类型个体，做统计分析时，数据都必须要保证结构是良好的，即具有行的证据完整性和本体一致性，列的本体一致性和术语一致性。也就是说，定量分析需要数据具有系统、规范的数据组织方式。

只有结构良好的数据格式，我们才可以用统计抽样来检验某些样本参数（例如前后测数据的变化）是否可以推广到总体。虽然本体一致性、证据完整性和术语一致性还不足以保证高质量的定量分析，但是如果不能将数据组织成结构良好的形式，就不可能或者很难对数据进行有效的统计分析。

定量数据分析是一套强大的工具技术集，它可以根据数据样本得出具有普遍性的结论。更准确地说，它可以量化从样本信息推断总体信息的一般化过程中犯错的概率。统计测量可以告诉你收集的数据量是否足够多，也就是何时样本量足够大或样本类型足够丰富，足以支持你对总体的推断性结论。

我相信还有更多关于统计方法的内容，特别是如何更好地做统计分析的知识是本章没有涉及的。我们在本章希望展现的只是统计分析中的一部分概念机制，特别是在分析定性数据时需要用到的统计方法中的核心思想。

在用这些方法分析定性数据之前，我们首先要弄清楚的就是如何在不影响民族志研究的数据收集过程和数据深描工作的前提下，将数据组织成结构良好的形式。

这是进行量化民族志研究的第一步，也是下一章工作的前提。

# 田野调查

如果你想要深入研究本章相关内容，可以阅读任何统计入门书籍的相关章节，或者一本类似《统计初学者》（*Statistics for Beginners*）的书。不过我并不建议将这本书作为学习抽样和其他相关内容的唯一资料。心理学家塔玛·库什内尔（Tamar Kushnir），徐飞（Fei Xu）和亨利·韦尔曼（Henry Wellman）的文章《幼儿用统计抽样推断他人偏好》（Young Children Use Statistical Sampling to Infer the Preferences of Others）提供了一个富于趣味、可读性强和新颖的视角，来介绍什么是统计抽样以及我们要如何解读抽样结果。我也推荐利兰·威尔金森（Leland Wilkinson）的文章《心理学期刊的统计方法：指南与解读》（Statistical Methods in Psychology Journals: Guidelines and Explanations）。这篇文章很好地概述了应该如何报告统计方法和分析结果，这对量化民族志研究者来说是非常有用的资源。[22]

如果你正在做量化民族志研究，现在就应该开始思考你预计从数据分析中得到怎样的结果。虽然这不一定是表述上非常正式的统计假设，但它值得你花精力去思考，毕竟你不希望你后续所做的数据分析是徒劳无功的。

在思考可能的数据分析结果时，你可以写一个简短的研究计划。以下是几点建议，供你在记录研究备忘录时参考：

# 研究报告备忘录

1. 你想从这个研究中了解什么，为什么会关心这一内容？

2. 你希望从这个分析中发现什么，为什么认为你会发现这一结果？

3. 其他人会关心这个结果吗？为什么？

# 5.

## 分割

### 海象与木匠

在日常用语中，单词"卫生"（hygiene）有干净、健康的意思。如果说一个人很讲卫生，说明他是注意保持个人干净和健康的，而如果说他不讲卫生，则说明他总是显得脏兮兮的。如果说一间厨房或餐厅不卫生，言下之意就是不适合去那里用餐。但是卫生这个词并不仅仅是干净、健康的意思。"卫生"还是一种行为方式，比如世界卫生组织将"卫生"定义为是一种保持健康和防止疾病传播的实践行为和状态。职业卫生被国际职业卫生组织定义为专门研究如何预见、识别、评估和控制工作场所卫生危害的基本原则和原理的学科。因此，我们可以看到卫生并不仅仅是指干净和健康。它还表示你应该如何保持干净和健康的具体行为，是指一种良好行为的准则。[1]

我特地指出这种含义上的区别是因为，在前面三个章节中我们已经看到了定性研究者和定量研究者拥有对"卫生"的各自不同的理解：他们采用不同的技术方法来做研究。

　　民族志（或者更广义的定性研究）强调数据扎根的重要性。民族志研究者关注理解数据对于被研究者而言所具有的意义。这就是深描的核心思想，而且为了保证他们描述的深度是足够的，民族志研究者会通过一系列实践来确保数据是来自研究者和被研究对象之间的交互过程。

　　而量化分析则强调样本是否满足所采用的统计检验方法的条件。统计学家关注的是如何利用数据来得到对于某个更大的群体的结论。这是一般化的核心思想，而且为了保证他们的数据的一般化能力，统计学家会通过一系列实践来控制样本中各个数据点之间的潜在关系。

　　为了提供一种有用的研究工具，量化民族志需要使得这两个版本的"卫生"实践能够相互兼容。

　　但这绝非易事。

　　这就意味着要解决一些实际应用的难题，其中一个问题就是如何将统计方法用于民族志数据，既不违反统计假设，又满足深描的要求。为了让定性研究和定量研究的"卫生"实践能够协同工作，我们还需要解决一些重要的理论问题。比如，我们需要思考应该如何解读对于定性数据的定量分析结果。

　　让我们从一个非常实际的问题开始。我们知道要做统计分析，数据需要有良好的格式。那如何让民族志的数据具有统计分析所需要的格式呢？

　　一方面，这是一个操作层面的问题，就是如何组织民族志研究者所搜集的数据，即如何将田野札记记录的数据放入表格文件中？你不能简单回答说通过复制、粘贴。因为这并没有真正解决使数据具有统计分析所需要的良好格式的问题。很少有田野札记在记录的时候就具有本体论上的一致性、证据层面的完整性，以及术语层面的一致性，除非从开始做记录就时刻谨记量化民族志研究的基本原则。而且需要说明的是，这个问题存在于任何形式的数据中，例如通过电脑记录的日志、手写的田野札记、转录音频保存的访谈、法律诉讼要点、课本的章节或者论文，以及在教室或者工作场所拍摄的视频。

为了解决将民族志数据转换成具有适合统计分析的格式的数据这个实际问题，我们首先需要探讨一些相关理论问题。即需要一种话语分析的方法，可以用来研究人类交互过程的潜在组织形式。也就是说，我们需要一种术语来描述话语的结构。

我们可以从假设我们所经历的人生不是连续的、无法区分的活动流开始。我们的人生可以被分割为一系列事件，这里分割的断点可以是节假日、工作日、周末、聚会；也可以仅仅是每天周而复始的醒来、穿衣、吃早饭、工作等。这些不同的活动会涉及不同的人群、不同的讨论、不同的期望目标，以及我们所关注的和所做的不同的事情。社会学家厄文·高夫曼（Erving Goffman）谈论将经历划分为一段段活动时，解释说，"这种分割在关注该段经历的人眼中，就像是将整个持续进行的活动进行切片。"分割的片段就是某些人或者群体能够识别的、有意义的活动。但是这些有意义的活动自身又具有某种内在结构：单一的事件和事件之间都存在某种组织结构，所以我们需要用某种方式来描述这种结构。[2]

我们之前已经借鉴了詹姆斯·吉在研究中所提出的两个概念——大写话语（人们在特定文化情境中的行为和交互方式）和小写话语（具体的人群在做某事时的实际言行）之间的区别。在谈到小写话语的时候，吉采用诗歌中的术语来描述一种叙事结构，即人们谈论自身经历的叙述。吉认为人们在讲述自身故事的时候，用来解释这段经历的意义所用的叙述层次结构和我们在诗歌中看到的类似。[3]

吉指出诗歌包括两个基本的单位：行（line）和节（stanza）。比如我们来看一看刘易斯·卡罗尔（Lewis Carroll）的著名诗篇《海象与木匠》（*The Walrus and the Carpenter*）：

## 海象与木匠

太阳照耀着海洋，
发出了它全部的光芒。
它照耀得这样好，
粼粼碧波在荡漾。
说来真奇怪，
这又正是夜半时光。

月亮生气地绷着个脸，
她认为这事儿太阳不该管，
他已经照了一个白天，
不该在晚上还来捣乱。
她说："他太无礼啦，
这时候还来闹着玩。"

大海潮得不能再湿潮，
沙滩干得不能再干燥。
天上没有一朵云彩，
因此你一点云彩也见不到。
没有鸟飞过你的头顶，
因此天上根本没有鸟。

海象和木匠，
手拉手地走在海边。
他们看见那么多沙子，
不由得泪流满面。
他们说："能把它们扫掉，
那可真妙！"

在这个例子中，行的定义是显而易见的。诗歌不像散文，每一行都是一个有意义的单位：传递一个单一的主题或思想。比如，这首诗的第一行"太阳照耀着海洋"就是一个能够独立存在的主题思想，就像是一段文字中的一句话。

吉指出行又可以组成节，也就是意义相互关联的几行。在诗歌中通常是由空白或者空行来表示节与节的间隔。比如在《海象与木匠》一诗中，第一节是关于太阳的，所以这一节中的每一行都和太阳有关。第二节是关于月亮，因此其中每一行都和月亮有关。依次类推。

事实上还有两个组织层次也值得注意：诗歌本身和诗人。

为了说明这一点，我们注意到并非所有的行都和其他行相关联："沙滩干得不能再干燥"是和海象与木匠走过的海滩相关的，而不是和在头顶照耀的太阳有关的主题。所以这行出现在第三节而不是第一节。同样地，卡罗尔的另一首诗歌《杰伯沃基》（*Jabber-wocky*）中的节是和那首诗歌中的其他节有关，而不是和《海象与木匠》中的节有关联的。

### 杰伯沃基

已是过午四时至，那群黏滑的塔夫兹们，
在草坪又是转圈儿又是钻地；
纤瘦的波若哥夫鸟看起来凄凄惨惨，
还有那迷路的瑞斯声音像在哭泣。
当心那恶龙杰伯沃基啊，我的孩子！
它的牙齿锋利无边，它的爪子尖锐无比！
贾布贾布鸟也得留意，
还有那狂怒暴躁的班德史纳奇，
如遇上可务必要躲离！

不管"那群又是转圈儿又是钻地的、黏滑的塔夫兹们"出现在哪里，很显然不会是让海象与木匠眼泪夺眶而出的同一片沙滩。而且我们也知道在他们那片沙滩上没有贾布贾布鸟，因为卡罗尔告诉我们"没有鸟在飞"。[4]

但同时这两首诗中的诗句又很相似。它们都被称为"胡话诗"（nonsense verse），也就是诗歌的章节从语法上是合理的，但含义却是令人困惑甚至矛盾的。它们是由同一位诗人所作，因此相比男爵阿佛烈·丁尼生（Alfred, Lord Tennyson）的诗歌《最后一场比赛》

（*The Last Tournament*），前两者更为相似，虽然三首诗歌的发表年份都是 1871 年。[5]

### 最后一场比赛

达戈尼特，人称小丑，

是亚瑟王的其中一名圆桌骑士，

高文高兴时常常模仿他。

在卡米莱特宫殿前方，

有一片黄色的森林，达戈尼特在这里

跳上跳下，像一片凋零的树叶。

一位手里拿着竖琴的骑士向他走来，

那人头顶镶着红宝石的金项圈

晃来晃去，这金项圈便是

特里斯坦在昨天比武中获得的奖品，

他对达戈尼特说：

"你为何这样跳来跳去，小丑爵士？"

卡罗尔的诗是荒诞和充满黑色幽默的，例如，他在诗中写道：海象和木匠邀请一群年轻的牡蛎一起漫步闲谈关于"鞋子、船和封蜡/甘蓝与国王"的话题。然后，当牡蛎走累了的时候，海象与木匠就把这些牡蛎都吃光了。每个人也都在猜测他的诗篇《杰伯沃基》的含义。[6]

丁尼生的诗则是富有韵律而悲伤的。他描述了亚瑟王妻子桂妮维亚不忠的传言散播开之后，他的王国卡美洛的陨落。丁尼生的笔下描绘了终结亚瑟王权力的战役开战之前那昏暗严峻的气氛。

所以不同的诗人有不同的写作风格，笔下描述事物不尽相同。卡罗尔所写的诗歌中的诗节具有相似之处，但是不同于其他诗人所写的诗节。诗歌《海象与木匠》《杰伯沃基》中的诗节体现的是诗人卡罗尔的写作风格，而这样的信息是无法从诗人丁尼生、拜伦（Byron）、狄更生（Dickenson）、毕肖普（Bishop）、坡（Poe）的诗节中发现的。

我之所以要引入诗行和诗节的概念，是因为正如吉所认为的，行和节（甚至诗歌和诗人）的基本结构并不仅仅是诗歌所特有的属性。它们也是更广泛意义上人们诠释自身经历的方式。需要注意的是，当我们在讨论话语中所谓行、节、诗和诗人的概念时，当然和诗歌中对应的概念并不完全相同。比如，诗歌中的一行就是真实存在的一行诗句：通常是写在一页纸上的一行文字，传递一个单一的主题或思想。虽然也有例外的情况，当海象与木匠看到沙滩的沙子就哭泣，这段描绘事实上在诗中占据了两行：

> 他们说："能把它们扫掉，
> 那可真妙！"

我们暂且不去考虑这两位朋友所思考的问题会否发生（将所有沙子从沙滩上扫掉），这两行诗实际上对应了包含一个主题的一句话。

在现实中更普遍的情况是，人们的互动交流很少只有一个人发言或者是以诗歌的形式呈现，我们是会交互讨论的。一群人不管是快速的还是缓慢的，面对面的还是在线的，借助言语姿势的还是图像的，他们通过在一段时间内的所作所为交换想法、思想、信息和感受来互相分享意义。

换言之，这种更普遍意义上的大写会话（Conversations）也可以视作与诗歌一样。

但是真正的诗歌中我们可以很容易识别行和节，在话语中我们却没有这样明显的规律可循。我们需要给所研究的互动交流中的行、节和讨论这些概念重新下定义。

我们之前已经做过类似的事情了。还记得吗？大写话语包含大写编码，即人们以和特定文化相关的方式诠释自身经历。大写编码的定义是描述人们所言所行中和文化相关的重要元素。但是要运用大写编码来解释大写话语，我们需要一种可操作化的方法。所以，我们提出了小写编码，或者称为一组分析实际话语内容的规则，通过这些规则来确定何时采用哪个大写编码来表示这段话语。

与此相似，如果我们需要识别大写话语中的大写行、大写节和大写会话，我们就要设计一套规则用来在小写的话语中区分小写的行、节和会话。换句话说，如果说大写编码和小写编码之间的联系代表我们建构意义的"机械抓地力"，那么大写的行、节和会话以及它们所对应的操作化层面的小写的行、节和会话就是获得话语"结构"的"机械抓地力"。

# 拆分为行

就像莫里哀的戏剧《贵人迷》（Molière's Le Bourgeois Gentilhomme）中的主角汝尔丹（Monsieur Jourdain）所感叹的，"自己说了四十多年散文却一点也不晓得。"你也许会吃惊地发现，如果从某个角度看，所有人类的经历都好像是诗歌。我自己觉得这一点还是很令人鼓舞的，虽然又有点伤感，因为这个世界上似乎少了些莎士比亚式诗歌所描绘的经历，而更多发生的事情像是一首首打油诗。

问题的关键在于，如何从人们的言行中发现潜在的结构。事实上是，更准确地说是面临的挑战是，如何发现我们所记录的关于人们言行的数据背后的结构。

为了说明这一点，让我们来看看我们实验室开发和测试的另一个虚拟实习的例子中的一些数据。你或许还记得上一章中我们介绍的"土地科学"的例子，让学生在一家虚构的市政规划设计公司扮演虚拟实习生的角色。我们现在要介绍的例子是学生在一家制造肾透析仪器的工程公司扮演实习生角色，这个虚构的公司叫"尼夫洛特克斯"。

"尼夫洛特克斯"这个虚拟实习游戏是由我的同事——工程系教授纳奥米·凯斯莱（Naomi Chesler）及两位研究生伊丽莎白·巴格莱（Elizabeth Bagley）和贡纳兹·阿拉斯托普（Golnaz Arastoopour）等人所领导的团队开发的。再后来许多学者对其进行了深入研究，其中几位主要的研究者是雪莉儿·博德纳（Cheryl Bodnar），派洛·纳什（Padraig Nash）和扎卡利·斯维茨基（Zach-ari Swiecki）。参加"尼夫洛特克斯"虚拟实习的学生要开发一种新型的肾透析用的膜材料。他们需要通过10~12小时的在线团队合作来完成这个任务，所采用的在线平台是和我们用来开发"土地规划"任务相同的平台。这个平台叫"万可宝"（WorkPro），是由科迪·马夸特（Cody Marquart）和戴维·哈特菲尔德（David Hat-field）所领导的一组研究和软件开发人员设计开发的。"万可宝"让学生通过邮件和聊天工具以虚拟角色进行团队交流。这些虚拟角色包括来自公司市场部、临床安全办公室等的各式人员。为了设计一种新的肾透析膜，学生需要阅读一些包括工作备忘录和研究报告的公司内部资料，然后制定材料的设计规约，将所设计的材料送交实验室测试，评估测试报告并和顾问团队开会讨论。学生在虚拟实习环境中就好像是真正的工程师那样，需要用记事本来记录工作情况，然后定期向主管报告他们的工作进展，而这些工作记录会存档作为公司未来申请专利的技术文档使用。

我介绍的这些内容，包括学生相互在线聊天、发送邮件、阅读内部备忘录、设计产品、评估结果、写工作记录，所有这些活动都会被系统记录下来。每次学生点击键盘或者鼠标，甚至系统定期保存学生的工作，都会生成新的记录来记载学生在电脑屏幕上所见的内容，所输入的内容以及他们将这些内容发送给谁。

事实上，大部分时候学生参与"尼夫洛特克斯"的虚拟实习是在不同的地点。虽然"万可宝"不会跟踪学生观看屏幕的眼动轨迹，但它仍然记录了发生在虚拟实习环境中的几乎所有行为，并且生成了关于学生言行的丰富的数据记录。

这些数据记录可以视作一种详细的田野札记形式。但是和其他所有田野札记一样，解读这样的数据也需要先对数据格式进行整理。

假设表5.1中的表格所呈现的"诗歌"，是来自"万可宝"平台所生成的一组学生在虚拟实习刚开始的活动记录。

表5.1 节选自虚拟实习游戏 "尼夫洛特克斯" 中的学生和导师发言的日志文档

| ID | 任务名称 | 分组 | 用户ID | 用户名 | 角色 | 时间戳 | 发送给 | 内容 |
|---|---|---|---|---|---|---|---|---|
| 1036 | Discussion of surfactants | PRNLT | 33 | Jackson | Player | 9/23/2014 09:34 | @Team PRNLT; | Good morning! |
| 1043 | Discussion of surfactants | PRNLT | 37 | Aaron | Player | 9/23/2014 09:34 | @Team PRNLT; | Hi! |
| 1038 | Discussion of surfactants | PSF | 32 | Martin | Player | 9/23/2014 09:34 | @Team PSF; | Good morning! |
| 1040 | Discussion of surfactants | PSF | 41 | Antoinne | Player | 9/23/2014 09:34 | @Team PSF; | Good morning! |
| 1041 | Discussion of surfactants | PSF | 40 | Saul | Player | 9/23/2014 09:34 | @Team PSF; | Good morning! |
| 1042 | Discussion of surfactants | PSF | 41 | Antoinne | Player | 9/23/2014 09:34 | @Team PSF; | Good morning! |
| 1049 | Discussion of surfactants | PESPVP | 31 | Nathan | Player | 9/23/2014 09:35 | @Team PESPVP; | I supposed we could start the discussion now, and once people get involved, we can record that they were present. |
| 1053 | Discussion of surfactants | PESPVP | 3 | Darren | Player | 9/23/2014 09:35 | @Team PESPVP; | Let's begin our meeting. I'd like to hear from everyone. |
| 1047 | Discussion of surfactants | PMMA | 29 | Walter | Player | 9/23/2014 09:35 | @Team PMMA; | Do we hold our discussion right here? |
| 1045 | Discussion of surfactants | PRNLT | 26 | Davis | Player | 9/23/2014 09:35 | @Team PRNLT; | Good morning. This is where we are supposed to discuss the surfactants, correct? |
| 1046 | Discussion of surfactants | PSF | 41 | Antoinne | | 9/23/2014 09:35 | @Team PSF; | Thank you! When are we beginning our discussion? |
| 1048 | Discussion of surfactants | PSF | 4 | Maria | | 9/23/2014 09:35 | @Team PSF; | Is everyone ready to begin? |
| 1051 | Discussion of surfactants | PSF | 35 | Michael | | 9/23/2014 09:35 | @Team PSF; | I am. |
| 1052 | Discussion of surfactants | PSF | 40 | Saul | | 9/23/2014 09:35 | @Team PSF; | I am. |
| 1054 | Discussion of surfactants | PSF | 41 | Antoinne | | 9/23/2014 09:35 | @Team PSF; | Yes, I am too. |
| 1062 | Discussion of surfactants | PAM | 27 | Charies | | 9/23/2014 09:36 | @Team PAM; | Morning! |
| 1061 | Discussion of surfactants | PESPVP | 24 | Bobbi | | 9/23/2014 09:36 | @Team PESPVP; | Should we start just by saying which surfactant we chose first then go through and between us which is the best way to go? |
| 1063 | Discussion of surfactants | PESPVP | 25 | Shelly | | 9/23/2014 09:36 | @Team PESPVP; | Good morning! |
| 1066 | Discussion of surfactants | PESPVP | 3 | Darreen | | 9/23/2014 09:36 | @Team PESPVP; | Based on your surfactant graph, how did the surfactants perform relative to one another? |

这个表格的内容当然不像是能拿诗歌比赛桂冠的内容。但是值得注意的是，它已经是分割为行的数据了！讨论的轮次很自然地将想法做了切割。汝尔丹能口吐散文，而我们大部分人在讨论过程中，每次发言只传递一个信息或者很少部分的信息。我们总是依次发言，而且在发言过程中一般内容或多或少是连贯的。当然有时候会出现讲话声音的重叠，而且会发生一个人打断另一个人的发言。但如果你只观察一个人如何参与讨论，你会发现他时而说话，时而保持安静，然后再开口说话，呈现这样的周期性规律。如果所有这样时断时续的发言合在一起，就构成了一个逻辑连贯的话语片段。[7]

当然民族志研究者关心的不只是人们说了什么。田野札记还捕捉环境信息，人们所处的位置和所做的行为是什么，用手操作什么，用眼观察什么，如何行动，去往哪里。

比如在我研究的J828课上学生学习深入报道的田野札记中，我不仅记录他们在班级中所讲的话，还有他们的行为：

{研讨室 15个学生 圆桌 13 女 2 男}

{桌子中央是由教授带来的"案例故事"书}

D：今天轮到琼

{展示了书中的两篇文章作为例子}

琼：两个故事。选择的理由。痴迷于扭曲的故事——谋杀和虐待。两个故事都是关于成长的：暴力/融入．赫蒙族青少年．[停止阅读文字.]第一人称 v.s.第三人称

D：{打断}

琼向我们展示了书评的过程。第一人称适合杂志写作风格还是报纸。更能引起情绪上的共鸣？

J：对我来说，感觉更有力量

我不仅记录了琼说她对这两个扭曲的故事——谋杀和虐待感兴趣，而且还记录了她是14个女生中的一个。我还注意到教师黛德

表扬了琼向全班展示这两个例子的过程，但是她是通过打断琼的发言的方式。

你会发现，虽然这是我手写的田野札记，但是人们的所言所行也是以行的方式记录的。

在分析语言内容的过程中，每一次发言（utterance）都是会话的最小分析单位，即会话轮次。但是我们更要注意到，话语是由语言和行动构成，而语言和行动本质上是相同的。每一个行动都是为了某种意义上的沟通，因此可以视作某种特殊形式的语言，而人们所讲的任何内容都对周围世界造成某种影响，因此也可以视作是一种行动方式。所以我们可以用"发言"这个概念来指代一个个行为和语言：[8]

每一行对应一条发言：这是数据中研究者所感兴趣的连续行为的最小分析单位。

举一个例子。"万可宝"平台的日志文件中记录的不是只有学生在聊天工具中的讲话内容。下面这个文件是系统在生成发言日志的同一天创建的，这个文档记录的不是学生之间的讲话，而是他们在仿真环境中的行为（表5.2）。

比如，序号为16 351的那行（第一行）展示了一个叫杰克逊的学生在查看他的电子邮箱。我之所以知道他名叫杰克逊是因为每一行记录都有一个叫作"用户ID"的字段来区分是哪位学生的行为被记录了下来，而在另一个文档中记录了用户ID为33对应的人就是杰克逊。我之所以知道他正在查看收件箱是因为在活动一栏写着"电子邮箱收件箱（email index）"。

在下一行中，杰克逊打开一封邮件：同一个用户ID，但是活动内容变成了"阅读邮件"。接下来一行显示，他去打开了一个包含许多记事本的文件夹，再接下来一行，他从多个记事本中选择了一个打开阅读。后面有一行序号是16 387，显示另一个叫作伊万的学生（用户ID为38）在查看人员的信息页，然后接下来一行显示他打开市场部一名成员的个人信息页。

表5.2 节选自虚拟实习游戏"尼夫洛特克斯"的学生活动日志文档

| ID | 任务名称 | 用户ID | 角色 | 时间戳 | 活动 | 网页 | 内容 |
|---|---|---|---|---|---|---|---|
| 16351 | Discussion of surfactants | 33 | Player | 23-09-14 09:34 | email Index | /uw2014a/api/get?p | ["get":[""]," page":"/email/ |
| 16352 | Discussion of surfactants | 33 | Player | 23-09-14 09:34 | Reading Email | /uw2014a/email/get | { "getEmailMessage":[""], "id |
| 16359 | Discussion of surfactants | 33 | Player | 23-09-14 09:34 | notebook notes | /uw2014a/api/get?p | ["get":[""]," page":"/notebo |
| 16360 | Discussion of surfactants | 33 | Player | 23-09-14 09:34 | Viewing Note | /uw2014a/notebook | [getnote" :[ "" ]," itermID" [ " ] |
| 16326 | Discussion of surfactants | 35 | Player | 23-09-14 09:34 | Reading Email | /uw2014a/email/get | ["getEmailMessage":[""],"id |
| 16339 | Discussion of surfactants | 35 | Player | 23-09-14 09:34 | Reading Email | /uw2014a/email/get | ["getEmailMessage":[""],"id |
| 16340 | Discussion of surfactants | 35 | Player | 23-09-14 09:34 | Reading Email | uw2014a/email/get | ["getEmailMessage":[""],"id |
| 16344 | Discussion of surfactants | 35 | Player | 23-09-14 09:34 | Reading Email | /uw2014a/email/get | ["getEmailMessage":[""],"id |
| 16347 | Discussion of surfactants | 35 | Player | 23-09-14 09:34 | Reading Email | uw2014a/email/get | ["getEmailMessage":[""],"id |
| 16349 | Discussion of surfactants | 35 | Player | 23-09-14 09:34 | Reading Email | uw2014a/email/get | ["getEmailMessage":[""],"id |
| 16394 | Discussion of surfactants | 16 | Player | 23-09-14 09:35 | Saving Note | /uw2014a/notebook | ["saveNote" :[""],"itemID":[ |
| 16408 | Discussion of surfactants | 16 | Player | 23-09-14 09:35 | Saving Note | /uw2014a/notebook | "saveNote" :[""],"itemID":[ |
| 16387 | Discussion of surfactants | 38 | Player | 23-09-14 09:35 | staffpage index | /uw2014a/api/get?p | ["get":[""]," page" :["/staffpa |
| 16388 | Discussion of surfactants | 38 | Player | 23-09-14 09:35 | Viewing Staff Page | /uw2014a/staffpage | ["get":[""], staffpageId" :[ "" ] |
| 16399 | Discussion of surfactants | 38 | Player | 23-09-14 09:35 | Reading Email | /uw2014a/email/get | { "getEmailMessage":[""],"id |
| 16373 | Discussion of surfactants | 40 | Player | 23-09-14 09:35 | Saving Note | /uw2014a/notebook | "saveNote" :[""],"itemID":[ |
| 16393 | Discussion of surfactants | 40 | Player | 23-09-14 09:35 | Saving Note | /uw2014a/notebook | "saveNote" :[""],"itemID":[ |

如果查看前面的聊天日志，我们可以发现所有这些事情发生在杰克逊和其他组员打招呼说"大家早上好!"，然后戴维斯回复说"早上好。我们需要在这里讨论表面活性剂的问题，对吗?"的同一时间。两个文档中都有一列是用来记录行为发生的时间点的。

虽然有些是非语言的行为，例如打开一封电子邮件，另一些是语言行为，例如说"大家早上好!"，但是它们都可以被视作"发言"。文档中每一行记录的就是这样一个独立的发言，而每个发言具有一个相对完整的含义。[9]

我必须要指出并不是日志中的每一行都有这样的特点。虚拟实习游戏"尼夫洛特克斯"的另一个日志中记录了学生在每个学习活动结束后提交给导师审核的任务报告。表5.3显示了叫作玛格丽的学生，在我们刚才看到的发言日志记载的讨论结束后，生成的记事本中记载的任务报告内容。

就像发言日志一样，这个记录任务报告的日志中有一列叫作内容，显示了玛格丽实际写了些什么。所有的笔记本内容是一次性提交给导师的，但是在这个日志中被记录为四行。所提交的任务报告内容，被分为内容列的四个单元格，其中每个单元格对应于记事本中任务报告的不同部分。

那么这到底是一条发言，还是四条?

还是不止四条?

如果我们仔细阅读任务报告的其中一个部分，我们就会发现它确实和发言日志中的每一条发言不同，或者说和诗歌的每一诗行不同，其中一个部分并不能反映一个完整的主题。例如玛格丽在"会议总结"这个部分中写道:

> 主题：同意最后的决定，但是对过程持保留意见
> 我同意所选择的空间阻碍型表面活性剂是最好的。但是大家所采用的方法，或者他们所关注的属性和我关注的不一样。

**表 5.3　节选自虚拟实习游戏"尼夫洛特克斯"的学生提交的报告**

| ID | 时间戳 | 用户ID | 用户名 | 任务报告 | 报告章节 | 报告内容 |
|---|---|---|---|---|---|---|
| 7837 | 9/23/14 10:18 | 16 | 玛格丽 | 讨论表面活性剂 | 日期和时间 | 9/23/2014 开始早上 9:39结束早上 10:03 |
| 7838 | 9/23/14 10:18 | 16 | 玛格丽 | 讨论表面活性剂 | 与会人员 | 阿利克斯、克里斯托弗、莫里、塞勒，导师：玛丽亚 |
| 7839 | 9/23/14 10:18 | 16 | 玛格丽 | 讨论表面活性剂 | 会议小结 | 会议开始是各个组员分析比较不同的表面活性剂的性能。我们都认为没有哪一种材料有显著优势，因为都有缺陷。没有大家推荐采用哪种材料在各个指标上都超过其他材料。似乎大家用空间阻碍型表面活性剂，因为它的血细胞反应性最高，而且市场潜力最大。血细胞反应性和市场潜力是影响我们决策的主要因素。我们下一步需要研究表面活性剂在透析膜上的作用效果。 |
| 7840 | 9/23/14 10:18 | 16 | 玛格丽 | 讨论表面活性剂 | 会议结论 | 我们同意我们所选择的空间阻碍型表面活性剂材料是最佳的。但是我与大家所采用的方法和关注的属性不同。其他组员认为优先级是好的市场潜力和低血细胞反应性。但是我不认为市场潜力很大的问题，除非选择低血细胞反应型材料就是这种情况。我认为关系到低血细胞反应性和高可靠性是非常重要的，因为直接关系到透析膜的有效性。市场潜力是最佳产品，但是如果可靠性一般，就不是最佳产品。我也认为下一步需要研究透析膜其他方面的影响。 |

　　主题：不应该关注市场潜力

　　其他组员认为优先级是好的市场潜力和低血细胞反应性。但是我不认为市场潜力是很大问题，除非成本很高，而空间阻碍型材料就是这种情况。

　　主题：应该关注可靠性

　　我认为选择低血细胞反应性和高可靠性是最重要的，因为直接关系到透析膜的有效性。市场潜力是非常重要，但是如果可靠性一般，就不是最佳产品。

　　主题：同意我们决定的下一步工作

　　我也认为下一步需要研究表面活性剂材料的选择对透析膜其他方面的影响。

　　我把玛格丽的笔记本中连续的一段文字分隔成四个主题，并给每个主题添加了一个标签：（1）同意最后的决定，但是对过程持保留意见；（2）不应该关注市场潜力；（3）应该关注可靠性；（4）同意我们决定的下一步工作。当然，这里我们同样认为每一句话传递一个思想或者主题，就像是讨论中的一次发言或者一个行为。毕竟句子本来就应该是这样，只传达一个意思。

　　但不管是将一条发言看作整个报告，还是报告中的一节、一个段落，或者一个句子，田野札记中的大写的行的概念并不总是对应于数据文档或者日志中记录的数据形式。而将原始数据文档中的数据重整为大写的行，则是创建定性数据表格的第一步，也是量化民族志研究确保数据"卫生"的重要环节。

# 分　割

　　在 1993 年的八月，约瑟夫·保罗·杰尼根（Joseph Paul Jernigan）因为谋杀罪在得州的监狱被执行死刑。在死之前，他将自己的遗体捐献供科学研究。后来他的尸体被冷冻在水和明胶的混合液中，并在此后的一年内被切成 1 871 片 1 毫米厚的切片，每个切片都照了相。（你通过切片数量也能够估计出来，他的身高大概为 1 米 9 或者 6 英尺 2 英尺。）再往后的一年，同样的操作在一具女性尸体上被再次实施。所有这些照片资料都成为现在"可视化人体项目"的一部分，这个项目旨在创建第一个人体的数字化模型。

但问题是，我们无法通过这些人体切片的照片来建模人体的解剖学模型。为了说明其中的原因，我们来看一下其中的一个切片，如图 5.1 所示：

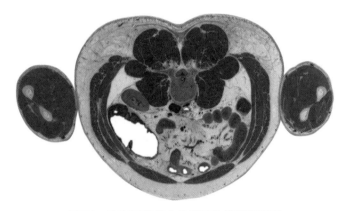

**图 5.1　来自可视化人体项目的横断解剖图**

如果你有医学背景，你会马上理解这张图。但是对于大多数人来说，这仅仅是一张包含了很多信息的解剖图而已。我们可能会猜测阴暗的区域是肌肉，而白色的区域是骨骼，或者是脂肪，而边界处或许就是皮肤。如果我告诉你这是一个腹部的切片，这张照片或许更容易理解一些。两边的两个圆是手臂的部分，而其中两个泪珠状的白色区域分别是上臂的桡骨和尺骨。照片中上方两个黑色的圆形区域是立脊肌，即背部支撑脊柱的大块肌肉。紧挨着它们下面浅色的结构（如果你眯着眼睛仔细看有点像史莱克（Shrek）或者米奇老鼠的形状）是胸椎，即脊椎的一部分。诸如此类，还有许多其他部分。[10]

换句话说，为了理解这张照片，你需要知道如何识别不同的部分，来确定哪些部分共同构成一个有机的整体，而哪些相邻的部分其实属于不同的人体器官或构件。也就是我们通过区分有意义的结构来理解这个复杂的解剖切片。

这个将事物分为有意义的结构的过程就叫作"分割"（segmentation），也是将整体分解为不同部分的过程。但是这种分解不是任意的。分割的核心思想是要将事物分为有意义的部分。所以，市场细分是公司为了销售产品而将潜在客户分为不同的群体；存储分割是将电脑程序根据常规或者数据表进行存储和检索的方法；图像分割是将一张图像分为可识别的部分。而将日志文件或者田野札记分为不同的行、节和讨论的过程就叫作话语分割（discourse segmentation）。

所有这些例子，不管分割的对象是市场、计算机存储、图像还是话语，分割都要遵循一定的规则，而正因为分割是要将事物分解为有意义的部分，所以这些分割规则不是任意的。可视化人体项目中的图像资料难以理解，部分是因为其将人体以1毫米为间隔进行切片不是特别合理。如果将人体根据结构（比如手臂）或者功能（比如循环系统）进行分割将更容易理解。同样地，如果我们将某人的讲话以2秒为间隔进行分割再来听分割后的数据，我们也很难理解这个人在讲什么。我们需要听的是会话中一个人的完整发言。我们不会想要每20个单词作为一部分来阅读讨论内容，我们的习惯是一句句、一段段地阅读。[11]

因此，我们需要确定如何分割话语才更合理。我们要制定一些规则，决定话语中大写的行与行之间的分割线在哪里，哪些小写的行应该合在一起构成一个大写的节，数据中的哪些部分属于一个完整的大写会话。

因此这些规则制定包括两个方面。首先，我们要理解大写话语中对应于大写行、节和会话的组成部分是什么；其次，我们还要确定特定的小写话语中划分小写的行、节和会话的规则。也就是说，我们需要一些指引来将我们所研究的话语与行、节和会话建立系统性的联系。有了这样的指引，我们才能够知道如何对我们记录的话语数据进行分割。

让我们先从行开始。我们已经知道行是话语的最小单位，就比如诗歌中的诗行、会话中的发言轮次、日志文档中的一条行为记录、田野札记中的一个想法、问题的一个简短的回答、论文中的一句话或者一段话。显然，行的定义取决于数据的形式，但不论哪种形式的数据，大写的行都是我们可以用来分析探讨的最小的数据块，或者最小的有意义的数据片段。所以，如果我们非常仔细地解析文字，也许一个单词或者一个停顿都可以视作一个大写的行。这种情况在民族志研究中是很少见的，但在其他一些定性分析中会有针对这种分析粒度的情况。

不管我们在大写话语中选择作为最小分析单元的是什么，即大写的行是什么，我们要确保定义的本体一致性，这种对行的定义贯穿数据分析的始终。所谓本体一致性，我们之前说过，就是数据的每一行都是和其他行可比较的。大写行所代表的信息量相似，这是很关键的一点。如果我们的数据源是单一的，这也许相对容易做到。例如，在"尼夫洛特克斯"的数据中，我们分析的数据是学生之间的在线讨论，我们可以将每一条发言视作一行，每一条讨论的发言都包含相似的数据量（在线发言的长度特别不一致的除外），这样的数据就可以说是在本体上一致的。

但是如果有不同模态的数据，本体一致性就变得更为复杂。如果我们将学生之间在线讨论的消息和学生所写的报告都作为分析数据，我们就会面临一个问题：每个在线讨论的发言包含一两句话的长度，而报告的长度有五到十句不等的长度。在这种情况下，也许比较好的做法是：对讨论数据，每条讨论发言作为一行；对报告数据，每句话作为一行。如果是整合了学生行为或者观察记录的数据，我们也可以采用同样的方式定义行。也就是说，如果数据来源多样，每行所包含的我们赋予数据的意义应该在量上相近。

这实际上也回答了上一节提出的问题。没有所谓标准的识别数据中行的方法，当我们需要定义大写的行，并且确定如何将数据分割为小写行的规则的时候，需要注意下面两点规范：

1. 大写的行是我们分析数据含义的最小单位。
2. 小写的行必须在本体上具有一致性：不论数据来源是否相同，各行包含的数据的意义在量上相似。

但你或许会问，如果我们将一个人所写的内容分割成单独的句子，那会不会有问题？毕竟一篇文章，或者小组的全部讨论中每一句话都是和其他句子相关联的。从更普遍的角度来看，每个人都是通过和其他事物或人建立关系或发生关联来建构意义的。这种关联性在分割后又如何体现呢？

这就是为什么我们还需要将数据分割为节和会话。

# 时间上下文

多亏了最近一些书和电影的宣传，英国数学家阿兰·图灵（Alan Turing）才因为在第二次世界大战中破译了德军的恩尼格玛密码机而为世人所知，尽管事实上他是和很多人一起完成这项工作的。在人工智能领域，图灵更出名的是他所写的一篇名为《计算机与智能》（Computing Machinery and Intelligence）的论文。在这篇发表于1950年的论文中，图灵提出了一个巧妙的验证机器是否可以被认为具有智能的方法，这个方法的名称就叫图灵测试。[12]

以下是这个测试的基本思想。

如果有一位名叫莎莉的实验员坐在两个屏幕前。其中一个屏幕的另一端是计算机；而另一个屏幕的另一端坐着一个名叫弗雷德的人。莎莉可以输入任何内容到任意一个屏幕上。如果消息发送给了对面是电脑控制的那端，电脑就做出回应，如果发送给了弗雷德，那么弗雷德就会做出回应。莎莉的任务就是要通过几次问答识别哪个屏幕是受弗雷德控制，哪个是受电脑控制。如果她不能区分，就说明计算机是具有人类智能的，或者说至少和弗雷德具有相仿的智能水平。

或许你已经发现这个测试中有一个特别重要的地方：**它是基于话语的**。也就是它提出的对于智能的定义是基于计算机的言行的。根据图灵的观点，智能的概念就是要表现得和人类的行为一样（才是具有人类智能的）。基本上这个定义仍然是现在普遍使用的智能的定义。图灵找到了一种聪明的方法来测试计算机的智能水平。但是如果用我们之前的语言来描述图灵测试，就是：计算机是否具有智能是看它所产生的小写话语是否和某人或某个群体的大写话语相匹配。换句话说，智能从定义上看是关乎教化的事。

会有这样的等价，部分是因为人工智能的定义的原因，人工智能的研究经常和自然语言处理紧密联系，后者主要研究计算机如何复现人类语言。因此自然语言处理会研究如何将我们所说的各种话，转变为计算机能够理解的术语，以及如何设计计算机程序来做出对于人类倾听者而言很自然的回应。自然语言处理就是谷歌如何根据我们在搜索栏中输入的问题，来决定如何查询我们所需要的答案，或者至少是谷歌认为我们所需要的答案。

你可以想象这是一个非常广的研究领域，因为理解人类语言涉及方方面面：从试图识别人类打电话时所说的单词，到计算机不确定是否理解某人所讲的内容时，决定采用什么方式表达会显得比较自然（类人）。在这两种极端情形之间，更多的研究问题是关于单词和句子的，即它们是如何工作以及人们是如何用它们来表达含义的。

自然语言处理研究的一个重要结果，同时也是量化民族志研究

量化民族志：一种面向大数据的研究方法

尤其重要的结果，即意义是置于特定情境的但又不是太局限于某个情境。

我们描述事物是以句子的形式来组织语言和文字的，并且这种谈话和文字书写也是时断时续的。也就是说我们所做的事情可以被认为是离散的事件，例如"我说我想要买个冰淇淋"或者"山姆推了他弟弟一下"。但是事件背后的意义，也就是我们对于某人言行的解读是依赖事件发生的特定情境的。我说我想要买个冰淇淋是因为你似乎很喜欢吃冰淇淋，而我想让你高兴。山姆推了弟弟一下，是因为弟弟刚刚把山姆最喜欢的玩具弄坏了。

但是，如果上下文情境是重要的，那么我们究竟需要了解多少情境信息呢？山姆的弟弟弄坏了山姆的玩具。可在这之前山姆指责他弟弟行为像个幼稚的婴儿。而又在这之前，山姆的弟弟取笑山姆衬衫的颜色。更早些时候，山姆告诉弟弟不愿意和他一起玩火车玩具。再往前……任何事件的出现都可能依赖之前发生的无数件其他事件。例如，政治上的冲突可能起因源自几代人甚至数个世纪以前。

到底如何确定需要考虑多少情境呢？自然语言处理技术采用两种方法来截停这种看似会无限追溯的事件序列。一种方法是来自三十多年前心理学家莫顿·格恩斯巴彻（Morton Gernsbacher）的整合假设（integration hypothesis）。她认为话语可以分割为相互关联的单元，并以层次结构组织。字可以组成句，句可以组成段或者独立的话题，段和话题则可以组成篇章或大写的会话。[13]

举个简单的例子，如果有一组学生需要在"尼夫洛特克斯"这个仿真游戏中，设计人工肾透析膜的原型并做原型的效果测试，那他们周二讨论的内容就是在同一个情境中，因此在某种意义上就是相互关联的。如果这些学生两天后又在讨论测试的结果，则周四与周二讨论的内容也是相互关联的。而这两次讨论是在不同情境下的，因此周二讨论的内容之间相较于周二和周四讨论的内容之间就存在更紧密的联系。

因此，某种程度上我们认为讨论就像是不同的诗歌。同一组学生在周二和周四的讨论内容就像诗歌《海象与木匠》和《杰伯沃基》，两首诗都是由同一位诗人所作。

为了说明这种组织方式的重要性，我们假设有一个文档记录了这组学生在工作中的所有讨论内容。文档中每一行都是其中一名组员在讨论轮次中的一段发言，并且每行记录的发言是按照讨论的顺序排列的。现在如果设想一下，周二这组学生在讨论中所讲的最后一句话和周四所讲的第一句话应该是文档中相邻的上下两行。但是这种相邻行的讨论记录实际上联系并不紧密，因为它们是来自不同时间的讨论。如果数据文档中记录的讨论内容来自多个小组，这种情况就更显而易见了。一个小组中德尚（DeShawn）和林（Lynn）、萨拉（Sara）所讲的内容，与另一个小组中谭雅（Tanya）与波利斯（Boris）、亚兰多（Yarlando）所讲的内容完全没有关系。这是完全不同的两场讨论。而在实际的日志文档中，这种按照发言的时间顺序记录，造成上下行不相关联的情况是非常普遍的。

这种情况说明对于任何分析而言，我们需要首先考虑话语所具有的顶层结构，即类似一次讨论的定义。我们通常是将一些人或者一组人在某个情境下，投入到相对连续的活动中互相交流的片段视为一次会话。我们需要考虑的顶层结构是如何操作化大写的讨论：

一个大写会话是多行相互关联的数据的集合。

如果两行数据属于同一个大写会话，它们之间就存在联系，否则我们就认为两者之间没有直接的联系。

这一想法并不复杂，就好比从前后连接的两首诗中读到的两句并没有关系一样。但我们需要注意的是，大写会话在实际应用上的范围更广。一个大写会话可以是教室里的讨论，也可以是一篇论文、一次个人访谈、一场法庭辩论，或是在线讨论区中某条帖子及所有跟帖组成的讨论线。

这种做法部分回应了之前关于如何将学生所写的笔记分割成不同句子的问题：所有来自一个笔记的句子都属于同一个大写会话。

即使我们希望从个别的句子层面来识别关键的概念、决定或是计划，但我们从技术上认为同一个笔记里的句子之间存在关联。同样地，来自一场讨论的所有行也是属于同一个大写会话，这些行之间是相互关联的，而与另一天或者其他小组的讨论是不关联的。

因此，大写会话是分割计算机日志文档一个十分重要的概念。设想我们的数据是来自一门慕课课程，而有一万人参与这门慕课，如果将所有这些学习者浏览的课程网页、所写的评论、提交的作业等计算在内的话，他们的学习记录可能会超过百万行。而除非非常极端的情形出现，这一万名学习者并不是在整个课程学习期间都保持和每个人互相交流的。也许有一些小的讨论组和不同的活动、作业组成论坛的一条讨论线，其中的活动或作业发帖是某位组员所写的对另一位成员发帖的评述，这也会进一步引起其他组员的相继回复。大写会话是一种将数据集划分为不同行的方式，划分的规则可能是参与者是不是在同一个活动中互相交流，或者在数据集是一篇论文的情形下，规则也许是一个人的一个活动。

换言之，不管原始数据有多杂乱，我们从数据中识别大写会话就是为了厘清数据，确保应该放在一起分析讨论的数据能够被正确地归类。

# 金 鱼

2003 年，独立电影人丽兹·吉尔（Liz Gill）的新片《金鱼记忆》（*Goldfish Memory*）上映。影片的名字来自一个众所周知的传说，即金鱼的记忆通常只有 3 秒，当然在不同版本的传说中也许是 5 秒或者 8 秒。这部电影描绘了发生在都柏林的两个女人身上的故事，她们总是不断地在恋爱经历中犯同样的错误。她们似乎生活在永恒的当下，所有遇到的事物在她们看来都好像是第一次经历。尽管二十多年的科学研究表明金鱼能够记住最长三个月的信息，但大家始终存有金鱼记忆短暂这个印象，或许人们是想借此代表一种隐喻：我们的记忆会随着时间而消退。[14]

心理学家马克·霍华德（Marc Howard）和迈克尔·卡哈那（Michael Kahana）将这种现象描述为记忆的"邻近加权"（recency-weighted）特征，意思是人对于越近发生的事情越容易回忆起来。不仅如此，如果某件事情被回忆起来了，那么和这件事同时发生的其他事情也更容易被回忆起来。也就是说，我们不是记住孤立的事件，而是将时间上相互邻近的事件以组块的方式存储在记忆中。霍华德和卡哈那称这种现象为"时间上下文"（temporal context）。这一概念对于我们理解话语有重要的启示。[15]

如果我们所要分析的数据是一段两小时的讨论，或者是一名学生所写的长达 20 页的笔记，我们就不难理解时间上下文的重要性了。在这些情境下，某人在讨论开始时所说的话和在 90 分钟以后所说的内容之间的关系其实没那么大了。在大写的讨论中，我们更可能建立时间上邻近的大写会话之间的关联，或者是论文、笔记中邻近句子之间的关联。

在话语分析中，这种将当前分析的话语关联到之前的讨论内容或文章之前的主题的做法叫作"摄取"（uptake）。研究人员丹·苏塞（Dan Suthers）和卡特琳娜·德夏托（Caterina Desiato）在研究协作和沟通这一专题时提出，人更可能对"邻近时间上下文"（recent temporal context）的事件做出回应，也就是讨论过程中之前刚刚提到的事物。[16]所有大写会话中的大写行是相互关联的，但是实际上，只有部分行是真正相互联系的，因为我们都有点像金鱼：我们总是习惯在会话中回应邻近时间上下文的主题内容。

因此，在话语分析中有一个层级是高于大写行，但是低于大写会话的。这个话语结构的层级是用来表示某一个大写行可以关联到另一行。我们也可以这样理解，如果大写会话是大写行所在的情境，那么邻近时间上下文就是我们理解大写行在大写会话中具体意义的相关情境（relevant context）。

这就是话语中的"大写节"（Stanza）的含义：

> 大写节是同一个会话中的一些行的集合，这些行是处在同一个相关情境中的，因此是相互紧密联系的。

我们之前认为如果两个大写行处在同一个大写会话中，说明这两个大写行是可能相互关联的，现在如果这两个大写行被认为是处在同一个大写节中，那就表示它们之间确实存在相互的联系。换言之，如果在同一个大写会话中的两个大写行是在同一个大写节中，那它们就是相互关联的。

当然，究竟在时间上下文上多邻近才被认为是"邻近时间上下文"，才被视作来自同一个大写节，这要视不同的数据、不同的会话而定。比如，我的一位同事迈克尔·特乔尔（Michael Tscholl）通过分析数据中的聊天内容之间的联系，研究了仿真游戏"尼夫洛特克斯"中聊天日志的"邻近时间上下文"的大小。

指代物（referent）的概念部分来自语言学或者自然语言处理领域的指示代词（deixis）。指示代词是指词语或者短语的含义是依赖会话情境所说的其他内容。也就是说，如果一个词语或者句子，甚至是一条聊天记录指向话语中的其他内容，它就被认为是具有指代性的。[17]

例如，在上一段的最后一句中的词语"它"是指代性的，因为它是指代之前的词语、句子或者聊天记录。本段的首句也是指代性的，因为它指向上一段的最后一句话。我现在所写的这句话的前一句也是指代性的，因为它指向本段的第一句话。在大写会话中的一个词语或者一个句子，讨论中的一次发言，如果是指向其他的内容，那它就是指代性的。被指向的内容就称作指代物。一句聊天的话语有指代物，说明这句话指向某人之前的会话内容。

我们可以从本章之前例举的一段大写会话来看一下大写节实际

是怎样的。表5.4展示了一组学生和他们的导师关于不同的表面活性剂作用于肾透析膜的机制的对话。

**表5.4 节选自仿真游戏"尼夫洛特克斯"中的学生讨论**
**及其中代表节的分析窗口**

| 1 | 安东尼（学生） | 谢谢你！我们什么时候开始讨论？ | |
|---|---|---|---|
| 2 | 玛丽亚（导师） | 大家准备好开始了吗？ | |
| 3 | 迈克尔（学生） | 我好了 | |
| 4 | 苏尔（学生） | 我好了 | |
| 5 | 安东尼（学生） | 是的，我也准备好了 | |
| 6 | 马丁（学生） | 我准备好了 | |
| 7 | 玛丽亚（导师） | 好的，各位。我们开始吧。我想听听每位与会人员的看法。 | |
| 8 | 玛丽亚（导师） | 根据你的数据分析图表，有表面活性剂的方案和其他方案相比效果如何？ | |
| 9 | 伊拉斯谟斯（学生） | 大家好 | |
| 10 | 安东尼（学生） | 我认为有表面活性剂的方案比其他方案的性能要差 | |

第1行，安东尼问"我们什么时候开始讨论？"第2行，玛丽亚问道"大家准备好开始了吗？"这里我们通过回溯到安东尼的第一句问话可以知道，玛丽亚是指大家准备好开始讨论了吗。所以第2行是指代性的，第1行是它的指代物。同样地，在第3行当迈克尔回应道"我好了"，我们通过玛丽亚在第2行的问题，知道他是指准备好开始了；而通过安东尼在第1行的问题，知道他是指准备好开始讨论了。所以第1行和第2行都是第3行的指代物。

我们可以继续像这样分析。当马丁说"我准备好了"，我们根据第2行玛丽亚的问题和第1行安东尼的问题，知道他也准备好开始讨论了。当第10行安东尼说"有表面活性剂的方案比其他方案的性能要差"时，他是在回答第8行玛丽亚的问题"根据你的数据分析图表，有表面活性剂的方案和其他方案相比效果如何？"

特乔尔仔细分析了"尼夫洛特克斯"中的聊天数据样本，并识别出其中的指代物。对每条聊天记录，他回溯寻找用于理解学生或者导师所说内容的更早时候的聊天记录。然后计算每条聊天记录可追溯到的最远的指代物。例如，讨论中的第6行最远的指代物是五行以前，即当马丁说"我准备好了"，他是针对安东尼在第1行的问题，也就是回溯了6-1=5行。第3行的最远指代物在两行之前，即迈克尔也是回应了安东尼在第1行的问题。而第10行的最远指代物在两行以前，即安东尼回答了第8行的玛丽亚的问题。[18]

图5.2显示了特乔尔所分析的数据中的最远指代物的距离分布：

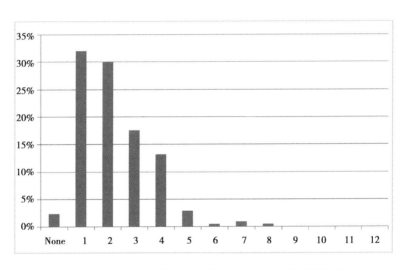

**图5.2　所有发言到其最远指代物之间距离分布占比的柱状图**

从图中我们可以发现，几乎没有聊天内容的指代物距离是超过五行的。这个发现和其他研究者的类似，即邻近时间上下文中合理的会话轮次是五条发言，而这给我们提供了将数据集操作化，形成大写节的可能。如果我们从数据集中任取一条聊天记录，我们称之为参考行，然后向前回溯五条发言，我们几乎总能够发现这些行都是参考行的指代物。所以我们可以将大写节视作数据集中一系列滑动的分析窗口。每条聊天记录都有一个对应的分析窗口（节），即包含该行和它回溯的前五行的聊天记录。[19]

表5.4中深浅两个矩形框展示了对应于两个参考行的分析窗口。浅色的矩形框是以第六行为参考行时对应的节，而深色的矩形框是以第十行为参考行时对应的节。

当然这也说明不同参考行的邻近时间上下文是可以重叠的。这是合情合理的，因为会话中的一条发言可以是后面多轮发言的指代物。[20]

现在你也许已经意识到对于有些大写会话，邻近时间上下文的概念并不一定适用。比如，某个讨论是指一名学生所做的笔记，而笔记的内容并不算太长，即讨论（在这里指笔记）中的所有内容之间的关联度相同。这种短小的讨论就好像是一首短诗，就像我喜欢的十七世纪日本诗人松尾·芭蕉的俳句：[21]

> 微波荡漾
> 小贝壳有伴相陪
> 瓣瓣荻花

在诗人芭蕉的这个与自我的简短对话中，所有的行都是互相联系的，诗歌中所有的诗句是处在同一个邻近时间上下文中的。海浪、小贝壳和花朵都是相互关联的。所以这首诗，以及它所代表的会话内容构成了一个节。我们在诗歌《海象与木匠》中也有类似的情形：所有关于海的内容都处在同一个节中，虽然这两个节显示出松尾·芭蕉对于海的理解和刘易斯·卡罗尔的理解是非常不同的。

这就暗示了大写节和大写会话之间一种非常特殊的关系。一个大写会话可以有许多大写节，但是一个大写节总是处于同一个大写会话中。不会出现这样的情况，即一个大写节有一部分在一首诗而另一部分属于另一首。一个大写会话是由许多在逻辑上或者结构上，相互之间十分相似的大写行构成的集合。而一个大写节则是在同一个大写会话中，实际相互关联的行构成的集合。

这就提出了一个新的问题：如果有两行处在同一个邻近时间上下文，但是第二行并不指向第一行，那怎么办呢？我们可以从上面的对话中发现这种情况（表5.5）。在其他组员回应玛丽亚准备好开始的时候，组员伊拉斯谟斯没有出声。而在第九行，他向大家打招呼"大家好"。这句发言在讨论的开始也许更合适，当他说这句的时候，其余学生已经开始讨论他们的数据分析图表了。

**表5.5　节选自仿真游戏"尼夫洛特克斯"中的学生讨论，**
**显示了一条不合时宜的回应（行9）**

| 6 | 马丁（学生） | 我准备好了 |
|---|---|---|
| 7 | 玛丽亚（导师） | 好的，各位。我们开始吧。我想听听每位与会人员的看法。 |
| 8 | 玛丽亚（导师） | 根据表面活性剂材料的数据图，各种材料的表现如何？ |
| 9 | 伊拉斯谟斯（学生） | 大家好 |

也许是因为伊拉斯谟斯参加讨论来晚了，又或者他打字速度较慢。但是不管是什么原因，玛丽亚提出了问题，而伊拉斯谟斯的回应是离题的。他所说的内容是超出预期的，没有回应玛丽亚刚才所说的内容。

因此，在这里伊拉斯谟斯给出的是我们称为"不合时宜的回应"（dispreferred response），表示他的回应不是对之前内容的标准或预期回答，即玛丽亚不会预料到有人会在她之后说那样的话。即便如此，不合时宜的回应也是一种回应。矛盾的话语、误解的话语，或者选择忽视某人刚刚所说的内容，这些都是回应的不同形式。所有我们在会话中所说的内容都是和当前情境相关的，所以我们所说的内容总是和所处大写节中其他内容联系在一起的。在"尼夫洛特克斯"的例子中，特乔尔的分析指出学生大致会回应五行以内的会话内容，代表了这个例子中节（分析窗）的大小。[22]

当然，我们知道有时候人们会在发言时指向更前面的会话内容，或是来自另一天的会话内容，或是他们读过的一本书，又或是超出五行以外的会话内容。相反，如果这种情况从来没有发生过，大写会话也就变得像有既定的规则一样乏味了。

不意外的是，当人们在会话中引入一个新想法的时候，他们往往会在"邻近时间上下文"中解释这个想法。类似地，当人们要指代一个较早时候提出的想法时，他们往往会重新介绍这个想法，也就是会把这个想法再次提出。这种情况之所以很普遍，是因为在大写会话中，我们通常假定指代"邻近时间上下文"之外的事物时，人们不会记得太清楚。这不仅针对会话中的谈话参与者，也可以是一篇文章的读者。就像你在读这本书的时候，你会发现，如果我所提及的内容是在几页以前所写的，我会简要概括一下这个内容，就好像是在你的"邻近时间上下文"中重新介绍这个内容一样。

比如，在本章前面部分，当我讨论如何操作化大写行、大写节和大写会话时，我写道"我们之前已经做过类似的事情了。还记得吗，大写话语包含大写编码……"然后我就开始总结大写编码和小写编码之间的关系。我们在"尼夫洛特克斯"的学生讨论中也可以看到类似的例子。例如表5.6中，学生在谈论将原型装置送到制造实验室检测的话题。

**表5.6　节选自仿真游戏"尼夫洛特克斯"中的学生讨论，显示学生如何重新介绍之前讨论的话题**

| 237 | 卡罗尔（学生） | 不需要同意所有新的原型，对吗？ |
|---|---|---|
| 238 | 卡罗尔（学生） | 难道这种新的原型不是个人设计的？ |
| 239 | **沃尔特（学生）** | **我以为是团队的设计？我不太确定。** |
| 240 | 山姆（学生） | 是的，我们每个人都得到了相同的5种新原型。 |
| 241 | 卡罗尔（学生） | 你确定吗？邮件里面没有说。 |
| 242 | 阿尔伯特（学生） | 我们可以将斯考特兰公司的碳纳米管含量降低，看是否可以减少成本，还能维持好的可靠性。 |
| 243 | 玛丽亚（导师） | 设计方案会提交给整个团队。 |
| 244 | **沃尔特（学生）** | **像我之前说的，我其实不太确定。** |

卡罗尔在第237行和238行问其他组员是否都同意将所有的装置送去检测。沃尔特在第239行回应道"我不太确定"，然后在第

244 行，他再次重申他的不确定"像我之前说的，我其实不太确定"。我们注意到，虽然在这段讨论中，两个回应间隔并不远，但是沃尔特还是重申了他的想法。

换言之，分析窗能够很好地用于定义大写节，从而捕获大写会话中相互关联的想法。这是因为，如果某人指代的内容超出了邻近时间上下文的范围，这一内容也往往会被再次提及。

至此我们已经有方法可以定义大写行、大写会话和大写节，用于分析我们收集到的田野札记、转录脚本或者日志文档：

1. 大写行是我们希望分析的数据中的最小的意义单位。
2. 大写会话是可能相互关联的所有行的集合。
3. 大写节是出于同一个大写会话中的同一个关联情境中的行的集合，因此这些行是相互联系的。

但我们仍然需要知道如何利用上述三个概念来分割数据，也就是要如何确定小写的行、会话和节。


# 高夫曼的小刀


分割是将数据组织成有意义的片段进行分析的一种方法。但是大部分定性数据是很复杂的，记录了人们所言所行，而人是异质的。他们会犯各种错误，会前后不一致，会发生各种改变。所以实际的分割数据工作是很复杂的。我们用来将田野札记分割成高夫曼所说的活动切片的工具，必须是把很精妙"小刀"。

将大写行定义成我们在分析中希望考虑的最小的意义单位，将大写会话定义成可能相互关联的所有行的集合，等等，这固然不错。但是，当由某个研究者或者某个计算机程序来具体决定如何分割实际数据的时候，我们需要有具体的规则。

在进一步解释我们是如何做的之前，必须承认和所有人类的努力一样，这种分割也不是完美无缺的。

当然会有需要量化民族志研究者准确区分数据中行与行的界限这样的关键时刻。我们希望某人的论文或者访谈数据中每一行包含一个单独的主题。主题的转移是通过论文中的分段，或者是访谈讲述的故事中的停顿来体现。但是也一定会有一些例外的情况。

在"尼夫洛特克斯"的例子中，我们发现数据中98%的行只会指向前5行的内容。所以我们可以将连续的6行作为一个节（分析窗口的大小）。但是另外2%的行怎么办呢？它们指向的是超出5行以外的内容，并且好像没有特定的规律。不过，如果只在一个小组中这种情况出现得特别多，那么也许是因为这个小组中的一名成员记忆力特别好，习惯于在讨论中指向更早的讨论内容？

大写会话是可能相互关联的所有行的集合。但是如果有人在讨论过程中打开了一个网页，并在此后一直保持网页打开的状态，而我们的数据仅仅将打开网页作为一个事件记录在日志中，我们就会忽视掉这样的信息——在此后第二段讨论中，网页上的信息也是可以被此人获得的。

这些例外情况会让研究者举手投降，因为我们无法完全系统地分割定性数据。总会有意外，而这些意外是需要我们具体情况具体分析的。这种情况下理性的结论是，量化民族志本身从原理上是不可能做到的，因为量化分析需要数据具有某种意义上的系统性结构。

但是这种质疑实际上是一个错误的两难问题。问题的关键不是我们是否可以处理异常情况和更精细地分割数据。我们当然可以做到这一点，因为针对所有民族志研究者所捕捉观察到的异常情形，我们可以手动地分析每一条数据，准确地决定各种情况下如何分割数据、如何将数据相互关联。

但即便如此，我们也还是会犯各种错误。我们在分析过程中会遗忘，我们在决定每一条数据属于哪一部分情境时常常会忽略掉某些信息，我们也会误读、错误地回忆或者错误地理解数据。

因此，事实上分割数据的难题不再是数据中存在异常，而是要确定我们在多大程度上可以容忍各种错误的存在。

如果我们利用简单的指标，例如新的段落或者话语中的停顿来分割，我们会有一些错误。但我们也因此能够分析更大量的数据，因为我们不需要手动分割所有的数据。一方面，分割的意义在于让数据的组织变得有意义。另一方面，这种数据的组织不那么精确也是可以容忍的，因为我们可以在合理的时间中看到更多的数据。

分割过程总是需要我们在更仔细地分析数据和寻找更通用的规则之间做出平衡取舍，目的是使得组织民族志研究者收集深描的数据成为可能。

"垃圾输入，垃圾输出"，即在不理解数据的情况下做数据挖掘，因而得到无意义的结论，这种情况是需要尽可能避免的，但也不是非黑即白的选择。数据结果不是说要么有意义，要么无意义，我们通过分割将数据结构化的过程也同样如此。分割数据的每一种选择都有某些不完美的地方，即得到的数据结构不能完全适用。事实上，我们后面会介绍一种方法来衡量这种差错率。你可以将它视作一种"垃圾输入，垃圾输出"的指标，我们更常用的术语就是"评分者一致性"（interrater reliability）。

因此关键在于分割过程中所有的决定要明确化，也就是量化民族志研究者应该审慎地决定如何对他们所拥有的数据做结构化的处理，而且意识到结构化处理过程中所做的各种权衡取舍。

事实上，这不只存在于量化民族志研究者的工作中。对于所有的民族志研究者，所有类型的定性研究者，乃至采用量化方法的所有研究者都是一样的。

正如量化民族志研究者科瑞恩·格莱斯所说，"数据分析是根据日益复杂的判断来组织数据的过程"。研究者组织数据和其他工作的所有选择都是如此。分析判断，就是要解释哪些是重要的、哪些不是，哪些是有意义的、哪些不是。[23]

最后，我打算介绍一些在"尼夫洛特克斯"的例子中对学生讨论数据进行分割的规则。数据中的每一行代表一名小组成员的发言。节定义为相邻的6行构成的分析窗（将每一条发言作为参考行，加上之前的5行构成一个节），并且这个分析窗是按行滑动的。而会话则被定义为每个小组在每次活动中的讨论。

但是我的研究生和同事可以（并且也确实会）采用不同的方式对同样这批数据做分割。当他们分析"尼夫洛特克斯"中学生所写的笔记时，他们经常将句子作为行，将每个笔记作为一个会话，将笔记中的每一段作为一个节。

每一种决定都是对数据的一种解读。我们将会话中某些行组成一个节，就是因为我们认为参与讨论的人在这些行中所谈论的内容不是割裂的：我所说的内容取决于之前的讨论内容，也可能影响之后的讨论。我们对于行为的解读也是基于某人言语中涉及的行为意愿推断而来的。换言之，数据的意义部分来自数据的结构。因此，如我们之前所见，不管我们数据分割方式的决定是怎样的，我们都必须小心地论证这种分析决定。

# 主分割和派生分割

在我们确定好分割数据的规则，解释我们分割过程中的各种决定，并完成数据的分割之后，我们还需要确定在将原始数据文档转换成定性的数据表格时，如何识别其中的"行—会话—节"。下面我们仍以表5.1的"尼夫洛特克斯"中的数据分割为例进行说明。

这个例子中行代表每个人的发言。行相对容易记录，每行数据就是表中的一行记录。表5.1中第一行就是第一条发言，是杰克逊说的"大家早上好！"第二行代表第二条发言，是阿龙回应的"你

量化民族志:一种面向大数据的研究方法

好!"不管行代表的是一条发言记录,还是鼠标的一次点击,或者笔记中的一句话,都可以用数据表格中的一行来表示。这是因为行是数据分析的最小单位。

然后就是更大的数据分组。其他的分割层级都是对表格中某些行的聚合。例如在"尼夫洛特克斯"的数据中,我们之前将每6行作为一个节,即由每行和它前5行组成。而一次会话是由一个小组在一天中的所有发言的行组成。

最简便的记录这类信息的方法是由一个变量来记录数据的分割。比如,每行数据(也即数据表中的一行)是代表一个学生的发言。为了表示这一点,我们利用一个变量来记录每个时刻是哪个学生在发言。在数据表中我们通常是用一列来表示数据中的某个变量。所以,这里我们就需要两列来表示上述信息:一列是学生在"尼夫洛特克斯"的用户名,另一列是系统中唯一标识的用户ID。所以如表5.7所示,两列分别叫作用户名(username)和用户ID(user_id):

表5.7 "尼夫洛特克斯"日志记录中的数据结构

| ID | 任务名 | 小组 | 用户ID | 用户名 | 角色 | 时间戳 | 发送给 | 内容 |
|---|---|---|---|---|---|---|---|---|
| 1036 | 讨论表面活性剂 | PRNLT | 33 | 杰克逊 | 学生 | 9/23/14 9:34 | @组员 PRNLT | 大家早上好! |
| 1043 | 讨论表面活性剂 | PRNLT | 37 | 阿龙 | 学生 | 9/23/14 9:34 | @组员 PRNLT | 你好 |
| 1038 | 讨论表面活性剂 | PSF | 32 | 马丁 | 学生 | 9/23/14 9:34 | @组员 PSF | 早上好! |

如果我们希望根据学生来分割数据,我们就可以利用这两个变量中的任意一个。这种分割方法的术语叫作"主分割"(primary segementation),意思是用数据表中的一个变量来确定每一行属于哪个分组。所以其中一列(用户名或者用户ID)就足以识别分割的界限在哪。之所以称之为主分割是因为用于分割的信息是直接来自数据表,而不需要通过额外的计算。

是否需要额外计算是主分割和另一种分割，称为"派生分割"（derived segamentation）的区别所在。在主分割中，原数据表中的一个变量就可以提供我们关于分割边界的全部信息了。派生分割也利用数据表中的变量，但是以某种组合的形式。例如在"尼夫洛特克斯"的例子中，一次会话是指来自一个小组一次活动的所有发言行。这种定义是合理的，因为不同的活动发生在不同的日子，也是关于不同主题的。而不同活动中的讨论话题是不一样的。另外，各个小组的讨论也是互相独立的，所以每个小组在同一个活动中有各自不同的讨论。

但是这就意味着如果我们需要从数据表中获取所需的一次会话，就需要知道学生是在哪个小组，还要知道是哪个活动中的讨论。因此，我们需要来自数据中两个变量的信息，分别是组别（group）和活动名称（roomName）。在表5.7节选的数据中，这些行的记录分别来自两个小组（"PRNLT"和"PSF"），而三行数据都是来自同一个活动（"讨论表面活性剂"）。所以杰克逊和阿龙（三个发言人中的前两个）来自同一个讨论小组；而马丁是属于另一个讨论小组的。

所以派生分割也和主分割一样是利用数据表中的信息，但是信息不是来自单个变量，我们需要计算。一旦完成了分割所需的计算（在这个例子中是查找组别和活动名称这两个类别变量的所有取值组合），我们就可以用一个派生变量来表示它。我们可以想象数据中另外有一列，其中的取值是"PRNLT组讨论表面活性剂""PSF组讨论表面活性剂"等。我们并不需要真的创建这样一个变量，虽然实际上不难做到这一点，我们只需要根据数据表中的某些变量的信息做计算即可。

你也许已经发现，在分析数据的时候，临时计算派生分割常常比创建一个新的变量要更方便。例如想象我们之前谈到的"尼夫洛特克斯"中的节。每个节代表邻近时间上下文中的行。在"尼夫洛特克斯"中我们发现大部分时候学生的发言是指向之前五行以内的发言。所以任何参考行对应的节是这个参考行和它之前的五行。

因此数据中计算节是很容易的，我们只要先聚合一个会话中的所有行，然后为每个参考行回溯五行。需要注意的是，我们需要先确保所有行都是来自一个会话，因为来自同一个节的两行却属于不同的会话，这是不合理的。

因此这种派生分割依赖于数据表中的信息，就像上述例子中分割会话的变量。但是一旦完成了这种计算，再将结果记录到数据中去却不是太方便。我不是说不可能做到，而是比每次分析的时候重新计算一下要更麻烦。

为了说明这一点，我们设想你在表5.1中新增了一列叫作节，然后在第一行的节这一列填入什么呢？当杰克逊所说的"大家早上好！"作为第一个参考行时，它只是一个非常短的节中的一部分，这个节就只有这一行。还记得我们说过，规则是同一个会话中每一个参考行加上它之前的五行作为一个节，而这是会话的第一行，所以在它之前没有其他行在这一节里了。我们假设这一行获得的标签是"节1"，它属于一个叫作"PRNLT组讨论表面活性剂"的讨论。而当阿龙回复的"你好！"作为一个新的参考行时，就产生了一个新的节，我们叫它"节2"，是这一行及它之上的五行。因此杰克逊那一行也是这个新节中的一部分，也就是说第一行需要被同时打上"节1"和"节2"的标签。而当又有组员发言的时候，就会产生"节3""节4"等。这样整个会话中的第一行会被打上"节1"到"节6"的标签。只有当会话中的第七行作为参考行时，杰克逊一开始的打招呼才不在回溯五行的范围内，所以才不属于第七行所在的节。

我们当然可以在数据表中新建一列来为每一行数据列出最多六个节的标签，但我觉得在每次计算一个节的时候重新生成这种分割似乎更为方便。

不管怎样，两种分割方式（主分割和派生分割）的区别在于是根据原始数据中的一个变量作为分割信息（主分割）还是通过多个变量计算获得分割的信息（派生分割）。

除了上述区别外，这两种分割（事实上任何分割）都是根据元数据来实现的。也就是我们的分割过程是基于数据集中用于解释每行的内容来自哪里、属于数据集的哪部分的信息。换句话说，高夫曼分割数据的小刀总是利用数据表中的元数据，或者根据需要再加上派生分割的规则来操作的：[24]

高夫曼的小刀

分割＝元数据+派生规则

这也暗示说分割数据首先要求数据是结构良好的。还记得我们之前说过结构良好的量化数据表需要做到四点：

1.每一行必须数据完备：每个样本（例如一名学生）的所有相关信息都在同一行。

2.所有行的内容必须一致：每一行包含的信息类型是一样的。

3.所有列的内容必须一致：每一列包含的信息类型是一样的。

4.所有列标签的命名必须一致：每一列代表一类特定的信息，用一个术语来表示。

这样，定性数据表中的每一行对应数据的行这一概念。我们之前知道将数据分割成行，就必须要确保每行的内容是一致的，这实际也是数据行的定义。现在我们知道要将行组织成讨论和节，数据必须是完备的，否则我们就无法用元数据来表示哪些行应该被聚合在一起。

在上述例子中，我们只用了元数据中的一部分来做数据的分割。除了我们之前涉及到的列，也就是变量"用户 ID""用户名"

"小组"和"任务名"之外，我们还有这个仿真游戏中参与讨论的
人员"角色"，包括学生和导师；每条发言的"时间戳"；以及这
条发言是针对谁的（"发送给"）。我们可以设想利用其他信息作为
元数据的一部分来做分割的情形，比如将发言以一分钟为间隔进行
分组。

我们当然也可以想象一些根据目前的信息无法实现的数据分割
情形。例如，我们希望分析学生们在同一个物理空间讨论和当学生
分处各地在线讨论时的两种情形。因为我们不具有这部分元数据，
所以我们无法根据学生是在同地还是异地讨论来分割数据。至少在
没有收集到额外数据的情况下，我们是无法做到的。

换言之，保证数据的完备性，也就是每一行样本数据是完整
的，并不能确保可以按照任何我们所希望的方式分割数据。但是创
建包含我们所拥有的元数据的数据表，让分割数据成为可能。也就
是说，数据的完备性是数据分割的必要但非充分条件。

我们可以通过两种方式来检验数据表是否结构良好。一是通过
将数据导入数据分析软件，注意这里不是指 Excel 表格软件。要澄
清的一点是，Excel 表格软件对于理解数据是很有用的，但是它允
许我们使用结构不一致的数据。我们可以在 Excel 表格的任意位置
放置表头，可以用它来记笔记、添加图片、设置更方便阅读的数据
格式。但这里的方便阅读是对人而言的，对机器则通常意味着更难
以"理解"。相反，如果你把数据导入一种统计分析工具，比如 R
语言。它能够很快地告诉你数据的行和列是否完备。如果有杂乱的
数据，或者数据不完备，在这些软件中导入和使用这样的数据就会
提示出错。

尽管只有收集数据的人才了解是否所有采集到的数据都被记录
了下来，我们仍可以通过打乱数据表中的行序来检查。如果每一行
都包括了关于数据来源的所有信息，也就是每条记录的元数据都是
完整的，那么即使数据行的顺序被打乱了，你也应该能够运行分析
软件进行分析。当然，你可以利用一个变量来记录行数据原本的顺

序，毕竟人们参与活动的次序是很重要的信息。所有用于分割数据的信息，包括行的次序信息，都应该在每行记录中保证完整。

因此分割数据的过程就是为了获得话语结构的抓地力，掌握人们交互过程的复杂模式。分割使得应用数据分析工具（通常指统计工具）操作人们在现实中所言所行的杂乱数据成为可能。同时，创建结构良好的定性数据表也让分割数据变得可能。它使我们可以有效组织收集到的数据，并用来描述其中的交互结构，即我们看到、理解并诠释的人们的言行模式。有了这样的数据表，我们就迈出了将定性数据"卫生"化以满足定量分析需求的关键一步。

# 田野调查

如果想要深入了解数据分割或者话语的结构这一主题，可以从阅读詹姆斯·吉的论文《语言学方法分析叙事数据》（A Linguistic Approach to Narrative）开始，这篇论文着重介绍了我们这里提到的数据分割的方法。关于数据分割的另一个有趣的例子是来自卡伦·仓崎（Karen Kurasaki）的论文《验证开放式访谈结论的编码者间一致性信度》（Intercoder Reliability for Validating Conclusions Drawn from Open-Ended Interview），主要介绍了关于数据分割过程的可靠性检验的一种方法。最后要推荐的是该领域的经典著作，来自厄文·高夫曼的《框架分析：关于经验组织的论文》（Frame Analysis: An Essay on the Organization of Experience）。[25]

如果你在读本书的同时正好也在分析手头已有的研究数据，你也许可以考虑着手分割数据了。一些情况下，这种工作是很简单的，但另一些情况下只是看似简单。而大多数情况下，你需要多次尝试分割数据，可能是因为你发现上一次分割数据并没有实现你所希望得到的结果，也可能是因为又有其他研究问题或者兴趣点驱使你采用不同的方法对数据进行切片。

在你着手开始这一过程的同时，下面这些问题或许是你可以思考并记录到你的研究备忘录中去的。

# 数据分割的备忘录

1. 在你拥有的数据中，你是如何定义大写行、大写会话和大写节的？你因何做出这样的决定？

2. 你是如何操作化你的分割方案的？为什么你选择这种操作方式？

3. 你的定性数据表中包括了哪些元数据？为什么包括这些？

4. 是否有元数据是你没有包括进去，但是理想中应该包括的？如果是，是什么元数据没有包括，为什么？如果不是，你是如果确定的？

# 6.

## 建模

### 天体运行论

    1473 年，尼古拉·哥白尼（Mikołaj Kopernik）出生在波兰的一个村庄里，他的父亲是一位铜匠，哥白尼是家里的第四个孩子。在哥白尼出生的 2 000 年前，也就是公元前 4 世纪，欧洲的学者们认为地球是宇宙的中心。例如，柏拉图曾写道，地球是一个球体，太阳和行星围绕着它旋转，每个行星依附于各自的圆形轨道转动，并嵌套在地球这个球体中，而这所有的一切被包含着恒星的巨大的天球所包围。

    柏拉图（Plato）的描述中存在的问题是，行星在天空中不会移动，就像附着在球体上一样。它们不会在天空中做平滑的圆周运动，而是以之字形运转，主要是在恒星背面向前移动，然后周期性地反向运动，最后恢复原始路线。他称这种现象为逆行运动。柏拉图的弟子亚里士多德修改了导师的描述，认为每颗行星都附着在几个他称之为水晶体的天体上，每一个天体都以恒定的转速运动，但因为不同的旋转方向，造成行星不同的运行路径。

500年后，希腊天文学家克罗狄斯·托勒密（Claudius Ptolemaeus）对整个系统进行了再次修订，他在公元150年出版了《天文学大成》（*Mathematical Structure*）。托勒密在希腊和中东学者几个世纪的研究成果的基础上提出：地球是一系列球体的中心。托勒密利用他所谓的"本轮"（epicycles）的概念计算出了行星运动的数学模型，其中"本轮"是指附着在球体上的圆。为了使计算更符合实际，他的计算假设每颗行星都依附在"本轮"上匀速转动，而本轮又依附在名为"均轮"的大圆轨道上绕地球匀速转动，而地球就处于这个"均轮"之中。所有这些在球体上的圆的描述都是为了解释行星的不规则运动，托勒密的地心说或以地球为中心解释行星运动的说法是如此精确，以至于一千多年来人们都用它计算行星的运动。[1]

这种宇宙观被哥白尼所写的著作完全颠覆了。哥白尼在他1543年出版的著作《天体运行论》（*On the Revolutions of the Celestial Spheres*）中指出，如果假定太阳而非地球是宇宙的中心，行星的运动轨迹能够得到更好的解释。他认为地球和其他行星围绕太阳的运动导致了行星的不规则运动。相对于太阳和恒星，地球与其他行星有时在同一方向上移动，有时在相反的方向上移动——使行星看起来在天空中改变了方向。他写道："游荡的星星的停止、倒退和前进不是它们自己的运动，而是地球的运动，是它们由于地球的运动而产生的假象。"[1]

由于担心这一观点可能会引起巨大的争议，哥白尼在他生命的最后一年才出版了《天体运行论》，这距离他完成手稿已经过去了11年，距离他第一次提出日心说的观点已过去了将近30年。事实证明，他的担心是对的。马丁·路德（Martin Luther）说这本书违背了圣经的教义。天主教会并没有立即谴责这本书，但在1616年，宗教法庭宣布哥白尼的日心说是叛教，并在1633年因为著名的意大利科学家伽利略（Galileo）收集证据来支持日心说观点而宣称他"持有异端邪说"。伽利略因此被软禁，直到9年后去世。[2]

尽管哥白尼对日心说表示出担忧，但《天体运行论》最终还是出版了，并引发了一场革命。第谷·布拉赫（Tycho Brahe）是圣罗马帝国的天文学家，毕生致力于精确的天文测量，他希望能调和哥白尼和托勒密的观点。在这些天文测量的基础上，第谷的学生约翰尼斯·开普勒（Johannes Kepler）发展了他的行星运动定律，他开发的开普勒方程假设行星围绕太阳在椭圆轨道上运行。而艾萨克·牛顿（Isaac Newton）又利用开普勒方程提出了著名的万有引力定律。这一定律是牛顿在1687年出版的《自然哲学的数学原理》（*Mathematical Principles of Natural Philosophy*）中首次提出来的，并成为了现代物理学和微积分的基础。

在哥白尼出版《天体运行论》的一个世纪后，欧洲的学者们开始使用来自他们周围世界中发现的证据，即数据来质疑圣经和希腊哲学家的观点。

科学革命就此拉开帷幕。

上述历史事关重大。因为《天体运行论》的核心，在某种意义上来说，也是科学革命开始的核心——关于模型的争论。

托勒密和哥白尼都在试图解释一个谜团：为什么行星会像我们所看到的那样运行。他们的答案都是对行星在天空中如何运动的描述：一种无法直接观察的运行机制，但可以用来解释天文学家所观察到的现象。并且他们的回答都引用了自己和其他学者所知道的理论来描述行星的运动。他们假设天体是附着在一些无形的轮子上，而轮子又附着在其他的轮子上，进而通过球体、圆和线来描述他们所认为的天体运行的轨迹。

我假设大多数读者都熟悉科学模型的概念。你可能还记得化学课讲过的原子模型，卢瑟福-玻尔（Rutherford-Bohr）模型。在这个模型中，电子在固定的球壳上围绕着原子核旋转，就像哥白尼的模型中围绕太阳旋转的行星一样；或者是生物课上DNA的塑料球棒模型，用彩色小球表示胞嘧啶、胸腺嘧啶、腺嘌呤和鸟嘌呤的分子，用棒表示共价键和氢键，使分子以双螺旋结构结合在一起；又或者是关于土地利用和环境影响的地理信息系统模型（如果你有幸曾作为学生使用过"土地科学"游戏的话），地图上的不同形状块代表着住房、商业开发区、工业厂房、绿地或湿地等。

在所有的这些例子中，"模型"都是用一种事物（球体、彩色球、地图上的不同形状块）来解释另一种事物（天体、原子、DNA，或者人类对生态系统的影响）。一般来说，模型是对某些复杂系统的一种表征或描述，通常使用人们更为熟悉的概念和对象。模型帮助我们理解被建模的东西是如何工作的。

举一个简单的例子，地形图就是一个关于地形的模型。等高线表示海拔相同的地方。等高线密集表示坡度较陡；等高线稀疏表示坡度较缓。因此，地形图（模型）就解释了实际地形（被建模的东西）在哪里是陡峭的，在哪里是平坦的。

但模型还有另一个关键属性：不精确性。模型之所以不精确，是因为模型实际上与被建模的对象并不完全相同，而是对事物的刻意简化。地形图所包含的信息和细节比它所模拟的真实地形要少得多。就地图而言，它的大小比实际地形小得多，虽然它能告诉你一些关于海拔高度的信息——如果它是美国地质勘探图，那么它一般也能告诉你关于植被、建筑物或道路位置的信息。但是如果你真的身处当地，你可以看到那里有什么样的植物，那里的地面上有车痕和沟壑，还有其他小到无法在地图上表示的特征，例如都有些什么样的建筑，这些建筑物的实际状况如何。

地图上并不包括所有的这些信息，因为模型特意地减少了被建模的东西的信息量，目的是理解它的一些关键特性——在地形图中关键信息是哪里有丘陵和山谷。[3]

因为模型总是不精确的，所以它们也是有争议的。我们可以研究一个模型有多精确，研究模型以何种方式、在何种程度上遗漏或错误地获取了哪些关键信息。这就是科学革命开始时发生的事情，像布拉赫、开普勒和伽利略这样的学者就是通过收集数据，就托勒密和哥白尼提出的不同天体模型，或是相互争论，或是与教会进行争论。他们试图弄清楚哪个模型更好。[4]

事实上，科学总是以这种方式不断进步的。一个模型被另一个更精确地拟合数据的模型更改或替换，然后再被一个更好的模型替换。或许正如美国哲学家大卫·霍金斯（David Hawkins）所说的："科学进步并不是用一个正确的理论取代一个错误的理论，而是用一个错误更小的理论取代一个错误较大的理论。"[5]

从这个角度来看，第4章我们用来分析"土地科学"游戏中的访谈数据的统计模型，或者任何统计分析模型，都是现实世界中某个事物的定量模型。统计模型是一种解释被建模事物的方法，比如学生是否从玩"土地科学"游戏中了解了环境问题，或者更自信地与他人交流相关主题。

从这个角度来看，p值仅仅是一种测试模型是否很好地拟合了数据的方法。如果p值高于显著性的阈值，则我们的结论是该模型在统计上不显著，因此不能告诉我们任何关于被建模事物的信息。我们稍后将看到另一种情形，当两个模型都具有统计显著性时，还有其他统计工具，通常称为拟合优度测量（goodness-of-fit measures），可以用来比较两个不同的定量模型谁更能够表征被建模的事物。

由于没有一个模型包含了被建模的原始对象的所有信息，所以没有哪个模型是完全准确的。因此说一个模型比另一个模型好，实际上是说在某种特定的目的上，一个模型比另一个模型更优。如果你想预测彗星在天空中的运动，那么无论如何都应该使用哥白尼模型，或者使用哥白尼模型的众多后续版本之一，因为这些模型都是建立在太阳位于太阳系的中心这样的观点上的。但如果你想建造一个天文馆、绘制一张地图或者作为一名海军水手担负引航任务，那么在某些方面，托勒密模型更好。因为在计算机出现之前，模拟从地球上观测到的行星运动、测绘地形或者船舶导航更适合用一个认为地球静止在宇宙中心的模型。换句话说，因为没有一个模型是完美的，所以一个模型是否合适取决于你用它做什么。[6]

我们习惯于思考上述这些物理科学模型，但现实世界中有各式各样的模型：建筑模型、文档模型、经济模型、社交网络模型、软件模型、系统模型，以及一些我们之前讨论过的模型，比如自然语言处理模型和统计模型等。

事实上模型也被用于定性研究。像詹姆斯·吉这样的话语分析学家会使用文化模型来解释话语的功用。文化模型是某种事件——无论是发生在一个人身上的真实事件，还是一个群体中人们讲述的故事——目的是向人们展示在特定的社群中，什么是合适的行为举止。也就是说，文化模型是人们了解社群规范的方式，而话语分析是一种观察人们言行来理解他们所使用的文化模型，从而理解话语如何运作的方式。[7]

在民族志和定性分析中还有其他的模型。例如，有一种重要的话语分析方法叫作结构模型。下面我将通过一个例子来说明什么是结构模型。

# 结　构

调频收音机发明于1933年，在技术上比旧的调幅广播系统要好得多：电源线不会干扰信号，更少的静电干扰，并且调频可以播放立体声广播。但新技术对当时已有的调幅广播电台构成了威胁，因此其所有者游说联邦通信委员会限制调频广播。结果，到了1960年代，调频电台大多由控制调幅广播的公司所有，它们在调频电台播放和本地调幅电台相同的节目，这种做法被称为"联播"（simulcasting）。[8]

但在1964年，在关于标准、调频和电视广播电台的多种所有权相关规则的第73.35、73.240和73.636条修正案中，美国联邦通信委员会通过了条文严厉的新的公告和法规。这个新规则的目标是"促进节目和服务视角的最大多样化"，它限制了电台的联播能力。[9]

在接下来的十多年里，无线电台广播的音乐向更优质的调频立体声形式转变，调幅电台则需要找到另一种方法来留住听众。他们转向了以新闻时事、体育和其他热门话题讨论为主题的节目，通常会有一个主持人现场直播接听听众的电话。到了1970年代，以前只在全国几个电台出现的广播谈话节目像燎原之火一样迅速传播开来。

英国的谈话广播也有着类似的发展历史，尽管它的普及始于1970年代英国广播公司结束其对无线电台广播的垄断之后。和美国的情况类似，在英国这种新流行的形式很快就与主持人和来电者之间争论性的讨论联系了起来，这类讨论有时甚至是充满火药味的！

经过多年的发展，电台谈话类广播出现了各种不同的类型，包括体育、政治和流行文化的节目。但最有趣的一种形式叫"电话连线"，在这种形式中，由来电者选择他们想要讨论的问题，这是真正意义上实现了由来电者控制电台节目内容。

或者至少有些人是这么认为的。

1980年代末和90年代初，研究员伊恩·哈奇比（Ian Hutchby）花了数年时间研究"电话连线"的电台谈话节目。在研究中，他分析了在允许来电者选择谈话主题的情况下，主持人是如何控制讨论内容的。正如哈奇比在对谈话电台的描述中所做的解释，当他听这些节目时会很容易"感觉到主持人和来电者处于不对等的权力地位；即使是由来电者引入了谈话的主题，他们也经常是处于守势；事实上，主持人处于一种相对容易迫使来电者进入守势的地位"。简单地说，即使来电者选择了讨论的主题，主持人仍然掌控着谈话内容。[10]

人们很容易认为主持人和来电者之间的权力差异是由他们在讨论中的不同角色造成的。毕竟，主持人是有报酬的，而来电者没有。主持人需要和每个来电者通话；来电者只能谈论一个话题。主持人可以挂断电话并继续谈论话题；如果来电者挂断电话，他们就从广播中离线了。

哈奇比将这种即使来电者可以选择谈话话题，主持人仍控制着讨论节奏的出乎意料的研究结果，称为"谈话电台争论中的悖论"。他认为这种现象最好是通过主持人和来电者在他们的讨论中所说的话来解释。

例如，哈奇比研究了主持人和来电者关于英国儿童保育的对话：[11]

1　来电者：当你看这个国家的儿童保育设施时，
2　我们在欧洲的排名很低。
3　你知道，如果你想让一个
4　孩子进托儿所，在这个国家是很困难的。
5　嗯，事实上，情况正变得越来越糟。
6　主持人：这跟它有什么关系？
7　来电者：我想，嗯，我们必须要做的是……（（继续））

打电话的人一开始说，与欧洲其他国家相比，英国的托儿设施不太好，很难为孩子找到日托所，而且情况越来越糟。但是，主持人没有支持或反对来电者的观点，而是采用一种特别的回应方式，在第6行他说，"这和它有什么关系"，迫使来电者为自己的观点辩解。

这实际上扭转了主持人和来电者之间的局面。在第1至5行中，来电人处于攻势，他在抱怨英国的儿童保育状况。在第7行，也就是在主持人回应之后，他听上去像是已经转为了守势，试图争辩说他刚才所说的观点是相关而且重要的："我想，嗯，我们必须要做的是……"

哈奇比从话语分析的角度来看待这些讨论，从而解释了这个悖论。话语分析是一种定性的研究方式，是建立在欧文·高夫曼（就是前面章节中所提到的高夫曼的小刀的那个人）和其他学者对人们在日常交流中使用的技巧（谈话走向）的研究的基础上发展出来的。话语分析研究人们如何理解讨论中发生的事情，以及人们如何基于他们在谈话中想要达到的目的而知晓该说些什么。[12]

话语分析中的一个关键概念是"行动–反对序列"，哈奇比用它来理解他所记录的"电话连线"谈话内容。行动–反对序列的核心思想是争论都是由一系列主张组成的，每个主张提出后都紧接着会遇到一个挑战。这就像英国电视喜剧《蒙提·派森的飞行马戏团》（*Monty Python's Flying Circus*）中的约翰·克里斯（John Cleese）和迈克尔·佩林（Michael Palin）说的那样：[13]

> 佩林：一个论述是一系列相互关联的陈述组成的，目的是建立一个命题。
> 克里斯：不，它不是。
> 佩林：是的！论述不仅仅是相互矛盾的观点。
> 克里斯：你看，如果我和你争论，我必须采取相反的立场。
> 佩林：是，但这并不是说："不，不是。"
> 克里斯：是的。
> 佩林：不，不是！

上述"行动–反对序列"由两部分组成。首先，有人提出一个主张："论述是旨在建立某个命题的一系列相互关联的陈述。"然后，另一个人质疑这个说法："不，它不是。"提出主张的人被认为处于首要位置，因为"行动–反对序列"是以某个主张开始的，提出异议的人自然处于次要位置。

正如我们从上面主持人和来电者之间的互动、从克里斯和佩林的争论，或者从任何一个争论中所看到的，在结构上首要位置实际上比次要位置弱。首要位置相对更弱的原因是谁先发表观点，谁就要捍卫自己的观点。处于次要位置的人可以攻击他人观点，而不需要提出（和辩护）自己的观点。这种弱点是话语结构造成的，它与谁在争论或者争论的内容无关。由于处于首要位置的人提出了一个观点，因此被迫为自己的观点进行辩护。

　　哈奇比认为主持人不是因为有报酬、可以与每个来电者通话，或可以挂掉来电，而有权凌驾于来电者之上。主持人的权力是因为当来电者选择主题时，他必须提出关于该主题的某个观点。然后，主持人就可以提出问题，指出来电者在论证观点时出现的漏洞。正如约翰·克里斯所说，主持人可以"采取相反的立场"，而不必发表来电者可以攻击的任何观点。"电话连线"的话语结构将来电者放在首要位置——一个在辩论中较弱的位置。

　　因此，"行动–反对序列"是一种结构模型。它解释了辩论是如何按照人们说话的次序展开的。

　　这种权力的结构模型也能够解释其他类型的交互作用。例如，通过在课堂上提问，教师可以始终把学生放在首要位置，迫使他们提出一个观点或声明，这样处于次要位置的教师，就可以在不提出自己观点的情况下进行评价。当然，我们知道，聪明的学生就像电台谈话节目中聪明的来电者一样，可以试图扭转与主持人之间不对等关系的局面，就像佩林让克里斯停止反驳，并提出自己的可以被质疑的观点一样。佩林说："论述不仅仅是相互矛盾的观点。"对此，克里斯提出他的观点来回应："你看，如果我和你争论，我必须采取相反的立场。"佩林反过来攻击道："是的，但这并不是说：'不，不是。'"

　　哈奇比解释说争论中始终存在这种"参与者之间的战略竞争"，而聪明的辩论者总会试图避免处于首要位置来提出自己的观点，这就像聪明的谈判者永远不想成为第一个亮出自己筹码的人一样。

　　从这个意义上说，哈奇比的分析表明，谈话广播之所以会是这种普遍的谈话模式，并不是因为主持人和来电者的社会角色不同，也不是因为调幅和调频广播的历史、广播规则的变化或者广播本身的技术造成，而是让听众拨入并提出问题进行讨论的谈话结构的结果。就像埃德温·哈钦斯提出的"宽阔的观测地平线"的概念一样（哈钦斯关于话语机制的定性模型中的概念），首要位置和次要位置可以作为客位的大写编码用在许多地方，用来理解为什么人们会如此作为。

# 巴厘岛的斗鸡

在我们继续讨论结构模型的细节之前，你可能已经注意到，哈奇比的数据看起来与我们之前所看到的田野札记略有不同。

上一节的例子是"电话连线"口语谈话内容的文字记录，在这个例子中是一个争论。我们在哈钦斯的研究中也看到过类似的数据。不过，哈奇比的数据中有一些符号的使用方式稍有不同。例如，他将来电者第一次说话的开头（第1–3行）记录为：

1 Caller: When you look at e:r the childcare facilities in

2 this country, .hh we're very very low, (.) i-on

3 the league table in Europe of (.) you know if

> 1 来电者：当你看这个国家的儿童保育设施时，
> 2 我们在欧洲的排名很低。
> 3 你知道，如果……

我们可以理解来电者所说的话的含义。但是为什么在第2和第3行的括号中有一个句号？第1行中字母 e 和 r 之间的冒号是什么含义？"i-on"又是什么意思？

简单的答案是，话语分析往往关注人际交互的小细节：例如，当人们说一些让他们感到不舒服的事情时，他们停顿的方式。因此，采用话语分析的研究人员开发了一套记录这些细节的符号系统。例如，圆括号中的句号表示说话者停顿了一小会儿；冒号表示声音被拉长了，冒号越多，声音拖得越长，因此，"e:r"可能会发音为"eer"，而"e:: r"会更长："eeeeeeer"；连字符表示说话者打断了他自己之前的发言；等等。话语分析中有一些符号可以用来描述相互重叠的发言，也就是当两个人同时说话时的语调和微笑表情等。抄录员或分析人员还有一套标准化的符号系统用于描述记录的细节，例如主持人和来电者关于英国儿童保育的对话第7行中的"（（继续））"，类似于我自己的田野札记中的方括号的作用。

哈奇比的文字转录很好地说明了田野札记是如何记录包括停顿、复杂的语言模式、手势等各种信息的。如果你能观察、倾听、闻嗅、品尝、感受、思考，或者记录某一事物，你就可以把它用文字转录下来。

不过，哈奇比的转录稿有一个很大的问题。尽管他在记录主持人和来电者之间对话的停顿和其他特性时是非常小心谨慎的，但是他对数据的换行却是很随意的。比如，没有特别的原因分割第2行和第3行。介词短语"on the league table"被拆成了两行。也就是说，断行在他的转录文稿中缺少一致性的规则。看上去，这种行号只是为了更方便引用部分文字记录。如果页面更宽，或者文本缩进更少，那么数据所占的行数就会更少。

当前，有很多话语分析的转录文本看起来都是这种样式的，而这种转录稿对于哈奇比的分析是非常有效的，这样转录所收集的数据没有任何问题。

但如果你想量化分析你的定性数据，这样做就不行了。

例如，哈奇比想要研究的其中一个问题是，来电者有多少次能够扭转局面，使主持人处在首要位置并处于守势。在哈奇比的分析中，他展示了来电者可以扭转局面，甚至展示了他们是如何做到这一点的。但他没有探究这种情况发生的频率。如果来电者能够始终控制讨论，而不是偶尔能够控制，那么这两种情形就意味着对主持人所享有的结构优势可能有不同的解释。

我并不是说哈奇比应该研究这个问题，也不是说他没有提出这个研究问题就不对。他只是对其他研究问题更感兴趣。

但如果他曾提出的研究问题，或者我们想探究的问题，不是来电者能否扭转局面，而是这种情况发生的频率是多少。

如果这个问题听上去太不民族志了（"该死，你是要让我统计次数！"），那我就举一个我最喜欢的民族志研究的例子：克利福德·格尔茨的《深层游戏：关于巴厘岛斗鸡的记述》（*Deep Play: Notes on the Balinese Cockfight*）。

在《深层游戏》一书中，格尔茨用他对巴厘岛斗鸡的观察来阐述和讨论杰里米·边沁（Jeremy Bentham）提出的"深层游戏"（deep play）概念。这个概念出自边沁的《立法理论》（*The Theory of Legislation*），它指的是一种潜在的损失太过巨大以至于任何理性人都不会去玩的游戏。就像哈奇比使用首要位置和次要位置在"行动-反对序列"中作用的机制来诠释主持人和来电者在谈话类广播节目中的互动一样，格尔茨使用深层游戏的概念来理解巴厘人斗鸡的传统。[14]

格尔茨的核心论点是斗鸡的赌注太大，不符合参与者的最大利益。为了支撑这一观点，格尔茨使用了量化的数据。他描述了他认为有"准确、可靠的数据"的57场斗鸡比赛，并指出其中可以称得上是"中心赌博"（大型的、集体性的）的赌资范围是"从15个林吉特到500个林吉特，平均85个林吉特，而且分布相当明显地是三个赌资级别"。他接着解释了三种赌资分布情况，并计算出在低赌注（约35林吉特）、中赌注（约70林吉特）和高赌注（约175林吉特）三种情况下的获胜几率。实际的情况是在57场比赛中有33场获胜，或者说只有不到60%的比赛获胜。但是当赌注很低的时候，获胜几率超过了65%；当赌注很高的时候，赢的几率正好对半。

"中心赌博"对赌双方的赌资是相同的。因此在低赌注的比赛中，拥有较弱的公鸡的那方有65%的可能会输，这是非常差的赔率。

但更关键的一点是赌注的规模。正如格尔茨所解释的：

在这样一个社会里，一个手工工人，比如砖匠、普通的农场工人

> 或市场搬运工，每天的正常工资大约是3个林吉特，而考虑到我所研究的地区平均每两天半就会举行一次斗鸡，这显然是一场事关重大的赌博。

根据美国社会保障管理局公布的数据，2014年美国工人的平均日工资约为232美元。因此，格尔茨所观察的"中心赌博"的赌资范围相当于在美国从约2 700美元的低赌注到约14 000美元的最大赌注不等。每次斗鸡都有9场或10场比赛，而且平均每星期有两次以上的斗鸡大赛，这确实是"事关重大的赌博"。由于这些赌徒中有一些人即使在赢的概率只有35%的情况下还投入很大的赌注，因此遭受损失的可能性相当高：足以让人相信这是边沁所谓"深层游戏"的一个典型例子。[15]

我不会进一步剧透格尔茨对巴厘岛斗鸡的描述，以防破坏了你的阅读乐趣，他的这本书真的很值得一读。我举这个例子的目的是想说，在某些情况下，量化事件可以是理解特定文化如何运作的一种有用的方式。在这个例子中，作者是为了论证人们参与了某种"深层游戏"，而量化分析成为了这位民族志学者的一个十分有用的工具。

而如果哈奇比想对自己的数据进行类似的量化分析，他可能会"卡壳"。好吧，也许"卡壳"这个词太夸张了。为了有效地量化分析数据，哈奇比也许不得不对他的数据进行重新组织。但问题是哈奇比的数据中的行没有被合理地分割。记住，分割不仅仅是把事物随意分成几个部分，而是把事物分成有意义的部分。

哈奇比非常全面、系统地记录了主持人和来电者所说的话的停顿、词语的拖音，以及其他重要的、有意义的特征。但是当他将这些数据转录成文稿时，他对数据的分行看起来缺乏依据和条理。

当然，采用更有意义的方式定义数据中的行，可以很容易地解决这个问题。我无法获得哈奇比的全部原始数据，但我猜想，要想回答关于来电者控制谈话内容的频率问题，可能意味着要将数据中的行定义为每个发言的轮次，而不是实际每页文字中的一行。我之所以这么说，是因为哈奇比对谈话者是处于首要还是次要位置很感兴趣，而这一点似乎取决于他们发言的轮次。

没有哈奇比的数据，我们无法回答那个问题。但是我们可以从之前见过的游戏"尼夫洛特克斯"的数据中找到例子，来理解如何使用定量技术解决类似的话语结构的问题。

# 学习文化

正如哈奇比对谈话广播的研究使用了通过话语分析得出的首要位置和次要位置的概念，格尔茨使用了边沁的深层游戏的概念一样，我们需要一些背景知识来理解游戏"尼夫洛特克斯"的结构。

英国哲学家、数学家阿尔弗雷德·诺尔司·怀特海（Alfred North Whitehead）曾有一句名言："对欧洲哲学传统最稳妥的描述是，它由对柏拉图哲学思想的一系列脚注所组成。"当然，这是一位学院派哲学家，因此对柏拉图思想在他所处学科所产生的持久影响感到惊叹不已也就不足为奇了。在我自己的研究领域里，我们也可以说，大多数关于教育的研究都是对杜威（Dewey）思想的脚注，或者说，美国哲学家约翰·杜威的著作对人们如何看待学校和学习有着极其深远的影响。[16]

杜威的核心思想之一是学校应该适应学生的需要和能力。杜威的研究成果主要发表于 19 世纪末 20 世纪初，当时学校教育制度正在经历重新设计，目标是为培养学生成为工厂工人做准备，要求学生们站成一排，双膝并拢，背诵无尽的课程内容。正如一位当时特别敬业的老师所说的："如果你的膝盖和脚趾都不守规矩，你怎么能学到东西呢？"[17]

的确，究竟怎么才能学到东西？

杜威认为，孩子们天生就有好奇心。他们充满了他所描述的

"想法、冲动和兴趣"，即探索、创造和交流的动力。这些冲动和兴趣促使幼儿学会说话、发展社交技能和玩各种游戏。儿童的特点就是异常活跃，充满好奇心。但是杜威并没有像他的一些追随者那样认为，好的教育就意味着要让学生做任何他们想做的事。他认为，儿童的思维是"如此原始、随意和零散，缺乏提炼和升华"，他们需要有效的指导。他写道，教育的挑战在于引导学生的兴趣——"利用他们从事的活动，给予他们正确的指引。"杜威认为，学校的目的应该是利用孩子的求知欲，引导他们在富有成效的道路上探索。他举例到，即使是像煮鸡蛋这样简单的活动，如果以正确的方式引导，也会促进学生学习：[18]

> 如果孩子想要完成煮鸡蛋这样一个简单任务，而你仅仅告诉他把鸡蛋放在水里煮三分钟，然后拿出来，这不是教育。只有让孩子通过认识这个任务所涉及的事实、材料和条件，从而认识自己的能力，然后通过这种认识来调节自己的能力，这才是教育。仅凭兴趣或冲动完成任务，与沿着兴趣的方向去认识它，这两者之间是有区别的，而这正是我想要强调的。

这段话（除了透露出杜威显然喜欢蛋煮得生一点，而且习惯采用从句的写作句式这两点信息以外）的重点在于，当孩子们仅凭一时的兴趣或欲望（他称之为冲动）行事时，事情并不总是按计划进行。杜威认为，当一个孩子起初的冲动遇到了他所谓的"困难情境的世界"时，也就是说，当事情出错时，孩子才有机会通过他所说的"反思"来学习。首先，孩子开始尝试达到某个目标，这时一个问题出现了。于是，孩子为解决问题所做的工作变成了理解事物的某个部分是如何运作的。顺着这一逻辑，学校教育的目标应该是提供建立在孩子的兴趣基础上的学习经历，并把他们引向重要而富有成效的问题。[19]

我提出了这个关于学习的基本思想，因为我接下来想要讲述的对杜威思想的脚注是基于这一基本思想的。这个脚注是大约70年前唐纳德·舍恩（Donald Schön）提出的。事实上，从 1950 年代开始，舍恩写了一系列的杜威思想的"脚注"。他在哈佛大学的博士论文是与杜威思想有关的研究，一直到 1997 年去世，他都是麻省理工学院的城市规划专业的教授。在这 40 年间，舍恩对专业人员学会如何解决我们今天所说的复杂问题很感兴趣，但他所指的问题是"处在泥沼之中的、情况混乱的、难以用技术方法解决的，并且通常又是人们最关心的问题"。这看起来有点像杜威工作的延伸：从儿童学习阅读或煮鸡蛋，到建筑师、工程师、精神科医生以及其他专业人员来设计、建设和管理现代生活，当然也包括教育领域从业者建造和管理学校。即使到了今天，在我们建造和管理的学校中，孩子们还是通常花大量的时间做着类似"站成一排背诵"的学习，而做像"煮鸡蛋"这样的学习活动则太少。[20]

不过，杜威和舍恩的研究存在一个关键的共同点，不管是学生还是处在培训阶段的专业人员，都是通过尝试解决他们所关心的问题来学习，并在学习过程中不断犯错。

对于正在学习专业技能的专业人员来说，这些错误发生在舍恩所谓的"专业实践"中：在教练或导师的指导下，学生在有保护的空间里尝试他们的专业技能。在各种专业实践，包括住院实习医生、模拟法庭律师实习生、建筑师设计工作室、工程和新闻等领域的实践课程以及各类实习中——学生面临的问题都是超出了他们能力范围的专业问题。导师会有针对性地提供指导，监控学生的实践表现，并在学生遇到困惑、难以解决时介入和提供帮助。舍恩认为，导师的工作就是"探察学生的表现，发现学生对知识的掌握和缺漏，并考虑如何通过进一步的讲解、提问、建议或批评来帮助学生学习"。换句话说，舍恩关于杜威思想的脚注的特殊贡献在于，研究了人们在解决真正困难的问题时，需要什么样的引导来促进学习。或如古希腊剧作家索福克勒斯（Sophocles）所说："盲人如果没有了引导，就无法行动。"[21]

# 行动后的反思

那么，导师实际上是怎样引导的呢？

下面是虚拟实习游戏"尼夫洛特克斯"中导师和学生之间讨论的小例子。你可能还记得，在"尼夫洛特克斯"中，学生扮演的角色是一家制造肾脏透析设备的工程公司里的实习生。他们要与队友和导师合作设计一种新的透析膜。

当肾脏正常工作时，它能够通过清除血液中的化学物质和水分来维持身体运转。肾脏过滤掉体内产生的尿素等废物，并将盐、钾和其他矿物质的含量保持在健康水平。当肾脏工作异常时，人体内的废物就会累积到有毒的水平。为了防止这种情况发生，肾功能衰竭的病人通常会需要血液透析。在血液透析过程中，人工肾脏可以清除病人血液中的废物、额外的化学物质和水。病人的血液会流经一层膜——一层过滤掉某些化学物质并让其他物质通过的材料。

薄膜可以由不同的材料、以不同的方式、用不同的涂层制造，这一点很关键。因为材料、制造工艺和涂层的不同组合可能产生不同的特性：一些膜在过滤血液方面更有效，一些膜可以减少患者的并发症，一些膜的成本更低，等等。在他们参与"尼夫洛特克斯"的虚拟实习过程中，学生们试图平衡不同材料、涂层、添加剂和制造工艺的优缺点，从而提出透析膜的最优设计方案。

在如表6.1的讨论中，一组学生一直在研究一种可能用于制作透析膜的单一材料的特性。他们设计了一组膜的原型，并对其进行测试，以确定哪种涂层在他们研究的材料上使用效果最好，每种设计方案过滤病人血液分别需要多长时间，以及使用这种材料制造膜的成本。具体而言，他们试图了解哪种设计方案制造的薄膜（他们称之为"设备"），能够满足公司顾问提供给他们的性能要求。在检查了测试结果后，该团队和他们的导师玛丽亚开会进行讨论。在表 6.1 中，讨论按照发言的顺序分为不同行，其中玛丽亚的发言用粗体表示。

表 6.1 这是摘自"尼夫洛特克斯"的一段讨论（导师的话用粗体表示）

| 1 | 9：30 | **玛丽亚** | **准备好开始了吗？** |
|---|---|---|---|
| 2 | 9：31 | 亚当 | 准备好了！ |
| 3 | 9：31 | 查尔斯 | 准备好了！ |
| 4 | 9：31 | 汤娅 | 准备好了！ |
| 5 | 9：31 | 马杰里 | 准备好了！ |
| 6 | 9：31 | **玛丽亚** | **好的，让我们开始吧。** |
| 7 | 9：31 | **玛丽亚** | **现在你们团队已经收到了这批原型的测试结果。这是一次成功的试验吗？** |
| 8 | 9：32 | 汤娅 | 我认为是的。我们制作的原型满足顾问提出的几乎所有要求。 |
| 9 | 9：33 | 亚当 | 我认为这些试验给了我们很多关于每种规格对设备整体性能产生不同影响的信息。有些规格影响较大，有些规格影响较小。 |
| 10 | 9：34 | **玛丽亚** | **关于设计问题，你发现了什么？** |
| 11 | 9：34 | 查尔斯 | 我相信是这样的。我同意汤娅的观点。每个原型至少有两个属性结果超出了要求的性能指标。 |
| 12 | 9：34 | 汤娅 | 现在我们知道了我们需要关注哪些因素才能最大限度地提高整体性能。 |
| 13 | 9：35 | 亚当 | 不过，在最终产品中，我们仍然无法满足每位顾问的需求。 |
| 14 | 9：35 | 马杰里 | 这似乎是不可避免的。 |
| 15 | 9：35 | 汤娅 | 确实如此。但是，我想现在我们知道应该重点关注哪位顾问的要求了。 |
| 16 | 9：36 | 玛丽亚 | 关于不同的设计选择如何影响设备性能，你现在了解了哪些你之前不知道的？ |

量化民族志：一种面向大数据的研究方法

续表

| 17 | 9：36 | 查尔斯 | 我认为成本是我们难以满足的一个属性。因为随着单位成本的降低，其他属性值也下降了。 |
| 18 | 9：37 | 马杰里 | 我想我们现在知道的是，它们是如何相互影响的。 |
| 19 | 9：37 | 亚当 | 我同意查尔斯关于成本的看法。这似乎是最难提高的指标。令我惊讶的是，除了反应性外，碳纳米管含量的细微变化竟然改变了设备的所有其他方面。 |
| 20 | 9：38 | 玛丽亚 | **总而言之，你认为制造设备是为了告诉你不同的设计参数如何影响原型的属性。是这样吗？** |
| 21 | 9：38 | 查尔斯 | 是的。 |
| 22 | 9：39 | 汤娅 | 是的。 |
| 23 | 9：39 | 亚当 | 我想我们发给FEEDS的那批设备原型就是为了达到这个目的。 |
| 24 | 9：39 | 马杰里 | 是的。 |

在对话中，团队正在讨论玛丽亚（第16行）所提出的不同的设计选择如何影响设备的属性。查尔斯（第17行）认为试图降低设备的成本会影响到他们设计的所有其他性能特征（"属性"）。马杰里（第18行）概括说，他们现在理解了他们测试的设备的不同方面是如何相互影响的。亚当（第19行）对此表示赞同，他解释说他"惊讶于在设计选择中碳纳米管含量的细微变化"会影响到"设备的所有其他方面"。最后，玛丽亚（第20行）回顾了这次讨论：

> 总而言之，你认为制造设备是为了告诉你不同的设计参数如何影响原型的属性。是这样吗？

查尔斯、汤娅、亚当、马杰里都对这一观点表示同意（第21—24行）。

请注意，在上面的摘录中，每4~6行用阴影区隔，构成了一个个讨论片段。第1—6行表示团队同意他们已经准备好开始了；第7—9行是关于实验是否成功；等等。换句话说，每个片段都是讨论中的一个"节"：一组相互关联的行。还需要注意的是，导师玛丽亚的发言处于每一"节"的开始。她的发言用粗体表示，所有5个节都以玛丽亚的提问开头。每次她都把学生放在首要位置，要求他们对小组的设计方案提出各自的观点。甚至是她最后对整个讨论的陈述也以一个问句作为结束。

这些学生谈论他们从试验中学到的东西以及整个讨论过程，都是在导师的引导下进行的。

舍恩将这种引导描述为"行动后的反思"（reflection-on-action）：学生和导师之间的讨论，是对学生做了什么的回顾，目的是理解什么是正确的，什么是无效的，以及为什么如此。舍恩解释道：[22]

> 学生，虽然说不出为什么，却做了一些感觉像是错误的事情，而教练会为此提供解释。因此，需要促进行动中反思和行动后反思所开展的对话交流。通过这样的对话，学生逐渐掌握了设计的含义，也提高了参与对话的能力。

这种先行动再（通过师生对话）反思行动的学习循环，从成功或失败的设计决策中引出讨论，并由此带来小组的共同反思，实现了舍恩所提出的"行动中反思"，或者"反思性实践"。舍恩认为反思性实践者能够通过在行动中反思自身的行动，来解决"陷入泥沼"的复杂问题。在实践过程中，通过与导师进行反思式的讨论，可以帮助专业领域的从业者学习如何解决那些"特别令人困惑"的问题。在讨论中，他们学习如何根据自己对问题的了解、所掌握的解决问题的技能，以及自己的职业价值观来做出问题解决的决策。

在舍恩的论著《培养反思性实践者》（*Educating the Reflective Practitioner*）中描述了上述过程。这本著作出版后的大约30年里，计算机支持的协作学习领域（以及其他领域）的研究人员花费了大量的时间，来研究如何设计出使这种学习成为可能的环境。这些研究的结果表明，团队合作可以帮助学生建立社群意识，减少焦虑和不确定感，让学生在小组讨论中解决冲突或分歧，帮助学生从别人的解释中学习，以及在向别人解释观点的过程中厘清自身的理解。[23]

我之所以在这一节论述舍恩对杜威思想的"脚注"，是因为它是我在前几章中提到的两个学习游戏（"尼夫洛特克斯"和"土地科学"）的基础之一。

# 是否是盲人

舍恩的思想是设计"土地科学"和"尼夫洛特克斯"这两个学习游戏的理论"基础"。这些游戏都被称为虚拟实习游戏，因为它们试图创建一个角色扮演的游戏，就像实习生在工程学领域（"尼夫洛特克斯"的游戏主题）和城市规划领域（"土地科学"的游戏主题）中会参与的工作一样。也就是说，他们是对专业实践的模拟。在"尼夫洛特克斯"中，学生们是在一家生产肾脏透析设备的工程公司扮演实习生角色。他们与队友和导师合作，设计一种新的透析膜。在"土地科学"中，学生们是在虚构的城市和区域规划公司——"区域设计协会"，扮演实习生的角色。他们的任务是为马萨诸塞州的罗威尔市制订一个土地使用计划，他们通过电子邮件与他们的队友以及模拟游戏中的导师、公司领导，以及利益相关者进行交流。

换句话说，这些虚拟实习游戏给学生提供了一个有保护的实践空间，可以在教练或导师的引导下，尝试解决超出各自能力的问题。虚拟实习游戏让学生可以和同伴及教练进行交流，教练也会监控学生的实践工作，并在学生陷入困境时介入和提供帮助。但更重要的是，这些模拟游戏为舍恩所说的"行动后反思"提供了时间和空间。像查尔斯、汤娅、亚当和马杰里这样的学生，与像玛丽亚这样的导师谈论他们的工程设计或城市规划决策，探讨什么方案可行，什么不可行，以及为什么如此。因此，这些模拟游戏创设了由行动到反思行动的循环，这也正是舍恩认为解决复杂现实问题的关键性的学习环节。

你可能会问，我们之前看到的行动后的反思，是否只发生在查尔斯和他的伙伴之间的谈话中，或者这种行动后的反思是否也发生在其他学生团队中。

在我们进一步讨论这个问题之前，我需要说明的一点是，在"尼夫洛特克斯"游戏中，学生是以团队方式合作解决问题的，但在整个实习过程中，他们不是始终在同一个团队中工作。在实习的第一阶段，每一名学生被分配到一个小组，一起研究某一种可能用于制作透析膜的材料的特性。这就是查尔斯的团队在上面的讨论中所做的事情：试图弄清楚哪种涂层效果最好，用这种材料制作膜的成本是多少，过滤病人血液需要多长时间。

与此同时，其他团队也在研究其他不同的材料，同样需要研究如何最好地利用那些材料来制作薄膜。一旦每个团队都详细研究了各自的材料，学生就会被重新分组，使得每个团队中的各个成员都分别了解一种不同材料的特性。

例如，下面的表6.2是查尔斯所在的新团队在实习即将结束时进行的一次讨论。同样，每一行代表一次发言内容，导师的发言用粗体表示。

这段讨论中团队也是在讨论肾脏透析设备的性能，以及不同的设计满足哪些性能要求。例如，亚伦（第13行）比较了由查尔斯和塞缪尔设计的设备，并认为"塞缪尔的设计是唯一能够满足所有要求的设备原型"。查尔斯（第14行）表示同意，并认为重要的问题是，对于他的设计而言，"如果更低的BCR和更高的通量率但需要额外的成本是否值得"。

**表6.2 这是摘自"尼夫洛特克斯"的一段讨论（导师的话用粗体表示）**

| 1 | 9：26 | **达伦** | **早上好，实习生们！** |
|---|---|---|---|
| 2 | 9：26 | 查尔斯 | 早。 |
| 3 | 9：26 | 亚伦 | 嗨。 |
| 4 | 9：26 | 塞缪尔 | 早上好！ |
| 5 | 9：26 | 马丁 | 早上好！ |
| 6 | 9：27 | 沃尔特 | 早上好！ |
| 7 | 9：28 | 塞缪尔 | 我们是否应该只列出我们认为做得最好的原型，然后看看我们目前的进展如何？ |
| 8 | 9：28 | 亚伦 | 好的。 |
| 9 | 9：28 | 马丁 | OK。 |
| 10 | 9：28 | 亚伦 | 塞缪尔的。 |
| 11 | 9：29 | 塞缪尔 | 我认为查理的表现很好。 |
| 12 | 9：30 | 马丁 | 我认为塞缪尔的是我们的最佳设计方案。 |
| 13 | 9：30 | 亚伦 | 我想对病人来说，查尔斯的可能更好，但是塞缪尔的是唯一符合所有要求的原型。 |
| 14 | 9：30 | 查尔斯 | 我同意你们两位的意见。我真的觉得这两个方案的表现很出色。就我的设计方案而言，就只需要考虑，额外的成本但更低的BCR和更高的通量率是否值得。 |
| 15 | 9：31 | 沃尔特 | 我两者都喜欢，但都有很高的成 |
| 16 | 9：31 | 沃尔特 | 成本 |
| 17 | 9：31 | 查尔斯 | 我想我们应该选择塞缪尔的方案。 |
| 18 | 9：32 | 沃尔特 | 他们都做得很好，但我们的平均价格超过了120美元每个设备。 |
| 19 | 9：32 | **达伦** | **一旦你选择了你的最终设备，我会有一些问题要问你。记住这个任务必须在今天10:20之前提交。** |
| 20 | 9：32 | 塞缪尔 | 我认为我的也是一个不错的选择，因为它仍然符合内部顾问的要求，而且至少价格便宜一点。 |
| 21 | 9：33 | 沃尔特 | 在这两种方案中，我同意塞缪尔的是仅就价格而言的最佳选择。 |
| 22 | 9：33 | 马丁 | 是的，我们有很多很好的模型，但是考虑到成本，你的似乎是最好的。 |

同样，这段讨论中也是每4~6行组成一个"节"，这些节通过阴影来区分。第1—6行是问候语；第7—12行，学生们表达他们认为哪个设备是最好的；第13—16行解释了这些偏好的原因。

在查尔斯先前的团队中，导师（玛丽亚）主导了讨论的内容。当学生们谈论他们的设备时，她会引导他们的讨论内容，每一节都以玛丽亚的发言开始。而现在，处在实习的后期，在讨论开始时团队的导师达伦说："早上好，实习生们！"（第1行），然后在讨论中导师沉默了6分钟之久。之后，他的再次发言也只是提醒学生们完成作业的截止日期（第19行），而学生们都没有对他进行回应。他所在的"节"只有一行，没有后续的发言内容。他的两句话都是陈述句，而非问句，学生们自己在讨论中占据了首要和次要位置。

换句话说，在这段实习后期的讨论中，学生们自己主导了大部分的"节"。

这个例子很好地展示了如何研究一种文化，或者至少展示了如何开始开展民族志的研究。我们从一个关于专业学习如何运作的理论框架开始：一套关于如何使行动后反思成为行动中反思的客位思想。我们也有一个文化情境，也就是期望这些客位思想能合理诠释正在发生的事情所处的特定情境。在本例中，这个环境就是专门设计的，用于模拟专业实习的协作学习环境。我们记录了人们在这种文化情境下所做的事情，并通过分析记录来研究这些客位观点是否有用。或者说，我们通过阅读记录学生和他们的导师在说什么和做什么的田野札记（在这个例子中是一个日志文件），来研究这些客位观点是否有用。

当然，为了理解这些记录，我们需要对情境有一些基于主位的理解。我们需要知道其中有导师和学生，导师是谁；我们需要知道学生是以团队方式工作，以及这些团队是如何组织的；我们需要知道这些团队在做什么，以及与之相关的一整套概念：肾脏透析、膜、表面活性剂、血细胞反应性、通量等；我们需要知道研究小组正在就不同配置的透析膜进行实验；我们需要知道他们把实验的透析膜配置方案称为"设备"。当然，这只是关于这些学生和他们所做工作的部分信息，我们需要了解这些信息才能理解"尼夫洛特克斯"游戏中的文化。

掌握了所有的必要信息，我们才能够"阅读"数据，我这里所谓的"阅读"，不只是计算机可以从文件中"读取"信息的狭隘概念，而是有更深层次的意义，即我们可以诠释信息，解读日志文件中数据背后的含义。比如，我们可以举例说明当导师引导学生时，讨论会是什么样子，当他们没有引导学生时，讨论又会是什么样子。我们也能够看到，仅仅研究一个讨论并不足以告诉我们这些学生参与的讨论，是否都是导师引导下的、舍恩所谓的反思性讨论，还是说更像索福克勒斯提到的"像盲人试图在没有向导的情况下行动"。

到目前为止，这个例子中的做法似乎与哈奇比在研究中的做法非常相似。他发现有时主持人能够在谈话节目中控制谈话内容，有时是来电者主导了谈话。但哈奇比的分析和这里的分析都没有说明这些情形发生的频率。我们不知道哈奇比数据中的主持人是否经常控制谈话内容，也不知道来电者是否经常能够对讨论主题提出异议。我们不知道在"尼夫洛特克斯"中通常是导师主导讨论，还是学生主导讨论。

更重要的一点是，我们也不知道这里面是否有某种潜在的结构在起作用。也许只有某些类型的人能够对讨论内容提出异议。也许在"尼夫洛特克斯"中，导师一开始会给学生很多指导，然后当学生们学习像工程师那样工作后，导师会让他们自己做更多的工作。

对于这些问题，我们可以通过民族志方法进一步研究数据来回答。但我们也可以像格尔茨那样，探究这些不同现象发生的频率有多高。也就是说，我们可能希望了解的问题是导师引导学生讨论的时机和频率是怎样的。

就像之前谈到的哈奇比数据中存在的问题一样，要回答上述问题，我们需要先对数据进行重组。

# 0 号模型

正如我们已经看到的，定量分析需要格式良好的数据，而我在前两节中展示的数据都不是格式良好的数据。

回想一下，格式良好的数据表有四点要求：

1. 行具有证据完整性：与样本（在前面的例子中是指每个学生）每个部分相关的所有相关信息都在同一行中。
2. 行具有本体一致性：所有行包含相同类型的信息。
3. 列具有本体一致性：每列仅包含一种信息。
4. 列具有术语一致性：在每列中只用一个术语表示一种特定类型的信息。

好消息是我前两节展示的数据节选在本体上是一致的。所有的行都包含相同类型的信息，没有数据汇总或缺失数据。每一行都有相同的内容：行号、说话者的名字、说话内容。因为学生和导师是通过在线聊天室进行交流的，因此是通过电脑输入的固定格式。每一列也只包含一种信息：第一列是所有的行号，第二列是所有参与者的姓名，第三列是所有的聊天信息。列没有标题，这是一个问题，但是很容易修正。

而较为麻烦的是数据表的行中缺少关于每轮发言我们需要的所有信息，也就是缺少证据完整性。例如，我展示了来自两个不同团队的数据，但这一点是我告诉你的，否则你无法知晓。我展示的数据表中没有任何数据表明这一信息。更糟的是，在"节"的阴影和字体的粗细中包含了信息，这对肉眼是有意义的，但很难进行基于计算机的统计分析。

庆幸的是，这里面大部分问题都很容易解决。因为我们实际上已经注意到了一个使田野札记变得结构良好的关键环节：我们定义了大写的行和大写的讨论。

回想一下：

1. 大写的行是我们在分析中要考虑的最小意义单位。

2. 小写的行必须具有本体一致性：来自不同数据源的数据所组成的行中包含相同的信息。

虽然聊天讨论是之前例子中数据的唯一来源，但是，当我们将大写行定义为发言的轮次时，在操作化的层面就是指每一条点击发送的发言消息，这意味着（非常方便地！）获得了小写行，即原始数据文件中的每行。因为聊天包含了相似的信息量，所以我们对大写行的定义使得我们的数据表在本体上是一致的。

我们还将大写会话定义为一个小组中的讨论，包括一组学生和他们的导师。虽然我们没有明确地说数据应该被合理地分割，但就像在上一章中的那样，每一个会话都是单个团队就某一次活动展开的讨论。

为了使数据结构良好，我们需要做的就是添加更多的信息。添加多少呢？好吧，至少可以告诉我们每一条发言是谁说的，他是一个导师还是一个学生，他属于哪个团队，以及聊天是关于哪个活动的。

在第5章中，我们看到过一个更完整的"尼夫洛特克斯"数据版本，如表6.3所示：

**表6.3 摘自"尼夫洛特克斯"的日志文件**

| 编号 | 任务名 | 组名 | 用户ID | 用户名 | 角色 | 发送时间 | 发送对象 | 内容 |
|---|---|---|---|---|---|---|---|---|
| 1036 | 表面活性剂的探讨 | PRNLT | 33 | 杰克逊 | 玩家 | 9/23/2014 09:34 | @PRNLT组： | 早上好，组员们！ |
| 1043 | 表面活性剂的探讨 | PRNLT | 37 | 艾伦 | 玩家 | 9/23/2014 09:34 | @PRNLT组： | 嗨！ |
| 1038 | 表面活性剂的探讨 | PSF | 32 | 马丁 | 玩家 | 9/23/2014 09:34 | @PSF组： | 早上好！ |
| 1040 | 表面活性剂的探讨 | PSF | 41 | 安东尼 | 玩家 | 9/23/2014 09:34 | @Eric V： | 早上好！ |
| 1041 | 表面活性剂的探讨 | PSF | 40 | 索尔 | 玩家 | 9/23/2014 09:34 | @PSF组： | 早上好！ |
| 1042 | 表面活性剂的探讨 | PSF | 41 | 安东尼 | 玩家 | 9/23/2014 09:34 | @PSF组： | 早上好！ |
| 1049 | 表面活性剂的探讨 | PESPVP | 31 | 内森 | 玩家 | 9/23/2014 09:35 | @PESPVP组： | 我想我们应该现在就开始讨论，一旦人们参与进来，我们就可以记录他们在场。 |
| 1053 | 表面活性剂的探讨 | PESPVP | 3 | 达伦 | 导师 | 9/23/2014 09:35 | @PESPVP组： | 我们开始开会吧，我想听听大家的意见。 |
| 1047 | 表面活性剂的探讨 | PMMA | 29 | 沃尔特 | 玩家 | 9/23/2014 09:35 | @PMMA组： | 我们在这里讨论吗？ |
| 1045 | 表面活性剂的探讨 | PRNLT | 26 | 戴维斯 | 玩家 | 9/23/2014 09:35 | @PRNLT组： | 塞缪尔，这就是我们讨论表面活性剂的地方吗？ |
| 1046 | 表面活性剂的探讨 | PSF | 41 | 安东尼 | 玩家 | 9/23/2014 09:35 | @PSF组： | 谢谢你！我们什么时候开始讨论？ |
| 1048 | 表面活性剂的探讨 | PSF | 4 | 玛丽亚 | 导师 | 9/23/2014 09:35 | @PSF组： | 大家都准备好了吗？ |
| 1051 | 表面活性剂的探讨 | PSF | 35 | 迈克尔 | 玩家 | 9/23/2014 09:35 | @PSF组： | 准备好了。 |
| 1052 | 表面活性剂的探讨 | PSF | 40 | 索尔 | 玩家 | 9/23/2014 09:35 | @PSF组： | 准备好了。 |
| 1054 | 表面活性剂的探讨 | PSF | 41 | 安东尼 | 玩家 | 9/23/2014 09:35 | @PSF组： | 我也准备好了。 |
| 1062 | 表面活性剂的探讨 | PAM | 27 | 查尔斯 | 玩家 | 9/23/2014 09:36 | @PAM组： | 早上好！ |
| 1061 | 表面活性剂的探讨 | PESPVP | 24 | 波比 | 玩家 | 9/23/2014 09:36 | @PESPVP组： | 我们是否应该先说一下我们选择了哪种表面活性剂，然后在我们之间决定哪一种是最好的选择？ |
| 1063 | 表面活性剂的探讨 | PESPVP | 25 | 雪莉 | 玩家 | 9/23/2014 09:36 | @PESPVP组： | 早上好！ |
| 1066 | 表面活性剂的探讨 | PESPVP | 3 | 达伦 | 导师 | 9/23/2014 09:36 | @PESPVP组： | 根据你的表面活性剂图，表面活性剂是如何相互作用的？ |

正如你所见到的，更完整的数据表中包含了我们之前看到的节选数据中没有显示的信息，包括聊天内容（<u>内容</u>列），参与者（<u>用户名</u>）以及大量的附加信息：参与者所属小组的名称（<u>组名</u>），当前活动的名称（<u>任务名</u>），参与者的角色（<u>角色</u>），发送聊天消息的时间（<u>发送时间</u>）以及发给谁（<u>发送对象</u>）。而且更为方便的是

在数据表中增加了表头，即每列都有标签。

换句话说，我们现在有了确保证据完整性所需的元数据。导师的角色不再用粗体来表示，而是由元数据变量表示，即数据集中表示参与者是玩家（即学生）还是导师的一个列。我们的大写会话被定义为单个团队在单次活动中的所有聊天记录。因此，我们可以利用叫作"组名"（对应不同分组）和"任务名"（对应游戏中的不同任务）的变量，为每个小写会话创建一个派生分割。

但是这个数据还有一个更大的问题：我们还不知道如何通过数据来呈现导师在首要位置引导小组讨论的情形。换句话说，我们用小写行（学生或导师发送的聊天消息）作为大写行（发言轮次）的操作化方法，用小写会话（"组名"和"任务名"的变量组合）作为大写会话（一个团队在一次任务活动中的讨论）的操作化方法。但是在将我们的大写模型操作化为我们可以实际分析话语的小写模型时，我们还需要额外的信息。

秉持着和柏拉图、亚里士多德、托勒密、哥白尼、开普勒、牛顿等人相同的追求真理的精神（即便没有那么重大的影响），即试图通过所提出的理论模型来改变人类观察世界的方式，让我们也来尝试构建一个非常简单的导师引导的模型。

平心而论，这里的讨论让数据分析中一个非常稀松平常的工作听起来显得特别宏大。当研究者试图采用统计模型分析数据时，他通常不会只构建一个模型，而是会构建一系列模型。这样做有几个原因，其中一个原因是任何统计模型都存在一个基本矛盾。一方面，我们想控制尽可能多的干扰因素。要做到这一点，就像我们在第5章中看到的那样，意味着要包含额外的变量。另一方面，如果我们在一个模型中包含了太多的变量，那么我们得到的模型将变得毫无意义。

为了理解为什么模型中有太多的变量是一个问题，假设我想构建一个统计模型来解释研讨会上哪些学生在讨论中表现很好。对于这7名学生中的每一个人，我都记录了他在课堂上参与讨论的次数。这些都是研究生，所以我们可以假设他们所说的一切都有深刻的见解并且是和主题相关的内容！

为了对每个学生的讨论次数进行建模，我收集了关于学生的每一条信息：他们的身高、体重、头发和眼睛的颜色、左撇子还是右撇子、正在攻读的学位的科目、年龄、年级、来自哪里、是否已婚、有几个孩子等。如果我把所有这些变量都放在一个统计模型里，我几乎可以肯定能够通过这个模型来完美地解释每个学生的谈话数量，这意味着我会在学生谈话次数和关于学生的许许多多信息的大量数学组合之间，发现完美的相关性（$r=1$）。

这种情况的技术术语叫作"过拟合模型"（overfit model），即模型中的变量数量大于被建模的对象数量的情况。统计模型背后的数学方法给出了一个模型结果，但是这个结果却并不能给我提供什么信息。模型中的每个变量都与我们所关心的结果相关，至少在很小的水平上相关。如果有足够多的变量，并且我们可以对它们进行组合或者对组合的结果再次组合，最终模型的总体相关性会变得很大。我们会看到最终的那个模型只是数学计算产生的副产品，而不是真正有意义的或有用的模型结果。更糟糕的是，即使模型中只包含了几个外部变量，这些向模型中添加的额外信息也有可能隐藏原本重要的关系。

因此，我们不需要使用我们拥有的每一条信息，而是通过观察哪些信息是相关的，然后在模型中只包含这些变量。最好的模型也是最精简的：即能够用尽可能简单的变量关系解释尽可能复杂的现象。或者就像20世纪上半叶，参与研制原子弹和数字计算机的数学家约翰·冯·诺依曼（John von Neumann）所说的："如果有四个参数，我就可以'拟合'出一头大象，有五个参数，我能让它摆动鼻子。"[24]

这就是为什么研究人员通常会构建一组"序列模型"（sequential models），其中每个模型从先前的模型中添加或删除一个或多个变量，以此来实现系统性地分析确定哪些变量将创建一个最有效的拟合数据模型，即帮助我们发现哪个模型将在不使用不必要信息的情况下最好地解释数据。这样一个模型序列通常被标记为模型Ⅰ，模型Ⅱ，模型Ⅲ-a，模型Ⅲ-b，模型Ⅲ-c，模型Ⅳ，等等。

然而，通常在开始使用模型Ⅰ之前，尝试构建一个几乎肯定不正确的、但是容易构建和检验的模型是有必要的，因为它可以让我们来区分哪些变量是有意义的、需要纳入到模型中的变量。这种预研究模型可以帮助研究人员了解是否存在值得进一步建模的关系。这是一个我们几乎肯定会抛弃的模型，但构建这个模型的练习，可以成为获得解决当前研究问题的机械抓地力的有用步骤。

因此，在我们开始构建一系列模型的正式研究过程之前，我们可以把这样一个预研究的、试探性的、探索性的模型称为0号模型。

# 操作化

对模型进行操作化的第一步是提出一个更具体的研究问题。在前面的章节，我曾建议"可以探究一下导师引导学生讨论的时机和频率"。但那只是我们感兴趣的研究主题，而不是一个具体的研究问题。为了让研究问题更明确，我们可以这样表述：

定量问题1：在"尼夫洛特克斯"中，导师在游戏开始阶段比在游戏结束阶段给予学生更多的引导吗？

要回答这个问题，我们需要找到一种方法来测量所谓导师"引导"的讨论。为了方便举例说明，让我们对问题稍加简化。我们假设更多的引导意味着需要更多的讨论。也就是说，如果导师在讨论A中比在讨论B中对学生的引导更多，那么导师在讨论A中也比在讨论B中说了更多的话。

这就是说我们可以仅通过计算每个小组在每次讨论中，导师发言的次数，即行数，来回答我们的问题。

那么，对于构建0号模型，让我们先来做两个简单的假设：

简单假设1：如果导师在某个讨论中发言的次数超过了导师通常在讨论中发言次数的中位数，则该讨论就被认为是由导师引导的。

简单假设2：如果导师在就某个活动展开的讨论中的平均发言次数超过了导师通常在讨论中发言次数的中位数，则该活动就被认为是由导师引导的。

通过计算数据中导师讨论发言的次数，得到的中位数是10。因此，导师在讨论过程中平均发言超过10次的活动就被认为是导师引导的活动。导师平均发言次数少于10次的活动就被认为不是导师引导的活动。

这可能不是界定什么是引导讨论的最佳方式，但请记得这是我们的0号模型。表6.4显示了分析结果：

**表6.4　"尼夫洛特克斯"中每个项目团队的活动期间导师发言次数统计情况**

| 活动 | 0号模型：每次讨论的导师发言次数 组名 | | | | | | | | | | 均值 | 导师引导 | 引导率 |
| --- | --- | --- | --- | --- | --- | --- | --- | --- | --- | --- | --- | --- | --- |
| | PAM | PESPVP | PMMA | PRNLT | PSF | 1 | 2 | 3 | 4 | 5 | | | |
| 简介和工作流程教程 | 10 | 17 | 13 | 16 | 12 | | | | | | 13.6 | Y | |
| 透析的背景知识研究 | 5 | 5 | 5 | 7 | 6 | | | | | | 5.6 | N | |
| 绘制表面活性剂数据图表 | 9 | 6 | 13 | 13 | 13 | | | | | | 10.8 | Y | |
| 关于表面活性剂的团队讨论反思 | 21 | 15 | 20 | 18 | 22 | | | | | | 19.2 | Y | |
| 总结内部顾问要求 | 14 | 1 | 20 | 4 | 2 | | | | | | 8.2 | | 56% |
| 选择顾问进行分析 | 5 | 3 | 6 | 11 | 10 | | | | | | 7 | N | |
| 使用材料1的团队设计批处理 | 19 | 6 | 17 | 15 | 19 | | | | | | 15.2 | Y | |
| 第一批结果的个别分析 | 2 | 0 | 0 | 0 | 1 | | | | | | 0.6 | N | |
| 第一批结果的团队讨论反思 | 22 | 17 | 25 | 22 | 24 | | | | | | 22 | Y | |
| 新团队设计第二批 | | | | | | 8 | 9 | 8 | 8 | 8 | 8.4 | | |
| 第二批结果的个别分析 | | | | | | 0 | 1 | 0 | 0 | 0 | 0.2 | N | |
| 第二批结果的团队讨论反思 | | | | | | 19 | 17 | 10 | 10 | 7 | 12.6 | Y | 50% |
| 演示准备 | | | | | | 13 | 16 | 10 | 11 | 8 | 11.6 | Y | |

该表将每个活动显示为一行，每个团队（或小组）显示为一列，因为在实习期间会中途重新分组，所以有些单元格是空的。每个单元格提供了关于单次讨论的信息：每个团队在每次活动的讨论期间，导师发言的总次数。带有深色阴影的单元格表示导师发言的次数高于中位数，即超过 10 次。

该表还显示了每次讨论导师发言的平均数（标为<u>均值</u>的列）。这一列中浅色阴影表示一次活动中，导师在所有讨论中的平均发言次数超过中位数 10。

你也许会指出我不应该在数据表中使用阴影，你说的没错。我们在 0 号模型中可以看出哪些活动是由导师引导的。所以这里采用深色阴影只是为了让我们作为人类可以看得更清楚；我们并不关注由导师引导的讨论具体是什么。另一方面，浅色阴影的数据确实显示了我们实际建模的内容，值得注意的是，旁边一列（标为<u>导师引导</u>）提供了相同的信息。

所以这些行确实具备证据完整性：每一行中都包含所有的信息，阴影只是为了帮助我们这些可怜的人类更好地理解这张表格。事实上，除了最后一列，整个定量数据表都是结构良好的。最后一列仅仅是游戏每个阶段的活动中，有导师引导讨论所占的百分比。我们等会儿再来探讨这些数字。

表 6.4 中的定量数据表与表 6.3 中的定性数据表有一些相似之处，也有一些明显的不同。定量数据表本质上总结了定性数据表的内容，这一点非常关键：

**量化民族志研究中模型的操作化通常是指以某种方式对数据进行汇总，然后对汇总结果再做分析。**

所以在做进一步分析之前，让我们花点时间来讨论一下 0 号模型是如何对数据进行汇总的。表 6.5 展示了同样的定量数据表，但是对模型中的关键内容做了注释。

注释部分展示出构建0号模型所做的一系列决策。通过阅读从左到右的注释信息，我们首先确定了模型的分析单位。分析单位是任何模型的核心组成，因为分析单位的确定，使我们建立起所拥有的定性数据和要使用的统计方法之间的桥梁。这些分析单位汇总了定性数据，而这种汇总在统计分析中变成了输入，即变量。[25]

该模型中的分析单位被操作化为游戏中的每个任务活动，并且由定量数据表中的行表示。这是一种标准化的数据组织方式：定量数据表的行对应于模型中的分析单位。

表6.5　"尼夫洛特克斯"中每个项目团队活动期间导师发言次数统计情况

| 分析单位 节 | 0号模型：每次讨论的导师发言次数 | | | | | | 观察 | | | | | 样本 | |
| --- | --- | --- | --- | --- | --- | --- | --- | --- | --- | --- | --- | --- | --- |
| 活动 | 组名 | | | | | | | | | | | 导师引导 | 引导率 |
| | PAM | PESPVP | PMMA | PRNLT | PSF | 1 | 2 | 3 | 4 | 5 | 均值 | | |
| 简介和工作流程教程 | 10 | 17 | 13 | 16 | 12 | | | | | | 13.6 | Y | |
| 透析的背景知识研究 | 5 | 5 | 5 | 7 | 6 | | | | | | 5.6 | N | |
| 绘制表面活性剂数据图表 | 9 | 6 | 13 | 13 | 13 | | | | | | 10.8 | Y | 参数 |
| 关于表面活性剂的团队讨论反思 | 21 | 15 | 20 | 18 | 22 | | | | | | 19.2 | Y | |
| 总结内部顾问要求 | 14 | 1 | 20 | 4 | 2 | | | | | | 8.2 | N | 56% |
| 选择顾问进行分析 | 5 | 3 | 6 | 11 | 10 | | | | | | 7 | N | |
| 使用材料1的团队设计批处理 | 19 | 6 | 17 | 15 | 19 | | | | | | 15.2 | Y | |
| 第一批结果的个别分析 | 2 | 0 | 0 | 0 | 1 | | | | | | 0.6 | N | |
| 第一批结果的团队讨论反思 | 22 | 17 | 25 | 22 | 24 | | | | | | 22 | Y | |
| 新团队设计第二批 | | | | | | 8 | 9 | 8 | 8 | 8 | 8.4 | N | |
| 第二批结果的个别分析 | | | | | | 0 | 1 | 0 | 0 | 0 | 0.2 | N | 50% |
| 第二批结果的团队讨论反思 | | | | | | 19 | 17 | 10 | 10 | 7 | 12.6 | Y | |
| 演示准备 | | | | | | 13 | 16 | 10 | 11 | 8 | 11.6 | Y | |

这些分析单位由数据中的不同节组成。在本例中是每个团队在每个活动期间进行的大写会话。请记住：大写的节是一个大写会话中的一组大写的行，它们位于相关的上下文情境中，因此是彼此关联的。

在 0 号模型的例子中，一次讨论中的所有行都是地位相同的：我们所关心的是导师发言的次数。就像一首只有一节的诗一样，大写会话中没有我们需要考虑的子结构。因此在这个模型中，大写节和大写会话是等价的，这使得将数据分割成不同的节变得非常方便。这意味着我们将每个活动（每个分析单位）看作不同团队在活动期间进行的大写会话（大写节）的集合（因为每一节是一次会话，包含了会话中的所有行）。

模型的另一个组成部分是"观察"。正如你所看到的，每个分析单位都有一次观察：观察是我们模型中分配给每个分析单位的取值。通过计算每个节中所有取值的平均来对一系列观察进行操作化（在本例中，是每一次讨论中导师发言的次数），然后将这些平均值与导师在所有讨论中发言次数的中位数进行比较，在该数据集中中位数是 10。导师平均发言次数超过 10 次的活动被赋予"Y"的观察值，这意味着该活动是由导师引导的。其他活动则被标记为"N"，表示不由导师引导。

一般情况下，对观察的操作化总是通过基于每个分析单位中的节，以某种方式计算出一个值来实现的。有时候，研究者仅仅把每个节中的取值累加获得；有时候，研究者是计算其平均值。这样做的好处是，可以将观察值与原始的节中的数据放在同一尺度比较，这样我们就可以根据原始数据来合理地解释观察的结果。计算平均值对于分析单位中有不同数量的节这种情况也很有用，平均值可以平滑这种数量上的差异。例如在本例中，我计算每个节中的平均值，然后将它与所有讨论的中位数进行比较。

然而，它们是从每一节中计算出来的结果，然后将模型中的观察结果分组形成一个或多个样本。本例中的 0 号模型有两个样本：游戏第一阶段中的所有分析单位（即每个任务活动）的观察值，和游戏第二阶段的所有分析单位的观察值。更准确的表述是：我们感兴趣的问题是导师是否在游戏开始阶段的引导多于在游戏结束阶段的引导。我通过比较游戏前半部分的活动样本和后半部分的活动样本来实现对这个研究问题的操作化。

我们快要完成操作化的工作了！我的倒数第二步工作是，基于每个样本计算一个参数。在本例中，我将这个参数操作化为由导师"引导"活动的分析单位（即任务活动）所占的百分比。我通过计算有多少任务活动得到了导师的"大量"引导，来描述游戏前后两个阶段的情况。这里的"大量"是指"超过数据的中位数"。

当然，建模的最后一步是比较不同样本之间参数的差异。通过分析发现，导师在游戏的第一阶段引导了大约一半的任务活动，而在第二部分也引导了大约一半的活动。

图6.1展示了我们对模型进行操作化的图示过程：

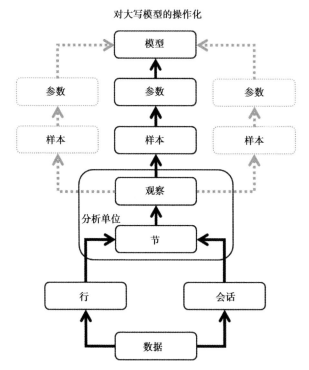

**图6.1 构建模型所涉及的操作化步骤的描述**

量化民族志：一种面向大数据的研究方法

对于每个分析单位，我们得到了所有节中导师发言的平均次数。活动"透析的背景知识研究"中，不同小组中导师的平均发言次数为5.6。因为5.6小于10（导师在讨论中发言次数的中位数），因此这个分析单位的观察值为"N"。

接下来，我们将游戏的第一阶段的9个分析单位组成一个样本，将游戏的第二阶段的4个分析单位组成另一个样本。然后，我们计算了每个样本的参数：由导师引导的分析单位所占的百分比（即导师引导的活动占比）。例如对于第一个样本，即游戏的第一阶段活动的参数是56%。

最后一步是比较两个样本的参数取值。在游戏的第一阶段，导师引导了9个活动中的5个，或者说引导了56%的活动。在游戏的第二阶段，导师引导了4个活动中的2个，或者说50%。

所以有微小的差别。我们当然可以进一步检验这个差异是否具有统计显著性，我们可以采用一些统计检验的方法来实现。有研究表明，$t$检验对于小样本的数据有很好的稳健性（robust）。一些统计学家认为样本量不能小于15，也有学者认为小于5的样本量仍然有效。但是对于这么小的样本量，检验结果存在显著性差异的可能性是非常低的。[26]

这个问题的技术术语叫作统计检验的"功效不足"（underpowered），这意味着该统计检验方法只能检测到较大的效应量。后面我们将进一步讨论效应量大小的问题，但是对于那些想知道$t$检验结果的读者，关于活动是否由导师引导的两个样本的$t$检验的结果是$p>0.87$。如果我们对每个活动的导师平均发言次数进行统计检验，则结果是$p>0.41$。无论采用哪种方式，如果在游戏的前后两个阶段中，导师引导的次数相同，我们看到这样的结果的概率超过一半。所以我们不能断定这两部分是不同的。

换句话说，我们的0号模型并不支持之前提出的研究假设，即在"尼夫洛特克斯"中，导师在游戏开始阶段会给学生提供比游戏结束阶段更多的引导。

虽然每项研究的数据集都是不同的，但这里展示的数据分析过程是从定性数据中构建定量模型的基本过程。表6.6展示了如何对结构良好的定性数据表进行汇总，并将其转换为结构良好的定量数据表的过程。

**表6.6 将格式良好的定性数据表转换为格式良好的定量数据表**

| 编号 | 任务名 | 组名 | 用户ID | 用户名 | 角色 | 发送时间 | 发送对象 | 内容 |
|---|---|---|---|---|---|---|---|---|
| 1036 | 表面活性剂的探讨 | PRNLT | 33 | 杰克逊 | 玩家 | 9/23/2014 09:34 | @PRNLT组 | 早上好，组员们！ |
| 1043 | 表面活性剂的探讨 | PRNLT | 37 | 艾伦 | 玩家 | 9/23/2014 09:34 | @PRNLT组 | 嗨！ |
| 1038 | 表面活性剂的探讨 | PSF | 32 | 马丁 | 玩家 | 9/23/2014 09:34 | @PSF组 | 早上好！ |
| 1040 | 表面活性剂的探讨 | PSF | 41 | 安东尼 | 玩家 | 9/23/2014 09:34 | @Eric V: | 早上好！ |
| 1041 | 表面活性剂的探讨 | PSF | 40 | 索尔 | 玩家 | 9/23/2014 09:34 | @PSF组 | 早上好！ |
| 1042 | 表面活性剂的探讨 | PSF | 41 | 安东尼 | 玩家 | 9/23/2014 09:34 | @PSF组 | 早上好！ |
| 1049 | 表面活性剂的探讨 | PESPVP | 31 | 内森 | 玩家 | 9/23/2014 09:35 | @PESPVP组 | 我想我们应该现在就开始讨论，一旦人们参与进来，我们就可以记录他们在场。 |
| 1053 | 表面活性剂的探讨 | PESPVP | 3 | 达伦 | 导师 | 9/23/2014 09:35 | @PESPVP组 | 我们开始开会吧，我想听听大家的意见。 |
| 1047 | 表面活性剂的探讨 | PMMA | 29 | 沃尔特 | 玩家 | 9/23/2014 09:35 | @PMMA组 | 我们在这里讨论吗？ |
| 1045 | 表面活性剂的探讨 | PRNLT | 26 | 戴维斯 | 玩家 | 9/23/2014 09:35 | @PRNLT组 | 塞缪尔，这就是我们讨论表面活性剂的地方对吗？ |
| 1046 | 表面活性剂的探讨 | PSF | 41 | 安东尼 | 玩家 | 9/23/2014 09:35 | @PSF组 | 谢谢你！我们什么时候开始讨论？ |
| 1048 | 表面活性剂的探讨 | PSF | 4 | 玛丽亚 | 导师 | 9/23/2014 09:35 | @PSF组 | 大家都准备好了吗？ |
| 1051 | 表面活性剂的探讨 | PSF | 35 | 迈克尔 | 玩家 | 9/23/2014 09:35 | @PSF组 | 准备好了。 |
| 1052 | 表面活性剂的探讨 | PSF | 40 | 索尔 | 玩家 | 9/23/2014 09:35 | @PSF组 | 准备好了。 |
| 1054 | 表面活性剂的探讨 | PSF | 41 | 安东尼 | 玩家 | 9/23/2014 09:35 | @PSF组 | 我也准备好了。 |
| 1062 | 表面活性剂的探讨 | PAM | 27 | 查尔斯 | 玩家 | 9/23/2014 09:36 | @PAM组 | 早上好！ |
| 1061 | 表面活性剂的探讨 | PESPVP | 24 | 波比 | 玩家 | 9/23/2014 09:36 | @PESPVP组 | 我们是否应该先说一下我们选择了哪种表面活性剂，然后在我们之间决定哪一种是最好的选择？ |
| 1063 | 表面活性剂的探讨 | PESPVP | 25 | 雪莉 | 玩家 | 9/23/2014 09:36 | @PESPVP组 | 早上好！ |
| 1066 | 表面活性剂的探讨 | PESPVP | 3 | 达伦 | 导师 | 9/23/2014 09:36 | @PESPVP组 | 根据你的表面活性剂图，表面活性剂是如何相互作用的？ |

0号模型：每次讨论的导师发言次数

| 活动 | 组名 | | | | | | | | | | 均值 | 导师引导 | 引导率 |
|---|---|---|---|---|---|---|---|---|---|---|---|---|---|
| | PAM | PESPVP | PMMA | PRNLT | PSF | 1 | 2 | 3 | 4 | 5 | | | |
| 简介和工作流程教程 | 10 | 17 | 13 | 16 | 12 | | | | | | 13.6 | Y | |
| 透析的背景知识研究 | 5 | 5 | 5 | 7 | 6 | | | | | | 5.6 | N | |
| 绘制表面活性剂数据图表 | 9 | 6 | 13 | 13 | 13 | | | | | | 10.8 | Y | |
| 关于表面活性剂的团队讨论反思 | 21 | 15 | 20 | 18 | 22 | | | | | | 19.2 | Y | |
| 总结内部顾问要求 | 14 | 1 | 20 | 4 | 2 | | | | | | 8.2 | N | 56% |
| 选择顾问进行分析 | 5 | 3 | 6 | 11 | 10 | | | | | | 7 | N | |
| 使用材料1的团队设计处理 | 19 | 6 | 17 | 15 | 19 | | | | | | 15.2 | Y | |
| 第一批结果的个别分析 | 2 | 0 | 0 | 0 | 1 | | | | | | 0.6 | N | |
| 第一批结果的团队讨论反思 | 22 | 17 | 25 | 22 | 24 | | | | | | 22 | Y | |
| 新团队设计第二批 | | | | | | 8 | 9 | 8 | 8 | 8 | 8.4 | N | |
| 第二批结果的个别分析 | | | | | | 0 | 1 | 0 | 0 | 0 | 0.2 | N | 50% |
| 第二批结果的团队讨论反思 | | | | | | 19 | 17 | 10 | 10 | 7 | 12.6 | Y | |
| 演示准备 | | | | | | 13 | 16 | 10 | 11 | 8 | 11.6 | Y | |

不管我们使用的原始数据源或数据类型是什么，基本的建模过程都是一样的：

1. 把数据分隔成行；
2. 把行组成讨论；
3. 在会话中定义节；
4. 根据每节所包含的行计算某个值；
5. 定义量化分析的基本单位；
6. 基于节中的取值计算每个分析单位的观察值；
7. 将观察值组成样本；
8. 基于每个样本的观察值计算参数值；
9. 如果有多个样本，利用提出的理论模型来比较样本之间的参数。

我们在步骤1、2和3中对原始的定性数据进行分割。步骤7、8和9是定量分析的基本步骤。但是请注意，步骤4、5和6是将数据进行聚合的关键。我们为每个节计算某个值，然后使用这些值创建一个新的变量并计算在不同分析单位上的取值。这种聚合和计算的过程为打通定性数据与定量模型构建了桥梁。

在本例中，我们计算了每次讨论中导师的发言次数：这些是节。然后，我们计算了每个活动中每次讨论的导师发言次数的平均值，并确定其是否高于或低于每次讨论的中位数（10次）：这些是我们对每个分析单位计算的观察值。

分析的结果将会得到一个模型，尽管是基于简单的研究假设而构建的0号模型。对于我们的数据可能很有用的一个研究问题，这个0号模型给出了问题的答案。但现在我们仍面临一个问题：

我们仍然不知道我们的模型是否足够好。

这也提出了一个比"导师是否在游戏的不同阶段提供更多引导"更重要的问题：

我们怎么才能知道我们的模型是否够好呢?

巧了,这就是下一章的主题。

# 田野调查

对于那些想要在民族志分析中深入探究有关结构问题的读者来说,伊恩·哈奇比的著作是一个很好的切入点,他的文章《话语的力量:英国广播谈话节目中的争论案例》(*Power in Discourse: The Case of Arguments on a British Talk Radio Show*) 既具有启发性,也很容易理解。我也会推荐克利福德·格尔茨的《深层游戏:关于巴厘岛斗鸡的记述》,它是一项经典的研究,在我看来阅读这本书也充满乐趣。当然,《深层游戏》也不乏批评者。斯图尔特·哈德曼 (Stuart Hardman) 在他的文章《对克利弗德·格尔茨的〈深层游戏:关于巴厘岛斗鸡的记述〉的描述和分析》(A Description and Analysis of Clifford Geertz's 'Deep Play: Notes on the Balinese Cockfight')中对《深层游戏》存在的一些问题进行了有意义的评述。当然还有其他一些学者对该书的评论。但是格尔茨的著作启发了许多定性研究的新手,并提供了一个用定量分析方法来支持定性研究观点的有趣的例子。[27]

如果你正在分析你自己的数据,此时我建议为你的数据构建某种0号模型,即一个预研究分析,重点关注一些可以在你的数据中用定量方式进行表征的内容,就像本章从日志数据文件中计算和比较数据的方式。目前,即使你所使用的量化分析方法很简单也没关系,我建议你从一些非常探索性的、初步的量化分析工作开始做起。

当你开始着手做预研究分析时,以下是你可能会想到的一些事情,并且最好写在你的研究备忘录中。

# 0号模型备忘录

1. 你选择分析什么数据，为什么做这个选择？

2. 你的分析展示了什么结果？用段落或叙述的形式描述一下你的研究。

3. 提供一个或多个定性的例子来说明你在分析中发现了什么。

4. 提供一个定量的分析结果来支持你的发现。可以像在一个或多个上下文情境中统计某个事件出现的次数这样简单，也可以更复杂，这取决于你的研究发现和你对统计方法的熟悉程度。

5. 如果可能的话，用某种类型的图画来呈现你的数据分析结果。

6. 试着解释为什么会有人关心这个研究发现。

# 7.

## 饱和

## 表征世界

1930 年代，心理学家利维·维果斯基（Lev Vygotsky）提出，游戏是孩子成长的重要组成部分。维果斯基指出，游戏中孩子们会利用抽象的概念进行思考。例如，有的孩子会拿着一根棍子，假装是一匹马，然后双腿跨在棍子上在房间里跑来跑去。显然，棍子不是马。它没有皮毛和鬃毛、没有腿、没有头和尾巴。它也不吃草、燕麦或干草，不会嘶叫，甚至不会动，除非是有人捡起它。但在这个特定的场合，对这个特定的小孩而言，它确实有一个关键的属性使得它成为一匹马，就是可以把腿跨在它的两边，抓住它然后做出骑马的姿势。[1]

60 年后，心理学家唐纳德·诺曼（Donald Norman）在他的《让我们变聪明的事物》（*Things That Make Us Smart*）一书中讲述了一个类似的故事：一个名叫亨利的年轻人用两支铅笔和一个回形针来解释他刚刚遇到的一场交通事故：[2]

亨利一边把一支铅笔放在桌上，一边说道，"这里是我的车，当车开到红绿灯前，这时候灯是绿色的，所以我穿过十字路口。突然，这只狗不知道从哪里跑到路中间。"说到这里，亨利把一个回形针放在桌子上的汽车前代表这只狗。"我踩了急刹车，然后我的车就冲向了对面方向驶来的另一辆车。我们没有撞得很严重，但我们都坐在那里吓呆了。"

亨利又拿了一支铅笔，用它代表第二辆车。他操纵代表他的汽车的铅笔，让它打滑，然后转去撞到另一支铅笔。现在桌面有两支铅笔互相接触，还有一个回形针。

"狗不见了，"亨利说着，并把回形针从桌子上拿开。"然后交通灯变红了，但我不能动弹。突然，这辆车从旁边的街道冲了过来。它是处在绿灯通行状态，但我们就在这里——就在十字路口中间，砰，它又撞到了我们，就像这样。"亨利用他的手指向我们展示了从侧面开来的第三辆车，它撞到了那两支铅笔，并将它们撞开了。

这个铅笔故事的要点在于，亨利用在他"创造"的桌面世界中所使用的物品，代表了真实世界中的汽车和狗。这些表征物展示了难以用语言表达的细节信息，让亨利更容易描述这起交通事故。事实上，要通过亨利的口头描述，理解这起事故并不容易：汽车之间相对位置是怎样的，汽车和狗之间的位置关系如何？但是亨利用笔和回形针来演示当时的情境，就很容易想象了。

诺曼将涉事的汽车和狗视为"被表征的世界"：也就是亨利描述事故时所用的铅笔、回形针和手指所要表达的信息。诺曼把这些桌子上的铅笔、回形针和手指称为"表征世界"，即用于说明的事物。我们通常把铅笔、回形针和手指这些桌上的事物所构成用于表征的小世界称为模型。

诺曼认为像这样的模型可以在不丢失关键特征的前提下简化原始问题。铅笔和回形针看上去不太像汽车和狗，但和维果斯基提到的例子中的棍子与马具有一个共同的关键特征一样，亨利构建的表征模型的组成部分与交通事故有一些共同的关键属性：就像真正的汽车一样，铅笔的大小和形状都是类似的；它们的长度比宽度要长，并且它们有正面（通常是指笔尖一端）和背面。回形针比铅笔小，但它和笔的大小可以类比狗和汽车的大小。这些特性使得亨利能够使用这些物品来解释所发生的一切，而不只依靠语言文字，也不需要拥有三辆真正的汽车和一条狗来重现事故现场。

换句话说，亨利可以用既抽象又具体的模型来描述这起事故。之所以说是抽象的，是因为在桌面上只展示了事故现场最重要的特征：汽车和狗的相对位置。亨利丢弃了那些与他的故事无关的信息，比如汽车的颜色、汽车是用的汽油还是柴油发动机，或者狗是什么品种。但与此同时，这些表征物又是具体的：它们是亨利可以谈论和分享的事物。真正重要的特征在亨利移动这些表征物展示当时发生了什么以及为什么发生的过程中得以识别。

表征物的作用在于它们能够抽象特定情形下的关键特征，这样我们就可以用被操纵的表征物来理解原始问题的含义，如图7.1所示：

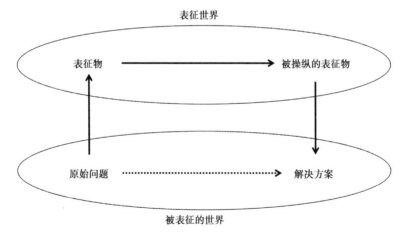

**图7.1 表征如何帮助我们理解世界的图示说明**

我们把困难的问题或复杂的情况转化为抽象的表征。然后我们就可以着手解决表征世界中的简化问题，并将解决方案转换回原始被表征的世界。

这个过程没有什么神奇之处，我们一直以来都是在不自觉中这么做的。地图是我们旅行所经道路的模型；食谱是我们想要烹饪的菜肴的模型；购物清单是杂货店的模型；代数公式是现实世界中某些定量事物的模型；等等。

希望到目前为止，这种利用表征建模和解决现实问题的思想对你而言不难理解。这种表征过程事实上是定性和定量研究的核心。编码在定性分析中代表了原始数据，理解从田野札记中抽象出来的编码之间的关系有助于我们理解所研究的特定文化。观察值代表了定量分析中的原始数据，计算观察样本的参数取值有助于我们理解研究对象的总体特征。这就是建模的基本过程：模型只不过是一个各部分互相协调的表征系统，而表征物只是模型的组成部分。

诺曼认为这一过程是所有思想的基础，他写道："认知的力量来自抽象和表征，即从无关的细节中抽象出来的，用某种媒介来表达感知、经验和思想的能力。这是智慧的本质，因为如果表征物及其表征过程恰到好处，那么就会出现新的经验、见解和创造物。"[3]

当然，关键在于建模只在"表征物和表征过程恰到好处"的情况下才会奏效。一个好的模型永远不会和我们正在建模的事物一模一样，否则就没有了使用模型的意义。但这意味着任何建模过程都涉及一系列的决定，而这些决定都有其后果。正如诺曼所说：

> 如果决定正确，表征会增强人们推理和思维的能力；如果决定错误，表征也会产生误导，导致人们忽略事物的关键方面，或得出错误的结论。

因此，这又是一个不鼓励使用浅描数据来建模的理由，也就是说，如果你抽象概括错了，你的模型就会变得毫无意义，即所谓的"垃圾输入、垃圾输出"。[4]

而挑战在于，通常来看问题都没有所谓绝对正确的相关部分。模型表征"正确"与否取决于这个模型的用途是什么，以及谁在使用它，也就是取决于民族志学者和研究情境之间令人纠结的关系。

我们无法回避意义建构的过程，但也无法确定某种诠释是绝对正确或错误的。但是从这个角度来看，我们在上一章中创建的 0 号模型为什么是错的呢？我们怎么知道它是错的呢？

# 1 号模型

上一章中，我们在关于"尼夫洛特克斯"虚拟实习游戏的研究中创建了一个关于导师引导的模型。我们看到，在一些讨论中，导师们似乎通过确定讨论内容、提问和引入新话题来发挥主导作用。在另一些讨论中，学生似乎主导了讨论主题的选择，而导师则相对较为安静。

我们计算了导师在每次讨论中的发言次数，然后计算了每个活动的每次讨论中导师发言的平均次数。如果每个活动的每次讨论，导师平均发言次数超过了游戏中每次讨论的发言次数的中位数，我们就说该活动是由导师引导的。

然后我们研究了游戏的前后两个阶段，看看每个阶段有多少活动是由导师引导的。结果发现，在游戏的第一阶段，导师在 9 个活动中有 5 个活动起主导作用，或者说引导了 56% 的活动。在游戏的第二阶段，导师在 4 个活动中的 2 个活动起主导作用，或者说引导了 50% 的活动。两个阶段的导师主导频次之间无统计显著性差异。

换句话说，根据上述定义，我们无法在游戏的第一阶段和第二阶段之间找到导师引导在数量上的差异。

现在，在我们进一步探讨这个问题之前，让我们先暂且确认如下事实：

根据我们对导师引导的定义，在游戏的第一阶段和第二阶段之间我们没有发现导师引导在数量上的差异。

但这里有一个问题：这个结论是在我们对导师引导的定义基础上得出的。这个定义其实有点复杂。为了定义导师引导的含义，我们做了很多决定，至少有11个决定。这些决定是：

第一，什么构成我们认为的大写行；

第二，如何将数据分割成小写行；

第三，大写会话的定义；

第四，如何将数据分割成小写会话；

第五，大写节的定义；

第六，如何将数据分割成小写节；

第七，基于每个节所包含的行来计算什么；

第八，我们分析的单位是什么；

第九，如何基于节的参数值计算每个分析单位的观察值；

第十，如何将观察值分组构成样本；

第十一，为每个样本计算什么参数。

因此，让我们对这一系列决定做两个重要的观察，来定义"导师引导的含义"。第一点也是最重要的一点，每一个决定都是有意义的。也就是说，它是基于对数据来源、结构以及含义的理解。例如，把大写行定义为聊天中的发言是明智的决定，我们也有理由将讨论定义为在单个活动中属于某一个小组的所有行，诸如此类。每次我们在建模过程中做出的选择，包括什么是大写行、大写会话和大写节，如何将它们操作化为小写行、小写会话和小写节，以及计算什么取值、使用什么分析单位、哪些是观察值、如何计算观察值的参数等，所有这些选择都是基于我们对数据的了解，而我们需要做出一系列明智的决定。

生成的模型是否有意义只取决于建模过程中一系列决定是否明智。这不仅仅是说如果输入的数据是糟糕的，我们就会得到垃圾的数据输出，而且如果我们在建模时所做的决策是错误的，我们也会得到垃圾的结论。也就是说，不但是"垃圾输入、垃圾输出"，而且是"垃圾操作化、垃圾诠释"（Garbage Operationalization, Garbage Interpretation）。

这就引出了关于所有这些决定的第二个要点。即当我们开始这个建模过程时，我们是在故意构建一个0号模型，即对数据的过度简化。

为了进一步说明，让我们再看一下我们得出关于0号模型结论的定量数据表（表7.1）：

**表7.1** "尼夫洛特克斯"中每个项目团队的活动期间导师发言次数统计情况

| 活动 | 组名 | | | | | | | | | | 均值 | 导师引导 | 引导率 |
|---|---|---|---|---|---|---|---|---|---|---|---|---|---|
| | PAM | PESPVP | PMMA | PRNLT | PSF | 1 | 2 | 3 | 4 | 5 | | | |
| 简介和工作流程教程 | 10 | 17 | 13 | 16 | 12 | | | | | | 13.6 | Y | |
| 透析的背景知识研究 | 5 | 5 | 5 | 7 | 6 | | | | | | 5.6 | N | |
| 绘制表面活性剂数据图表 | 9 | 6 | 13 | 13 | 13 | | | | | | 10.8 | Y | |
| 关于表面活性剂的团队讨论反思 | 21 | 15 | 20 | 18 | 22 | | | | | | 19.2 | Y | |
| 总结内部顾问要求 | 14 | 1 | 20 | 4 | 2 | | | | | | 8.2 | N | 56% |
| 选择顾问进行分析 | 5 | 3 | 6 | 11 | 10 | | | | | | 7 | N | |
| 使用材料1的团队设计批处理 | 19 | 6 | 17 | 15 | 19 | | | | | | 15.2 | Y | |
| 第一批结果的个别分析 | 2 | 0 | 0 | 0 | 1 | | | | | | 0.6 | N | |
| 第一批结果的团队讨论反思 | 22 | 17 | 25 | 22 | 24 | | | | | | 22 | Y | |
| 新团队设计第二批 | | | | | | 8 | 8 | 8 | 8 | 8 | 8.4 | N | |
| 第二批结果的个别分析 | | | | | | 0 | 1 | 0 | 0 | 0 | 0.2 | N | 50% |
| 第二批结果的团队讨论反思 | | | | | | 19 | 17 | 10 | 10 | 7 | 12.6 | Y | |
| 演示准备 | | | | | | 13 | 16 | 10 | 11 | 8 | 11.6 | Y | |

表头说明：0号模型：每次讨论的导师发言次数

可以肯定的是，在游戏的两个阶段中大约有一半的活动，导师的平均发言次数超过了中位数。你可能还记得在上一章结尾部分我们提到，导师发言次数的中位数是10。事实上，在整个实习过程中，几乎有一半的讨论（65次中有29次）导师的发言次数多于中位数，有近一半的讨论（65次中有31次）导师的发言次数少于中位数。（65次中有5次导师的发言次数与中位数一样。）

但是，请注意，有一半的讨论中导师的平均发言次数超过了中位数！这就是中位数的定义：观察值由高到低排列，位于正中间的那个数。采用这个统计量，根据定义就应该是几乎有一半的讨论由导师引导。

在更专业的术语中，我们使用中位数作为分割值，这意味着我们选择了一个值，它将一个连续变量（一个可以有取值范围的变量）变成一个二分变量（一个只有两种取值的变量）。在本例中，连续变量是一次讨论中导师发言的次数，而二分变量则是导师是否引导了讨论。

使用分割值来把连续变量一分为二并非毫无道理。有时候它非常有用，因为二分变量是对连续变量的一种诠释：如果导师的平均发言次数超过了中位数，那么这就意味着导师引导了讨论。这样的诠释是合理的，因为我们的定性理解通常很难精确量化——毕竟这是李克特量表的难点。

问题是在本例中分割值是任意的。没有特别好的理由说明为什么要选择中位数作为分割值。也没有理论认为，当导师的发言超过中位数时，他就在引导讨论。唐纳德·舍恩当然没有建议这样做，我们对数据的检验也没有告诉我们这是一个好的分割值。换句话说，我们的分割值既不是客位也不是主位的，它既缺乏理论依据也没有证据支撑。

我们只是在做第1章中把虾扔到墙上的类似事情。

所以让我们再回顾一下我们目前所做的一系列决定。例如，我们决定计算每次讨论中导师的发言次数。但是请考虑以下：根据我们的测量，在PAM组中进行的第一次讨论（表7.1中表格左上角的单元格）中导师贡献了10次发言，而在第4组的最后一次讨论（最后一行中从右数的第二个单元格）中是11次。这似乎让我们觉得导师在第4组的最后一次讨论中比他在PAM组的第一次讨论中引导的频次要多。

但是，如果我们回到原始的讨论发言数据，在PAM组的第一次讨论中总共只有16次发言。在第四组的最后一次讨论中，有191次发言。在PAM组中，导师的发言占63%，而在第四组中只占6%。

所以这一决定对我们的结论有很大的影响。对于0号模型，我们选择计算导师的发言次数。在这个模型中，PAM组在游戏开始时的活动"简介和工作流程教程"中的讨论，与第4组在游戏结束时的活动"演示准备"中的讨论非常相似。但如果我们不看导师的发言次数，而是看发言的百分比，这个结论看起来就完全不同了。

因此，让我们重新做一下表格，这次使用的是导师发言的百分比，而不是发言的次数（表7.2）。

表7.2　"尼夫洛特克斯"中每个项目团队的活动期间导师发言百分比

| 1号模型：每次讨论的导师发言百分比 | | | | | | | | | | | |
|---|---|---|---|---|---|---|---|---|---|---|---|
| 活动 | PAM | PESPVP | PMMA | PRNLT | PSF | 1 | 2 | 3 | 4 | 5 | 平均 |
| 简介和工作流程教程 | 63% | 65% | 76% | 48% | 40% | | | | | | 59% |
| 透析的背景研究 | 71% | 28% | 31% | 28% | 43% | | | | | | 40% |
| 绘制表面活性剂数据图表 | 64% | 43% | 52% | 48% | 39% | | | | | | 49% |
| 关于表面活性剂的团队讨论反思 | 34% | 26% | 34% | 19% | 17% | | | | | | 26% |
| 总结内部顾问要求 | 58% | 50% | 63% | 19% | 40% | | | | | | 46% |
| 选择顾问进行分析 | 83% | 30% | 67% | 19% | 23% | | | | | | 44% |
| 使用材料1的团队设计批处理 | 15% | 7% | 10% | 6% | 8% | | | | | | 9% |
| 第一批结果的个别分析 | 17% | 0% | 0% | 0% | 6% | | | | | | 5% |
| 第一批结果的团队讨论反思 | 24% | 21% | 30% | 15% | 21% | | | | | | 22% |
| 新团队设计第二批 | | | | | | 8% | 9% | 8% | 2% | 6% | 7% |
| 第二批结果的个别分析 | | | | | | 0% | 14% | 0% | 0% | 0% | 3% |
| 第二批结果的团队讨论反思 | | | | | | 26% | 15% | 21% | 5% | 10% | 15% |
| 演示准备 | | | | | | 9% | 28% | 71% | 6% | 20% | 27% |

1号模型的表的组织与0号模型相同，只是现在根据导师发言的百分比，单元格用阴影来表示导师引导讨论的程度大小：颜色越深的单元格，导师发言的占比越高。这种表示方式被称为"热图"，它有助于避免我们将中位数作为分割值所导致的问题：我们不需要事先说明发言百分比占到多少时表示导师在引导讨论，原来的连续变量仍然保持是连续变量（百分比数值）。

现在故事看起来有点不同了。似乎导师对一些讨论的引导比另

量化民族志：一种面向大数据的研究方法

一些讨论的引导更多：有些单元格比其他单元格颜色更深。可以很明显地发现，导师在虚拟实习初期的引导比在结束阶段要多，因为深色单元格更多出现在表格的上方。

当然这只是一种观察到的模式，我们可以用相关性来衡量。图7.2展示了活动的顺序（x轴表示）以及所有团队中导师发言的平均百分比（y轴表示）：

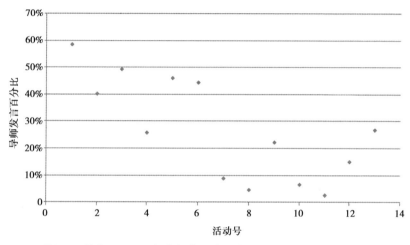

图7.2 散点图展示导师在每个活动中的发言百分比（1号模型）

我们可以使用更复杂的模型，但就目前而言，这张图确实让人觉得导师们的发言越来越少。事实上，这里的相关性是 $r = -0.73$。正如我们从散点图所看到的，-0.73 实际上是相当强的相关性，与身体健康的人的身高和体重之间的相关性强弱大致相同。这个数字是负数，因为随着活动序号的变大（也就是说，随着时间的推移），导师的发言占比下降了。

我们甚至可以用一个统计检验来验证这种相关性是否具有统计显著性，如果我们假设这种相关性实际上为零，我们可以量化出我们出错的可能性。在本例中，相关性的检验结果为 $p < 0.005$，因此在 0.05 水平上，相关性是统计显著的。

但这仍然留给我们一个问题。现在我们有两个模型，它们告诉我们关于数据的两个不同结论。0号模型说开始和结束阶段教师行为是一样的，而1号模型认为是不一样的。

我们如何决定应该使用哪种模型呢？

# 诠释的循环

有三种方法可以回答上述问题。

第一种是统计的方法。1号模型具有统计显著性。0号模型没有。从技术上讲，1号模型告诉我们，如果假设导师发言的平均百分比在整个游戏中随进程下降，那么我们犯错的概率少于5%。0号模型只告诉我们，没有足够的信息来判断在游戏的两个阶段的每个活动中，导师平均发言次数是否有明显不同。

根据这个逻辑，1号模型肯定更有用，因为我们可以从该模型中得出确切的结论。

第二种方法是从理论上决定应该使用哪种模型。我们并没有从一个具体的理论来定义何谓导师引导，但我们肯定可以找到一个适用的理论。即便没有这样的理论，我们也可以认为，用导师发言的百分比来定义导师引导比用发言的总次数更为合理。正如我们已经看到的，一些活动的讨论比另一些的讨论要长得多，所以仅仅计算发言的次数可能会产生一些不合理的结果。

此外还有第三种并不出人意料的做法，就是实际上我们可以去分析原始数据，看看根据我们所拥有的数据，哪个模型更为适用。或者说这两个模型是否都符合诺曼的标准，即一个好的模型中的"表征物和表征过程都恰到好处"，能为我们提供了一种"从无关的细节中抽象概括"的分析方式。

正如我们所看到的，模型的作用是将原始数据转换成抽象表征。然后我们对抽象的表征物，即诺曼所谓的表征世界进行改变。

这可能是指在桌子上移动铅笔，或者是将星球的运行轨迹看作一个椭圆，又或者是计算导师的发言次数。然后是关键的一个步骤，**我们需要确定在抽象的表征世界中的这些操作的结果，实际上代表着原始数据在某方面的含义**。

即，我们需要诠释模型的结果。

然而，民族志研究实践的核心，也是量化民族志的核心是，我们对特定文化如何运作的诠释应该是扎根的，是来自数据的，而且是与作为该文化的一部分的人所做出的主位解释紧密相连的。

基于这一视角，我们的分析过程经历了从数据到表征物，从表征物到被操作的表征物，再从被操作的表征物到诠释。还有关键的第四个步骤：从诠释回到原始数据，看看我们的结论是否是扎根的。我们将这一整套过程称为"诠释的闭环"（closing the interpretive loop），如图 7.3 所示：

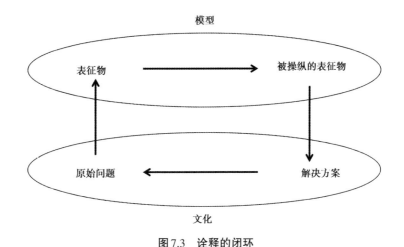

图 7.3　诠释的闭环

这个"诠释循环"是量化民族志的核心，实际上也应该是任何好的研究方法的核心。例如，认知科学家克里斯丁·隆德（Kristine Lund）和她的同事认为，好的研究总是包含一个循环。从数据中我们做出推断：我们检查数据，并基于数据认为一些潜在的过程或关系在起作用。我们把这个推断作为一个假设，并利用模型实现对假设的操作化。然后我们可以检验模型，看看分析结果是否支持我们开始提出的推断。模型的结果与推断不尽相同，模型的结果可能支持推断，也可能不支持推断，但不管是什么情况，我们都必须通过回到原始数据来形成诠释的闭环，来查看模型检验的分析结果是否不仅对我们的推断是有意义的，而且对原始数据也是有意义的。而且至关重要的是，这一闭环分析过程又会导致一些新的表征物的产生，从而开始一个新的诠释循环。[5]

在本例中，如果我们实现了诠释的闭环，就会发现我们所考虑的两个模型——0号模型和1号模型都存在问题。

我们已经看到0号模型考虑了不同团队参与不同的讨论这一事实，但是没有考虑到不同讨论的长度是不同的。1号模型不仅考虑到不同的团队参与了不同的讨论，并且考虑了有些讨论比其他讨论要长的事实，但它或多或少地忽略了讨论中发生的事情。

例如，在上一章研究的两次讨论中，导师的发言在整个讨论过程中几乎是均匀分布的。但情况并非总是如此。如表7.3摘录了一次讨论结束时的日志文档：

表7.3　这是摘自"尼夫洛特克斯"的一段讨论

| 1 | 玛丽亚 | **好了，各位，我们的讨论到此结束。** |
| 2 | 玛丽亚 | **感谢参加团队会议。别忘了把你的纪要提交给亚历克斯。** |
| 3 | 沃尔特 | 谢谢！ |
| 4 | 玛丽亚 | **提醒一下，设计报告提交时间截止到今天的工作会议结束。** |
| 5 | 玛丽亚 | **在你离开之前，我想提醒你们，这是你最后一次与你现在的团队会面。下次你将加入你的新的设计团队！你可能在你的新团队中有一个新的设计顾问，我很高兴有机会和大家一起工作！** |
| 6 | 亚历克斯 | 是的，和你们三个一起工作很愉快。 |

注：导师（粗体显示）的发言占了大部分。

和之前一样，我将导师的发言用粗体表示，你会发现在这段讨论中，导师发言尤其频繁，在6行数据中有4行是导师的发言记录。如果你还记得，导师在讨论中发言次数的中位数是10，因此，这里导师的发言次数可能就占到了整个讨论发言的40%。

我们也许已经发现这样一个事实，在我们之前列举的两次讨论中（甚至在上面这个例子中），都包含4~6条发言记录，而且这些发言是相互关联的。也就是说，任何发言的邻近时间上下文都是当前发言之前的4~5条发言。我们之前提出的两个模型，0号模型计算的是每次讨论中导师发言的次数，1号模型计算的是每次讨论中导师发言次数的百分比。这两个模型都没有包含这些讨论以何种方式开展这一基本事实。而要做到这一点，我们需要一个不同的模型。

我们可以通过几种不同的方式来诠释数据中的这种对发言内容的聚类问题。最显而易见的方法是检查并标记发言聚成的每个类，寻找讨论何时转移到新的话题上。但这个显而易见的解决方案也有一个同样明显的问题：检测讨论主题的转变并不容易。我们可以对发生变化的发言进行手工标记，但我们所分析的数据中仅一组学生就有近4 200行发言。所以，如果每6行有一个断点，那就要识别700次讨论内容的转变。如果平均要花30秒才能找到发生讨论主题转变的发言，那就需要6个小时来确定所有的转变点。老实说，每个转变点仅需要30秒时间识别可能还是很理想的情况。我们还可以尝试教计算机识别话题的变化，但事实证明，自然语言处理对这种任务仍然做得不够好。[6]

更重要的是，我们实际上可以在不首先识别话题变化的情况下，构建一个模型来表示发言轮次的聚类。

正如我们在上一章中看到的，在"尼夫洛特克斯"游戏的讨论中，对发言的聚类是相当一致的。讨论中关于一个主题的发言很少回溯超过5行。因此，在本章我们分析的第一次讨论中（表7.4），学生们的发言都是关于玛丽亚（第1行）问的第一句话："大家都准备好了吗？"

表7.4　摘自"尼夫洛特克斯"的一次讨论

| 1 | 玛丽亚 | 大家都准备好了吗？ |
|---|---|---|
| 2 | 亚当 | 准备好了！ |
| 3 | 查尔斯 | 准备好了！ |
| 4 | 汤娅 | 准备好了！ |
| 5 | 玛格丽 | 准备好了！ |

注：第2—5行都与第1行有关，从而为解释第2—5行提供了必要的语境。

当玛格丽（第5行）回答"我准备好了"时，因为4行之前玛丽亚最初的问题，我们才知道她准备好开始了。类似地，在接下来的讨论中（表7.5），当亚当（第19行）说："我同意查尔斯关于成本的看法"时，只有我们阅读了2行之前查尔斯的发言，我们才知道亚当同意什么。

总的来说，正如我们在第5章中迈克尔·特舍尔的分析中所看到的，超过98%的发言都与之前6行以内的发言内容有关。

表7.5　摘自"尼夫洛特克斯"的一次讨论

| 17 | 查尔斯 | 我认为成本是我们难以满足的一个属性。因为随着单位成本的降低，其他属性值也下降了。 |
|---|---|---|
| 18 | 玛格丽 | 我想我们现在知道的是，它们是如何相互影响的。 |
| 19 | 亚当 | 我同意查尔斯关于成本的看法。这似乎是最难改变的规格。令我惊讶的是，除了反应性外，碳纳米管的细微变化竟然改变了设备的各个方面。 |

注：第19行与第17行有关，为解释第19行提供了必要的语境。

所以关于0号模型和1号模型中存在的一个问题，一种解释是当我们构建这些模型时，我们把大写会话当作大写节。也就是说，我们假设讨论中的所有行都是相互关联的。但事实上并非如此。对于非常短的讨论，这有时是有效的。但正如我们已经多次看到的，当人们在长时间的交谈中，把他们的讨论分成更小的单位会更有意义。换句话说，有一种内部结构是我们可以用来解释"尼夫洛特克斯"中的讨论内容的。

我们可以通过在每次会话中将数据分割成节来实现这一点。也就是说，我们可以构建一个新的模型，在这个模型中，我们会做出一个不同的、更为扎根的，因此也更有意义的分析决定，即如何确定节的构成。

# "节"的礼赞

将节定义为每一行的"邻近时间上下文"可以说明，我们为什么在研究导师是否引导讨论时，将每4~6行发言聚成一类。我想强调这只是其中一种方法，即对于每条发言（数据中的每一行），我们将其和之前的5行发言定义为一个节。

然后我们检查导师是否在每一节中有发言，也就是说，在每个参考行的前5行中是否存在导师的发言，因为通过这种派生分割的方式，每一行都有一个与之相关的节。

如果导师在前5行中说过话，那么这一节就是在"跟随导师"，也就是说，参考行（定义了这一节结尾的那一行）是由导师引导而做出的发言。这是有道理的，因为如果汤娅在聊天中说了什么，那么很可能她指的是前5行中的某些内容。并且如果一位导师在这5行中有发言，那么她很可能是根据导师的发言在发表自己的见解和回应。

这种分析方式非常有用的原因在于，判断发言是否"跟随导师"给我们提供了一种理解何谓导师"引导"讨论的方式。如果在讨论中有很多发言都是跟随导师的，那么学生们说的大多数话都是对导师的回应，是导师在指导讨论。如果讨论中的许多聊天都没有跟随导师，那么导师没有指导讨论。换句话说，**将发言标记为跟随**

导师（或不跟随导师）是研究导师是否引导讨论的一种操作化方法。

　　在我们开始使用这个方法之前，我想指出一些需要注意的问题。首先，请注意"操作化"这个词。我们之前已经提到过这个概念了，它的一般性意义就是将某事物投入使用。但在科学（包括社会科学）中，操作化的更具体的意义是定义一种方法来测量某事物或开展某事物的过程，通常是一种无法以显性方式完成的测量或过程。所以回溯5行发言是一种操作化"邻近时间上下文"的方式，即通过这些行来理解某人所说的话。"邻近时间上下文"又是一种操作化"跟随导师"的方式，也就是学生是否对导师的发言做出回应。计算"跟随导师"的发言次数是一种操作化导师引导讨论程度的方式。所有这些操作化的例子都是为了说明，当你看到"操作化"这个词时，几乎可以肯定是在谈论关于创造某种"机械抓地力"，即皮克林所谓利用科学分析的机制来研究世界的某些复杂现象。在本例中是指理解什么是导师引导讨论。

　　但是值得注意的是，这里有三个需要操作化的概念：（1）由行组成的节来表示"邻近时间的上下文"；（2）由节组成的表示某些发言是"跟随导师"的；（3）由发言跟随导师来表示导师引导讨论。我们关于引导讨论的"机械抓地力"实际上是由基于讨论内容的一系列标记、测量和使用机制组成的。我们构建了一系列的机制来处理世界上难以确定、识别、定义和衡量的事物，利用这些机制来具象地分析现实世界的复杂事物。

　　事实证明，把每一行所对应的节定义为它所紧跟的某些发言是一种非常有用的操作化方法，能够有效地分析大写话语中发言是如何相互关联的。这种节的定义有时也被称为"滑动节窗口"（moving stanza window），因为它是沿着日志文件自上向下滑动的固定数量的行，它为数据中的每一行确定了所对应的节。窗口的大小（包含的行数）是通过分析数据来确定的，即为了理解你当前阅读的行的含义，你通常需要回溯上文的行数。实际上，对于在线聊天和面对面讨论来说，5轮发言的长度实际上是一个较为合理的估计。人们通常回应的是最近发言的内容，而对于十几、二十个轮次之前的发言内容，大多通过再次明确重复当时的内容来进行相关的回应。在线论坛基于发帖线索的讨论中，邻近时间上下文的行数可能更小。在另一些情况下，根据谁在发言以及在什么情况下发言，这个数字可能会更大。[7]

关于这个移动节窗口还有最后一点需要注意的是：这种节窗口的定义是有些含糊的。我的意思是说如果我们选择固定行数来定义一个节，那么显然有时我们会遗漏一些重要的信息。如果98%的发言最远指代的内容都小于6行，那么总有2%的包含前面5行的发言所在的窗口会丢失重要信息。

不过，我们在之前已经意识到了这一点。对数据做分割总是需要在分析数据的每个部分和找到一个通用的规则之间取得平衡。这个通用的规则是为了将民族志学者收集到的深描数据尽可能多地组织利用起来。当我们进行数据分割的时候，无论是手动分割还是使用经验规则，我们总是在做决策。如果我们是负责任的研究者，那么我们的决策将是扎根而明确的。也就是说，我们将清楚地说明我们的选择并为其做好充分的辩护。但所有决策仍然只是主观判断，仍可能会犯错误。

现在，我们对节做了更明确的决定，它给我们提供了一种"机械抓地力"来理解何谓导师引导的讨论。在我们使用这个定义来构建2号模型之前，让我们先回顾一下我们所做的一系列决策：

1. 我们将数据分割成行，每一行都是一个发言轮次。

2. 我们把这些行组成会话，一次会话是指一个小组在一次活动中的所有发言行。

3. 在每次会话中，我们为每一行定义了一个相应的节，这个节是该行加上会话中该行之前的5行。

4. 对于每个节，如果该节包含导师的发言，我们将这个节定义为跟随导师的。

　　但是请注意2号模型与0号模型、1号模型之间的重要区别。在0号模型和1号模型中，节是指整个会话：我们计算了导师在每次讨论中发言的次数（0号模型）或百分比（1号模型）。根据这个计算结果（导师发言的次数或百分比），我们判断某个活动的讨论是否由导师引导。

　　但是现在在2号模型中，每一行都有一个对应的节，我们由此判断每一行的发言人是否跟随导师的发言。这是一个更高分辨率的数据视图，即我们分析每一行，而不是整个会话。它更符合导师引导讨论的实际含义。基于这一视角，跟随导师的发言越多意味着导师引导讨论就越多。

　　现在我们就可以查看每次活动并对跟随导师的行进行计数或计算其百分比，以这种方式来构建我们的模型。但是，我们也可以用行本身作为模型的分析单位。与数据分析过程中的任何决策一样，使用行作为分析单位有优点也有缺点，我们稍后将会回到这个问题上来。现在，我们先看看如果以行作为分析单位意味着模型在哪些方面发生了改变：

　　5. 分析单位是行。

　　6. 基于每一行对应的节的取值，即根据节中是否有导师的发言，得到该行的观察取值，也就是说，我们判断这个发言是否是跟随导师的。

　　7. 我们把这些观察取值进行分组形成不同的样本，在本例中，一个样本来自虚拟游戏第一阶段的发言行，另一个样本是虚拟游戏中第二阶段的发言行。

　　8. 基于观察值，我们可以计算每个样本的参数取值。

　　9. 然后对两个样本的参数值进行比较。

　　现在我们差不多可以试用我们的模型了。首先，我们必须准备好数据以便进行分析。

# logistic 回归

2号模型，即基于"移动节窗口"的模型，是将每条发言作为大写行，并将每个小组在每次活动中的讨论作为大写会话。而我们实际建模的是大写的节。在本例中，对于数据中的每条发言，节是讨论中该条发言及前面的5行，在每个节中，我们要确定是否包括了导师的发言。

为了能够构建这个模型，我必须在之前几章中使用的定性数据表中添加两列，如表7.6所示。

日志文件中的"内容"列包含实际的发言文本，这是本来就有的。在右边，我添加了一个列，表明发言是否是跟随导师的。实际上我增加了两列：一列是"跟随导师"，另一列是"第一阶段"。

稍后我将详细介绍"第一阶段"列，但让我们从第一个增加的列开始，即"跟随导师"。列的名称是一个组合在一起的词——技术术语是"驼式拼写法"，因为这个词中间的大写字母看起来像骆驼的驼峰。这是因为 followingMentor（"跟随导师"）既是数据中一个列的标签，也是数据集中一个变量的名字。事实证明，在许多数据分析工具中，变量的名称中没有空格用起来会更方便，所以这里使用了驼式拼写法。

该列被称为"跟随导师"，因为它告诉我们每个节中是否有导师的发言。如果一节中有导师的发言，那么取值是1，按照我们的定义，这条发言是跟随导师的；如果这一节中没有导师的发言，那么取值是0，这意味着该行发言没有跟随导师。因为每条发言都对应于一个节，因此该列最终会告诉我们，我们关心的那些行是否与之前的导师发言有关。由于例子中的数据来自虚拟游戏中所有团队的聊天记录，要根据表7.6验证我们的研究工作稍许有些麻烦，因为每条发言的节并不是表格中的前5行，而是同一小组讨论记录中

表7.6 用于构建"尼夫洛特克斯"日志文件的2号模型的定性数据表

| 编号 | 任务 | 小组 | 用户ID | 扮演角色 | 发送时间 | 发送对象 | 内容 | 跟随导师 | 第一阶段 |
|---|---|---|---|---|---|---|---|---|---|
| 944 | 绘制表面活性剂数据图表 | PRNLT | 33 | 杰克逊 | 21-09-14 14:15 | @戴伦: | 这是一个提交钮都没有，我今天又试了一次。 | 0 | 1 |
| 949 | 绘制表面活性剂数据图表 | PRNLT | 36 | 马德拉 | 21-09-14 02:23 | @PRNLT组: | 我也有同样的问题。杰克逊。 | 0 | 1 |
| 951 | 绘制表面活性剂数据图表 | PAM | 44 | 汤娅 | 21-09-14 21:53 | @PAM组: | 他们会修好的! | 1 | 1 |
| 1010 | NULL | PRNLT | 3 | 达伦 | 21-09-14 09:30 | @PRNLT组: | 我如何重新提交我们的笔记本? 它已经被检查为…… | 0 | 1 |
| 1011 | NULL | PSF | 4 | 玛丽亚 | 21-09-14 09:31 | @PSF组: | 早上好，实习生们! 你们应该很快会收到一封电子邮件。 | 0 | 1 |
| 1012 | NULL | PAM | 4 | 玛丽亚 | 21-09-14 09:31 | @PAM组: | 大家早上好! 祝大家周末愉快。 | 0 | 1 |
| 1013 | NULL | PMMA | 4 | 玛丽亚 | 21-09-14 09:31 | @PMMA组: | 大家早上好! 祝大家周末愉快。 | 0 | 1 |
| 1014 | NULL | PESPVP | 3 | 达伦 | 21-09-14 09:31 | @PESPVP组: | 早上好，实习生们! 你们应该很快会收到一封电子邮件。 | 0 | 1 |
| 1027 | 表面活性剂的小组讨论 | PESPVP | 24 | 波比 | 21-09-14 09:33 | @PESPVP组: | 大家早上好! | 0 | 1 |
| 1029 | 表面活性剂的小组讨论 | PESPVP | 31 | 玛森 | 21-09-14 09:33 | @PESPVP组: | 早上好! | 0 | 1 |
| 1032 | NULL | | 42 | 马克斯 | 21-09-14 09:34 | | 今天有28个实习生。另外20个必须在远程工作。 | 1 | 1 |
| 1034 | NULL | | 45 | 霍利 | 21-09-14 09:34 | | 好的。 | 0 | 1 |
| 1036 | 表面活性剂的探讨 | PRNLT | 33 | 杰克逊 | 21-09-14 09:34 | @PRNLT组: | 早上好! | 0 | 1 |
| 1038 | 表面活性剂的探讨 | PSF | 32 | 马丁 | 21-09-14 09:34 | @PSF组: | 早上好! | 0 | 1 |
| 1039 | 表面活性剂的探讨 | PESPVP | 31 | 玛森 | 21-09-14 09:34 | @PESPVP组: | 如果每个人都在这里。现在应该应向报到。 | 0 | 1 |
| 1040 | 表面活性剂的探讨 | PSF | 41 | 安东尼 | 21-09-14 09:34 | @Eric V: | 早上好! | 0 | 1 |
| 1041 | 表面活性剂的探讨 | PSF | 40 | 索尔 | 21-09-14 09:34 | @PSF组: | 早上好! | 0 | 1 |
| 1042 | 表面活性剂的探讨 | PSF | 41 | 安东尼 | 21-09-14 09:34 | @PSF组: | 早上好! | 0 | 1 |
| 1043 | 表面活性剂的探讨 | PRNLT | 37 | 艾伦 | 21-09-14 09:34 | @PRNLT组: | 嗨。 | 0 | 1 |
| 1044 | 表面活性剂的探讨 | PESPVP | 30 | 塞缪尔 | 21-09-14 09:34 | @PESPVP组: | 早上好! 所以只是我们才开始讨论吗? | 0 | 1 |
| 1045 | 表面活性剂的探讨 | PRNLT | 26 | 戴维斯 | 21-09-14 09:35 | @PRNLT组: | 早上好。这就是我们讨论表面活性剂的地方对吗? | 0 | 1 |
| 1046 | 表面活性剂的探讨 | PSF | 41 | 安东尼 | 21-09-14 09:35 | @PSF组: | 谢谢你! 我们什么时候开始讨论? | 0 | 1 |
| 1047 | 表面活性剂的探讨 | PMMA | 29 | 沃特 | 21-09-14 09:35 | @PMMA组: | 我们在这里讨论吗? | 0 | 1 |
| 1048 | 表面活性剂的探讨 | PSF | 4 | 玛丽亚 | 21-09-14 09:35 | @PSF组: | 大家都准备好了吗? | 1 | 1 |
| 1049 | 表面活性剂的探讨 | PESPVP | 31 | 玛森 | 21-09-14 09:35 | @PESPVP组: | 我想我们应该现在就开始讨论，一旦…… | 0 | 1 |

的前5行发言。为了正确计算，我首先要将数据按小组分组来计算跟随导师的变量取值，然后将数据按表中的原始顺序进行排序。当然，我之所以能够这样做是因为我的数据是格式良好的。

这个过程使"跟随导师"这个字段成为派生分割，即我是根据日志文件中的某些信息来计算得到它的。这也意味着行是我们的分析单位，观察每一行是否跟随导师的发言，如果是则用"跟随导师"列中的取值1来表示。这让我们可以分析不同的样本，也就是将观察结果（在本例中是指那些发言行）按游戏的阶段分组来回答我们开始提出的研究问题。这就是标记为"第一阶段"的列的含义。学生们在游戏进行到一半时会重组设计团队。我添加的第二列告诉我们每一条发言是属于游戏的第一阶段还是第二阶段。如果发言在第一阶段出现，则列的值为1；如果在第二阶段出现，则列的值为0。

该列让我们可以将观察结果分成两个样本。这样，我们的2号模型就可以检验导师在游戏的第一阶段是否比在第二阶段更多地引导了讨论。

为了构建2号模型，我将采用logistic回归，这是一种能够让我们测量数据的某些属性（在本例中这个属性是指发言是属于游戏的第一阶段还是第二阶段）是否与数据的其他属性（在本例中是指该条发言是否跟随导师）相关联的统计方法。

当然我还可以使用许多其他的统计方法，有些更复杂，有些则更简单。logistic回归通常在量化民族志中很有用，因为它适用于二元变量。也就是说，它们对数据中是否存在某个属性进行建模。尽管民族志的编码不一定非得是"对"或"错"，"是"或"不是"，但二元变量是很常见的情形，所以logistic回归是分析这类变量的很好的工具。logistic回归的另一个优点是结果易于解释，或者说相对容易解释，因为对logistic回归结果的解释是根据优势比，即A影响C的可能性与B影响C的可能性相比。[8]一旦说到技术术语，往往会令一些读者难以理解，所以让我们通过一个例子来做更具体的说明。

我们是想要了解，相比于游戏的第二阶段，在第一阶段学生的发言更有可能跟随导师。因为如果发言更有可能跟随导师，也就说明导师更多地引导了讨论，这就是我们最初提出的问题。是否跟随导师是我们的因变量，它是我们试图预测的东西。因变量有时也被称为结果变量，因为我们可以把它们看作模型中受到其他变量影响的结果。其他变量被称为自变量，有时也称为预测变量，因为它们是我们用来预测，或者更准确地说是用来建模结果变量的。在本例中，我们想验证发言是否在游戏的第一阶段更有可能跟随导师，因此变量"第一阶段"是我们的预测变量，它也是一个二分变量：如果发言属于游戏的第一阶段则为1；如果属于游戏的第二阶段则为0。

2号模型的版本1如表7.7所示——我将稍微解释一下为什么我称它为2号模型的版本1而不仅仅是2号模型：

表7.7　2号模型版本1的logistic回归分析结果

| 自变量 | b | se | z ratio | p | 优势比 |
|---|---|---|---|---|---|
| 第一阶段 | 1.19 | 0.07 | 16.5 | <0.001 | 3.29 |
| 模型卡方 | 286 | $p<0.001$ | | | |
| 伪判定系数 | 0.11 | | | | |
| N | 3 444 | | | | |

对于那些对回归模型分析结果不太熟悉的读者，有几点需要注意。首先，表格中有两个 $p$ 值，一个在"第一阶段"行，另一个在"模型卡方"行。两者都小于0.05，你们可能记得 $p$ 值是我们通常用来测量统计显著性水平的指标。"模型卡方"中的 $p$ 值告诉我们模型总体上是显著的。"第一阶段"的 $p$ 值告诉我们，"发言是否属于游戏的第一阶段"是"发言是否跟随导师"的显著预测因子。表中还有另外两个有用的数字——优势比和伪判定系数（或 $r^2$ ）。这

量化民族志：一种面向大数据的研究方法

两个指标告诉我们如何理解这个模型的结果。[9]

在本例中优势比为 3.29，意味着如果发言属于游戏的第一阶段，跟随导师的可能性是属于第二阶段的发言的 3 倍，准确地说是 3.29 倍，这个差异在统计学上是显著的。伪判定系数是 0.11，这对应于 $r=0.33$ 的相关性，因为 $0.33^2=0.11$。虽然 $r=0.33$ 的相关性不如普通人身高和体重之间的相关性（$r=0.70$）或者收入和幸福感之间的相关性（$r=0.50$）强，但 $r=0.33$ 确实告诉我们发言是在游戏的第一阶段还是第二阶段，大约解释了发言是否跟随导师的所有信息量的 11%。顺便说一下，这是对相关性意义通常的解释，即如果你将 $r$ 值平方，你会得到一个变量解释另一个变量的方差贡献量。因此，对我们之前谈到的模型，$0.50^2=0.25$，则收入解释了大约 25% 的幸福感。现在我们知道"发言属于游戏的哪一阶段"这个变量解释了"发言是否跟随导师"这个因变量的 11% 的信息量。

# 可交换性

如果你对上述分析结果感到有点困惑，图 7.4 提供了一种更简单的方法来可视化这个 logistic 回归的结果：

图 7.4　2 号模型版本 1 的 logistic 回归的优势比和 95% 置信区间

这张图中的黑点表示优势比，即在本例中，发言属于游戏第一阶段跟随导师的可能性是属于第二阶段的 3.29 倍。这个点两边的线显示了模型对优势比的估计的置信区间。如果两个事物的优势比为1，那么它们的概率是相等的。由于优势比的置信区间不包括1，即它不与图左边虚线有重叠，因此我们得出结论，第一阶段的发言比第二阶段的发言更有可能是跟随导师的。[10]

还是不清楚这个图意味着什么吗？好吧，请放心，大多数定量分析都会经历类似这样的探究过程。作为科学家，我们就好像道格拉斯·亚当斯（Douglas Adams）的科幻著作《银河系漫游指南》（*Hitchhiker's Guide to the Galaxy*）中实验室的小白鼠。道格拉斯设想了一个叫作"深思"的巨大装置用来探索生命、宇宙和万物等终极问题的答案。深思告诉老鼠，问题的答案是……42。但是老鼠不记得这个问题是什么了，所以他们必须建立一个更大的设备来寻找深思正在回答的问题。

在定量分析中总有一个大问题需要回答。在本例中是这些导师是否在虚拟游戏"尼夫洛特克斯"的前期活动中更多地引导学生进行讨论？我们构建了自己的设备，可以叫作"深度统计"。"深度统计"的答案总是以一个或几个数字的形式出现，并以某种方式检验这些结果的统计显著性。因此，"深度统计"告诉我们，我们这个大问题的答案是……3.29。但是为了理解这个答案，我们必须逆向运用我们的机械抓地力，而它原本是把我们从问题带向答案的工具。

我们已经知道用变量"第一阶段"来预测变量"跟随导师"所具有统计显著性的优势比为3.29。这就是说发言在"尼夫洛特克斯"的第一阶段被标记为跟随导师的可能性是第二阶段的3.29倍，说明在游戏的第一阶段中，更有可能在任何学生发言的最近时间上下文中有导师的发言，也就意味着导师在游戏前期更多地引导了学生讨论，所以我们问题的答案是：

确实如此。在虚拟工程实习中，随着学生表现的不断进步，导师对讨论的引导也在逐渐减少。

这是一个基于舍恩的反思实践理论的研究，是反思这一理论概念是否可以应用于虚拟实习游戏"尼夫洛特克斯"中的研究案例。舍恩发现在专业实践中，随着学生在专业培训上的不断进步，他们在反思过程中对导师的依赖会越来越少。先学生行动，再导师引导学生进行行动后反思，这样的反思实践循环可以转变为学生自发的行动中反思，即学生逐渐具备实时评估自身工作的能力，即"在干预过程中进行现场实验，通过实验生成新的数据"。随着专业人士在培训中能力的提升，他们需要向导师汇报的工作越来越少。相反，他们会进行团队内部的反思性讨论，实时思考并评价可能的解决方案。因此，在虚拟实习游戏的第二阶段导师引导讨论的情况较少。这一事实表明，就像舍恩对约翰·杜威理论的发展（或戏称为"脚注"）中所表明的那样[11]，虚拟实习就像一场真正的专业实践。

这是好的量化民族志研究应该采取的研究方式，基于我们所做的观察有理由相信存在一种行为模式。在本例中，我们的模式同时扎根于数据和理论。我们观察到导师似乎在一些讨论中引导得更多，而这正是舍恩关于专业实践的研究中认为应该发生的事情。于是，我们建立了一个模型来描述我们在数据中看到的情况，然后对模型进行验证。因此，数字3.29不仅仅是随意进行数据挖掘的产物，它实际上帮助我们解释了这些学生和导师之间所发生的事情。这是有意义的研究发现。

但遗憾的是，仍然存在一个问题。

我猜想，许多读者（即使不是大部分读者）对统计分析有所了解，而其中有不少人阅读到这里可能会感到惊讶，也许会感到有点生气，因为在关于量化民族志的介绍已经写了六章半的时候，我还从未提到过"独立性"（independence）这个词，或者我们必须在统计模型中使用随机变量的想法。我没有指出变量必须是统计学家时常提到的独立同分布的（independent and identically distributed, iid）。

正如我们之前看到的，统计学家谈论随机变量和独立性的原因是，统计抽样方法是一种区分总体中数据之间关系与任何样本中存在的正常变异两者间区别的方法。也就是说被分析的事物之间通常都存在随机的差异，例如：有些人天生比其他人矮；有些人的眼睛是蓝色的；有些人会秃顶；等等。这些差异之所以是随机的，是因为它们在数据中分布均匀，互不相关。这些差异也是相互独立的，例如我比常人身高要矮，并不会让我更有可能秃顶，即使我个人恰好两者兼而有之。

变量的独立性很重要，因为当我们抽样的样本量较大时，随机变化对测量结果的影响往往会互相抵消掉。例如，如果我掷6 000次骰子，我几乎肯定得到的1点会接近1 000次，只要它是一个均匀的六面骰子，我掷到1的概率大约就是1/6。事实上，如果6 000次中有2 000次掷到1点，那将是一件令人惊讶的事情。我可能会回到我买骰子的那家商店，要求店员把钱退还给我。另一方面，如果我掷6次骰子，得到两次1点，这一点也不奇怪，这个时候我会觉得要求退款是很傻的行为。

通常我们认为随着样本规模的增大，由于随机效应，统计结果（在本例中指骰子掷出1点的比例）在不同样本之间的变化较小。随机效应趋于相互抵消。另一方面，非随机的或系统效应会遵循某个一致的模式，这也是为什么称其为系统效应的原因。因此，数据中的系统性关系在较大的样本中更容易发现，这样的关系会从其他随机变化中浮现出来。

这种区别表明在理想情况下，除了我们正在检验的特征，我们希望正在分析的样本是完全随机选取的。也就是说，我们不希望数据中有协方差的存在。这里的协方差是指两个事物可能彼此相关的技术术语（或者严格地说是一个技术术语，因为有好几个这样的技术术语）。在本例中，我们关心的是我们的模型通过观察哪些节中有导师的发言，来比较来自游戏不同阶段的两个样本。这就存在一个问题，因为节是基于数据行确定的，这些数据行是游戏中讨论的发言轮次。但并不是所有的发言地位都是平等的。

我们已经看到了游戏开始时的讨论和后期的讨论之间的区别。

但讨论是发生在不同小组的。如果小组之间有很大的差异怎么办？也许一个小组需要从导师那里得到很多的帮助，而另一个小组只需要很少的帮助。这种差异可能会成为我们想要分析的变量的协变量，它会造成讨论数据分析结果的系统性差异。正如我们在"土地科学"游戏的数据中看到的那样，在统计分析中系统性的差异可能会掩盖结果，或者导致我们对结果的误读。

在"土地科学"的研究案例中，高中生和大学生之间的差异影响了我们对数据的分析结果。与高中生相比，大学生在玩这个游戏后认为自己更有可能说服人们更关心环境或社会问题。但当我们不考虑学生是高中生还是大学生时，似乎没觉得他们变得更善于沟通这些重要的话题。幸运的是，由统计学家布鲁诺·德·菲内蒂（Bruno de Finetti）提出的一种方法可以解决我们这里遇到的问题。

德·菲内蒂最著名的数学定理，称为德·菲内蒂定理，是关于可交换性的性质。可交换性的概念很简单：

**如果一组事件的顺序无关紧要，那么它们是可以交换的。**

严格的技术定义是：如果联合概率分布 $p(X_1, X_2, \cdots, X_n)$ 在各个部分采用不同排列方式后是不变的，则 $X$ 中的这 $n$ 个部分称为可交换的。就像应用数学中的许多其他概念一样，我们举一个例子可能更容易理解。[12]

网上购书、打电话给我父亲、刷牙三者是可交换的事件，因为如果我在网上买书之前或之后刷牙，并不会增加或减少这件事发生的可能性。而另一方面，洗澡、梳头、穿好衣服是不可交换的——如果我在洗澡前穿衣服，那么我的衣服就弄湿了。

德·菲内蒂定理指出可交换事件是条件独立的。让我来举个例子说明什么是条件独立（conditionally independent）。设想我们希望研究：随着治疗的进行，癌症患者是否会感觉他们治疗方案的副作用管理变得更好。也就是说，我们想知道医生是否会对病人的抱怨做出反应，并调整他们的治疗方案以使病人更舒服。为了找到答案，我们得到了10位医生的帮助，每位医生让我们在治疗期间对100名癌症患者进行调查。

我们的问题是：这样的调查是否可以交换次序？显然是不能的。这些患者会接受10位不同医生的治疗，这些医生在处理副作用方面可能有的好、有的差。所有看过1号医生的病人都有共同点，就是他们可以谈论他们从同一位医生那里得到了怎样的治疗。因此，这些病人和接受2号医生治疗的病人之间可能存在某种系统性的差异。

但对这些原本不可交换的调查，也就是说如果它们存在某些潜在的系统性关系，我们可以通过控制哪位医生治疗哪个病人来使调查变得可交换。也就是说这些调查原本不是独立的，但只要我们给病人指派特定的医生，以及控制其他任何可能与调查中的系统性差异有关的协变量，我们就可以像它们是独立的那样进行分析。

统计学家林德利（D. V. Lindley）和梅尔文·诺维克（Melvin Novick）在关于可交换性及其在量化推断分析中的作用的论文中，将事件或分析单位在子群体或子类中可交换，描述为条件可交换性（conditionally exchangeability）。[13]

然而这种方法面临的挑战之一是我们不能以这种方式处理所有的情形。例如，如果我们调查的10位医生都来自同一家医院，我们有理由相信我们能够得出关于这家医院的病人治疗质量的一些结论。但是我们可能会怀疑是否能得出关于癌症治疗的普遍结论。另一方面，尽管10位医生仍然是一个很小的样本量，但如果这些医生是从全国各地的医院中挑选出来的，那么我们可能会更容易得出更普遍的结论。

描述这两种统计控制的技术方法分别叫作固定效应（fixed effects）和随机效应（random effects）。固定效应假设我们的分析只适用于这些特定的情形。例如结论仅告诉我们关于一个医院的情况。

量化民族志：一种面向大数据的研究方法

随机效应假设我们在分析中所考虑的情形具有更广泛的代表性，所以我们的结论可以推广到更大的群体。例如结论适用于一般的癌症患者，因为医生是从不同的医院随机挑选的。[14]

但是请注意这种选择不是数据可以为我们实现的。事实上，我们必须对数据有所了解，包括数据来自哪里，如何收集这些数据，做了什么样的假设，这些数据所处的是什么样的大环境。换句话说，就像我们在第1章就指出的，除非我们已经对虾有了足够多的了解，否则我们不能通过把虾扔到墙上来判断虾的死活（实现好的数据分析）。我再次强调，克里斯·安德森所谓的单凭大数据的相关性就能得出结果是远远不够的。

在我们的案例中，我们确实对"尼夫洛特克斯"中的讨论了解得很多了。因此，让我们来构建另一个模型，我将它称为2号模型版本2。它使用与2号模型版本1相同的结构，但确保数据行具有条件交换性，然后我们可以来比较一下2号模型的版本1和版本2。

# 可控的

幸运的是构建2号模型并不困难，我们可以操作数据，确保我们分析的发言内容，即我们模型中的行是来自不同的团队，因为元数据记录了每条发言属于哪个小组的讨论。所以我们就可以验证一些小组讨论是否比其他小组更倾向于跟随导师。

我们使用了和之前基本相同的模型，除了预测因子不再是发言是否属于游戏的"第一阶段"，而是由变量"团队"表示的不同小组。为了简单起见，让我们直接来看图7.5的结果，它显示了2号模型版本2的分析结果，当有很多预测因子时，这种图更容易解释：

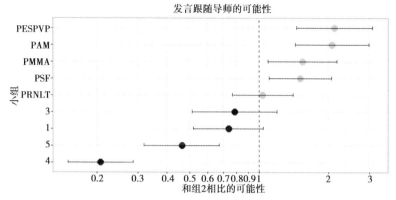

**图7.5  2号模型版本2的logistic回归的优势比和95%置信区间**

2号模型版本2表明小组之间确实存在差异。该模型将组2（游戏第二阶段的团队之一）作为比较的基线（即垂直的虚线），并将组2发言跟随导师的可能性与其他团队的可能性进行比较。结果表明，两个小组（组4和组5）中发言跟随导师的可能性要小于组2，因为组4和组5的得分位于虚线的左边，虚线的优势比为1，所以他们不太可能比组2更跟随导师。

还有4个小组（PESPVP、PAM、PMMA和PSF）比组2更有可能跟随导师。可能有读者想知道为什么x轴看起来这么奇怪，这是因为x轴的刻度是对数的。优势比代表倍数，例如两倍的可能性，一半的可能性，等等。对数刻度的坐标轴使一半大小和两倍大小在距离上是相同的，只是方向上相反。如果你不相信，可以测量一下0.5和1之间的距离，然后将其与1和2之间的距离进行比较。

事实证明，2号模型版本2的结果或多或少证实了我们在2号模型版本1中的发现。游戏第一阶段的小组用灰色点标记，第二阶段的小组用黑色点标记。所有的灰色点（游戏第一阶段的小组）都与组2一样或更有可能跟随导师进行聊天。的确不同组之间存在一些重叠：第一阶段的PRNLT组与组2没有显著性差异，因为其优势比的置信区间与虚线所在的位置1有重叠，这意味着PRNLT组和组2基本上有相似的跟随导师的可能性。但正如我们在最初的模型

量化民族志：一种面向大数据的研究方法

中看到的那样，上半部分的其他小组更有可能跟随导师。

　　当然讨论的发言不仅仅是按团队分组的。每个学生都有自己的发言记录。也许有些学生比其他学生更依赖导师。同样，我们可以通过创建一个新的模型来检查，可以叫作2号模型版本3。这个模型同样采用"第一阶段"作为一个预测因子，但还采用变量"用户名"（将所有学生包括在内）作为一个预测因子。如图7.6所示：

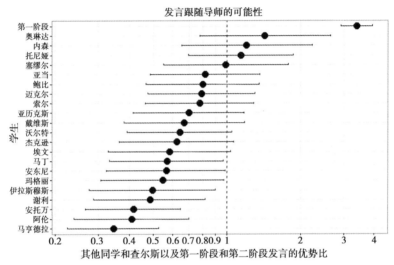

发言跟随导师的可能性

图7.6　2号模型版本3的logistic回归的优势比和95%置信区间

　　2号模型版本3用我们的老朋友查尔斯作为比较基准（即垂直的虚线）。和查尔斯一样跟随导师的学生的优势比为1，他们的点恰好落在虚线上，例如图上显示塞缪尔就是这种情况。我们可以看到学生之间有显著的差异。马亨德拉、亚伦和安东尼相比查尔斯跟随导师的可能性更小。事实上，很多学生跟随导师的可能性都比查尔斯小，从我们的分析来看，查尔斯似乎有点像那种听老师话的好学生。

　　但即使考虑到学生之间的差异（即控制学生的个体差异），游戏第一阶段的发言仍然更有可能跟随导师。我们之所以可以发现这一点，是因为除了包括了所有的学生，2号模型版本3还包含了变量"第一阶段"作为预测因子。而"第一阶段"发言的置信区间仍在1以上。事实上,当我们将学生之间的差异考虑在内后,现在的优势比是3.38,比2号模型版本1略高一点。

这其实并不奇怪,因为我们之前看到不同阶段的影响实际上相当的大。还记得模型版本1的$r^2$ =0.11,或者$r$ =0.33。正如我们之前所说的,这意味着发言是否跟随导师的差异大约有11%可以用发言属于游戏的哪一阶段来解释。

# 效应大小

我们可以用一种叫作效应量(effect size)的测量方法来分析统计上的变化会产生多大的影响。效应量是衡量某个事物对另一个事物有多大影响的另一种方法。在数学上,它是用Cohen's d来测量的。Cohen's d是以统计学家雅各布·科恩(Jacob Cohen)的名字命名的。他在纽约大学工作的时间和唐纳德·舍恩在1950年代从事其开创性研究的时间差不多。Cohen's d测量的是两个均值的差异相对于样本标准差的大小。也就是说,它显示了两组之间的差别与样本之间变异度的对比。[15]

在呈正态分布的群体中,标准差从数学上看是样本均值两边占2/3比例的数据量。因此,如果国王小学五年级有100名学生,他们在年初的科学测试中平均分为85分,标准差为4,那表示有2/3的学生的分数在81到89之间,即平均值加减4分。如果这些学生在年底的科学测试中平均分为88分,标准差为4,那么有2/3的学生的分数在84到92之间。我们希望是在学校的学习使得他们的总分提高了3分。该变化的效应量大小是均值的差值(88-85=3)除以标准差4。因此,对于这个科学测试,Cohen's d=3/4或0.75。

通常标准化测试会进行校准，以使10年级学生和12年级学生（或8年级和10年级学生）的分数差的效应量d=1。也就是说我们预计学生在学校的成绩每年会上升1/2个标准差。换句话说，学校一年的教学效果约为 d=0.5。所以国王小学的学生表现得非常好！

教育研究者约翰·哈蒂（John Hattie）分析了许多关于学生学习的研究，并编制了一份有助于（或阻碍）学习的因素及其影响大小的列表。这些干预具有广泛的效应量：从提供形成性评价（d=0.90）和同侪教学（d=0.74）等大效应量策略，到协作学习（d=0.54）和小组学习（d=0.49）等中等效应量策略，到特许学校（d=0.20）和远程教育（d=0.09）等小效应量策略。当然，也可能会产生负面影响，例如看太多电视（d=−0.18）。[16]

尽管事实上皮尔逊在科恩开始其研究工作前已经去世了10多年，但在相关性（皮尔逊 $r$ 值）和效应量（科恩的 $d$ 值）之间很容易转换。对于相同样本量的情况，其转换公式为：

$$d = \sqrt{\frac{4r^2}{1 - r^2}}$$

因此对于 $r$ =0.33的结果，效应量是 d=0.70。换句话说，在游戏中讨论发生在哪个阶段，对学生得到导师引导多少有很大的影响。大于标准化测试所反映出来的经过一年的教学效果（d=0.50），也大于小组学习方式的影响（d=0.49）。因此，即使我们控制了不同的学生、在不同的小组中讨论的情形，我们仍然会发现随着时间的推移导师引导量的变化具有统计显著性。[17]

当然，我们还可以尝试控制其他因素。例如，我们没有考虑学生是男生还是女生的区别，或者讨论是在一天的什么时候进行的，甚至小组正在开展什么活动。我们当然可以测试这些东西，而且在某些情况下我们其实应该这样做。但是，除非游戏的第一阶段和第二阶段有一些我们没有考虑到的非常大的差别，否则游戏不同阶段造成的这种巨大的影响就会保持显著性。

效应量的概念是与克里斯·安德森等人所提倡的"把虾往墙上扔"式的数据挖掘方法有关的最重要的统计问题之一。我们得到的结果是效应量为 $d=0.70$ 以及 $p$ 值很小，这说明，如果在游戏的两个阶段之间导师的行为真的没有区别，那么我们得到这样的结论的可能性非常小。

我们发现统计显著性的能力取决于两个因素：样本的大小和效应量的大小。在所有其他条件相同的情况下，我们不需要太多的数据来发现大效应量的统计显著性。而在所有其他条件相同的情况下，我们可以在样本量较大的情况下得到较小效应量的统计显著性。因此，通过一个大样本（比如 3 000 条发言记录）和一个大的效应量（比如 $d=0.81$），我们几乎肯定可以得到统计显著的结果。即使我们控制了数据中可能存在的协变量，$p$ 值也会非常小。

对于那些关心数学公式的读者，我们可以将这种关系总结为一个公式：

$$d \times p \sim \frac{1}{N}$$

对于相同大小的效应量，当 $N$ 上升时，$p$ 下降。并且重要的是，对于相同的 $p$ 值，当 $N$ 上升时，$d$ 下降。[18]

因此当我们的样本大约有 3 000 行发言时，我们几乎可以肯定，即使一个很小的效应量，比如低至 $d=0.19$，也将产生统计显著的结果，也就是说会达到 $p<0.05$ 这一常用的显著性阈值。如果我们观察 30 万行发言记录，我们会发现效应量低至 $d=0.019$，即原来效应大小的 1/10 时，仍然可以达到 $p<0.05$。如果我们有 3 亿行，虽然远少于 1 艾字节（exabyte）的数据量，我们也会发现效应小到 $d=0.000\ 6$ 时具有统计显著性。

如果我们在课堂上看到类似 3 亿行数据的样本规模，学生在年初的平均分数为 85 分（标准差为 4），则我们会检测到在年底平均成绩上升到 85.002 4 所带来的统计显著性。

换句话说，一学年大约是180天，除去进出教室、整理书包和试卷、测试等时间，每天每门课大约有30分钟的教学时间。如果学生在一年内的测试成绩平均提高0.5个标准差，那么我们从3亿行数据中挖掘出来的效应量将能检测到大约6.5分钟的教学效果。想象一下，如果我们真的挖掘了1艾字节数据，我们会发现多么微小的效果！无论如何，这种影响都远远小于协作学习的影响（$d=0.54$），即相当于大约一整年的教学效果。

你可能会说6分钟的教学效果随着时间的推移会累计。不幸的是，这样的变化并不是线性叠加的。100个微小的变化，每个变化$d=0.01$，并不等于$d=1$的巨大效应量，原因很简单，如果分别测量不同因素的效应，两个因素的效应可能是通过影响同一机制体现的。例如，同伴反馈和形成性反馈都有积极的影响，但它们同时也是反馈的两种形式，学生一次能接受的反馈是有限的。

在心理学领域，甚至在更宽泛的定量研究中，关于统计方法中存在的问题和从统计结果中所能得出的推论问题，长久以来都被广泛讨论。早在1990年，科恩就极力主张关注效应大小而不仅仅是$p$值的重要性。最近，约翰·埃尼迪斯（John Ioannidis）用模拟研究展示了，当某个研究领域存在大量的变量，并且没有选择模型中包含哪些变量时，显著性结果更可能是由于统计方法而不是现实世界的任何效应得到的。事实上，他估计在所谓的"以探索为导向的大规模探索性研究的海量统计检验"中，这种表述可以视为扔虾的一个委婉说法，平均而言，发表的显著性结果反映了真实情况的，大约只占0.1%。[19]

所以如果在没有首先考虑你正在寻找什么样的发现的情况下，获取艾字节规模的数据并且运行相关和回归分析，你所得到的结果并没有太多意义，你可能会得到一个很小的效应量，对你正在研究的人和事物是微不足道的，甚至可能都不是真的，这就和扔虾差不多。

# 已经足够了

现在你可能会问：为什么我们不从最合理的模型开始，比如2号模型的版本3，跳过所有其他模型？

对于这个非常重要的问题，至少有两个答案。首先，在我们开始之前，我们并不总是知道什么是最合理的模型。正如我们所见，构建一个模型需要做出许多决策。对于每一决策，我们必须确保做出的决策是正确的，然后我们通过数据来实现对模型决策的操作化，这一切都需要花费时间和努力。

换句话说，好的模型代价是很大的。因此，从一个简单的模型（一个易于构造的模型）开始着手研究是有意义的，并根据需要对其不断进行细化，而不是从一开始就构建尽可能精确和复杂的模型。简单的模型更容易构建，更容易理解，更容易测试，更容易修改。所以从简单的开始是正确的。

此外，从一个完美的模型着手还有第二个问题：实际上并不存在一个所谓完美的模型。找到正确的模型就像诊断病人的病因一样复杂，并不是所有的诊断结论都是显而易见的。

例如，我有一个朋友病了将近十年。这个问题开始于他总是感觉很疲惫。他不时地感到喉咙痛，周身各处时有疼痛。他开始记忆力减退，睡不好觉，无法集中注意力。作为一个热衷读书和写作的人，他再也不能集中精力阅读书籍或报纸了，看电视都会使他筋疲力尽。

最后，我的朋友被诊断出患有慢性疲劳综合征或叫作CFS。但是检查出这个问题花了很长时间，因为慢性疲劳综合征不像癌症、感染或骨折，目前还没有相关的检测，也没有明确的慢性疲劳综合征的指征：没有肿块、没有微生物、没有功能缺失、没有化学标志物。症状因人而异，疲劳（以及慢性疲劳综合征的许多其他症状）

也可能由其他疾病引起。[20]

要弄清楚患者患有慢性疲劳综合征，医生必须排除所有可能会引起症状的其他因素，像是过敏、贫血、焦虑、关节炎、癌症、囊性纤维化、糖尿病、纤维肌痛、心脏病、肝炎、低血糖、失眠、狼疮、莱姆病、单核细胞增多症、多发性硬化症、寄生虫、辐射和肺结核，更不用说像鼻窦感染这样简单的问题了。我的朋友必须经历一系列的实验室检查，心理状态测试，当然还有身体检查。最后，当他们排除了其他疾病的可能后，他被诊断为患有慢性疲劳综合征。

因为慢性疲劳综合征没有明确的检测方法，所以医生称之为排除性诊断：当你排除了其他因素时，你就会得出结论说某人有这种病征。很多疾病都是这样诊断的，例如白塞氏病、贝尔麻痹症、肠易激综合征及令人恐惧的灼口综合征等。通过排除其他因素而诊断出的最著名的疾病可能是阿尔茨海默氏症，因为要确凿认定一个人是否患有该病，唯一的方法就是通过尸体解剖来检查他的大脑。

类似的我们之前所讨论的可交换性也是一种排除性诊断。当我们考虑了所有可能的协变量并控制了可能干扰我们分析的协变量后，我们可以下结论数据是可交换的。当然，为了排除所有的协变量，我们需要确保我们的数据表中已经包含了所有的数据。也就是说，我们的定性数据表必须具有证据完整性。

你可能还记得，当我们研究如何组织用于统计分析的数据时，对于格式良好的数据表的一个验证方式是，我们可以打乱表中的数据行，并且仍然能够理解数据。但请注意这只是可交换性的定义——如果一组事件的顺序无关紧要，那么它们是可以交换的。

换句话说，如果我们的数据集是格式良好的，也就是说，如果每行数据都包含所有关联的元数据，并且行和列都是本体一致的，那么数据就是可交换的。但实际上这并不完全准确，因为协变量意味着我们的行并非都是可交换的。更准确地说如果我们的数据具有证据完整性，那么我们就拥有使数据有条件地交换的信息。我们知道同一个学生的发言信息可能有一些共同之处。但是，既然我们已经记录了这些信息，我们就可以使发言记录"有条件地交换"。我们可以处理发言来自两个不同学生则不能交换的情形。

但是我们需要非常小心。为了诊断可交换性，我们必须注意到数据中的不同子类中的行是系统性地相互关联的。为此，我们在统计模型中控制协变量，以创建数据的条件独立性。但是，当我们考虑数据中的子类时，仅仅拥有子类的信息是不够的。我们必须考虑数据中所有合理的子类。

上一句中的"合理"这个词特别重要。将可交换性看作排除性诊断意味着我们必须控制数据中我们认为会出现的任何子类。希望我们有足够多的元数据，即足够多的关于数据从哪里来的、谁产生的及何时产生的信息，来验证这些子类。但正如我们在研究"土地科学"游戏的数据时已经看到的，我们不可能对所有可能的子类进行测试。我们可以想象无穷多个可能的协变量，这就是为什么我们需要熟悉数据内容来决定我们实际需要考虑的分组。

这一逻辑与我们对中西部一所大型高校的50名男性本科生进行心理研究，并得出关于人脑如何工作的结论相似。如果我们假设人类的大脑是可交换的，也就是说如果我们假设不同文化中人们的思维方式没有系统性的差异，男女之间也没有系统性的差异，那么，我们只验证了中西部一所大型高校的50名男性本科生也没有关系。问题是在很多情况下，这种说法都不太合理。或者至少在不知道测试的内容和测试的方式的前提下，通常这种说法是不可信的。

当我们说数据是可交换的，我们实际上是在表明我们自己的无知。正如统计学家莉丝贝·K.科达尼（Lisbeth K. Cordani）和塞尔吉奥·韦克斯勒（Sergio Wechsler）所言，"对实例的可交换性的判断是一种来自观察者的坦白，承认他无法区分这些实例。"我们的数据行可能仍然有一些不等价的原因，但我们尽力调查之后还没有找出这些不等价的因素，所以姑且视为没有。[21]

也就是说，我们可以通过对话找出哪一个模型适合于这一组数据，这种对话是存在于我们所采用的理论和对数据中发生了什么的扎根式理解，也是我们基于理解来形成模型的操作化过程。

没有"正确"或完美的模型。统计数据没有告诉我们哪一个模型是正确的，只是告诉我们，如果我们照那样做，我们出错的可能性很小。同样，我们永远无法真正断定某个模型是完美的，只是我们还无法想到我们应该再考虑其他哪一个合理的问题罢了。

因此，现在让我们在承认自身无知的同时，假设控制学生个体带来的协方差就足以让"尼夫洛特克斯"的发言行有条件地交换。我们控制了单个学生有多条发言信息，以及不同学生跟随导师引导有多有少的因素。根据分析我们得出的结论是，在"尼夫洛特克斯"游戏越接近结束的阶段，学生的发言就越少跟随导师的引导。

现在试问在本例中，我们的控制是固定效应还是随机效应呢？如果我们对从同一家医院挑选的10位医生的病人进行统计分析，我们需要控制一些病人看同一位医生的事实。很明显，因为所有的医生都来自同一家医院，我们必须把病人样本视为固定效应。当我们控制他们的个体影响时，我们只能得出关于那一家医院的病人治疗的结论。

按照这种逻辑，在本例中控制学生几乎肯定是固定效应，因为这些学生不是随机选择的。他们都来自同一个班级，都在玩"尼夫洛特克斯"游戏。这意味着当我们控制单个学生发送多条发言信息这一事实时，我们只能得出这样的结论，即在"尼夫洛特克斯"游戏越接近结束的阶段，这个特定的学生群体的发言越少跟随导师的引导。

一方面，这并不是什么大问题。我们使用的是一种定量方法，在本例中是logistic回归，来分析定性数据。我们的目标不是把从一群（在本例中是22名）学生中收集的数据推广到所有的学生。相反，作为民族志研究者，我们的目标应该是在"尼夫洛特克斯"游戏中对这些学生和导师的经历做深描，即解释事情是如何发生，以及为什么会以这种特定的方式发生的。我们想要了解这些特定群体的经历、假设、情感和选择，以及他们为什么会以这样的方式行事。我们采用统计模型来验证，随着模拟游戏进程的推进，这些特定的导师对讨论的引导是否减少了。

但是请等一下，既然我们想知道这些特定的导师在做什么，而且我们是根据这些特定的导师和学生在讨论中实际所说的话来构建我们的模型。那我们为什么需要统计分析呢？

为了回答这个问题，让我们假想一下，"尼夫洛特克斯"的开始和结束阶段，导师引导讨论的数量并没有很大的差别。例如假设效应量大小更像是 $d=0.081$ 而不是 $d=0.81$ ——虽然仍存在差异，但不会很大。如果差异越来越小，在某个时刻，我们可能会认为无法得出任何有用的结论。例如，如果在游戏开始时跟随导师的发言次数只比游戏结束时多 10 次，我们可能会说 3 000 次中的 10 次发言差别只是偶然而已。我们会认为讨论中的发言有一些随机变量，也许有一天一个学生因为一些与"尼夫洛特克斯"游戏内容无关的原因而分心，也许有一天导师们使用的网站运行缓慢使然。因此，我们可能会对基于 10 次发言差异得出的结论持谨慎态度。但如果再多 20 次发言呢？或者 50 次？100 次？500 次？

在某个时刻，我们会有足够的信息来得出这样的结论，即我们所看到的并不仅仅是讨论之间正常变化的一部分。在某个时刻，我们会相信我们看到的是数据中存在的一个模式。我们相信我们观察到的模式不是我们在这些特定的观察中碰巧看到的随机波动。我们会很自然地推断，如果做进一步的观察将产生与我们已经看到的相似的模式。我们会认为再有更多额外的信息也不太可能告诉我们任何不同的结果。

换句话说，在某个时刻，我们会得出结论，认为我们的观察在理论上是饱和的，即我们所看到的模式是这些学生和导师拥有的大写话语的一个属性。

这正是统计分析从民族志数据中获得"机械抓地力"的地方。

请记住，统计分析的目的是从样本中的小写参数值推广到总体中的大写参数值。这里的小写话语是我们的样本，也就是"尼夫洛特克斯"这个游戏中一组学生和导师的发言数据。我们对话语进行编码，其中有学生发言跟随导师发言的情形出现，我们的参数是发生这种情况的频率。我们通过选择合适的控制变量进行统计检验。我们发现，如果学生跟随导师的频率在"尼夫洛特克斯"的开始和结束阶段之间真的没有差别，那么我们实际上看到的统计分析结果是不太可能发生的，比我们犯拒真错误更不可能发生。因此我们下结论说，大写参数是大写话语的一个属性，在本例中指随着"尼夫洛特克斯"的游戏进展，这些导师引导的讨论确实更少了。如图7.7所示。

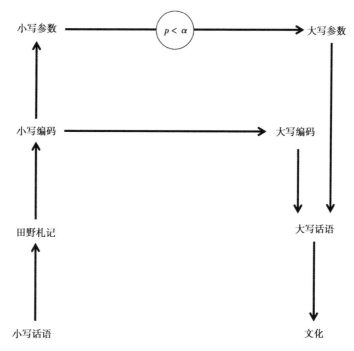

图7.7　理解关于特定文化的大写话语的定性和定量分析途径

换句话说，我们对样本中的参数的检验提供了一个保证：即使我们能够在这个特定情境中获得关于这些特定群体的更多数据，我们所看到的模式也不会发生改变。

　　然而请注意，在图7.7中有两个关于大写话语本质的证据来源。第一个来源是所有民族志研究者都使用的一种机制，叫作定性途径，即通过有意义的大写编码来诠释来自话语的证据。但现在我们又有了第二种途径，一种定量途径，可以为我们的定性诠释提供"理论饱和"的统计证据。这是两条相互促进的途径。

　　但还有一些古怪的事情。在本例中，我们的参数是学生发言跟随导师发言的可能性。我们的样本是来自这些学生和导师的发言信息。但如果我们不能推广到更普遍的学生和导师群体，那么我们研究的泛化性如何体现呢？

　　答案是，我们可以推广到一个类似的讨论群体。这个研究例子中，我们是在将研究结果推广到一个假设出来的、因由这些学生和导师之间的所有讨论而产生的数据集。

　　提出研究结果可以推广到一个假设的群体似乎有些奇怪，但这是社会科学研究中经常做的事情。一些统计技术，比如自举法（bootstrapping，也有人译为"拔靴法"）就是通过基于样本的属性来生成一个假设的总体，研究者使用样本数据来创建整个人造样本集，也就是假设的样本群体，然后再进行统计测量。使用单个样本创建（然后检验）整个样本群体，这也是该方法被称为自举法的原因，表达自力更生之意。当然还有其他的例子。如果研究人员想要比较那些只有不完整信息的小组，他们必须在分析中利用缺失数据的估计值。例如，如果我们想研究养老院的长期居民和短期居民，但每隔6个月才进行一次调查，那么我们就会遗漏一些住了不到6个月的居民数据。我们必须对可能在调查中被遗漏的人数和类型进行估计。[22]

　　在本例中考虑假设群体的一种简单方法是，想象我们能够让这批学生和导师反复进行同样的实验。当然实际上我们做不到这样，因为第二次玩"尼夫洛特克斯"游戏的学生和导师表现几乎肯定会和第一次完全不同，如果让他们玩到第七次或第八次，他们肯定会对我们这样做感到非常生气。这就是为什么这样一个群体是假设出来的。但如果我们可以想象每次都重新重复这个实验，那么我们的统计分析会告诉我们，如果游戏的两个阶段中的发言真的没有什么不同的话，结果与我们观察到的结果相似或不同的概率是多少。

换句话说，统计学在量化民族志研究中的作用不是检验我们在一组观察中看到的结果是否也适用于某些其他情况，而是检验我们是否有足够的数据来论证我们关于特定文化的结论。正如克利福德·格尔茨所言："理论构建的根本任务不是编码抽象规律，而是使深描成为可能，不是将个案的结论泛化推广到其他个案，而是在个案内部实现泛化。"[23]

这种在个案中进行泛化的技术术语叫作"样本内统计分析"（intra sample statistical analysis）。十多年前，我和我的朋友兼同事罗纳德·瑟林（Ronald Serlin）在一篇论文中论述过这一方法。这篇论文提出了这样一个问题："没有泛化能力的统计数据有什么用呢？"当然，答案是推断统计总能够提供某种泛化能力，但它们并不总是泛化到超越原始数据之外的。[24]

这篇论文对在样本内一般化的含义和分析方法进行了较为详细的论述，但论文的关键点，或许也是整个量化民族志研究最重要的理论思想是：

统计学在量化民族志中的一个关键作用是为理论饱和提供证据。

在进行民族志研究时，总是存在着一种风险，在某种程度上是一种很大的风险，就是我们会夸大我们已经详细研究过的事物的重要性。我们很容易无意中忽略那些可能与我们的结论相矛盾的事物。通过给理论饱和提供保证，量化分析有助于我们考虑我们详细研究的事物和全部数据之间的关系。

在我们结束本章之前，我还需要对"尼夫洛特克斯"这个例子再做一点解释。到目前为止，对"尼夫洛特克斯"中发言的分析几乎完全是结构性的。我们关注的是话语是如何组织的，即谁在回应谁，而几乎没有关注这些人在谈论什么。我们知道学生们会对导师所说的话做出回应，但我们仍然不知道学生们在说什么，以及他们在回应什么。

民族志是对文化的研究，因此分析话语内容是民族志研究者所要做的重要工作，因此也是量化民族志研究需要做到的一点。很高兴，这将是下一章的主题。

# 田野调查

对理论饱和问题感兴趣的读者可以从巴尼·格拉泽和安塞尔姆·斯特劳斯的《扎根理论的探索》（*The Discovery of Grounded Theory*）这本书开始了解。他们（共同和单独）发表了其他关于扎根理论和饱和的论著，但这本书是他们最初关于这个主题的论述，仍然是一个很好的学习起点。关于如何应用统计方法来保证理论饱和的更多信息，这个问题在《没有泛化的统计方法有什么用呢？》（What Good are Statistics that Don't Generalize?）一文中被深入讨论。这是我和我的朋友兼同事罗纳德·瑟林很久以前写的一篇文章，但它仍然是对量化民族志中这一关键概念的极好注解。最后，对于那些想更具体地了解为理论饱和提供保证的统计学基础的人，我推荐丹尼斯·林德利和梅尔文·诺维克的文章《可交换性在推断中的作用》（The Role of Exchangeability in Inference）。[25]

如果你正在处理自己的数据，此时我建议你完成本章中介绍的结构分析方法。通常这种分析应该包括某种类型的统计检验来确保结果是理论饱和的。

在你开展这项工作时，你可能需要思考以下问题，并且最好是写进你的研究备忘录中。

# 结构分析备忘录

1. 你的分析结果说明了什么？用段落或叙述的形式描述你的分析结果。

2. 提供一个定性的例子来说明你的研究发现。

3. 用图表呈现你的发现。

4. 提供支持你研究发现的统计检验结果。

5. 解释为什么会有人关心这个发现。

# 8.

## 可靠性

### 审　稿

文化是人类生活的一部分，我们所做的一切都蕴含着文化：我们买的东西、吃的食物、读的书、看的电影、玩的游戏、浏览的网站、写的信息、彼此交谈的方式等。民族志研究者的研究对象实际上是无穷无尽的，这是我认为民族志研究令人兴奋的原因之一，同时这也意味着民族志研究的数据来源会非常广泛。

一般来说，民族志研究的目标在于理解人类的言谈举止及其背后的原因，即理解大写话语的结构。但分析任何民族志数据时都会面临一个根本性的挑战：我们的观察对象可能并不知道他们在交谈、写作或点击鼠标时，遵循着什么样的规则。就有点像第 2 章提到的伯特·德赖弗斯和斯图亚特·德赖弗斯关于骑自行车的例子，知道怎么做却无法解释为什么要这样做。当然，我们通过简单地观察言谈举止，或许能够弄清楚大写话语的作用方式，但如果连观察对象都没有意识到什么可以作为编码，我们就更难知道哪些大写编码重要了。[1]

民族志研究者试图通过以下三种方法解决这个问题：第一种方法是访谈，即直接询问人们认为自己在做什么。特定文化中的人们在建构关于世界的意义的过程中，会用到一些主位的大写编码，采访能让我们更好地理解这些大写编码，这也是民族志研究者通常会雇用一些资料提供者的原因，资料提供者是那些愿意向局外人解释自身文化的"线民"。

第二种方法是以某种方式打破这种文化，看看会发生什么。比如，观察当人们与一个没有适应本土文化、并不总是以"正确"方式行事的局外人打交道时会发生什么。当规则被打破时，人们的反应往往能将内隐的、不成文的、无法言喻的行为规则显性化。通常情况下，作为局外人的民族志研究者会扮演"参与其中的观察者"角色，他们的任务便是观察人们如何纠正自己作为局外人所犯的错误。

这两种方法都是通过干预来揭示隐性的大写话语的结构，要么询问人们正在做什么以及为什么这样做，要么故意打破大写话语的规则来观察人们的反应。而在大数据时代，民族志研究者的工作环境往往不允许他们轻易干预别人，或者说这样做不符合学术伦理，就像"脸书"（Facebook）公司通过给不同的用户呈现不同的帖子来影响用户情绪那样。[2]

但在有些场合，特定文化的局外人可以非常自然地和文化中的局内人沟通交流，这些场所是专门用来帮助人们适应特定文化的，我们称之为"教化"。它们和普通的授课或培训场所一样，老师、导师和更有经验的同伴会告诉新手如何在大写话语中言谈举止得当，并向他们解释这样做的原因。

坦白讲，老师并不一定总是能够完整准确地解释"应该"怎样做，学生学习的内容也不一定都是明确的。比如，菲利普·杰克逊（Philip Jackson）等人的著作中谈到学校的"隐性课程"（hidden curriculum）时说：无论是在数学课、社会学课、科学课还是体育课上，学生都需要学会遵守规则、忍受无意义的活动、长久的端坐和无聊等。[3]

　　尽管教化过程常常具有这些局限性，但学习场所仍然是民族志研究者研究文化的好的情境，因为这里本身就是为了帮助学习者学习特定文化而设计的。在学习环境中，老师、导师和更有经验的同伴的反馈往往能够让体现特定文化的大写编码更为显性化。

　　我的学生大卫·哈特菲尔德的研究提供了一个很好的例子。在之前的章节中，我例举新闻学的民族志研究时提到过三种主要的课堂活动：战地故事、新闻会客室和审稿。你或许还记得在"战地故事"的课堂上，一位资深记者会和学生分享他职业生涯中经历的故事。新闻会客室上，学生向全班同学报道正在跟进的新闻线索，并得到大家对报道质量的反馈意见。而在审稿环节，教授和学生们会对新闻故事的草稿进行评论。每四到五名同学会组成一个小组，相互交换新闻故事给出意见。同伴审稿之后，学生要重新修改新闻稿并交给课程教授，教授会给出书面意见、修改建议。[4]

　　哈特菲尔德也对学生如何学习新闻学感兴趣，并做了一个出色的量化民族志研究的示范。他观察了一个与我的研究对象不同的调查性新闻学课堂，他并不是观察全部三个新闻课堂的主要活动，而是更加深入地研究了审稿活动。我的研究重点在于课堂讨论，而哈特菲尔德则更加关注教授给学生新闻故事的书面审稿建议，这两个研究的数据来源不同、数据类型不同、研究情境不同，但哈特菲尔德的研究很好地诠释了一个民族志研究可以建立在另一个研究的基础上，将某时某刻对大写话语的深描，应用在另一个情境下开展进一步研究。

　　审稿工作作为记者将精确和可验证付诸实践的关键环节，为理解新闻学的大写话语提供了一个有用的视角。尽管新闻学的基本要求之一是"不捏造事实"，但所有民族志研究者都知道，很难绝对客观地报道人们的言谈举止及其背后的原因。正如记者比尔·科瓦奇（Bill Kovach）和汤姆·罗森斯蒂尔（Tom Rosenstiel）所言，客观性只存在于记者使用的方法中。记者会在写作时采用固定的套路，也有专门记录新闻报道中不应该出现的词汇和短语的指引手册，例如关于"说"这个字，手册里就有56个替代词。也有新闻写作手册说一个好记者应该"在第四段或第五段引用事件相关的最佳代表的发言"，并且"在最后一句话中陈述记者个人所不同意的观点"。记者大卫·阿诺德这样写道："人物特征的描述需要许多细节，……但是提到金发总是会想到性别歧视，……而提到高颧骨只能证明你花在伊恩·弗莱明①小说上的时间太多了。"[5]

在新闻编辑室中，审稿的目的在于确保用同一套标准评判所有稿件。但在新闻学课堂上，审稿活动向未来的记者们传递了如何使用这些标准以及它们为什么是有效的信息。换言之，哈特菲尔德的研究为理解新闻学大写话语中的大写编码开启了一扇新的窗户。

# 抓住读者的内心

哈特菲尔德观察的是当地报社调查记者亚瑟（Arthur）主讲的高级新闻报道课程。从他田野调查中采集的研究故事中可以发现，亚瑟开展的审稿教学活动旨在向学生清晰地展示什么是好的新闻学大写编码。例如下面有两段学生提交的新闻故事：

## 乡村卫生项目：渴望变革

获取清洁的饮用水和洗澡用水是人们的基本权利，但这一基本权利并未完全普及。像乌干达这样的许多非洲国家，十几口人的家庭一周只能得到二十盎司（大约591毫升）水。水中还常常含有致命的大肠杆菌，但除了使用这仅有的一点供水以外，当地人别无选择。

①伊恩·弗莱明是詹姆斯·邦德系列小说的作者，他在小说中写过邦德的相貌：一个黑头发、高颧骨的人。——译者注

这是大三学生詹娜·克林克（Jenna Klink）第一次出国旅行，她想亲自去乌干达看看当地的情况。克林克与威斯康星大学农业和生命科学学院的十几名学生一起加入了乡村健康项目组（VHP），开展为期三周的乡村营养与健康问题研究。他们所看到的现状远超想象，他们想出了一个主意，从此改变了乡村卫生状况项目的使命。

接下来，这个故事继续讲述克林克在乡村修建用于水储存和处理的罐子的动机：

"有小孩冬天坠入深井溺水而亡，他们的家人还不得不使用这些被尸体污染的井水"，克林克回忆起这令人难以置信的事件时难过地摇着头，"他们喝的是自己孩子溺亡的井水"。

对大多数人来说，这似乎是一个非常简短的新闻故事：讲述了一个学生如何通过参与社会实践为世界做出贡献。而对于亚瑟而言，这个故事可以用来解释新闻学的批判机制。

下面是亚瑟对上面三段文字的审稿意见：

1. 内容很棒，不过说实话，前两句话很枯燥。尝试将更富戏剧性的语言用于关键的引导句中。我们希望在一开始就抓住读者的内心，让他们想要继续阅读更多的内容。

2. 尽量避免让读者去记忆各种缩写，这通常是一个不必要的障碍。只需在随后的引用中起一个代号，如"营养项目"即可。

3. 哇，这是我读过的印象最深刻的引用。如果将它用在故事开头，我敢保证读者一定会读完你的整个故事。

请注意，所有的审稿建议都包含一个相同的关键词：读者。尽管显而易见，但记者面临的关键难题的确是怎样才能讲一个读者感兴趣的故事。关于这一点，我们可以在第一条审稿意见中清晰地看到。亚瑟告诉学生"前两句很枯燥"，因为我们的出发点在于"抓住读者的内心，让他们想要继续阅读更多的内容"，所以语言枯燥是个问题。同样，第三段提到"这是我读过的印象最深刻的引用"

应该用在故事的开头，以此吸引读者"读完整个故事"。

除了用"更具戏剧性的文字"和"引人入胜的引用"，亚瑟在第二段提议避免使用缩写，这会为读者造成"不必要的障碍"。

总之，亚瑟在三段审稿意见中与年轻记者分享了许多好的新闻学写作的大写编码：

1. 聚焦在读者的兴趣点上
2. 尽可能减少读者的阅读障碍
3. 吸引读者沉浸在故事中
4. 凭借生动的引用讲述丰富的故事细节

这个例子中的大写编码与上一章例子中的大写编码有一些重要的区别。上一章我们讨论学生的聊天内容是否会跟随导师的引导。但我们不确定这个概念是否是导师和学生会明确考虑的问题。他们可能有所考虑，但我们没有任何证据证明这一点。

而这些新闻学的大写编码具有非常清晰的主位性，尤其他们还是从亚瑟对年轻记者如何写好故事的评论中直接摘取出来的。亚瑟用诸如"读者""不必要的障碍"和"引人入胜的引用"等专业术语，明确地表述了应如何"抓住"读者的内心并让他们沉浸在故事之中。

这些大写编码不仅涉及亚瑟审稿意见的结构，也涉及审稿意见的内容本身。有了这些大写编码，哈特菲尔德才能读出其中的深层内涵，而不仅限于知道亚瑟是否、何时或给谁写了这些意见。

然而，识别大写编码并不总是一件容易的事情。正如我们之前所见到的，不同的民族志研究者都有他们自己的一套从"编码矿藏"中发掘大写编码的方法。除了识别局内人所使用的大写编码外，还有一个问题是在分析中应该使用哪些大写编码，以及如何将它们进行组合或者细分，这一切数据分析的决定取决于你想要从数据中理解什么。

我们会在稍后介绍一些定量分析工具，来辅助我们完成大写编码的识别工作，但其质量最终还是取决于你对数据的理解程度。当然，由于大写编码提供了一种处理数据的手段，所以你对数据的理解程度也决定了大写编码的质量。这原本是一个诠释和理解的良性循环过程，但如果进展不顺，或者大写编码中掺入了研究者个人的严重偏见，则会变成一个恶性循环。

当然，识别大写编码只是第一步。哈特菲尔德的下一个任务是创建编码本，为每一个想法确定一个编码，明确说明编码的定义、描述和实例，如表8.1所示。

**表8.1 高级新闻报道课程审稿活动的编码本节选**

| 编码 | 描述 | 举例 |
|---|---|---|
| 清除阅读障碍 | 用简单的语言清晰地讲述故事 | 用THC的缩写而不是化学物质的名字及摘要描述会让读者困惑……记住要清除阅读障碍，让读者愿意继续阅读你的故事 |
| 读者关注点 | 要讲述读者需要了解的内容 | 用能引起注意的句子做开头，读者就会想要了解更多，比如为什么袜子是"警察部门的礼节" |
| 沉浸阅读 | 引起和保持读者的注意 | 通过将黑莉当时害怕和焦虑的经历告诉读者将读者引入故事之中 |
| 故事细节 | 通过展示而不是评述使得故事更真实，同时利用更多有力的细节来和故事背后传递的意义建立联系，这是讲故事的策略 | 有效地利用文档资源。统计数据或者事件相关人物和细节的刻画，比如粮仓事故，可以让故事更鲜活 |

接下来，在进行其他研究工作之前，哈特菲尔德必须要对数据进行分割。他将每条审稿意见作为大写行，也就是学生所写的新闻故事每页空白处的每一条评论，都当成定性数据表中的一行，如表8.2所示。

量化民族志：一种面向大数据的研究方法

## 表8.2 高级新闻课上学生论文的部分审稿数据

| 元数据 | | | 数据 | 编码 | | | |
|---|---|---|---|---|---|---|---|
| 学生 | 故事 | 序号 | 导师反馈 | 清除阅读障碍 | 读者关注点 | 沉浸阅读 | 故事细节 |
| 1 | 1 | 1 | 很棒的内容，但是老实说前两句…… | 0 | 1 | 1 | 0 |
| 1 | 1 | 2 | 尽量避免让读者记忆缩写，它会…… | 1 | 1 | 0 | 0 |
| 1 | 1 | 3 | 这是我所读到的最令人印象深刻的引用 | 0 | 1 | 1 | 1 |
| 1 | 1 | 4 | 读者沉浸在下一幅关于威斯康星思想的图中…… | 1 | 1 | 1 | 0 |
| 1 | 1 | 5 | 读者不会真正理解那种程度…… | 0 | 1 | 0 | 0 |
| 1 | 1 | 6 | 用一张图来解释这一点是不会有用的 | 0 | 0 | 0 | 0 |
| 1 | 1 | 7 | 下一段的AP格式应该是14 | 0 | 0 | 0 | 0 |
| 1 | 1 | 8 | 前一段，"旋转"的首字母应该大写 | 0 | 0 | 0 | 0 |
| 1 | 1 | 9 | 提供联系方式和相关信息是很好的想法…… | 0 | 1 | 0 | 1 |
| 2 | 1 | 1 | 强有力的开始。Feingold是吸引人的素材…… | 0 | 1 | 0 | 1 |
| 2 | 1 | 2 | 开头用这样的描写来引起读者的兴趣是失败的…… | 0 | 1 | 1 | 1 |
| 2 | 1 | 3 | 避免使用缩写，它会迫使读者去记 | 1 | 1 | 1 | 0 |
| 3 | 1 | 1 | 好的开始。继续尝试让你的素材 | 0 | 1 | 0 | 0 |
| 3 | 1 | 2 | 好的引用。如果有补充材料就能更 | 0 | 1 | 0 | 1 |
| 3 | 1 | 3 | 简单向读者介绍Hillel是什么 | 0 | 1 | 0 | 0 |
| 3 | 1 | 4 | 这里的引用也很了不起。能够抓住 | 0 | 1 | 0 | 1 |
| 3 | 1 | 5 | 用这样的场景，关于雪的场景是很好的…… | 0 | 0 | 0 | 1 |
| 4 | 1 | 1 | 好的开头。Thelen是吸引人的素材 | 0 | 1 | 1 | 1 |
| 4 | 1 | 2 | 我们很快会谈到写作，你不会受惩罚 | 0 | 0 | 0 | 0 |
| 4 | 1 | 3 | 好的引用，读者会希望了解…… | 0 | 1 | 0 | 1 |
| 4 | 1 | 4 | 上面的内容很吸引人，如果能够 | 0 | 1 | 1 | 1 |
| 4 | 1 | 5 | 如果增加他的手迹就更好了…… | 0 | 0 | 0 | 0 |

表8.2左边的元数据列包含学生编号、故事序号（学生不止写一个新闻故事）和反馈意见的序号。导师反馈这一列是实际的审稿意见内容。我们之前见过这种数据表，不同之处在于这张表的右边多了一列，用来呈现哈特菲尔德用到的每一个大写编码。实际上，他使用了不止这些大写编码，但无论是1个、4个或44个编码，其编码原则都是一样的。

我个人更喜欢用这种方式建立数据表：将数据列放在元数据和大写编码之间，并为第一行的标题行加上阴影。我们知道，标题行实际上并不属于哈特菲尔德数据表的一部分，行和列的顺序也是任意的，因为格式良好的数据表具有本体一致性和证据完整性，所以行和列的顺序并不重要。

表中还显示了每条审稿的原始顺序，并标记为序号列。你或许会问有必要记录这样的信息吗？我们假设如果哈特菲尔德数据分析结果显示，一开始亚瑟的审稿建议是正面的，而对故事后半部分的评论大多是批评性的，这时评论的顺序便不容忽视了，所以我们要在数据表中加入序号列。

在格式良好的数据表中，可以按照个人喜好确定列的顺序。而当数据表中加入编码列后，有些研究新手，甚至一些资深的研究人员喜欢将所有的编码写在同一列，在单元格里直接填入编码名称，效果如表8.3所示。

表8.3　仅含一个编码列的数据表

| 学生 | 故事 | 序号 | 导师反馈 | 编码 |
|---|---|---|---|---|
| 1 | 1 | 1 | 很棒的内容，但是老实说前两句…… | 故事细节&读者关注 |
| 1 | 1 | 2 | 尽量避免让读者记忆缩写，它会…… | 清除阅读障碍 |
| 1 | 1 | 3 | 这是我所读到的最令人印象深刻的引用 | 沉浸阅读 |
| 1 | 1 | 4 | 读者沉浸在下一幅关于威斯康星思想的图中…… | 故事细节 |
| 1 | 1 | 5 | 读者不会真正理解那种程度…… | 故事细节 |
| 1 | 1 | 6 | 用一张图来解释这一点是不会有用 | 沉浸阅读 |

续表

| 学生 | 故事 | 序号 | 导师反馈 | 编码 |
|------|------|------|----------|------|
| 1 | 1 | 7 | 下一段的AP格式应该是14 | |
| 1 | 1 | 8 | 前一段，"旋转"的首字母应该大写 | |
| 1 | 1 | 9 | 提供联系方式和相关信息是很好的想法…… | 故事细节&读者关注 |
| 2 | 1 | 1 | 强有力的开始。Feingold是吸引人的素材…… | 读者关注 |
| 2 | 1 | 2 | 开头这样的描写来引起读者的兴趣是失败的…… | 沉浸阅读 |
| 2 | 1 | 3 | 避免使用缩写，它会迫使读者去记 | 读者关注 |
| 3 | 1 | 1 | 好的开始。继续尝试让你的素材 | 清除阅读障碍 |
| 3 | 1 | 2 | 好的引用。如果有补充材料就能更 | 沉浸阅读 |
| 3 | 1 | 3 | 简单向读者介绍Hillel是什么 | |
| 3 | 1 | 4 | 这里的引用也很了不起。能够抓住 | 沉浸阅读 |
| 3 | 1 | 5 | 用这样的场景，关于雪的场景是很好的…… | 清除阅读障碍 |
| 4 | 1 | 1 | 好的开头。Thelen是吸引人的素材 | 清除阅读障碍 |
| 4 | 1 | 2 | 我们很快会谈到写作，你不会受惩罚 | 清除阅读障碍 |
| 4 | 1 | 3 | 好的引用，读者会希望了解…… | 沉浸阅读 |
| 4 | 1 | 4 | 上面的内容很吸引人，如果能够 | |
| 4 | 1 | 5 | 如果增加他的手迹就更好了…… | |

　　以这种方式编排数据表的研究者，对每行的内容通常只编为一个编码，而上面的例子中可以看到，其实是可以将每行编为多个编码的，比如，第一行就可被编码为"故事细节"和"读者关注"。

　　这种编码呈现方式虽然易读，但也给后续数据分析工作带来不便。当你想用电子表格或统计软件计算每个大写编码出现的次数时，用单独一列表示某个大写编码出现与否会更容易实现。把所有编码放在同一列，就像将三列元数据归为一列，写成"学生4，故事1，序号2"，在后续分析中，我们还是需要将它们分隔成不同列，定义为不同的变量才能进行量化分析。

　　将所有编码放在一列也造成我们对于不确定的编码内容难以做后续处理。如果一列代表1个编码，我就可以用1表示数据表中的某一行存在某个编码，0表示不存在。我也可以规定不确定是否存在时，编码用0.5表示。为什么这么做呢？一种情况是，在看完更多样本案例以后，我可以回头找到有0.5标记的编码，再做最后的决定。另一种做法是，我可能想用数学模型来展示数据中存在的不确定性。我还可以利用一些自然语言处理方法对数据进行编码，并用某种机器学习算法来计算大写编码出现的概率。如果每一个大写编码都用单独一列表示，我能对它做任何数据分析操作，而所有大写编码放在一列时这是无法做到的。

　　需要说明的是，我们当然可以把所有编码先放在一列，之后再将它们拆分成单独的几列，但这样既不方便也不便于理解。因此，最好一开始分别处理每条编码，一列只表示一条编码，用1和0标记编码是否出现。

　　有了这样结构良好的数据表，哈特菲尔德的计划是要将数据集中的1 779条审稿意见，根据17个大写编码进行逐一编码，这可不是一个小任务，除了要做30 000多次决定，哈特菲尔德还面临一个更大的概念层面问题。

　　设想一下，为了编码"故事细节"，哈特菲尔德要思考1 779次，这条审稿意见是否关于"通过展示而不是评述使得故事更真实，同时利用更多有力的细节来和故事背后传递的意义建立联系，这是讲故事的策略"。这种编码决定要对数据内容做大量的诠释、判断和仔细研读。如果这样的工作重复1 779次，你能确保衡量标准自始至终不变吗？

　　这涉及编码可靠性（reliability）的问题：一个编码是否在不同时间和不同情境被一致地应用。所以，在使用大写编码之前，理想的情况是我们一遍又一遍地检查，确保是以相同的方式识别话语中的小写编码。

# 信　度

　　如果想要验证编码方式自始至终保持一致，最简单的方式是随机挑选哈特菲尔德审稿意见中已经编码的某几行，重做它们的编码，这被称为重测信度（test-retest reliability），它能反映某个人给同样的内容进行的编码是否前后一致。

　　让我们结合例子来理解这一过程，以"清除阅读障碍"这条大写编码为例，哈特菲尔德对相同的20条审稿意见进行了两次编码。他第一次编码了1 779条审稿意见的前20条，并在所有编码工作结束后，对前20条进行第二次编码。我们假设他的编码结果如表8.4。

表8.4　"清除阅读障碍" 两次编码结果（首次尝试）

| 行号 | 第一次尝试 | |
|:---:|:---:|:---:|
| | 开始 | 结束 |
| | 清除阅读障碍 | 清除阅读障碍 |
| 1 | 1 | 1 |
| 2 | 0 | 0 |
| 3 | 0 | 0 |
| 4 | 0 | 0 |
| 5 | 0 | 0 |
| 6 | 0 | 1 |
| 7 | 1 | 0 |
| 8 | 0 | 0 |
| 9 | 0 | 0 |
| 10 | 0 | 0 |
| 11 | 0 | 1 |
| 12 | 0 | 0 |
| 13 | 0 | 0 |

|  | 第一次尝试 | |
| --- | --- | --- |
|  | 开始 | 结束 |
| 14 | 1 | 0 |
| 15 | 0 | 0 |
| 16 | 0 | 1 |
| 17 | 0 | 0 |
| 18 | 0 | 0 |
| 19 | 0 | 0 |
| 20 | 0 | 0 |

　　第一次编码结果为1的审稿有3行，而第二次有4行，其中只有第1行的编码结果两次都是1。可能很多人认为这个结果并不好，但问题是我们要怎样评价编码结果的好坏呢？

　　最简单的方式是计算哈特菲尔德第一次和第二次编码结果一致的相对比例，这在统计上被称作一致性百分比，计算方法如下：

$$一致性百分比 = \frac{编码结果相同的行数}{编码总行数}$$

　　对于这次重测信度检验，百分比一致性为75%，因为20行中有5行编码结果存在分歧或不匹配。虽然对于一致性百分比达到多少才可靠没有一致的标准，但无论如何75%实在太低了。

　　因此，哈特菲尔德不得不考虑要如何操作化他的大写编码，并决定再一次编码。你可以想象，他如果真的已经编码了1 779条审稿意见，发现一致性太低，又要重头再做一次全部数据的编码，心情会有多糟糕。这就是人们通常不会等所有编码工作结束后再检验编码信度的原因。他们一般会先确定部分编码信度符合要求，再对其他数据进行编码。

　　稍后我会详细介绍这一编码过程，现在假设哈特菲尔德已经再次明确"清除阅读障碍"编码的含义，并对20条数据进行重测检验，结果如表8.5所示。

表8.5 "清除阅读障碍" 两次编码结果（第二次尝试）

| 行号 | 第二次尝试 | |
|---|---|---|
| | 开始 | 结束 |
| | 清除阅读障碍 | 清除阅读障碍 |
| 1 | 0 | 0 |
| 2 | 0 | 0 |
| 3 | 0 | 0 |
| 4 | 0 | 0 |
| 5 | 0 | 0 |
| 6 | 0 | 0 |
| 7 | 0 | 0 |
| 8 | 0 | 1 |
| 9 | 0 | 0 |
| 10 | 0 | 0 |
| 11 | 0 | 0 |
| 12 | 0 | 0 |
| 13 | 1 | 0 |
| 14 | 0 | 0 |
| 15 | 0 | 0 |
| 16 | 0 | 0 |
| 17 | 0 | 0 |
| 18 | 0 | 0 |
| 19 | 0 | 0 |
| 20 | 0 | 0 |

所以现在哈特菲尔德在编码工作开始和结束时，以"清除阅读障碍"对同样的20行数据重复编码了两次。前一次编码的20行中有一行标记为1，后一次也有一行标记为1，但两次标记为1的并不是同一行。

说实话，我希望你能意识到哈特菲尔德的第二次重测检验的编码信度降低了，因为他前后两次编码的结果从来没有完全一致，这是一个非常严重的问题。但是，如果我们计算一致性百分比的话，这次重测检验结果其实比上一次要好，因为在20行结果中，有2行不相同，18行相同，一致性百分比为90%。这种计算方法的问题在于两次编码中，将审稿意见中不存在"清除阅读障碍"的行算作编码相同的行。

因此，当编码在数据中不经常出现时，百分比一致性并不是一个非常有用的信度检验方法。在哈特菲尔德的真实数据中，只有大约5%的审稿意见中出现了"清除阅读障碍"，即20行中只出现了1行。

为了解决这一问题，研究者提出了一系列不同的信度检验方法，雅各布·科恩提出的Cohen's kappa系数最为常用。作为量化民族志研究者的守护神，他还提出了Cohen's d这个统计量。[6]

圣雅各布[①]提出的kappa统计量对一致性百分比算法做出调整，它考虑到了随机编码结果相同的行数影响。为了说明什么是随机编码结果相同，我们上面假设所有审稿意见中仅5%的意见存在"清除阅读障碍"编码，意味着如果哈特菲尔德每次随机将5%的行编码为"清除阅读障碍"，那么他重复做两次随机编码，编码结果一致的行占90.5%。下面是计算过程：

1. 如果第一次编码，仅5%的行被编码为"清除阅读障碍"，95%的行不是。

2. 两次编码将同一行编码为"清除阅读障碍"的概率为5%×5%=0.25%。

3. 两次编码将同一行都不编码为"清除阅读障碍"的概率为95%×95%=90.25%。

4. 上述两个概率相加则为期望的一致性概率：90.5%。

①作者将雅各布戏称为圣雅各布是呼应前面守护神的说法。

而我们看到第二次重测检验的一致性为 90%，这比随机编码的结果更糟糕。相比之下，第一次重测检验对应的随机编码的一致性为 71%：

1. 首次重测检验中，第一次编码为 1 的行数大约是 3/20=15%，第二次大约是 4/20=20%。
2. 两次随机编码，结果都为 1 的概率为 15%×20%=3%。
3. 两次随机编码，结果都为 0 的概率为 85%×80%=68%。
4. 将两个概率相加得到期望的一致性概率为：3%+68%=71%。

哈特菲尔德首次重测检验的一致性为 75%，比随机编码的结果要好，虽然没有好很多，但人工手动编码的一致性信度比随机编码好，总好过比随机编码还要差的结果。

因此，计算 kappa 值时要减去随机编码可以达到的一致性水平。

$$\text{Cohen's kappa} = \frac{\text{一致性百分比} - \text{随机编码一致性}}{1 - \text{随机编码一致性}}$$

这个 kappa 值的取值范围是 -1.0 到 1.0，其中 -1.0 表示完全不一致，0 表示一致性百分比与随机编码一致性相等，1 表示完全一致。利用该公式，我们计算到首次重测检验的 kappa=0.14，第二次重测检验的 kappa=-0.05。我把计算这个 kappa 值的练习留给读者，虽然老实说这有点浪费时间，毕竟大多数统计工具可以帮你自动计算 kappa 值。kappa=0.14 说明一致性百分比比随机编码的一致性信度要好，但仍然不是很好。而 kappa=-0.05 说明一致性百分比比随机编码的一致性信度还要差。

与其他衡量一致性的统计量相比，kappa 统计量的优势在于它有被广泛接受的参考标准，如下表所示：[7]

| kappa值 | 一致性 |
|---|---|
| <0 | 小于随机编码一致性 |
| 0.01~0.20 | 一致性较弱 |
| 0.21~0.40 | 一致性一般 |
| 0.41~0.60 | 一致性中等 |
| 0.61~0.80 | 基本一致 |
| 0.81~0.99 | 几乎完全一致 |

通常情况下，等于或者略低于0.6会被认为是勉强具有一致性，更保守的一致性门槛值是0.70，而许多研究者通常采用0.65作为一致性检验的门槛。

因此，我们可以要求哈特菲尔德继续进行重测检验，直至一致性达到0.65，但这种方式工作量太大，也并不被大多数研究者所采纳。如果哈特菲尔德的重测检验的kappa值达到了0.65，则会认为他的编码是可靠的，也就是说，他的编码结果具有一致性。这意味着哈特菲尔德对"清除阅读障碍"的解释不会随时间而改变，但却并不能说明他关于"清除阅读障碍"的理解对其他任何人而言是合理的。所以我们说他的编码结果是可靠的，但并未必是**有效**的。

为了解决这一问题，人们通常会计算"评分者一致性信度"（interrater reliability），而不是检验重测信度。评分者一致性信度是在一名研究者对一系列行进行编码后，要求另一个人对相同的行进行编码，计算两位编码者（也称评分者）编码一致性的kappa值。如果两人对同一测试集的编码结果基本一致，即kappa值高于0.65，则认为他们对编码的理解是相同的，并且编码结果是有效的。换言之，如果两位评分者都认为数据中的特定行对应于大写话语中的某些特征，则说明他们从小写话语中识别大写话语特征的规则是合理的。

用民族志研究的话语体系来说就是：如果两位评分者对于数据中哪些行属于特定大写编码持相同意见，我们就验证了这些行所具有的小写编码是一种定义大写编码的合理方式。

当然，两位评分者第一次编码的一致性不会很理想，kappa 值一般会低于 0.65（或他们选择的其他门槛值）。如果出现这种情况，测试集中的行将会成为**训练集**的一部分，然后两位评分者会继续讨论他们选择的大写编码，并进行反复论证，以期能够促进他们对大写编码含义的理解。然后，他们再对另一个测试集分别编码，计算 kappa 值，并重复这个过程，直至 kappa 值超过 0.65。

这里有一个关于效度的问题：为什么两位评分者就足够了？难道来自同一实验室两个人看待事物的方式不会和普通人或其他实验室的人有所不同吗？是会有不同的。如果你有条件请到三个、五个、十个或者更多人来对数据进行编码、修改编码、再编码和检验编码一致性，那自然最好不过。与一个人完成所有编码相比，如果能有两个人达成一致，至少说明对于如何识别大写编码达成了某种程度的共识。所以，让我们假设哈特菲尔德找到一个朋友来一起对测试数据集进行编码，结果如表 8.6。

表 8.6 "清除阅读障碍" 两位评分者的编码结果

| | 测试集 | |
|---|---|---|
| | 哈特菲尔德 | 假想的朋友 |
| 行号 | 清除阅读障碍 | 清除阅读障碍 |
| 1 | 0 | 0 |
| 2 | 0 | 0 |
| 3 | 1 | 0 |
| 4 | 0 | 0 |
| 5 | 1 | 1 |
| 6 | 0 | 0 |
| 7 | 0 | 0 |
| 8 | 1 | 1 |
| 9 | 0 | 0 |
| 10 | 0 | 0 |
| 11 | 0 | 1 |

续表

|  | 测试集 | |
|---|---|---|
|  | 哈特菲尔德 | 假想的朋友 |
| 12 | 0 | 0 |
| 13 | 0 | 0 |
| 14 | 0 | 0 |
| 15 | 1 | 1 |
| 16 | 0 | 0 |
| 17 | 0 | 0 |
| 18 | 0 | 0 |
| 19 | 1 | 1 |
| 20 | 0 | 0 |

假设这是他们的测试集，其一致性百分比为90%，kappa值大于0.73，满足一致性要求！关于"清除阅读障碍"这一编码，他们对2行审稿意见的编码结果不一致，有4行一致认为存在该编码，还有14行一致认为不存在该编码。所以尽管他们的编码结果并不完全一致，但也超过了0.65的门槛值。

大多数研究者都会建立对编码结果的"评分者一致性信度"，也有一些研究者用"社会调节"（social moderation）的方法，由多位评分者对所有数据进行编码，并讨论所有不同的编码结果，直至达成一致。也有一些定性研究者根本不检验评分者一致性信度。大写编码是基于研究者对研究情境理解基础的一种诠释，而对文化的解读则又是建立在这些编码基础上的。民族志研究的关键在于文化诠释，而定量的诠释并不是唯一的，且也不应该是唯一一种验证诠释效度的方式。最后，我还想指出的是，一些研究者会选择不同的统计方法来检验两个评分者之间的一致性。[8]

但大多数研究者是用kappa值来检验评分者一致性信度。不管用什么统计方法，检验过程都是相似的：对测试集进行编码，计算统计量的取值，检验统计值是否超过最小接受值。如果没有，则评分者需要将测试数据集作为训练数据集，通过检查训练数据集来增进他们对编码的理解，并对新的测试数据集重做一致性检验。一旦这个过程完成，从小写编码识别大写编码的有效性就确立了，两位评分者中的任何一位都能够可靠地对其余数据行做编码了。通过这个过程，我们就可以认为哈特菲尔德的编码结果是有效的。

虽然这几乎是每个研究者都会采用的确立编码是否合理的方式，但其实存在一个问题：

这种方式实际上是行不通的。

# Rho 值

你没有看错我上面说的话。几乎每个研究者都采用的建立编码有效性的上述过程其实是有问题的。

我的意思不是说他们的某些汇报编码一致性检验的做法是愚蠢的，比如报告两个评分者关于一个完整编码方案的"整体一致性"，因为会有这种情况出现，两个评分者关于讨论中存在"争议"的理解完全不一致，但是关于讨论内容是在"提问"这一编码毫无异议。这就造成了不同编码的一致性水平差异无法通过整体一致性来体现。因此每个编码应该分别检验该编码结果的一致性，因为我们试图弄清楚两个评分者（或者更多人）是否同意每个大写编码的含义及其编码方式。

但我要说的是一个更深层次的问题：这个编码一致性检验过程本身的统计缺陷。

你可能已经注意到，在关于哈特菲尔德如何检验编码信度（包括重测信度和评分者一致性信度）的所有描述中，我从来没有提到他的测试集大小。我之所以展示了20行的测试数据集，也仅是因为作为示例，这样大小的数据集比较合适。

实际研究中，人们常用的测试集会超过 20 行，可能是 75 行、100 行或 200 行。如果再多的话，对数据进行编码就会变得不那么容易，所以研究者们都会希望尽可能用较小的测试数据集来计算两个评分者在测试集上的编码一致性，当一致性足够高的时候，研究者就能可靠地编码其余的数据了。

但问题就出在这里：从统计学角度来看，研究者能够可靠地对数据进行编码到底意味着什么呢？

哈特菲尔德和他的朋友对 20 行大小的测试集进行编码的 kappa 值超过 0.65，因此他得出结论说能够有信心对其余数据进行编码……但这里的信心又是指什么呢？

合理的说法似乎应该是，基于测试集编码结果的 kappa 值超过 0.65 这一事实，哈特菲尔德相信如果他和他的朋友对其余数据进行编码，整个数据集的 kappa 值也会高于 0.65。换句话说，因为测试集的 kappa 值高于 0.65，他就会认为推广到所有数据的 kappa 值也会高于 0.65。

然而测试集只是所有被编码的数据总体中的一个样本。其实被编码的数据总体也是我们假想的，因为除非采用社会调节的编码方式，否则哈特菲尔德和他朋友是不可能完成对所有数据的编码的。这其中的问题在于，将结论从样本推广到总体时，他们并没有考虑样本能否很好地代表总体。他们的做法就和测量威斯康星大学 20 名学生的身高来推断大学生平均身高会超过 1 米 83 是一样的。更危险的是，我们的编码一致性检验类似于，不断寻找 20 名学生的样本，直到找到有一个 20 人的样本平均身高超过 1 米 83，我们就此推断大学生平均身高超过 1 米 83。

你觉得这种身高推断是荒谬的吗？但这其实和研究者不断尝试对不同的测试数据集做编码然后检验编码一致性，直到有一个测试集的 kappa 值超过 0.65 的做法差不多。唯一的区别在于，没有人会对平均身高问题做出这样的统计推断，但人们却事实上一直在这样使用评分者一致性信度。[9]

我要说明的是，这个问题不是出在 Cohen's kappa。这是一个方法论层面的问题。就算哈特菲尔德用的是一致性百分比、霍尔斯蒂（Holsti）法、斯科特（Scott）的 pi 值、斯皮尔曼（Spearman）的 rho 值、皮尔逊相关系数、杰卡德相似性系数（Jaccard's J）、林氏（Linn）调和相关系数、准确度和召回率、F 检验统计量、库佩尔-哈夫纳（Kupper-Hafner）指数，或者克里彭多夫（Krippendorff's）alpha 值做统计检验，也会犯同样的错误。验证一致性中存在的问题不在于选用哪个统计量，而在于检验的方法。[10]

好在这个问题是完全可以解决的。当我们根据给定的样本参数值来推断总体参数是否高于门槛值时，可以用 t 检验或其他统计方法来估计做出这一推断犯错误的可能性。我们通常用 p 值来量化这一犯错概率。如果 p 值低于某个显著性水平（通常为 5% 或更小），我们就能够得出关于总体参数的结论。

类似地，当我们根据测试集 kappa 值判定两位评分者的一致性达到可接受的水平时，可以采用抽样技术估计犯错的概率。抽样技术具体如何操作，最好是由相关学术论文来解释，但基本的思想是模拟生成大量经过编码的数据集，即假设的大量总体，每个总体的 kappa 值都低于门槛值。

然后，我们从这些总体中再抽取样本计算 kappa 值来检验这个 kappa 值大于等于真实样本 kappa 值的概率。如果观察样本的 kappa 值几乎从未出现在从假设的大量总体中抽取的样本中，由于我们假设的大量总体的评分者一致性信度较差，所以我们可以下结论说样本很可能不是来自评分者一致性信度较差的总体。因此，如果我们的评分者对整个数据集进行编码，将会得到一个可接受的一致性水平。[11]

为了量化这种由测试数据集的 kappa 值推断总体 kappa 值时犯错误的可能性，我和我的研究团队成员布兰登·伊根（Brendan Eagan）、布拉德利·罗杰斯（Bradley Rogers）、弗兰克·博登（Frank Borden）、科迪·马夸特（Cody Marquart），以及著名统计学家罗纳德·塞林（Ronald Serlin）和肯尼斯·弗兰克（Kenneth Frank）一起提出了rho统计量（希腊字母 ρ 的发音）。为了区别于斯皮尔曼的rho值，我们称之为谢弗的rho值（可供用作统计量表示的希腊字母就这么多）。与 *p* 值类似，rho值也表示根据样本推断总体的犯错概率。

你也许会产生疑问，真的有必要用rho吗，没有它之前人们不是也用评分者一致性信度很多年了吗？这是个好问题，但rho开发团队的两位成员，伊根和罗杰斯，用蒙特卡罗法测试了不用rho的情况下，根据样本推断总体的犯错概率。这听起来好像他们雇了一个赌场发牌员，然后租了燕尾服，喝着马提尼鸡尾酒（用摇的，不要搅拌），而熟悉他俩的人可能会认为这正像他俩会干的事[①]。实际上蒙特卡罗法只是衡量统计检验可靠性的一种方法。伊根和罗杰斯生成了大量的模拟数据集，这些模拟数据集是关于两个评分者编码结果的数据，并从每个数据集中抽样得到一个测试集，然后比较测试集与完整数据集的kappa值大小。表 8.7 显示了从 kappa 值推断总体时的犯错概率：

**表8.7　从测试数据集 kappa 值推断总体 kappa 值时犯 I 类错误的概率的仿真结果**

| | | 测试集大小 | | | | | | |
|---|---|---|---|---|---|---|---|---|
| | | 20 | 40 | 80 | 160 | 200 | 400 | 800 |
| 基本比率 | 0.01 | 0.304 | 0.355 | 0.367 | 0.383 | 0.364 | 0.297 | 0.199 |
| | 0.05 | 0.255 | 0.347 | 0.280 | 0.210 | 0.182 | 0.123 | 0.073 |
| | 0.10 | 0.228 | 0.256 | 0.179 | 0.132 | 0.118 | 0.078 | 0.061 |
| | 0.20 | 0.216 | 0.196 | 0.132 | 0.097 | 0.083 | 0.053 | *0.039 |
| | 0.30 | 0.229 | 0.168 | 0.110 | 0.077 | 0.072 8 | 0.050 | *0.035 |
| | 0.50 | 0.204 | 0.136 | 0.095 | 0.073 | 0.059 | *0.044 | *0.034 |

如果计算评分者一致性信度时不控制样本方差，测试集的数据量不能少于400行，才能保证犯错概率低于5%。但这只适用于编码

[①]蒙特卡罗法对于不了解的读者可能会被以为和世界知名的蒙特卡罗赌场有关，进而联想到007电影中邦德在赌场点鸡尾酒时常说的这句话。这里是作者调侃的说法。——译者注

在数据中出现频率较高的情形，如果编码出现频率低于20%，就需要更大数据量的测试集才能保证犯错概率低于5%。[12]

伊根和罗杰斯发现一致性百分比的检验结果就更差了。对于用常规方法检验测试数据集，然后根据测试集的一致性百分比推断总体数据集的编码有效性，基本上都是没有经过效度检验的。这就是我们提出rho的原因。

上面哈特菲尔德的例子中，测试集的rho>0.27，编码在数据中的出现频率为5%，测试集长度为20，kappa=0.73。这意味着如果哈特菲尔德据此得出的结论是总体数据的编码结果会是有效的，那么他有超过5%的可能性会犯错，这当然就比研究者普遍接受的统计显著性水平高。

当然，检验rho值似乎又增加了研究者的工作量，它意味两个人不仅要编码足够多的数据以得到一个好的kappa值，还必须得到一个好的rho值？

但其实rho值是研究者的朋友。它会告诉你在测试集中只要对多少行数据进行编码，就能够认为某个小写编码是某个大写编码的有效操作化方式。例如，表8.8呈现了编码出现频率为5%时，不同测试集长度及得到的kappa值所对应的rho值。

表8.8　编码出现频率为5%时，不同测试集长度及
得到的kappa值所对应的rho值

| 测试集长度 | kappa | rho |
|---|---|---|
| 20 | 0.73 | 0.27 |
| 20 | 1.0 | 0.231 |
| 80 | 1.0 | 0.046* |
| 100 | 0.90 | 0.038* |
| 80 | 0.73 | 0.211 |
| 400 | 0.73 | 0.048* |

*表示rho<0.05。

从 rho<0.05 时的测试集长度和 kappa 值可以看出，犯错概率低于5%时，kappa>0.65。当编码在数据中出现的频率为5%时，随机选择20行数据，让两个人对其编码，总体 kappa 值将永远不可能超过0.65，即使两个评分者对测试集的编码结果完全一致（kappa=1.0），因此认为数据总体的编码结果有效的犯错概率仍然会超过5%。

还要注意的是，如果评分者对随机选择的80行数据进行编码的结果完全一致，则数据总体的编码结果也可能是有效的。但更理想的情况是，对随机选择的100行进行编码，评分者仅需要得到0.9的 kappa 值，就可以以犯错概率低于5%水平，保证整个数据集的kappa 值超过0.65。

然而，对于哈特菲尔德和他朋友来讲，随机对400行数据进行编码，kappa 值必须达到0.73，才能保证他们对全部数据编码结果的一致性在统计上是显著的。因此，他们可能需要做更多的工作，以进一步增进他们对大写编码含义的理解，以及要在话语中通过哪些小写编码来识别这些大写编码。

图8.1为评分者建立评分者一致性信度的循环过程。

编码多少数据才足以从样本推断出两位评分者编码一致性的kappa 值大于0.65呢，rho 值为此提供了参考依据。

等一下……我们之前也听到过类似的表述。

在上一章中，我们提到对描述数据模式的某些参数进行统计检验，可以保证即使采集更多的数据，数据模式也不会改变。这里我们所说的是同一回事：对描述数据（即一个测试集）某种模式（即两位评分者关于一个大写编码的一致性）所用的某个参数值（这里是 kappa 值），采用统计量（rho）进行检验，可以提供如下统计保证，即如果再对更多的数据进行一致性信度检验，这一模式（即一致性水平高于门槛值）也不会发生改变。

也就是说：

rho 是用统计数据来确保理论饱和的另一个例子。

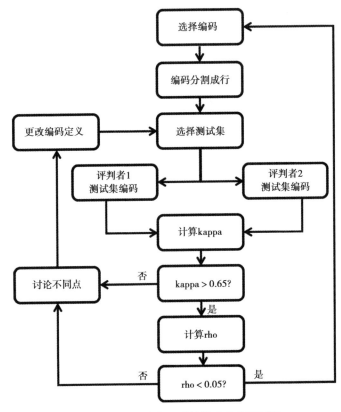

**图8.1　建立评分者一致性信度的循环过程**

　　在这里，理论饱和指的是两位评分者已经检验了足够多的数据来保证编码的有效性。在此基础上再对其他数据编码，也将会呈现相同的数据模式。

　　从某种意义上说，kappa和rho就是一种针对编码过程的统计"垃圾输入，垃圾输出"检测器。它可以用来检测我们正在使用的大写编码是不是我们真正感兴趣的编码，而且至少要有两位评分者能以相同的方式识别这些大写编码。

　　或许你会问：在上一章的结构分析中，为什么没有对"跟随导师"进行这种一致性信度检验呢？为什么我们没有对比进行了分节的编码结果，并进行rho检验呢？

其实我们对两者都做了。我没有在上一章提这一点是因为没办法一次讲清楚所有问题。但我从"尼夫洛特克斯"游戏的讨论记录中随机选了80行数据，通过阅读每个人发言行之前的几行来确定该行发言是否属于跟随导师。然后我对比了这种手动编码方式和上一章中基于节的编码方式，结果如表8.9。

表8.9 两个编码过程的列联表

|  |  | 利用节进行编码 | |
| --- | --- | --- | --- |
|  |  | 跟随导师 | 不跟随导师 |
| 手动编码 | 跟随导师 | 23 | 3 |
|  | 不跟随导师 | 4 | 50 |

列联表中的结果显示，有23行数据都被两种方法识别为"跟随导师"，50行数据都被两种方法识别为不跟随导师，80行数据中仅有7行数据编码结果存在分歧，由此表明"跟随导师"是一个相对高频的编码，它出现在了32%的随机抽样数据中。

我从R统计软件包下载了rhoR包，计算得知kappa>0.80，rho<0.006，结果很理想。所以我对"跟随导师"的数据解读，与用基于节的方法对数据总体进行编码的结果是一致的，kappa>0.65，犯错概率低于5%。

我们还做了另一件类似的事情，我们之前决定节窗口的大小为每行数据加上前面5行，得到一个6行的固定窗口大小。当我们决定将回溯5行作为一个节窗口后，我们就对这个决定进行了一致性检验，验证是否每行发言最远的指代行是5行以内。

也就是说，我们在组织定性数据时做的许多决定，如分割和编码的操作化，都可以用kappa和rho来提供统计学保证。

请注意，当研究者打算采用评分者一致性信度（即kappa和rho）作为编码理论饱和的统计依据时，需要在编码本中添加新的列。原本每个编码包含以下三条信息：

1. 编码名称

2. 编码定义

3. 编码示例

现在我们还需要加上：

4. kappa 和 rho 值，用来检验编码的有效性

每个编码都必须包含以上信息，因为统计学检验的就是确保小写编码能否用于识别特定大写编码的含义。如果只是笼统说两位评分者对数据按多个编码进行编码的结果达成了一致，那么一致性差的编码结果就有可能经过平均被其他一致性好的编码结果掩盖了。同样地，如果你用评分者一致性信度来确保分节结果是理论饱和的，也需要报告kappa值及rho值，或用类似的统计量来提供统计保证。

# 膨胀基本比率

那些习惯于视觉思维的人可以看出，图8.2是在上一章理论饱和的操作化过程图的基础上加入了评分者一致性信度。最上面标记为 $p<\alpha$ 的水平箭头展示了我们可以用小写话语中关于小写编码的模型，来提供大写话语中关于大写编码模式的统计依据。现在我们增加了另一个统计保证：下面标记为 $\rho<\alpha$ 的水平箭头是评分者关于大写编码理解的一致性信度水平的统计学依据，即我们在小写话语中应用的小写编码代表了我们所关注的大写编码，它由评分者一致性信度的 rho 值来表示。

这两个统计依据都支持理论饱和的观点。下方的统计保证是当我们编码足够多的数据时，我们就能通过小写编码识别我们所关心的大写编码，上方的统计保证表明如果我们收集了足够的数据，小写编码之间的特定模式就可以表征大写话语中大写编码之间的关联。

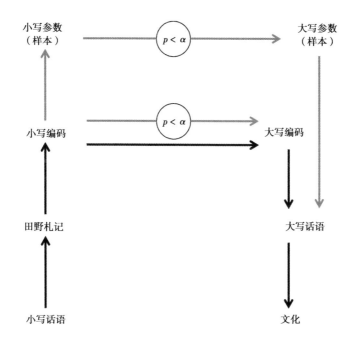

**图8.2　理解文化大写话语的定性和定量分析途径（包括rho）**

　　严格来说，我们实际上并不需要这两个统计依据，民族志研究不要求统计依据是有效的。民族志研究者有许多分析工具来解释数据中的偏见。评分者一致性信度和统计模型只是其中可供使用的两个。

　　这就是图8.2中第三个黑色水平箭头上没有标明任何统计检验的原因，这个箭头代表了民族志研究者根据话语中的编码来诠释文化时所采用的非统计学依据。定性研究者会用许多方式来解释偏见，并保证他们的解释是扎根在该文化的局内人理解事物的方式基础之上的。事实上，整个黑色箭头序列显示了任何民族志研究者的分析推断过程，我们只是在此基础上加了两个统计检验依据来作为保证。

　　尽管如此，统计依据对理论饱和来说仍然是十分有用的工具。比如，用rho来检验评分者一致性信度，不仅可以告诉研究者需要

量化民族志：一种面向大数据的研究方法

编码和验证多少数据才能确保得到有效的编码，rho 的使用会让这个过程更高效。

我们发现有些编码很少出现在民族志研究的数据中，哈特菲尔德仅对 5% 的数据编码为"清除阅读障碍"，他的数据中最常见的大写编码也仅占 35%，最少的大写编码只占 2%。表示大写编码在数据中出现频率的技术术语叫作"基本比率"（base rate）。基本比率为 0.3 的大写编码将会在 30% 的数据中出现，这是一个相对较高的基本比率。基本比率为 0.01 的大写编码将会在 1% 的数据中出现，相对而言是很低的基本比率。就我的个人经验，一般很少有基本比率高于 0.3 的大写编码。如果大写话语的某些内容一直出现，那么它对解释事物不会有什么帮助。重要的大写编码，基本比率会小于等于 0.1，恰恰因为它们很少在大写话语中出现，所以一旦出现，便是非常有意义的。当然，这只是一般性的经验法则，即民族志数据中，有些重要的大写编码出现频率很低，所谓频率低是指基本比率低于 0.1。

而基本比率较低的编码很难得到较高的评分者一致性信度。理由很简单：如果一个编码在数据中不太出现，那么两个评分者达成一致的情形很可能是**纯属偶然**。当我们用一致性百分比来检验信度时会遇到这种问题。如果一个编码没有出现很多次，大多数时候两位评分者会说它不存在，那样他们的一致性会很高。在评分者的编码一致性很可能是随机的情况下，我们会调整随机编码一致性的门槛值，即 Cohen's kappa，这时评分者几乎要完全达成一致才能够比随机编码一致性水平更好。

更糟糕的是，评分者这时必须编码大量数据才能获得很高的一致性水平，因为低基本比率的编码不会出现得那么频繁。如果编码仅在 2% 的数据中出现，则评分者必须编码 100 行数据才能遇到两次这个编码。一旦他们犯了错误，哪怕只有一次错误，他们也几乎肯定需要对数据进行重新编码。而实际上对于在 2% 的数据中出现的编码，评分者需要随机选择 200 行甚至更多行并完全达成编码一致性，才能得到一个可接受的 rho 值。这意味着 kappa 在检验低基本比率的编码时并不十分灵敏。你必须编码大量数据，并且误差容许度非常小。

但这是因为我们从测试集中随机选择数据行，如果我们不是随机选择数据行，结果会如何呢？例如，如果哈特菲尔德对 200 行数据以"清除阅读障碍"进行编码，因为该编码的基本比率为 0.05，他可能会在大约每 10 行中找到一个大写编码。但是，如果他没有将所有 200 行作为测试数据集，而是：

1. 从 10 行编码为"清除阅读障碍"的数据行中随机选择其中 4 行

2. 从其他已编码的数据中完全随机再选择 16 行

这将创建一个包含特定属性的 20 行数据的测试集。因为第 1 步的选择，所以测试集中至少有 4 行是被哈特菲尔德编码为"清除阅读障碍"的。实际上该测试集包含这个编码的行数可能更多，因为步骤 2 随机选择的 16 行中可能也包含了这个编码。换句话说，我们并不确切知道第一个评分者在此测试集中，用"清除阅读障碍"编码了多少行数据，但我们知道他至少编码了 4 行。此过程称为"条件抽样"（conditional sampling），也就是不从总体中随机选择样本，而是根据某些规则来选择。在这种情况下，条件抽样会产生一个包含"膨胀基本比率"（inflated base rate）的测试集，也就是说测试集中大写编码的基本比率高于全部数据中大写编码的基本比率。

"清除阅读障碍"在数据总体中的基本比率为 0.05，但测试集中的基本比率至少为 4/20=0.2。因为测试集中的基本比率更高，所以两个评分者随机编码达成一致的可能性更低，也就意味着这时 kappa 是更加灵敏的检验方法。

看表 8.10，如果哈特菲尔德给他朋友提供一个膨胀基本比率为 0.2 的测试集来编码，那么测试集的 rho 值会发生什么变化？

量化民族志：一种面向大数据的研究方法

**表8.10　经过条件抽样使膨胀基本比率为0.2的**
**不同测试集长度和kappa值及对应的rho值**

| 测试集长度 | kappa | rho |
|---|---|---|
| 20 | 0.73 | 0.205 |
| 20 | 1.0 | 0.035* |
| 20 | 0.90 | 0.034* |
| 20 | 0.80 | 0.202 |
| 50 | 0.90 | 0.033* |
| 150 | 0.73 | 0.049* |

*表示rho<0.05。

　　有了膨胀基本比率，研究者能够用更短的测试集来保证"清除阅读障碍"的kappa>0.65。如果可以实现测试集的kappa>0.9，那么一个20行的测试集将给出<0.05的rho值；而如果是完全随机选择行的测试集，要达到这一指标需要100行。如果kappa>0.8，则只需要条件抽样50行。即使最多只能达到kappa>0.73，在条件抽样使得膨胀基本比率为0.2的情况下，一个150行的测试集也足够了。为了便于比较，请回忆一下表8.8，如果测试集kappa>0.73，必须编码随机选择达400行，才能保证全部数据的编码结果满足kappa>0.65。

　　因为有了rho值这个工具，研究者可以基于膨胀基本比率的测试集进行检验。没有rho值，研究者关于样本和总体结果相似的说法就不成立。没有进行任何统计检验的情况下，只有当测试集是从总体数据集中随机抽样的子集时，才可以声称能从样本推断总体的kappa，我们也无法给第二个帮忙做一致性检验的评分者，提供手动选择的条件抽样测试集了。

　　而有了rho统计量，我们可以采用任何抽样方式，只要在计算roh值时用相同规则生成测试集就行。记住，rho的作用是创建一系列和大写编码基本比率相同的模拟数据集，但评分者一致性较低，即kappa<0.65。然后采用和我们条件抽样相同的方式，从数据集中

生成测试样本，并计算每个样本的 kappa。rho 值说明在评分者一致性差的数据中，条件抽样获得的样本集 kappa 值大于或等于研究者接受的 kappa 值的概率。也就是说，它告诉我们如果评分者对整体数据的编码一致性较差时，我们选择特定的条件抽样程序时得到某一可接受结果的可能性。这一方法为研究者提供了超越常规方法的巨大优势。图 8.3 展示了随测试集大小不同，当两个评分者编码一致性 kappa=0.9 时，满足总体 kappa>0.65 的 rho 值变化：

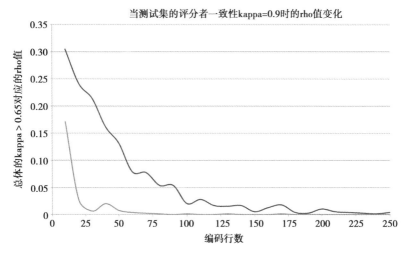

图 8.3　kappa=0.9 时，随机测试集（黑色）和
基于膨胀基本比率的测试集（灰色）的 rho 值差异

黑色曲线表示随机选择测试集的行，其 rho 值的变化。灰色曲线表示选择有膨胀基本比率的测试集时，rho 值的变化。下方的灰色曲线说明研究者可以用膨胀基本比率，也就是利用 rho 值，通过编码更短的测试集得到可接受的评分者一致性信度。

但是，用 rho 并不意味着可以避免重复进行编码。研究者仍然需要对测试集进行编码，然后检查其 kappa 和 rho。倘若他们没有得到足够高的 kappa 值，rho 值也低于所选的显著性水平，就需要重新考虑他们的小写编码，甚至是大写编码。由于不能重测他们已完成编码的数据，因此接下来需要使用全新的测试集重新开始。我还想补充的一点是，用 rho 值检验很短的测试集（少于 30 行或 40 行）来验证大写编码的有效性并不是一个好主意，因为评分者见到大写编码的次数相对较少，就有可能错过重要的数据实例。

尽管存在这些限制，但 rho 确实减少了保证评分者一致性信度所需测试集的行数。更重要的是，它提供了一种统计上合理的方法，用于确定评分者编码的行数是否足够从测试集中推断出总体的一致性。

但是且慢，就像电视购物广告总喜欢说的一句台词：还有更多精彩！

# 分类器

哈特菲尔德的数据中有 1 779 条审稿意见，最终他与另一位研究者的 17 行编码获得了较好的评分者一致性信度。然后他手动编码了所有数据。这是一项艰巨的任务，好在 1 779 行数据还在人力可以承受的范围。

但是，如果他的数据集是现有的两倍多，就像我们一直关注的"尼夫洛特克斯"游戏数据那样有近 4 000 行，甚至更多时会怎样呢？有些时候一个人甚至一个团队，都不可能对定性数据表的每一行进行编码。那么，研究者接下来应该做什么呢？

一种选择是随机选择数据中的某些行或某些部分，也称为"降抽样"（downsampling），另一种是聚焦数据的局部（可能是选择其中一个关键活动或一段时间，或限定在一组人），以此来减少数据集的大小。这使得数据更易于掌控分析，因为如果数据缩减到足够少，就可以继续手动编码了。

然而，降抽样有一些缺点。它减少了数据量，就像理发师的打薄剪一样，可以减少数据的块头。但由于民族志研究的本意在于收集大量数据以获得深描，因此精简数据就成了一个问题。更糟糕的是随机删除编码行可能在统计上是合理的，但也可能因此无法回答一些问题——比如上一章所关注的研究问题。如果我们只编码一个随机抽样的数据集，那么查看每行发言的前 5 行讨论又有什么意义呢？随机降抽样去掉了数据的原始情境，会使得研究者很难对数据做出确切的解释。

当然，聚焦重要的活动或少部分人是一种历史悠久的民族志方法，可以解决随机降抽样造成的数据情境缺失问题。但它的缺点在于研究结论更加具有局限性。比如说，假如我们分析"尼夫洛特克斯"游戏中的一个学生小组，我们就无法对整个班级的表现得出任何结论。

这些都是完全可以接受的民族志方法，尽管由于上述原因，聚焦数据比降抽样更加常用。但是如果我们接受了评分者一致性信度，就会有第三种选择：

## 自动编码

让我们继续之前的例子，假设要求哈特菲尔德和他的朋友以"清楚阅读障碍"编码对数据进行编码，直到 kappa 和 rho 值显示他们的评分一致性满足要求。我们假设这对他们来说很容易，他们必须通过重复编码 300 行数据几次，以检验一致性，并最终实现了这一点。顺便说一下，300 行的测试数据量对于用 rho 值获得评分者一致性信度并不鲜见。

一旦他们以这种方式达成一致，我们就可以得出结论：如果哈特菲尔德和他的朋友编码了剩下的 1 479 行（最初的 1 779 减去他们已经编码的 300 行），他们的一致性仍能够保持在 kappa=0.65。现在只需要他们当中的一个人对其余数据编码，因为我们知道另一个人也会同意得到的编码结果。这对哈特菲尔德的朋友来说是有利的，

量化民族志：一种面向大数据的研究方法

因为只要她帮助哈特菲尔德获得评分者一致性信度，她的工作就完成了。

但如果哈特菲尔德的朋友是一台机器怎么办？如果哈特菲尔德不是与另一个人就编码达成一致，而是哈特菲尔德开发了一个计算机程序，可以采用和他自己相同的方式对数据进行编码呢？

当然，这台机器肯定不会和哈特菲尔德的编码完全匹配，它本来也没必要做到完全一致。我们可以用 kappa 和 rho 来测试两位评分者是否达成一致，只要一致性足够高，就能够放心地让其中一个评分者独自完成剩下数据的编码工作。

因此，如果哈特菲尔德可以和他的计算机程序对测试集编码并获得满意的评分者一致性信度，他的工作就完成了。他可以让这个程序对剩下的数据进行编码，因为他知道，只要 kappa>0.65，编码结果就是可接受的。而且用计算机程序编码另外 1 479、14 079 甚至 14 000 079 行数据，都要比请一个人多编码 79 行容易多了。所以我们可以想象能用计算机程序编码的话会令哈特菲尔德非常开心。

好消息是这种计算机程序并非不可能。实际上，创建一组规则来编码数据并没有那么困难。自然语言处理的研究者会使用一些非常复杂的方法来做到这一点。例如，研究者在识别一个大写编码的示例时，会用潜在语义分析（latent semantic analysis）这样的工具来识别数据中作为某个大写编码表征的词的模式和不能作为这个大写编码表征的词的模式之间的差别。这种方法的优点是易于自动化，但它通常要求研究者事先编码大量数据，这似乎并没有减少研究者的工作量。[13]

另一种方法是明确指出大写编码存在的词或者词的结构。它听起来既不那么困难也没有那么不可能，因为这只是描述大写编码存在依据的更精确方式。还记得我们曾经说过大写编码就是和文化相关的某些行为，是对所发生的事件的诠释；小写编码是某人可能的言行，能够成为我们诠释大写编码的证据。所以要写下一些词和词的组合，也就是小写编码，以此作为我们明确大写编码含义的证据。

这种代表了大写编码的明确的词和词的组合构成的列表，其专业术语叫作"分类器"（classifier），它是任何用于将词或词的模式与数据相匹配的规则。分类是识别数据是否属于某个类别的过程，这里的类别就是编码。

举一个分类器的简单例子。哈特菲尔德的大写编码之一是"读者关注"，他将其定义为"引用读者所需或所想的事物"。亚瑟对"乡村卫生项目"这个新闻故事的前三个审稿意见编码为"读者关注"。很容易发现，这是因为三个意见中都包含了"读者"一词：

1. 俘获读者的心，让他们想要继续阅读更多内容
2. 尽量避免强迫读者记忆缩写
3. 我保证读者会读完整个故事

实际分析结果表明，只在数据中查找单词"读者"的分类器与哈特菲尔德的编码一致性 kappa=0.51。如果我们改进分类器，寻找以"读者"（包括"读者们"和其他类似的单词）开头的任何内容，那么 kappa 会升至 0.85。换句话说，只用一个**词根**，即表示以读者（r-e-a-d-e-r）开头的单词的术语，足以让分类器与哈特菲尔德的编码结果一致。kappa 值"只有"0.85 的原因是测试集中有些学生在为电台广播写新闻故事。因此审稿意见中出现的是"听众"而不是"读者"。如果我们再添加词根"听众"到分类器中，kappa 会上升到 0.95。

现在也许你会想我这是在作弊，因为选了一个简单的大写编码。但在审稿意见中用读者、读者们、听众、听众们这些词表示有人在谈论"读者关注"这种做法并不奇怪，而且它也适用于更复杂的大写编码。

如之前所示，亚瑟在他的审稿意见中写到的新闻大写编码之一是哈特菲尔德所谓的丰富的细节，即"通过展示而不是评述使得故

事更真实，同时利用更多有力的细节来和故事背后传递的意义建立联系，这是讲故事的策略"。例如，在一条审稿意见中，亚瑟谈到"乡村卫生项目"如何使用"丰富的细节"这一策略：

通过深入探究人物做出重大决定的关键时刻，努力使读者（和观众）认为你的素材是鲜活的。

这里有一些词的模式，即小写编码，它们能够与大写编码"丰富的细节"很好地匹配：

\bgot.★?\bdetail

\bdrill.★?\bdeep

\bprob.★?\bdeep

\bwitness

\bsourc

\bscen

\balive

\bgripping

\bsenses

\bdetail

\bto life

\bcharacter

\banecdote

\bdrama

这些模式叫作"正则表达式"（regular expressions），是一种通过描述单词或者字母模式，作为分类器的语言。例如，"\b"表示单词的开头或结尾部分，那么"\bsourc"代表以"sourc"开头的任何单词，上述审稿意见中与此匹配的是单词"sources"（素材）。同理，"\balive"是以"alive"开头的单词，和审稿意见中的"鲜活alive"一词匹配。像"\bprob.★?\bdeep"这样更复杂的表达代表一个以"prob"开头的单词，后面跟着一个以"deep"开头的单词，因此这个正则表达式可以匹配审稿意见中的"probing more deeply"

（更深入地探究），"you need to prob deeper"（你需要深入探究）和 "try to prob as deep as you can"（试着尽可能深度地探究）。

设计诸如 "\bprob.★?\bdeep" 这样的正则表达式列表有点令人生畏。作为研究 rho 和评分者一致性信度的工作的一部分，我们开发了一个工具叫作 nCoder，它可以更方便地创建分类器。nCoder 允许研究者上传要编码的数据。nCoder 采用交互式的数据编码方式，创建和改进字词列表，包括帮助寻找新的单词和创建词的模式。它甚至可以提醒用户，在列表中加入与一行或多行数据相匹配的某个单词其实并不是一个好的选择，因为这个单词会导致数据中其他地方的匹配出现错误。

虽然哈特菲尔德的例子重点关注文本的自动编码，但理论上，任何可以在计算机文件中表示的东西，即1和0或它们的某些组合，如字母、颜色或任何其他模式，都可以用相同的方式编码。例如编码"打断"交谈。我们在第6章中看到伊恩·哈奇比用话语分析转录法可以很容易地完成这项工作。"打断"谈话的转录标志为连字符，因此"打断"谈话比"丰富的细节"等概念更容易编码。[14]

然而，无论我们使用什么方式来创建自动分类器，获得自动编码的评分者一致性信度都像是图灵测试的简化版本。我们知道在图灵测试中，如果我们不能区分机器给出的响应和人给出的响应之间的差异，我们就说计算机是智能的。而在我们的例子中，只需几个简单的规则，计算机就可以匹配一个人的审稿意见是属于"读者关注"还是"丰富的细节"。

我们之所以能做到这一点，是因为对日志文件数据进行编码并不是"人工智能完备"（AI-Complete）的。计算机科学家泛亚·蒙塔尔沃（Fanya Montalvo）创造了术语人工智能完备一词，指的是需要创造真正的人工智能：使计算机像人一样聪明。这在实践中通常意味着，如果一个问题不能用计算机程序或更复杂的程序解决，那么它就是人工智能完备的。[15]

但我们的问题不属于人工智能完备问题，因为我们不需要计算机分辨出什么时候有人在晚餐上谈论"丰富的细节"，写一篇关于它们的文章，在网上阅读或在任何地点和情境中提到它们。哈特菲尔德只需要计算机识别（他所拥有的）**数据**中"丰富的细节"即可。这台计算机不需要理解什么是"丰富的细节"，只需要在限定的数据情境中识别此大写编码，这就使问题容易解决得多了。

例如，"设计决策"这个概念很难精确定义，因为有很多书和文章介绍设计决策是什么、如何做设计决策以及如何评估设计决策。但是在"尼夫洛特克斯"游戏中，我们仅用了包含大概30个正则表达式的自动分类器来判断学生是否在讨论"设计决策"。

这个列表很有启发性。它包含了你可能期望的内容，例如"权衡""原型"和"妥协"。但还有一些词是明确针对"尼夫洛特克斯"游戏中的设计问题的，例如"过滤膜"和"透析膜"，因为这个正则表达式列表不是关于一般性的"设计决策"的，它是在"尼夫洛特克斯"游戏中学生讨论会谈到的设计决策内容。[16]因此，我们可以为计算机编写相对简单的规则，因为计算机实际上不需要真正理解它所匹配的大写编码。但这会导致一个重要的后果。

如果哈特菲尔德和他的朋友对"丰富的细节"有良好的评分者一致性信度，则意味着编码是有效的：他和另一个人是用同样的方式从话语中识别大写编码。但是，如果哈特菲尔德与计算机达成了良好的一致性，那么他的编码的可靠性类似于得到了一个较高的重测信度 kappa 值，它表明哈特菲尔德和计算机的编码方式相同，意味着计算机可以对数据进行编码，不用哈特菲尔德亲自动手了。然而，尽管它可以匹配哈特菲尔德的编码，但计算机实际上并不理解大写编码。因此，与计算机的评分者一致性信度良好不能表明哈特菲尔德所使用的"丰富的细节"对其他人来说也有意义。

换句话说，任何自动分类器都必须以两种不同的方式进行检验。首先，研究者必须要证明大写编码本身有效，即两个评分者必须就大写编码在一组数据中的适用情境达成一致。然后，必须证明分类器产生的小写编码与两个评分者都有很好的一致性。分类器必须与两个评分者均一致，因为两个评分者在编码时可能是接近的，而分类器可能只与其中一个评分者接近。这就意味着与自动分类器相匹配的是一个评分者的理解，而不能说明编码的有效性是基于两个评分者的共识，如图8.4所示：

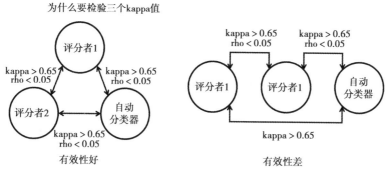

图8.4　为什么要在两个评分者之间，以及每个评分者和
自动分类器之间建立评分者一致性信度

无论用什么方式创建大写编码和自动分类器，这都是必要的。例如，一些自然语言处理研究者利用主题建模来识别一组文本数据中的核心思想，即识别人们谈论和书写内容中的相关单词的分类。自然语言处理系统向研究者呈现不同单词的分类集合，研究者需要确定每个类别的主题含义。这是一种识别数据集中大写编码的有用工具，优点是提供了现成的自动识别数据中大写编码的方法，它也可以帮研究者找到他们可能忽视的大写编码。

另一方面，使用主题建模法的研究者必须仔细检查自动识别的主题是否扎根于数据原本的含义。主题模型实际上并不"理解"文本；它只是用统计技术来查找相关的单词。因此，和自动分类器一样，它需要通过在两个评分者之间以及计算机识别的主题之间获得良好的评分者一致性信度来验证主题。不幸的是，因为主题建模得到的主题分类不是由人创建的，不像nCoder这样可以"手动"开发自动化编码，所以验证它们有时需要更长的时间。[17]

综上所述，有三点启示：

首先，无论是使用nCoder、潜在语义分析、主题建模，还是其他技术，研究者选择创建和验证自动编码时，实际上是在编码本中添加了一列。请记住，编码本包含四部分信息：

1. 编码名称

2. 编码定义

3. 编码示例

4. 编码的kappa和rho值

我们现在还要加上：

5. 所使用的自动分类器，说明采用了何种单词列表、模式，或用于识别数据行中是否存在某个大写编码的任何规则。

第二个启示是，为获得有效且可靠的编码，每个编码必须包括两个编码者之间以及每个编码者和自动分类器之间的kappa和rho值。

第三个也是最重要的启示：为小型数据集创建自动分类器没有多大意义，创建分类器的工作量比手动编码可能还要大。对于非常小的数据集，社会调节（两个或多个评分者对所有数据编码后，讨论它们的差异，并就最终达成一致的编码结果），有时候是最简单也是最好的方法。

但是，一旦大写编码数量和所需编码的数据行数变多，或者预计将来会有更多数据需要编码，创建自动分类器就可以节省大量时间和精力。

不过，在结束关于哈特菲尔德的假想的例子和并非不切实际的自动化分类器的话题之前，我们还需要处理一个棘手的问题。

# 情　境

　　或许你已经注意到，关于大写编码和数据编码，我们一直是在讨论编码"数据行"。这可能会让某些人产生疑问：如果数据中存在大写编码，即我们认为重要的内容，而一次只能查看一行数据是无法发现这些大写编码的，遇到这种情况该怎么办呢？谈话轮次、句子，甚至审稿意见都不是孤立存在的，不是浮在空中被单独编码的。人们言行涉及的事物总是发生在特定情境中，以回应世界上正在发生的其他事情。例如，如果我不知道乔治刚刚说了什么，又如何能够判断玛莎是否对乔治的话反应过度呢？

　　这是一个非常具体的、操作化层面的问题。而在民族志研究中存在一个更宽泛的问题，在量化民族志研究中也同样存在。即如何说明文化是具有解释性的这一事实。

　　"解释学"（Hermeneutics）是一种关于如何诠释的方法论。它的原意是一种理解宗教经文内容的方法，即阅读"圣经""古兰经""吠陀经"或"佛经"，并理解它们深层含义的方法。更宽泛地说，当一个任务需要解释时，它就是解释性的，尤其是无法一次性完成的解释。当你需要在理解一个文本、事件或行为之前理解它发生的情境时，它就是解释性的。当然，一个事件（文本或动作）的情境又是由一系列其他事件构成的，没有事物可以在不了解其情境的情况下被孤立地理解。

　　理解事件需要理解情境，而理解情境需要理解事件，这就有点让人费解。这种理解世间万物的方法，就像是站在自己的肩膀上试图爬出深坑，或者用一条还没有钓到的鱼作为诱饵来钓鱼。

　　克利福德·盖尔茨做过一个非常著名的比喻，是关于诠释所具有的挑战性：有一个男人被告知世界坐在大象后背的一个平台上，大象站在海龟背上。这个男人问海龟站在哪里，海龟回答道："另一只海龟上。"那另一只海龟站在哪里？"啊，先生，还是海龟。"[18]

这种弯弯绕绕的由情境到事件，再到情境再到事件，不断循环的解释过程被称为解释学循环。当然，解释学循环只是用大写编码帮助我们理解大写话语的良性（或恶性）循环的技术术语，但它是文学批评、神学、民族志研究的核心挑战之一……事实上任何时候，试图理解人们在生活中言行的意义都会面临这样的挑战。[19]

我想表达的意思是民族志研究的大写编码需要扎根，也就是编码源自对数据的理解。因此，对于量化民族志研究者来说，如何通过观察一行数据来判断大写编码，是一个非常合理和重要的问题。幸运的是，这个问题有一个好的答案。

答案是我们不按大写行编码，我们按大写节编码。本章我们一直在谈论编码数据行，但请注意这里是指的是小写行。因为我们的数据需要格式良好，所以必须确定数据的每一行是否应该与某个大写编码匹配，比如"丰富的细节"。证据完整性意味着代表编码的每一列必须有对应的取值。但这一要求不意味着我们必须孤立地按行做出编码决定。

有时候我们确实想这么做。人们只能从情境中理解数据。但是，如果我们理解了某些大写编码在大写话语中的重要性，有时就可以在不考虑整个谈话轮次或单个行为的情境的情况下找到存在大写编码的依据。况且我们很难看到事物的完整情境，毕竟任何事物都可能只是完整情境中的一部分。正如在之前的例子中，我们从一份审稿意见就能合理地判断出亚瑟何时在谈论"丰富的细节"。就像西格蒙德·弗洛伊德（Sigmund Freud）曾说的，有时候雪茄只是一支雪茄，有时我们真的可以站在一只海龟上。有时候，我们需要的证据全部存在于一个地方，一旦我们清楚理解了数据，就可以通过查看单行数据来获取一些信息。[20]

还记得大写节是彼此相关的大写行的集合。因此，当我们为识别某个大写编码而查看每一行时，我们不是考虑行之间的关系，我们是将大写行视作一个大写节。因此，我们不必单独编码每一行。我们可以用不同的方式对数据分割，将不同的大写行定义为大写节，以识别不同的大写编码。例如，我们可能需要看过一个完整的对话，才能决定参与者在讨论一些有争议性的内容时是否会对彼此的发言做出回应，也就是他们正在互相倾听，并回应他人提出的观点。

如果是这种情况，我们对数据的分割，可以是将大写行看作讨论的轮次，整个会话就是单独一个大写节。我们会根据这个节是否能够展示学生做出回应的证据来对这个节进行编码。另一方面，如果我们编码的是学生是否在提问，我们就可以用单独的大写行作为大写节来进行编码。

实际上这种组合可能非常有用，因为我们可以看到在讨论过程中问更多问题的学生，是否也是给予别人发言更多回应的人。表格中的每一行与两个节相关：一个是"回应式讨论"，其中每一行与讨论中其他行分为一组；另一个是"提出问题"，其中每一行都各自作为一节。[21]

当然，上一章有过类似的做法，当时我们为大写编码"跟随导师"定义了节是每行和它前面的5行，然后根据节中是否有导师的发言来编码。

也就是说解释情境是一个如何分割数据的问题，即对特定的大写编码，如何将大写行组织成大写节来表明其含义。因此，我们需要一种操作化方法来实现分割。这实际上就要求我们在保证小写编码可靠地识别了大别编码之前，确保小写行可靠地产生了大写行，或者小写节准确地反映了大写节。严格来讲，我们应该检查数据分割的评分者一致性信度。

这从概念上讲并不难，而且我们已经在"跟随导师"的例子中看到过如何确保分节的信度。每行数据要么是新节的开始，要么不是。因此，如果有两个人对数据的一个子集进行分割，我们就能够计算出他们关于哪些行是（或不是）新节开头的判断的一致性。而行的处理要复杂一些，具体取决于正在被分割为节的数据。但原理是一样的。

在你为是否能找到两个编码员编码一个测试集，并检验每个编码和每个分析的kappa和rho值而头疼之前，我要说的是除非是一些特殊情况，不然几乎没有人会经常这样来做分析。但我个人认为，量化民族志研究者应该这样做。有明确的理由支持你在数据分析中的决定是很重要的。但我们也已经知道，统计依据并不是民族志分析的唯一方法，甚至不是最重要的方法。[22]

撇开为分割建立评分者一致性信度的问题，编码"跟随导师"和"回应式讨论"有着重要的区别，但这与两者的分割方式不同无关。这一区别指出了另一种我们在编码数据时可以用来解释其情境的方法。

# 派生编码

我们对"跟随导师"和"回应式讨论"的编码都是基于包含多个大写行的大写节的。在根据"回应式讨论"或"提出问题""读者关注""丰富的细节"对数据进行编码时，我们会查看节中的行，并思考根据行中哪些内容来决定大写编码是否适用。我们是直接对数据本身进行编码。从这个意义上讲，"回应式讨论""提出问题""读者关注"和"丰富的细节"都是主编码。

"跟随导师"的编码过程则不是这样的，我们先根据发言对象是否是导师来为每行数据编码。当然，这很容易，因为元数据中已经包含了这一信息。然后，我们根据段中是否存在"导师"的发言来为"跟随导师"编码。从这个意义上讲，"跟随导师"并不是主编码，因为无法直接在数据中观察到它，我们根据是否存在其他编码创建了它来判断。也就是说，它是派生编码。

这一区别很微妙，或许就"跟随导师"的例子来说并不重要。但是，派生编码的思想实际上非常有用，因为在许多情况下，对一个复杂的思想用派生编码更容易。这在为数据中的复杂概念创建自动分类器时尤其适用，但在手动编码中采用派生编码也很有用。

将诸如"清除阅读障碍"之类的编码作为派生编码意味着什么呢？我们可以把这个复杂的编码看作两个简单编码的组合：一个是"读者"，另一个是"清除障碍"。

我们已经看到，为"读者"编码相对容易。而为"消除障碍"编码时，我们可能会考虑像"缩写""困惑""明确……""混淆……""更容易""解释""障碍""简化……"等更易理解的单词和词的模式。如果将一行（技术上讲是一个节）同时编码为"读者"和"清除障碍"，我们就会把它编码成"清除阅读障碍"。

复杂大写编码的问题在于它们很难被编码。一个想法越微妙，做决定所需的数据越多，两个人就越难就其含义和适用范围达成一致。另一方面，派生编码可以从数据中识别相当复杂的概念，并且通常具有更容易被可靠编码的优点。

回应式讨论是一个非常复杂的概念。这意味着讨论中的人在互相倾听，也在回应别人提出的想法。因此，我们认为回应式讨论有两个要素：

1. 人们正在互相倾听。
2. 人们正在回应别人提出的想法。

实际上，复杂大写编码"回应式讨论"需要两个更简单的编码："倾听"和"回应他人的想法"。我们可以通过寻找表明人们正在关注另一个人发言的谈话内容来为"倾听"编码。比如"我听到了"，或者"你说的是……""你的意思是……"。我们可能会逐行编码，也就是将每一行当作一个节。这种情况下，"倾听"则是一个主编码：我们可以直接在数据中寻找它出现的证据。

编码"回应他人的想法"则更复杂一些。实际上，它本身可能也是一个派生编码。假设我们对正在讨论的内容有所了解，我们可以为讨论中的不同想法创建单独的编码。然后像上一章处理"尼夫洛特克斯"游戏的讨论数据那样，用一个移动的节窗口来创建数据节。对于每一行，我们可以看到该行中的想法是否出现在节中其他人的发言行中。我们必须查看讨论中的所有行，并决定参与者是否时常倾听并对他人想法做出回应，使数据可以被编码为"回应式讨论"。

当然，我们可以用许多其他方式编码"回应式讨论"。但无论选择何种大写编码组合方式，我们都必须检查两个不同的评分者对哪些讨论属于"回应式讨论"、哪些不属于的决定是否有很好的一致性。事实上，如果其中一个评分者是自动分类器，我们则需要检查三个评分者之间的一致性。

派生编码之所以如此重要，并不只是因为它能节省编码时间（尽管有时确实如此，而且这点确实很好），更重要的是在编码数据时，派生编码可以作为一种理解情境的机械抓地力。我只有在知道数据的情境（我指的是相关背景信息）之后才能理解数据本身。为了理解特定事物的含义，我当然不需要知道世界上发生的每件事（那样做我们可能会遇到更大的问题），但我们确实需要了解一些事物相关的背景信息。实现这一点的操作化方法是：

我要想得出关于大写编码 X 的结论，就必须掌握尽可能多的必要情境信息，比如已经知道编码 Y，当然也可能还知道编码 Z、编码 W、编码 V 等。

我需要有限量的信息。如果我需要的信息是无限的，那我永远无法向任何人解释自己关于编码 X 的观点，从民族志的角度看，我也就无法理解 X。民族志的工作就是解释文化，而不仅仅是提出关于特定文化的观点。所以，除非我知道乔治刚刚说了什么，否则我不能确定玛莎是否对乔治"反应过度"。但是，如果我知道（1）玛莎说了些"不恰当的"话，并且(2)她不是为了回应乔治先说的

"不恰当的"话，我也许能够对她说的话编码为"反应过度"。或者也许我还需要知道（3）他们是"在公共场所"，以便决定他们讲话是否都"不合适"。当然，这是一个简化的例子，但其关键点具有普遍意义：

结构良好的派生编码可以通过将话语中某些特定事件的信息与其他部分的相关信息联系起来，从而解释情境信息。

换句话说，派生编码是一种操作不可投射属性的方法，即派生编码可以基于本身无法直接观察到的事件信息来编码可以直接观察到的数据。这并不意味着民族志研究者必须使用派生编码。但我们必须要能够指出支持观点的具体证据，才能最终提出关于话语的观点。这些证据可能来自数据中的某一处，也可能来自多个地方；可能来自描述性的观察、日志文件或分析型笔记；也可能来自一次访谈，由某位参与者一边回顾参与过程一边解释他在做什么。但无论证据的来源如何，无论我们是否使用定量方法，我们都需要证据来说明我们所认为的在世界上某时某地发生的事情。所以，派生编码的用途之一便在于它是实现这一基本目的一种方式。

从派生编码、分割和节的角度考虑如何将含义与其情境问题显性化的好处在于，我们可以与其他民族志研究者以及各种自动分类器一起使用评分者一致性信度，为我们的解释提供额外的统计学保证，并用定量的方法来检验大写编码是否理论饱和。做到这一点之后，我们要揭示文化之谜就只需要最后一块拼图了，即我们需要了解大写话语中的大写编码之间是如何相互关联的。

# 田野调查

对于想要进一步了解编码主题的读者，斯蒂夫·斯特姆勒（Steve Stemler）写了几篇有用的概述。他的文章《内容分析概述》

（An Overview of Content Analysis）总结了研究者在编码数据时应该注意的问题。那些想了解编码中的抽样问题的人可以阅读《我们能依赖IRR吗？评分者一致性信度的假设检验》（Can We Rely on IRR? Testing the Assumptions of Inter-rater Reliability）一文。这篇短文是由布兰登·伊根、布拉德利·罗杰斯、罗纳德·塞林、安德鲁·鲁伊斯、贡纳兹·阿拉斯托普和我共同撰写的。文章探讨了忽视一般化效果时编码信度的问题。最后，想要了解编码的具体实例及如何在定性分析中应用编码的读者，可以参考莱斯利·鲁珀特·赫伦考尔（Leslie Rupert Herrenkohl）和林赛·科尼利厄斯（Lindsay Cornelius）的文章《小学生的科学课和历史课中的论证研究》（Investigating Elementary Students′Scientific and Historical Argumentation）。文中作者没有采用抽样法，而是用社会调节法很好地说明了开发、报告和实施编码方案的过程。[23]

对于正在分析数据的读者，我建议创建和检验一些大写编码集。虽然研究者们通常会在研究中采用许多大写编码（例如赫伦考尔和科尼利厄斯从76个大写编码开始分析），但在分析的早期阶段，我建议最好从少一点的大写编码做起，比如先只考虑5到6个大写编码。

在创建和操作化编码本的过程中，你需要考虑下列问题并且最好写在研究备忘录中。

# 编码备忘录

1. 你是如何确定关于数据的大写编码的？

2. 列出你的编码。为每个编码提供一个定义和至少一个示例。

3. 你是否验证了编码的评分者一致性信度？如果是，你是如何做的？如果不是，为什么没做？

4. 你最终是如何对数据进行编码的？

# 9.

## 联结

## Katsungngaittuq（爱斯基摩语中的拒绝）

1963 年，珍·布里格斯（Jean Briggs）从新英格兰移居到北极圈北部的 Utkuhikhalingmiut 村。Utkuhikhalingmiut 人是加拿大早期民族中的一支。布里格斯当时是哈佛大学的博士生，她花了 17 个月在这个村子里做她博士论文的田野研究工作。她据此发表于 1970 年的著作《从不生气：关于爱斯基摩家庭的描写》（*Never in Anger: Portrait of an Eskimo Family*）后来成为了基于民族志方法的人种学经典。[1]

书中的一个核心思想就是：布里格斯惊奇地发现 Utkuhikhalingmiut 人之间几乎从来没有发生过暴力冲突。她认为这是由于他们视生气为不成熟甚至丧失理智的表现，只有很小的小孩会有这种情况出现。布里格斯在书中写了一个例子，有一个夏天，她表现出在普通美国人看来只是稍稍有点生气的情绪，却因此被当地人赶出村子达三个月之久。[2]

五年之后，布里格斯回到了这个村庄。彼时她已经完成了博士学业并在加拿大纽芬兰省圣约翰斯市纪念大学的人类学系得到了一份教职。作为一名年轻的助理教授，布里格斯继续她关于 Ut-kuhikhalingmiut 人如何谈论和培养孩子情绪的主题，这个研究主题也一直贯穿她的学术生涯。她当时给自己确定的研究任务是理解她所谓的"情绪概念"。她记录下所有听到和描述的关于情绪的字词，询问当地人这些字词的含义，并观察当地人在生活中如何使用这些概念。[3]

比如，有天布里格斯在村子里听到一个词，"Katsungngaittuq"（爱斯基摩语中的拒绝）。她就询问她所居住的家庭中的父亲这个词的含义。"就是当时你在村子里居住的那户人家的祖父不想带你去捕鱼的情形"，他说道。

这位父亲所指的是她五年前被这个族群排斥时发生的事。那时候，布里格斯没有意识到别人都在回避她，她询问所居住那户人家的祖父是否能带自己一起去捕鱼。因为当时布里格斯正被大伙排斥，祖父视这种请求为一种祈求或者施压。他唯一的做法只有直接拒绝，但是这在 Utkuhikhalingmiut 的文化中是令人尴尬和不适的。

就在布里格斯的 Utkuhikhalingmiut 爸爸向她解释五年前被那位祖父 Katsungngaittuq 的时候，布里格斯的两岁大的 Utkuhikhalingmiut 妹妹罗斯正在喃喃自语她喝的茶。罗斯想将燕麦放入茶中，但是当时燕麦十分短缺。布里格斯的爸爸转身告诉布里格斯说："看，她（罗斯）正被 Katsungngaittuq"。[4]

布里格斯举这些例子的意思是要表明她对 Katsungngaittuq 这个词的理解是扎根于当时特定的情境中的。她经历了询问祖父是否可以去捕鱼并得到祖父的回应，也经历了听到她的小妹妹喃喃自语之后和 Katsungngaittuq 这个词的意思所产生的联结。布里格斯认为这些经历和 Utkuhikhalingmiut 人情绪中的这一概念存在某种联系。

但是，布里格斯并不认为这些情绪概念只和特定经历相联结：概念之间也存在联结。比如，布里格斯曾描述两种在 Utkuhikhalingmiut 人看来不同形式的爱：nallik-是一种哺育和保护之爱，就好像圣经中说的"爱你的邻居"；unga-是依恋之爱。所以母亲对幼儿的爱是 nallik-；而幼儿对母亲的爱是 unga-。nallik-是一种成熟的、负责任的爱；而 unga-是一种非成熟的、需求之爱。

Utkuhikhalingmiut 小孩需要学习这两种形式的情感之间的关系。为了说明这种学习是如何发生的，布里格斯描述了村子里一个小女孩身上发生的故事，她管这个小女孩叫"胖乎乎的玛塔"。

故事发生在一天下午，一位邻居多次邀请玛塔去和她一起居住。这个邻居的声音既甜美又语带坚持。邻居一方面说决定权在玛塔，但是另一方面又偷了玛塔的玩具娃娃来引诱玛塔去她家。玛塔犹豫了一下，还是拒绝了，她说"我差点就同意了"。邻居说"你已经同意了"并且抱起玛塔就准备踏出房门。但是玛塔挣脱了邻居的臂弯，跑到她叔叔的膝下躲了起来。

布里格斯是这样解释玛塔的学习过程的：

> 当她坚定地拒绝其他人的邀请（通常是披着 nallik-之爱外衣的邀请）时，她一定是知道自己所属的族群，并且感受到和她家庭的紧密纽带。安全是和 unga-之爱联系在一起的，因为如果她没有感受到 unga-之爱，她就会因此而被别人偷走和领养。但同时，unga-的情感又是孩子气的。为了戳穿虚假的 nallik-之爱，玛塔必须保持警惕，对别人的盛情邀请表示怀疑。但是她又必须敏锐地辨识哪些虚假的 nallik-之爱只是一种无害的逗弄，这样她就能够泰然处之并报以相同的幽默回应。她绝不可以让不信任和 unga-之爱影响自己，去拒绝他人对自己真正的 nallik-之爱；并且她也应该以 nallik-之爱回应他人，这样别人才不会因为她的冷淡和忽视态度而讨厌她，并用攻击或者遗弃她来作为报复之举。回过头来，她也不能表现得过于 nallik-，否则又将冒被别人偷走和领养的风险。

所以邻居和玛塔玩的这种游戏是一种情景模拟，是好心的邻居模拟的一种潜在威胁，目的是给玛塔提供一种学习的机会，探索一种非常复杂的情感关系和概念联结：即 nallik-和 unga-是如何相互联系的，并且与她的家庭、与被别人偷走和领养、与保持警惕但又不冷淡、与逗弄和拒绝、与幽默和冷淡之间建立联系。[5]

某种意义上，这个邻居与玛塔及她叔叔一起玩的游戏是 Ut-kuhikhalingmiut 版的儿童安全实践活动：在安全的情境下、在有经验的导师的指导下，实践真实世界所需的技能。唐纳德·肖恩在他关于人如何从实践中学习的著作《教化反思性实践》中将实践描述为新手完成模拟的、部分的、安全的工作，并且是在导师的指导下，处于可进行反思性讨论的情境。虽然幼儿的游戏表面上看和培训工程师或者其他专业人士完全不同，但所有这些学习方式都是通过对现实的模拟来实现过于危险或无法直接体验的实践情境。[6]

当然，玛塔不只通过一次仿真来习得她所需要理解的 nallik- 和 unga-。在她的成长过程中，会有很多类似这种邻居游戏的交互经历向她展示这些概念是如何相互联结。最终，所有的这些概念，不管是 nallik- 还是 unga- 或者其他，都不是孤立的概念，这些情感概念，事实上所有的概念都是通过建立彼此的联系而富有意义。文化就是联结，或者如克利福德·格尔茨和社会学家马克斯·韦伯所说，"人是一种悬挂在自己构筑的意义之网上的动物。"[7]

关于这一点是无一例外的。正如我们在前面所见到的，这就是民族志研究工作的方式。像 nallik- 和 unga- 这样的情感和 Katsungn-gaittuq（甚至包括被偷走和领养这样有些吓人的概念）都被称作编码，确切地讲这些是主位编码，是布里格斯用来诠释 Utkuhikhal-ingmiut 人之间话语含义的编码。布里格斯借用这些概念来描述村子里人们的情感生活，包括儿童如何学会不向其他人表达愤怒。

诠释这些编码一方面需要寻找人们所言所行的例子，另一方面需要理解这些例子是如何系统性地连接在一起的。


# 认知框架


在我的研究中，我将这种通过人类理解和开展涉及言语的活动所建立的系统性关系的集合称作"认知框架"（epistemic frame）。[8]

认知框架的概念包括两个部分。框架的思想来自社会学家厄文·高夫曼，就是用于分割数据的高夫曼小刀中的那个人。高夫曼认为人类是利用组织规则和假设来对自己的所作所为进行意义建构的。这些规则和假设部分存在于参与者的思想中，也就是人们对事物的信念和理解中，另一部分存在于活动的结构本身，也包括活动所发生的物理和社会情境。[9]

例如，当我们在酒吧跳舞的时候，我们的行为部分是由我们的决定和假设塑造（我们决定去酒吧，我们随时可以离开，我们喜欢跳舞），但也是受酒吧本身的环境影响（有足够开阔的空间可以跳舞，其他人正在其中跳舞，酒吧的音乐太吵很难进行交谈）。高夫曼称这些使经历得以诠释的准则和实践的集合为**框架**：是一种可以同时针对个体和社会群体的意义建构方式。

认知网络的另一部分叫作认识论（epistemic）。在哲学上，认识论是研究求知的含义。这个词来自希腊语 episteme，意思是"知识"，以及 logos，意思是"词语"或者有时候指"意义"。认识论因此就是研究人是怎么认识世界万物的。

发展心理学的开创者之一，让·皮亚杰（Jean Piaget）并不认为自己是心理学家。他称自己为遗传认识论者（genetic epistemologist），专门研究儿童是如何逐渐学习和用抽象的概念理解世界的。皮亚杰的学生、我的导师西蒙·派珀特（Seymour Papert）用认识论这个概念来说明思维的方式。因此认知框架就是制定决策和阐释行为的共同体规范，是人在所处社会情境中思维的方式。[10]

认知框架这个概念的作用就好像是一副眼镜，让我们可以从一个特定的视角来观察事物。它让一些事物看上去比另一些事物更重要。它是对查尔斯·古德温提出的专业视野这一概念的一种描述，或者说是一种操作化方法。不同人所具有的不同框架代表了他看待世界的特定方式，也是他处于某个具有共同文化的群体中，所拥有的身份的体现。认知框架让个体能够展示大写话语，即代表特定文化的所言所行。[11]

认知框架和大写话语这两个概念有很多相似之处，事实上也的确是相似的概念。但是两者最大的区别在于，认知框架关心的重点是，在一个大写话语中大写编码之间是如何联结的。认知框架实际上就是大写话语的语法规则：特定社群中的成员如何通过大写话语将大写编码相互联结的一种形式化描述。因此描述某个社群的认知框架就需要确定：

1. 其中哪些编码对于描述社群的言行是关键的；
2. 这些关键的编码是如何相互联结的。

在其他场合，我将认知框架定义为人们连接某个社群中的技能、知识、价值观、身份和认识论，或者说是制定决策和阐释行为的方式。一些研究者因此认为认知框架就是关于这五个方面，其实这是一种误解。技能、知识、价值观等只是列举了一些对于社群而言十分重要，因而也对特定文化十分重要的大写编码。而不管大写编码有多重要，认知框架的关键是大写编码之间的联结。

两个大写编码联结的含义当然需要考虑这两个编码是什么，以及它们所处其中的大写话语情境。[12]人类学家让·勒夫（Jean Lave）认为人们通过参与实践共同体而学习成为其中的一员，也就是做共同体成员会做的工作。她通过列举利比里亚的裁缝实习学习，来展示他们是如何参与一些基本的裁缝工作的：[13]

> 学徒学习缝帽子一般是用由师傅裁剪好的所需布料进行练习的。他需要观察师傅在缝制过程中对不同材料的拼接顺序以及拼接方向（哪一边是正确的，哪一边是错误的，哪里是前面、后面，哪里是上面、下面，等等）。通过仔细观察，学徒掌握了将不同布料缝制在一起的概念模型……然后学徒就开始将他所掌握的概念模型和基本的缝制技巧整合，开始他自己的缝制造作……当他完成任务后会展示他的作品给师傅看。

学徒学习缝制帽子是从帽子制作过程的协助工作开始的。但是学徒并不是孤立地学习缝制活动的各个部分。勒夫认为学徒如果不具备她所谓的概念模型（conceptual model），就无法成功地独立完成任务。也就是说，学徒需要理解他自身的作为特定文化一部分的行为。

我们已经多次看到每种文化都有它独特的意义建构的方式。但是计算语言学家马克·威堡（Marc Weeber）和他的同事认为，人建立对事物的理解不仅仅是通过识别大写话语中的大写编码，更重要的是他能够建立两部分信息之间的文化相关的联结：[14]

> 这种观点的关键思想是两部分信息不是直接关联的，而是有潜在的连接。两部分信息之间的间接联系可能是多方面的，一旦这些联系被发现，就可以建立两者之间的显性的连接，新的知识也因此被建构出来了。

人-机认知研究所的约瑟夫·诺瓦克（Joseph Novak）和阿尔伯特·卡尼亚斯（Alberto Cañas）提出了类似的观点，他们认为理解和认识来自对概念之间关系的识别，他们称之为**命题**或者"关于宇宙中一些事物的观点……其中包括两个或多个概念通过其他一些词语联结形成的有意义的陈述"。[15]

类似地，认知框架背后的思想是：具备特定的文化能力不仅需要学习该文化中的大写编码，还要能够建立并形成这种文化相关联结的系统，因为文化中的成员正在不断构建着这些关键概念之间的联结。

现在有许多方法让特定文化中的成员能够建立和保持这些联结。我们可以通过故事来理解这些联结：文化传说、家族口述史，以及那些我们被告知的和我们自己讲述的关于过去的历史故事。另外一些联结也许是来自直接的事件回忆：我们通过回忆历史事件提醒自己哪些事是和当下的情形有关的。有些文化理解是来自先验的经验法则、惯例或者公理，另一些是来自我们习得的书面或者非书面的规则。还有一些是来自共同体所处的物理环境。

但是不管这些大写编码之间的连接是如何被创造及维系的，理解这些联系之间的结构（即认知框架），是理解特定文化的关键，因此也是理解量化民族志的关键所在。[16]

# "土地科学"

我没有珍·布里格斯的研究数据，无法说明 Utkuhikhalingmiut 村的案例中如何应用了认知框架，但我们可以通过教育游戏"土地科学"中的数据来理解大写话语中大写编码之间联结的结构。这个例子是我们在第4章讲统计抽样的时候提到的。

你也许还记得"土地科学"是一个虚拟实习的游戏，学生需要扮演市政规划师的角色，为马萨诸塞州的罗威尔市制定一个新地块的使用规划方案。为了完成这一任务，他们采访了当地的社区（虚构的不同利益相关团体）来了解当地人关心哪些相关事宜。当地人是希望建造更多房屋还是更少，是何用途？空气污染的治理是否比控制梅里马克河的磷污染物更重要？是增加城市的就业更重要还是增加更多的公园和空置土地更重要？

不管是在"土地科学"游戏还是真实的市政规划中，处理不同利益共同体的利益诉求的挑战在于，人们并不总是准确地知晓他们想要什么。如果你很难理解这一点，那么可以假想一下你自己所处的社区。也许你会认为如果高峰期交通不那么拥堵就好了，但是到底道路有多畅通是不那么拥堵？你是希望马路上的车辆数是现在的一半？还是减少10%的车流量就足够了？也许你希望在市中心多一些停车位。但是多多少呢？多10个？100个？还是1 000个？我们通常都清楚存在什么样的问题，但是缺少准确的措施来修正问题让我们大家都满意。

这两者之间的区别是很关键的，因为社区的资源和土地是有限的。人们需要制定决策来确定哪些问题需要解决，以及如何解决。

即使社区拥有无限的资源，仍然会有一些目标是相互不兼容的。例如想要更多的停车场？那就会有更多土地变成铺平的水泥路，就会造成下雨的径流，因为水泥地不利于雨水的排放。而更多的径流意味着更多的水污染。如果建造立体式停车装置呢？这是一个办法，但是你如何在到处是立体停车场的空间中创造富有活力的商业区来吸引人流？改成一个巨型立体停车场？但是你会把这个停车场设计在哪里？当然，这还只是一些简单的例子，关键是规划就意味着权衡利弊，而如果你不了解人们所关心的和需要做多少工作来让人们满意，那你就无法提出一个切实可行的解决方案。

规划师处理这种问题的一个做法是开展意向调研。而开展意向调研的途径是提供一个备选的解决方案，这个方案不是实际施行的。但是规划师会将这个方案提供给社区中的不同利益相关群体成员以及那些会出席规划会议的人，然后搜集他们的反馈意见。这个方案中是否有足够的停车位？如果市区按照这个方案去设计，你觉得怎样？哪种建立新自然保护区的做法你觉得更好，为什么？

来自意向调研的反馈意见能够帮助规划师了解社区中的人最关心什么，可以如何做来满足他们的需求。这是一种让人可以对一个具体计划方案进行回应，而不是泛泛地讨论规划议题的做法。

为了了解"土地科学"游戏中罗威尔市的人关心什么，学生设计了三个不同的意向调研并发放给不同的利益相关者来搜集反馈意见。就像"尼夫洛特克斯"游戏一样，学生也是以小组方式开展工作的。在第一次小组分配中，每个组被派遣到一个特定的利益相关者团体。小组会给他们负责的团体发放两份调查来了解这个团体对土地规划相关问题的优先级考虑。然后各组的成员会组成新的小组，确保每个新小组都有一名成员是之前对应于游戏中一个特定的利益相关者团体的。在这个新组成的小组中，所有成员可以分享自己掌握的城市中各个利益相关团体的信息。

在新的小组中，学生们开始讨论时发现的第一件事就是，不同的利益相关团体的需求是不同的，这就像发生在现实世界的规划所遇到的情况。所以新的小组基于他们集体讨论所掌握的不同利益共同体的需求，开展第三次意向调查，并从所有团体获得对规划设计方案的反馈意见。据此，每个小组制定了他们认为最能够满足各方相互冲突的需求的最终土地用途变更提案。

学生设计意向调查采用了一个叫作iPlan的工具，这个工具是罗威尔市的一个地理信息系统（GIS）模型。iPlan提供了罗威尔市的电子地图，并注明该市不同地区土地的用途，有些是工业用地、有些是商场、有些是商业发展用地、有些是公园、有些是未经开发的沼泽湿地、有些是低密度的别墅住宅区，还有一些是高密度的公寓住宅。

iPlan同时还能提供关键的环境和社会指标，包括有多少就业岗位、多少住宅单位、空气中的一氧化碳含量、水中的磷化物。

学生们可以通过改变城市中土地的使用模式来设计意向调查方案，例如减少工厂和增加更多湿地来减少水污染，或者将原本的别墅住宅用地改为高密度公寓住宅用地来增加城市可生活居民数量。

iPlan会根据学生每次调整的土地使用模式来显示改变后的环境和社会指数变化，让学生了解他们的设计方案减少了多少河流中的磷含量或者增加了多少住宅单位。然后学生们将这些方案展示给不同的利益相关团体。通过了解利益相关团体对方案的态度，学生们就能够量化不同团体偏好的优先级。

换言之，学生们通过使用iPlan这个模拟罗威尔市土地用途和社会环境指标之间量化关系、利益相关团体对土地用途偏好的工具，来学习解决包含不同冲突利益、拥有许多未知和不确定信息，以及包含众多相互关联和相互制约的社会环境因素的城市土地规划问题。

你可能发现这听上去像是一个复杂问题解决的情境，的确就是，事实上，相当复杂。所以在"尼夫洛特克斯"游戏中，学生们需要通过组队并在导师的帮助下合作来解决这个问题，发现最理想的方案，或者至少是合理的方案。因为事实上没有一种方案能够同时满足社区中所有人的需求。在"尼夫洛特克斯"游戏中，学生是通过在线聊天室进行交流合作的，并且所有的聊天记录都会被系统自动保存。

在我的实验室中，一个由贡纳兹·阿拉斯托普和扎卡利·斯维茨基领导的多人研究团队，希望通过学生讨论记录来理解不同小组的学生在解决这样一个复杂问题时有多大的差异。研究者们通过坐下来一起阅读日志中的讨论，试图理解学生讨论的内容，也就是试图寻找这些学生的大写话语中的关键大写编码。

你也许可以想象，这个过程部分是主位的、部分是客位的。之所以有部分是主位的，是因为研究者们试图通过阅读学生们在特定地点和特定时间的讨论，来理解这些学生所构成的特定文化。部分是客位的，是因为讨论发生的情境是一个关于规划的虚拟实习，而研究者们对市政规划这一职业有所了解，也清楚学生在解决这样一个复杂的规划问题时可能需要知道的信息和可能会产生的想法是什么。

# 平　衡

让我们通过其中一个小组的部分讨论内容来了解一下这些讨论是怎样的。我们所看到的第一个小组是来自新罕布什尔（罗威尔市北部）的一所高中。这个小组是在苏布纳女士的高年级科学课上进行讨论的，下面的讨论内容发生在虚拟实习环境的开始阶段。小组的学生们完成了对其中一个利益相关团体的了解。这个小组调查的团体是罗威尔社区行动小组，这个社区组织的使命是帮助低收入居民自给自足，以减少贫穷人口的影响，他们的具体措施是提供教育和工作培训、提供住所、发展经济和公民参与等。

卡拉是这个小组的在线导师，她询问全组同学，他们自己对于罗威尔市中相关问题的观点是否和所调查的利益相关团体的观点一致，以此来开启这次的讨论（表9.1）。因为研究的需要，在我们进

量化民族志：一种面向大数据的研究方法

一步研究这段讨论内容之前，这段内容已经组织成结构良好的定性数据表了。

**表9.1　节选自"土地科学"游戏中CAG小组的讨论片段**

| 行 | 活动 | 小组 | 角色 | 用户名 | 发言内容 |
|---|---|---|---|---|---|
| 4254 | 利益相关者调查 | CAG | 玩家 | 迈克尔 | 我调查的利益相关者李只关心社会问题（他希望更多的住房），他不太关心环境问题（比如保障野生动物的栖息地） |
| 4266 | 利益相关者调查 | CAG | 玩家 | 迈克尔 | 我不同意李的观点，我认为需要平衡对环境问题和社会问题两者的关注 |
| 4267 | 利益相关者调查 | CAG | 玩家 | 山姆 | 我的调查对象既关心社会问题，也关注环境 |
| 4268 | 利益相关者调查 | CAG | 玩家 | 杰洛恩 | 嗯，我认为清洁水质是个很棒的想法，会增加当地住房的吸引力，并让小孩有干净的水可以游泳和钓鱼。 |
| 4269 | 利益相关者调查 | CAG | 玩家 | 山姆 | 我同意杰洛恩的观点 |
| 4276 | 利益相关者调查 | CAG | 导师 | 卡拉 | 好的 |
| 4278 | 利益相关者调查 | CAG | 玩家 | 杰洛恩 | 麦克，我觉得如果你让当地的环境恶化，也会降低其社会吸引力 |
| 4289 | 利益相关者调查 | CAG | 导师 | 卡拉 | 没错 |
| 4290 | 利益相关者调查 | CAG | 玩家 | 迈克尔 | 是的，会导致更多问题的出现 |
| 4291 | 利益相关者调查 | CAG | 玩家 | 迈克尔 | 李想忽视环境问题，关注提供罗威尔市的住房，让那些想要拥有住房的居民满意。但是如果你忽视了环境，就会造成更多问题。 |

　　表中的每一行都是完备的。每一行代表一个参与者的一条发言记录。从每行的信息中，我们可以知道这条发言是来自哪次讨论活动和哪个小组，是谁的发言，这个发言人是学生还是导师，以及发

言的内容是什么。这些信息都通过表头中的各列来明示，而没有用表格的格式，比如文本颜色，是否粗体、斜体，是否高亮或者有单元格底色来暗示。所有行的完备性体现在每一行都包含相同类型的信息。所有列是本体完备的（即每列只包含一种信息），也是术语完备的（即每一列只用一个术语来表示一个特定类型的信息）。学生都用"玩家"的角色来表示，教师都用"导师"的角色来表示。

一个奇怪的现象是这个数据表格中似乎缺少了一些数据行。表格的第一行是 4 254，下一行是 4 266，后面还有从 4 269 跳到 4 276，以及从 4 276 跳到 4 278 的。但这不是因为数据缺失，而是故意从这段节选的数据中剔除掉了。所有显示的行都来自一个讨论，即通过操作化确保所有的聊天记录是来自一个小组的一次讨论活动。因此在表格中，所有的行的"小组"都显示为"CAG"（社区行动小组的缩写，即这个小组负责调查利益共同体）；所有行的"活动"都显示为"利益相关者调查"。之所以会有跳过的行号，是因为这些数据来自原始的日志文档，以时间顺序记录了整个班级所有学生和导师的谈话记录。所以当我们只选择来自这一个组的一次讨论时，来自其他小组和其他讨论活动的记录行就被剔除了。

在这次讨论中，导师卡拉在一开始询问学生们是否同意他们访谈的利益相关者的观点。迈克尔在 4 254 行说他访谈的对象李关心社会问题而不是环境问题，但迈克尔不同意李的观点；在第 4 266 行，也就是下一条发言中，迈克尔认为"需要平衡对社会问题和环境问题的关注"。在第 4 267 行，山姆提到他访谈的对象不仅关心社会问题也关心环境问题。杰洛恩（第 4 268 行）同意他访谈的对象的观点，即清洁水质能够提高该地区住宅的吸引力，提供给孩子们可以游泳和钓鱼的场所。山姆对杰洛恩的看法表示同意（第 4 269 行），而在 4 278 行，杰洛恩同意迈克尔的观点，他认为社区居民应该考虑社会和环境因素两个方面，因为如果环境情况恶化也会降低该地区的社会吸引力。最后，迈克尔对杰洛恩的观点表示赞同（第 4 290 行），并在第 4 291 行解释说，如果忽视环境问题，会导致其他问题的出现。

显然，即使在这样一小段对话片段中，学生们也已经在讨论一些土地规划的关键性问题了。他们指出了同时关注社会和环境问题的重要性，需要了解利益相关者的诉求，并且还要清楚利益相关者所想要的未必是规划师应该设计和制定的内容。

不仅如此，这些学生还就罗威尔市的重要问题与规划设计建立了联系。迈克尔在第 4 266 行认为"需要平衡对社会问题和环境问题的关注"，他在"更多住宅"和"保护野生动物栖息地"之间建立了联系（第 4 254 行）。杰洛恩认为"清洁水质会提升当地住宅的吸引力，并让小孩有干净的水可以游泳和钓鱼"，实际上是在水质和生活品质之间建立了联系（第 4 268 行）。

但是学生们不只是表达了各自孤立的观点。当山姆在第 4 267 行指出他访谈的对象关注社会和环境两方面因素的时候，他是在回应迈克尔刚指出的一个事实，即他访谈的利益相关者只关心社会问题，但不关心环境问题。在第 4 278 行，杰洛恩明确地表达了对迈克尔要平衡社会和环境因素两者这一观点的支持，他说"我觉得如果让这个地区的环境持续恶化，那么这里的社会吸引力也会下降"。然后迈克尔表示了同意（第 4 290 行）"就会造成更多问题"。

也就是说，这不只是一个形式上的交流讨论，而是一组学生在共同建构一个复杂情境的含义。最后，CAG 组的学生，杰洛恩、迈克尔和山姆都认同环境因素和社会因素两者都很重要。

但是随着游戏的推进，问题变得更为复杂。学生在游戏的中期需要重新分组。新的小组是由访谈不同利益相关团体的组员组成。现在，新组中的每个组员又将各自访谈的利益相关团体中需要解决的一系列问题汇聚到一起。学生们因此需要分享来自不同利益相关团体的视角，并寻找一种满足多样化诉求的可行方案。最后，学生各自着手研究规划问题的不同方面。比如，我们可以继续跟踪 CAG 小组的迈克尔在重新分组后的小组（叫作 Lowell1）中的谈话。表 9.2 中节选的讨论片段稍有点长，所以我们仅关注迈克尔所说的内容，以及他的发言和其他学生的发言是如何建立联系的。

在这次讨论中，这个新的小组试图厘清各个利益相关团体所关心的环境问题和社会问题，包括住房数量、工作数量、野生动物（例如鸟类）数量、水中的磷化物和空气中的一氧化碳污染物含量等。

迈克尔仔细地搜集了所有利益相关团体的意见信息。例如他在6 462行说"我们需要考虑路易斯和基努所负责的利益相关团体的意见"。然后在6 479行，他再次确认小组成员是否都清楚基努所负责的利益相关团体的意见（事实上在6 471行基努已经提过，但是迈克尔却忽略了，在6 485行卡伊拉指出了这一点）。

表9.2  节选自"土地科学"中学生重新分组后组1的对话片段

| 行 | 活动 | 小组 | 角色 | 用户名 | 发言内容 |
|---|---|---|---|---|---|
| 6448 | 最终的意向调查 | Lowell1 | 学生 | 卡伊拉 | 我不记得我调查的利益相关团体的成员名字了，但是其中一位先生希望平衡住房和环境问题，以及拥有更多的工作和机会。 |
| 6452 | 最终的意向调查 | Lowell1 | 学生 | 迈克尔 | 好的，了解 |
| 6453 | 最终的意向调查 | Lowell1 | 学生 | 迈克尔 | 所以你的调查对象是希望增加住房还是减少住房？ |
| 6454 | 最终的意向调查 | Lowell1 | 学生 | 路易斯 | 是的，我们现在有很多的工作职位，但是缺少住房 |
| 6456 | 最终的意向调查 | Lowell1 | 学生 | 卡伊拉 | 需要增加，但是也要注意和其他指标保持平衡 |
| 6459 | 最终的意向调查 | Lowell1 | 导师 | 卡拉 | 非常好。我们还需要考虑其他什么问题吗？ |
| 6461 | 最终的意向调查 | Lowell1 | 学生 | 迈克尔 | 是的，我们需要制订一个新的方案来照顾所有利益相关团体的诉求 |
| 6462 | 最终的意向调查 | Lowell1 | 学生 | 迈克尔 | 我们需要考虑路易斯和基努调查的利益相关团体的需求 |
| 6465 | 最终的意向调查 | Lowell1 | 学生 | 卡伊拉 | 路易斯和我调查的是同一个团体 |
| 6466 | 最终的意向调查 | Lowell1 | 学生 | 卡伊拉 | 他们不希望有大量的鸟类 |
| 6467 | 最终的意向调查 | Lowell1 | 学生 | 卡伊拉 | 那我们来制订一个新的方案？ |

续表

| 行 | 活动 | 小组 | 角色 | 用户名 | 发言内容 |
|---|---|---|---|---|---|
| 6471 | 最终的意向调查 | Lowell1 | 学生 | 基努 | 我的调查对象希望减少磷化物、一氧化碳和水污染物，并增加鸟类数量 |
| 6473 | 最终的意向调查 | Lowell1 | 学生 | 路易斯 | 我的也是。顺便说一下，卡伊拉和我之前是调查的同一个团体。 |
| 6475 | 最终的意向调查 | Lowell1 | 学生 | 卡伊拉 | 我的调查对象一点也不希望有鸟类 |
| 6476 | 最终的意向调查 | Lowell1 | 学生 | 卡伊拉 | 所以我们需要平衡这两种意见 |
| 6479 | 最终的意向调查 | Lowell1 | 学生 | 迈克尔 | 好的，那基努的调查结果呢？ |
| 6482 | 最终的意向调查 | Lowell1 | 学生 | 路易斯 | 是的，我们的调查团体不希望有鸟类，希望有更多工作职位 |
| 6485 | 最终的意向调查 | Lowell1 | 学生 | 卡伊拉 | 基努刚刚已经说了 |
| 6488 | 最终的意向调查 | Lowell1 | 学生 | 迈克尔 | 因为基努的调查对象希望增加鸟类数量，而路易斯和卡伊拉的调查对象希望减少鸟类，所以我们需要找到一个好的平衡点。 |

　　卡伊拉和路易斯之前负责的利益相关团体都希望增加就业机会和住房数量，尤其是住房的问题（第 6 454 行提到："有许多工作但是没有足够的住房"），因此总体上是希望增加住房，但也希望"权衡其他因素"（第 6 456 行）。

　　大部分的讨论集中在不同的利益相关团体对于野生动物的态度上。卡伊拉和路易斯关注的团体"不希望有大量的鸟类"，而基努关注的团体却希望"增加鸟类数量"。考虑到这种分歧，迈克尔（第 6 488 行）总结说"因为基努的调查对象希望增加鸟类数量，而路易斯和卡伊拉的调查对象希望减少鸟类，所以我们需要找到一个好的平衡点"。于是组 1 的这部分讨论就集中在罗威尔市不同利益相关团体之间需求冲突的平衡上。当然这也是一份好的土地规划方案中很重要的部分，是土地规划过程中必须要考虑的事情。但这并不是看问题的唯一视角。

# 网　络

　　为了说明这一点，让我们再来看一段讨论。这次我们来看下 CAG 小组中的杰洛恩在重新分组后所在的组4中的讨论。类似地，我们在表9.3中展示了杰洛恩在小组讨论中的贡献。

表9.3　节选自"土地科学"重新分组后组4的讨论片段

| 行 | 活动 | 小组 | 角色 | 用户名 | 发言内容 |
|---|---|---|---|---|---|
| 6829 | 最终的意向调查 | Lowell4 | 学生 | 杰洛恩 | 我设计了一个相对平衡的方案 |
| 6832 | 最终的意向调查 | Lowell4 | 学生 | 荣 | 我们设计了新方案了？ |
| 6833 | 最终的意向调查 | Lowell4 | 学生 | 荣 | 不 |
| 6834 | 最终的意向调查 | Lowell4 | 学生 | 亚当 | 荣，你已经说过了 |
| 6835 | 最终的意向调查 | Lowell4 | 学生 | 亚当 | 杰洛恩，磷化物0.01 ppm可以吗？ |
| 6836 | 最终的意向调查 | Lowell4 | 学生 | 杰洛恩 | 什么？你能够让磷化物达到 0.01？ |
| 6837 | 最终的意向调查 | Lowell4 | 学生 | 杰洛恩 | 你是不是牺牲了其他指标才达到这个水平的？ |
| 6842 | 最终的意向调查 | Lowell4 | 学生 | 亚当 | 是的:D |
| 6843 | 最终的意向调查 | Lowell4 | 学生 | 亚当 | 这只是我的初步尝试 |
| 6845 | 最终的意向调查 | Lowell4 | 学生 | 杰洛恩 | 嗯，如果你可以让磷化物达到这个值，而保持其他指标的平衡那就好了 |
| 6851 | 最终的意向调查 | Lowell4 | 学生 | 亚当 | 还有一个问题，我应该如何降低径流量？ |
| 6855 | 最终的意向调查 | Lowell4 | 学生 | 杰洛恩 | 在河流区域增加更多的湿地 |
| 6858 | 最终的意向调查 | Lowell4 | 学生 | 亚当 | 杰洛恩 |
| 6859 | 最终的意向调查 | Lowell4 | 学生 | 亚当 | 我如何降低径流量？ |
| 6860 | 最终的意向调查 | Lowell4 | 学生 | 杰洛恩 | 湿地会比开阔地减少更多的径流量，但是开阔地相比湿地有更多的鸟类 |

在表9.3的讨论中，我们可以看到组4也在考虑如何满足不同利益相关团体的需求，也就是在土地规划方案中采用什么策略来改变城市的关键指标，例如住房数量、就业岗位数量、野生动物数量、水中的磷化物和一氧化碳污染的程度等。

学生们在这个过程中了解到不同利益相关团体的需求。例如在6 835行，亚当询问杰洛恩0.01 ppm的磷化物是否可以。他的意思是说河流中这个含磷水平是否能够被杰洛恩之前关注的CAG小组所接受。

杰洛恩在第6 836行的回应中语带惊讶"什么？你能够让磷化物达到0.01？"并且在第6 837行怀疑地问是不是牺牲了其他的指标来让含磷水平达到如此之低。亚当在第6 843行承认他的规划方案的确使其他指标出现了问题，才做到让含磷水平如此低，但强调说磷化物指标只是他首先尝试研究的一个指标（第6 843行）。

然后在6 851行，亚当询问杰洛恩如何才能减少径流量。杰洛恩告诉他（第6 855行）需要在河流经过的区域"增加更多的湿地"。当亚当再次询问时（第6 859行），杰洛恩解释了土地使用（这个例子中是指湿地和开阔地）、径流和野生动物之间的关系（第6 860行）——"湿地会比开阔地减少更多的径流量，但是开阔地相比湿地有更多的鸟类"。

因此，这两个小组，即迈克尔所在的组1和杰洛恩所在的组4，都在谈论如何设计合理的土地规划方案以解决罗威尔市的许多问题。迈克尔说（第6 488行）"我们需要找到一个平衡点"。杰洛恩说（第6 829行）"我设计了一个相对平衡的方案"。并且在这两个小组中，我们可以看到学生们都是一起工作，每个人都提供了解决这个规划问题所需的各自拥有的信息。

但是值得注意的是，迈克尔大部分时候是在谈论这些利益相关团体的需求是什么，以及如何平衡他们各自的利益，哪些社会和环境问题需要在土地规划方案中有所应对。对于迈克尔而言，整个小组需要在路易斯关注的团体不希望有大量的鸟类，而基努关注的团体却希望增加鸟类数量之间求得平衡（第6 488行）。

而杰洛恩则关注土地规划策略对于社会和环境问题的影响背后的机制，即土地用途的选择和社会、环境指标之间的关系。当亚当希望减少径流时（第6 851行），杰洛恩（第6 860行）解释说亚当能够通过增加湿地来达到这个目标，因为"湿地可以减少径流"。

换句话说，两个小组都在关注规划中需要考虑的平衡问题。但是对于两个小组而言，平衡的理解是不同的。迈克尔的小组将平衡和罗威尔市的利益相关团体的诉求联系在一起：平衡是指要权衡不同利益相关团体的诉求。在杰洛恩的小组中，平衡是和土地用途的选择与问题之间的关系相联系的。对于杰洛恩而言，平衡是要理解环境和社会问题如何相互联系，如何通过土地用途的规划来平衡两者之间的联系。

因此，杰洛恩和迈克尔都在讨论一个概念，即大写编码"平衡"。但是他们在讨论中建立了这个编码和不同编码之间的联系。杰洛恩将"平衡"和大写编码"模型关系"联系在一起，即"iPlan工具中土地使用的选择会影响社会和环境指标的结果"。迈克尔则将"平衡"和大写编码"利益相关团体的价值取向"联系在一起：需要照顾到罗威尔市不同利益相关团体的诉求。

建立大写编码之间连接的一种途径就是以网络结构的方式理解话语：即大写编码相互连接构成的网络。网络是一个系统中相互连接的事物，可以是商务关系中的不同角色，互联网上的计算机，或者大写话语中的大写编码。

用数学的语言来表达，网络是由节点和边组成的。节点就是相互之间有联系的事物，可以是人、计算机和大写编码；边就是联系。所以展示大写编码之间联系的一种方法就是网络图，其中既有网络中包含的节点，也有表示联系强度或权重的边。用这种数学语言，我们就能够像图9.1一样来展示迈克尔和杰洛恩在联系平衡这一概念时的差异：

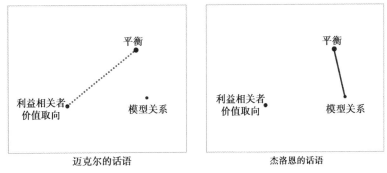

图9.1 "土地科学"游戏中迈克尔和杰洛恩
在一次讨论中建立的与"平衡"联系的网络图

在左边的网络图中，线条表示迈克尔在讨论过程中，在大写编码"平衡"和"利益相关者价值取向"之间建立了联系。在右边的网络图中，线条表示杰洛恩在大写编码"平衡"和"模型关系"之间建立了联系。

这个简单的网络图提供给我们的信息并没有超出我们已知的。在我之前关于这两段讨论的描述中，我们已经知道了迈克尔和杰洛恩以不同的方式谈论平衡这个概念。

但是现在，在没有进一步了解我们是如何生成这样的网络图之前，我们先设想一下，我们可以从不止一个讨论，而是从整个游戏的所有讨论构建网络图来展示不同的连接。这样的话，我们就可以考虑更多的大写编码，因为学生们的讨论不止涉及平衡、模型关系和利益相关者价值取向，还包括哪些事物位于罗威尔市的哪里，各种重要的社会和经济指标，土地使用的决策如何影响不同问题和利益相关团体需求之间的取舍。

我将在下面稍微解释一下我们是如何对这些讨论的话题进行编码，以及生成对应的网络图的。在此之前，我们先来看一下迈克尔和杰洛恩的网络图会是什么样子（图9.2）。

这些网络图显然比之前的网络图要更复杂。它们包括更多的节点，也就是大写编码，表示了迈克尔和杰洛恩在游戏中所有讨论的发言，而不只是在一次讨论中的发言。

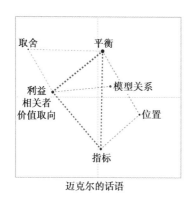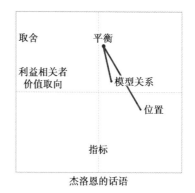

迈克尔的话语　　　　　　杰洛恩的话语

**图9.2　"土地科学"游戏中迈克尔（左）和杰洛恩（右）
建立的所有联系的网络图**

　　而且这两张网络图还是有明显的差别。迈克尔的图比杰洛恩的图中连接更多，用术语来描述就是有更高的密度，而且两张图的连接也是不同的。迈克尔相比杰洛恩，在更多的大写编码之间建立了连接，但是在整个游戏中，迈克尔都没有像杰洛恩那样建立平衡和模型关系这两个编码之间的联系。

　　更重要的一点在于这两张图中的边也有了新的变化。之前的图中，边只表示不同大写编码之间存在联系。现在，我们可以看到有些线明显比另一些线更粗（和更黑）。越粗的线代表两个编码的联系越强，反之则越弱。迈克尔和杰洛恩都建立了平衡和位置这两个编码之间的联系，但是这两个编码之间的边在杰洛恩的网络图中更粗，因为在杰洛恩的话语中这两个编码发生关联的频次出现得更高。

　　像这种网络图，用术语来描述叫作加权的网络图：就是图中不止显示两个节点之间的连接，还表示出这种连接的强度，而在这里连接线更粗代表两个编码之间建立联系的次数更多。

　　加权网络图是一种分析话语的有效方式，因为我们通常不关心某人是否在两个编码之间建立了联系。我们希望知道这种联系出现的频次高低，更重要的是在大写话语中，相比其他编码之间的联系，学生建立的平衡和位置之间联系的频次是高是低。

但是加权图不太好的方面是它们难以做比较。迈克尔和杰洛恩只在一个连接上是相同的。但是如果他们有很多相同的连接，要比较谁的哪一条连接更强就会变得很困难。但是我们可以通过生成一个叫作差异图（difference graph）的网络图来做到这一点，就是把两张图的每条边的权重相减得到的网络图。所以迈克尔和杰洛恩的差异图如图9.3所示：

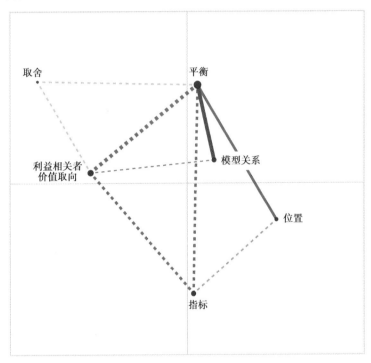

**图9.3　用于比较连接强度差异的、迈克尔和杰洛恩的差异网络图**

差异图并不是用来展示迈克尔或杰洛恩建立的编码连接的强度，而是展示了哪个人建立的连接更强以及究竟强多少。因此虚线表示的不是迈克尔建立的连接，而是迈克尔比杰洛恩频次更高的连接，实线也不是杰洛恩建立的连接，而是杰洛恩比迈克尔频次更高的连接。

所以我们可以发现平衡和位置之间的连接是实线，是因为杰洛恩的话语中这两者之间的连接关系更强，但你会发现这条连线没有在杰洛恩自己的网络图中的连线粗，这是因为迈克尔也建立了两者之间的连接，只是频次没有那么多。

这些网络图说明我们从节选的两段讨论中发现的迈克尔和杰洛恩话语的差别并不仅仅发生在这两段讨论中。如果我们分析所有迈克尔和杰洛恩的讨论数据，我们会发现他们两人讨论土地规划的模式是贯穿在整个"土地科学"游戏始终的。迈克尔在平衡和利益相关者价值取向之间建立的联系要比杰洛恩多，而杰洛恩在平衡和模型关系之间建立的联系更多。

所以像这样的网络图对于比较两个人的话语，或者同一个人在不同时间点的话语是很有用的。但是我们也可以用网络图来比较不同的群体。

# 认知网络分析

如何比较网络图是我们面临的一个挑战。但正如上面的例子，我们还是有办法来比较两个网络图的差别。尽管已经有很多不同的方法来比较网络图，但是大部分都不是非常合适，所以我们还是需要设计一种新的分析方法。[17]

一旦需要比较的网络图不止两张，那直接比较就几乎不可能了。为了做到这一点，我们需要提出一种新的表征网络的方法，不一定是图的方式，但是可以让我们一次分析多个网络。

在网络分析领域，对于这个问题的一种典型解决方法是提出一些指标来捕捉每个网络的一些最重要的属性。这种网络特性的高层次概括，用一个术语来描述叫作归纳统计（summary statistic），而在网络分析领域有大量这样的统计指标。其中一个归纳统计的指标就是网络密度。我们已经知道，这个指标就是网络中所有连接数和所有可能的连接数的比值。所以迈克尔的网络比杰洛恩的网络密度更高，因为前者有更多的连接。还有一些测量网络中心性的指标。中心性是每个节点的属性，用来衡量节点的重要性。其中一个最简单的指标叫作"度中心性"（degree centrality），也就是这个节点拥有的连接数量。一个网络的度中心性就是它所有节点的平均度中心性。所以迈克尔的网络比杰洛恩的网络有更高的度中心性，因为迈克尔的网络中平均每个节点的连接更多，这是显而易见的，因为网络的连接总数更高。[18]

这些指标和其他归纳统计指标都会告诉我们一些关于网络结构的信息，比如节点之间的连接是否紧密或者松散，聚类的节点是否紧密连接，从一个节点到另一个节点的平均路径长度，等等。但是没有一种测量会告诉我们网络的内容信息，比如一个网络和另一个网络相比，是否在不同的节点之间存在连接。而在量化民族志中，这些节点之间的关系正是我们想要知道的，因为我们想要理解一个大写话语中的不同大写编码是如何相互关联的。

典型的网络分析指标没有告诉我们太多关于话语网络的信息，这点并不奇怪，因为关于网络分析的研究通常关注不同类型的网络，比如非常大的网络，像是互联网上的网页之间的链接；或者具有许多内部结构的网络，比如社交网络。在社交网络中我们会更关注那些连接不同社群的小团体或者个人的桥梁作用。网络分析能够清楚地检视一个网络是否拥有大量的节点，很少的连结，或者比较不同网络中同样的节点之间关系是否发生了变化。比如，不同社交网络中是否包含了不同的个体，互联网的不同部分是否拥有不同的网页节点。

但是用来表述话语的网络，即认知网络，是关于大写话语的认知框架中不同大写编码之间联结模式的一种数学表征，正如我们之前所见，是非常不同的一种网络。在认知网络中，通常没有太多的大写编码，因为虽然在大写话语中可以有很多有意义的事物，但是如果要理解大写话语，我们不太可能同时考虑太多的大写编码。更重要的是，任何大写话语中的大写编码表示的含义是相同的，因此对于不同样本群体中采集的话语数据而言，编码的含义也是固定的。我们希望理解这些大写编码如何相互连结，以及这些连结是否随着群体和时间的变化而发生改变。

所以我们需要一种不同的归纳统计方法，也就是一种不同的网络分析方法来检视大量的认知网络。

其中一种分析网络内容的方法是分析网络的质心。所谓质心，就是用数学语言描述的能让物体保持平衡的位置。假想迈克尔和杰洛恩的认知网络是一个物理实体，也许是用木棍表示连结、粘土表示节点做成的球棍模型，那么质心就是你能够让整个模型立在你指尖之上的那个坐标点。

当然，我们不能保证这个点位于某条边或者就是某个节点，实际上往往也不是这种情况。质心只是关于平衡思想的一种数学抽象，它表示所有连结的权重，就是那些"木棍"的重量在上下和左右都保持平衡，因此就是整个网络的质量中心。

比起用语言描述质心，通过网络图展示可能更容易说明这一点，例如迈克尔和杰洛恩的网络中，我们看到如图9.4所示，质心是那个大的黑色或是灰色的圆点，它们大概位于网络的中心。

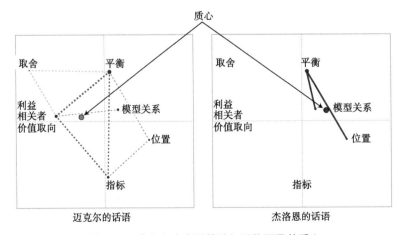

图9.4 迈克尔和杰洛恩的认知网络图及其质心

我们注意到迈克尔的网络中质心位于图的左边，更靠近"利益相关者价值取向"这个节点。这是因为迈克尔的网络在"平衡"和"利益相关者价值取向"之间，"利益相关者价值取向"和"指标"之间，以及和"取舍"之间存在一些较强的连结，而这些连结都在图的左边。网络的边线较粗，意思是迈克尔的网络模型的左边部分有很多"木棍"，所以它的质心更靠左。杰洛恩的网络模型的质心偏右，因为他只建立了"平衡"和"模型关系"及"位置"之间的连结，而这两个连结都在图的右侧。

我们暂时先不考虑为什么不同的大写编码有的在图的左边，有的在图的右边。我稍后会对这些网络图是如何产生的以及为什么这样绘制略作说明。目前最重要的一点是迈克尔和杰洛恩的网络图的质心位置反映了他们在不同的大写编码之间建立了联结。

这一点之所以很重要，是因为它意味着我们可以利用认知网络图的质心来比较不同的网络。例如图9.5还展示了迈克尔和杰洛恩所在班级的其他学生的网络质心位置。

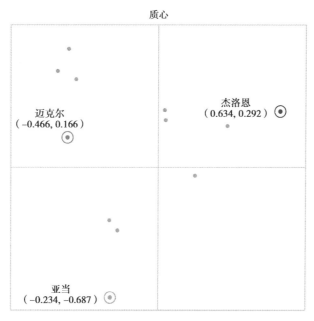

图9.5　三个学生的网络质心

这种比较认知网络的技术被称作认知网络分析（epistemic net-work analysis，ENA）。ENA 提供了一种网络形式的量化模型，用来描述人们是如何在话语中建立编码之间的联结的。

下面我们就来了解一下这种模型是如何构建出来的。

# 操作化

第一步，当然是要识别学生们在决定如何为罗威尔地区做土地规划时在谈论些什么。通过阅读聊天数据，研究者在参与"土地科学"的学生的大写话语中发现六个关键的大写编码，也就是我们之前看到的网络图中的节点。所以他们就生成了一个编码的集合和一个对应的编码本，如表9.4。

表9.4　用于分析"土地科学"游戏中的话语的编码本

| 编码 | 描述 | 举例 |
|---|---|---|
| 模型关系 | iPlan工具中地块用途变更和指标取值变化之间的关系，改变一个地块的用途会影响多个环境/社会因素指标的数据 | 我发现在地图上做的每一个改变都会对指标图产生一些影响。我还发现很难改善所有的指标数据，因为当一个指标改善了，可能会造成对其他指标的负面影响。例如将开阔空间改为工业用地会增加工作岗位，但是会减少野生动物的栖息地。 |
| | 谈论/提及/质疑任何可能影响iplan/地图/模型的效应、作用或者因素 | 事实上，什么问题对它造成了影响？ |
| 取舍 | 讨论一个或者多个地块用途如何影响两个或者多个指标的变化 | 最简单的增加就业岗位的方法是增加工业用地，但是会增加一氧化碳的排放和减少鸟类栖息地的数量 |
| 平衡 | 讨论平衡的需求或者利益相关团体之间的妥协，以及指标水平来找到平衡点或者平均值 | 如果是那样的话，我认为我们应该在我们所能够做的和他们希望的之间做出妥协 |

续表

| 编码 | 描述 | 举例 |
|---|---|---|
| | 讨论选择某些方面来弥补另一些薄弱的方面 | 改变某个指标的数据相对容易，但是要平衡不同指标非常困难 |
| 位置 | 讨论不同用途地块的位置或者地图上的地块类别，比如河流、住房、商业用地 | 最后，我交换了河流附近的地块用途，将工业用地变更为湿地，而将原来的湿地变更为工业用地来减少径流。 |
| 利益相关者 | 指出需要满足利益相关者的需求 | 我们的方案解决了大部分利益相关者的诉求，但是玛雅还是认为一氧化碳含量偏高，需要想办法降低。 |
| 指标 | 指出需要增加/减少特定指标数据的重要性 | 我调查的利益相关团体希望径流保持在 32 000 加仑以下，磷化物维持在 0.2 到 0.5 ppm，鸟类栖息地在 3.9 和 4.5 个之间 |
| | | 我认为我需要在乔丹的方案上增加更多湿地来减少径流量水平 |

　　这里我们不必再赘述研究者确定这些编码的分析过程，之前在第 3 章中已经对大写编码和编码本的概念做过介绍。但是我想指出这个编码本的两个特征。

　　首先，我们注意到编码本中没有包含太多的大写编码。有些数据确实需要大量的编码才能帮助理解。但是当我看到一个很长的编码本，我通常会认为可以从中再提炼出更简明的故事，也就是说可以简化编码集合。删减编码的方法之一就是在理解数据的基础上决定哪些是最重要的编码。那些不太重要的编码就可以删除，或者不用于当前的分析。我们也可以将一些较微观具体的编码整合成为一个更宏大、更一般的编码。同样，这也要根据编码本身和在数据中出现的究竟是什么编码来决定。

　　另一点要注意的是，项目研究团队使用了我们在上一章介绍的 nCoder 工具，利用正则表达式来生成了一个自动化的分类器，这个分类器是用来对"土地科学"中的数据进行编码的。在这个生成的分类器中，只需要 12 个关键词和短语（表 9.5）来描述大写编码

"平衡"——这个"土地科学"游戏中学生的大写话语中的核心概念，也是土地规划师的大写话语中的核心概念。

表9.5　用于大写编码"平衡"的自动分类器中的正则表达式

| 平衡 |
|---|
| \blevel will go up |
| \boff set |
| \bmake up for |
| \bmakes up for |
| \boffset |
| \beven out |
| \bevens out |
| \bbalence |
| \bcounteract |
| \bcompromise |
| \bbalance |
| \bcounter act |
| \bcompromise |

正如我们在上一章中看到的，复杂的概念可以用一个相对简单的词语集合或者词的模式来捕捉，因为我们并不想要穷尽所有人们使用"平衡"这样的大写编码的方式，即便是土地规划师的所有使用方式也不是我们需要的。我们只要理解学生在玩"土地科学"游戏时是如何表达这个思想的，其中包括对"平衡"这个单词的拼写错误。

当然，不是所有的正则表达式都是很直观的。例如表9.6中展示了项目研究团队对于"模型关系"这个编码所采用的正则表达式：

**表9.6 用于大写编码"模型关系"的自动分类器中的正则表达式**

| 模型关系 |
|---|
| ((\bchange\| \badd\|move\|bput\|remove\| placed).*(map\|zones).*(increase \|decrease\| more\| \bless\|braise\|blower)) |
| ((green space\| \bopen space\b\|wet\|residen\|family \|industr\|commer\|river\|business\|hous).* (less\| more\| toavoid \|\ bcause \b\| drop\| lower\| keep up\| results in\| result |
| in\| effect\| affect\| impact\| increase\| decrease\| changes).*(business \|revenue\| factor\| ani-mal\|wildlife\|pollut\|phos\|bp\|b\|runoff\|gallon\|job\|employ\|oriol\|bird\|balti\|sale\|blanding\|tur-tle\|nest\|carbon\|bco(b\|property\|\ bco2\b)) |

对于不熟悉正则表达式的读者，图中的第二条规则可以大致翻译为：

"绿地"或者"开阔空间"或者"湿的"或者"居住"或者"家庭"或者"工业"或者"商业"或者"河流"或者"业务"或者"住所"，

然后接着

"更少"或者"更多"或者"缺少"或者"导致"或者"降低"或者"更低"或者"提升"或者"造成"或者"影响"或者"作用"或者"增加"或者"减少"或者"改变"，

然后接着

"商业"或者"收入"或者"因素"或者"动物"或者"野生动物"或者"污染"或者"磷"或者"径流"或者"加仑"或者"工作"或者"雇员"或者"龟"或者"鸟"或者"巢"或者"碳"或者"一氧化碳"或者"资产"或者"二氧化碳"

所以杰洛恩在上面所展示的最后一段讨论的最后一句发言被自动分类器编码为模型关系，是因为其中包含了"湿地"，和正则表

达式的第一部分"湿"匹配,接着出现了"低",再后面又出现了"径流":

> 湿地降低径流比开阔地更多,而开阔地有更多鸟,相比湿地。

也许你会觉得如果杰洛恩只说"开阔地有更多鸟,相比湿地",那么自动分类器就会出问题。因为这句话同样表示模型中的关系,即"谈论/提及/质疑任何可能影响iplan/地图/模型的效应、作用或者因素"。但是这里杰洛恩用了"开阔地"而不是"开阔空间",所以自动分类器就会误分类。

你说的没错。这正是研究者们在构造自动分类器时需要担心的问题。因此就需要检查编码的错误率,即GIGO("垃圾输入、垃圾输出")分数。研究者需要通过两个人工评分者,根据每个编码,对数据的抽样样本进行编码,然后计算这两个编码者的kappa值和rho值,以及计算每个编码者和计算机自动分类器的分类结果之间的kappa和rho。结果如表9.7所示:

**表9.7 "土地科学"游戏中用于分析话语的编码的kappa值和rho值**

| 编码 | 评分者1 vs. 电脑 | | 评分者2 vs. 电脑 | | 评分者1 vs. 评分者2 | |
|---|---|---|---|---|---|---|
| | kappa | rho | kappa | rho | kappa | rho |
| 模型关系 | 0.86 | 0.01 | 0.80 | 0.02 | 0.82 | 0.01 |
| 取舍 | 0.90 | 0.001 | 0.92 | <0.01 | 0.90 | <0.01 |
| 平衡 | 0.95 | <0.01 | 0.90 | <0.01 | 0.87 | <0.01 |
| 位置 | 0.92 | <0.01 | 0.92 | <0.01 | 0.89 | <0.01 |
| 利益相关者 | 0.85 | <0.01 | 0.80 | 0.04 | 0.90 | <0.01 |
| 指标 | 0.82 | 0.03 | 0.85 | 0.02 | 0.94 | <0.01 |

所有编码的 kappa 值大于 0.65，即项目组采用的门槛值。更重要的是所有的 rho 值都小于 0.05，说明 kappa 值大于 0.65 的结果是统计显著的。也就是说统计结果提供了两个人工评分者的编码一致性，以及自动分类器与人工评分者的编码一致性的保证。

所以现在研究者就具备了识别学生谈论内容的方法，他们的编码本是扎根的，因为其来自对学生的实践行为数据的阅读。而且它是有统计学保证的，是理论饱和的编码集——即使编码更多的数据也不会改变对大写编码的操作化。

接下来项目组利用自动分类器对"土地科学"的数据进行编码。他们的数据表中元数据作为表头，每条发言作为数据行，现在又为每个大写编码添加了一个新的列，用来表示每行代表的发言中是否出现了这个特定的大写编码。

从民族志研究的角度看，研究者们不仅对学生是否谈论"平衡""iPlan 模型中的关系"，或者"利益相关者关注的问题"感兴趣。他们还对学生们谈论这些主题时的具体内容感兴趣。为了达到这一目的，他们需要另一种"机械抓地力"，一种操作化认知网络这一概念的方法。

如我们之前所看到的，杰洛恩关于"平衡"的认识是和土地使用与模型相关话题之间的联系有关的。在之前列举的谈话中，我们看到杰洛恩（表 9.8 的 6 860 行）告诉亚当，他可以通过增加湿地来减少径流。但如果我们仔细阅读两人的对话，我们会发现早些时候，杰洛恩曾经告诉亚当"如果你可以在维持其他指标水平的情况下降低它就好了"。

也就是说杰洛恩关于增加湿地降低径流的论述在之前他关于保持平衡的观点中已经表达过了。这两个想法是相互关联的。

表 9.8 展示了关于这些讨论的数据表中的一部分。这张表中包括了编码，但是为了更易读，我删除了一些元数据的列。

表9.8　节选自"土地科学"的数据表，展示了"平衡"和
"模型关系"两者之间的连结

| 行 | 用户名 | 发言内容 | 取舍 | 模型关系 | 平衡 | 地点 | 利益相关者 | 指标 |
|---|---|---|---|---|---|---|---|---|
| 6843 | 亚当 | 这只是我的初步尝试 | 0 | 0 | 0 | 0 | 0 | 0 |
| 6845 | 杰洛恩 | 嗯，如果你可以让含磷量达到这个值，而保持其他指标的平衡那就好了 | 0 | 0 | ①1 | 0 | 0 | 0 |
| 6851 | 杰洛恩 | 还有一个问题，我应该如何降低径流量？ | 0 | 0 | 0 | 0 | 0 | 0 |
| 6855 | 杰洛恩 | 在河流区域增加更多的湿地 | 0 | 0 | 0 | 0 | 0 | 0 |
| 6858 | 亚当 | 杰洛恩 | 0 | 0 | 0 | 0 | 0 | 0 |
| 6859 | 亚当 | 我如何降低径流量？ | 0 | 0 | 0 | 0 | 0 | 0 |
| 6860 | 亚当 | 湿地会比开阔地减少更多的径流量，但是开阔地会比湿地增加鸟类 | 0 | ①1 | 0 | 0 | 0 | 0 |
| 6867 | 亚当 | 是时候减少住房了 | 0 | 0 | 0 | 0 | 0 | 0 |

　　请注意，杰洛恩关于"湿地降低径流"的评述被编码为"模型关系"，而他更早时候关于"保持其他所有事物的平衡"的论述被编码为"平衡"。

　　所以模型关系是和保持事物平衡的观点相联系的，我们可以通过下面的方式来操作化这一想法：当"模型关系"和"平衡"的编码出现在同一个邻近时间上下文中时，说明杰洛恩建立了两者之间的联结，前者是不同的土地使用影响了利益相关者关注的问题，后者是土地规划问题是寻求事物之间的平衡。

　　从之前的章节中我们已经知道了如何利用滑动窗来建立这样的模型。研究者在分析这批数据时认为这些讨论中的邻近时间上下文

的移动窗口的大小是8行发言,即当前的发言和讨论中之前7条发言,意思是说这批数据中大部分的发言行会回溯指代到最远7行的发言。这也意味着当有一个节中包含一个编码为A的行和一个编码为B的行时,说明两个大写编码(编码A和编码B)之间存在联结。

所以,在上述例子中因为在同一个邻近时间上下文中出现了"模型关系"和"保持事物之间的平衡"两个编码,所以我们认为杰洛恩建立了两者之间的联结,而我们的证据是,在定性数据表的同一个节中,我们发现了"模型关系"和"平衡"这两个编码。

稍后我会解释另一个必要的步骤,但仅就目前所提出的这条标准而言,模型显示杰洛恩建立了两个编码的联结。原因是当我们把6 860行作为参考行时,这个节里包含了模型关系的编码(第6 860行)和"平衡"的编码(第6 845行)。

当然这种数据分析方法和任何其他定性数据的量化表征方法一样存在优劣两方面。一旦数据被可靠地编码,模型就能够识别编码之间的联结,而不需要再去逐行分析数据。但是正如之前所讲的,这种自动识别联结的方式必然会带来误差:即人工逐行阅读数据能够发现的联结可能没有被自动识别,当然也有可能这种自动分析的方法可以发现一些原本人工分析海量数据容易遗漏的联结。

这种类似的权衡我们之前曾经见过。作为研究者,我们始终需要在逐条分析数据和发现普遍规律,来解释民族志研究者收集的深描数据之间做出取舍。而研究者用于验证数据编码和数据分割可靠性的评分者一致性检验方法,也可以用于验证模型联结关系的可靠性:即手动分析所选择的节中的编码联结,然后和量化模型的结果进行比较。

但是这个简单的量化模型还有一个更重要的问题需要解决,就是滑动窗的滑动部分。为了说明这一问题,我们来看下这个模型中的下一个节,也就是第6 867行作为参考行的节,这一行对应于数据表中6 860行的下一行发言。

6 867行,亚当说"是时候减少住房了! :("。当6 867行作为参考行时，这一节包括的前7行分别是 6 843，6 845，6 851，6 855，6 858，6 859 和 6 860。它包含了编码为"平衡"的 6 845 行和 编码为"模型关系"的 6 860 行。所以虽然亚当实际上这时没有谈论关于平衡或者模型关系的话，这个参考行对应的分析窗也包含了两者之间的联结。同样地，不论在之后的一行发言中，学生是否谈及这两个话题，其对应的节也包括了这一联结。

这个问题是由于移动分析窗造成的：联结会被重复计算多次，其次数由窗的长度及两个编码之间的行数决定。显然，这会使得对编码之间联结的意义解读变得有点复杂！

幸运的是，有一种简便的方法来解决这一问题：我们认为节中存在编码 A 和编码 B 的联结，当且仅当：

1. 节中包含了编码 A 和编码 B 的行，且
2. 节的参考行中包含了编码 A，或者编码 B，或者包含了两者。

图 9.6 说明了这一方法。在图中：第一列展示了来自一个叫作"救援铠甲"（RescuShell）的虚拟工程实习游戏中的数据。第二列展示了第三行（"是的，我同意"）作为参考行的节。尽管这一节的数据中包含了编码"设计"和"材料"，但是参考行中没有这两个编码，所以我们认为不存在编码之间的联结。

第三列展示了第五行（"但是充电间隔太短会让人恼火"）作为参考行的节。这里三个编码，即参考行中的"数据""参数"和之前一行中的"需求"之间两两存在联结。第四列展示了下一行（"救援人员关心安全问题"）作为参考行的节。同样存在三个联结，但都是和编码"客户"之间的联结。"客户"是出现在参考行的编码，它和"数据""参数""需求"之间分别建立了联结，但是在"数据""参数"和"需求"之间不存在联结，因为这三个编码都没有出现在参考行中。

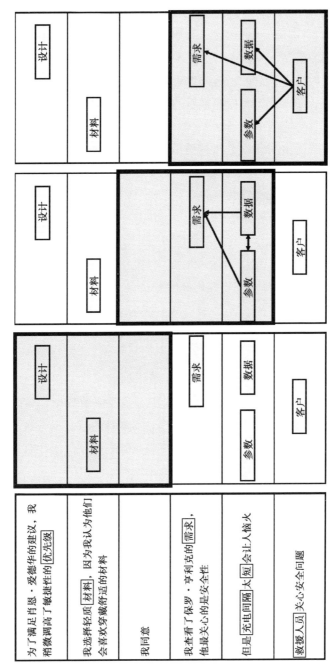

图 9.6　如何利用移动窗来识别连结。图中仅展示了通过这些行可以创建的窗的子集。

　　需要注意的是，图中只展示了根据这些行创建的部分分析窗，在实际分析中每一行都对应了一个分析窗。[19]

　　如果我们遵守上述规则来确定移动分析窗中是否存在联结，也就是说我们只在联结中的编码出现在参考行的时候才建立模型中编码之间的联结，这样的模型就不存在我们之前所说的问题了。每一个联结仅会被计算一次。表9.8的第6 860行对应的节中，当杰洛恩谈论模型关系时，建立了平衡和模型关系的联结，因为两个编码都出现在这个节中，而参考行（第6 860行）中出现了其中一个编码。而下一行对应的节中不再被认为存在这个联结，因为虽然这个节也包含了这两个编码，但是这两个编码都没有出现在参考行中。但是这个聪明的建模机制又存在另外两个后果，一个非常简单，另一个相对复杂。

# 邻接矩阵

　　上述建模机制的一个相对简单的后果是联结可能会出现在一条发言中。比如在上面列举的迈克尔的小组讨论中，迈克尔最后说（表9.2中第6 488行）：既然基努希望增加鸟类数量，而路易斯和卡伊拉希望减少鸟类，我们就需要找到一个平衡点。

　　这一行发言被同时编码为"平衡"（我们需要找到一个平衡点）和"取舍"（基努希望增加鸟类数量，而路易斯和卡伊拉希望减少鸟类）。所以在这个发言中，迈克尔建立了平衡和取舍之间的联系，而我们的模型会标记这个联结，因为在这个节中包含了两个编码（参考行本身出现了这两个编码），而且节的参考行至少有联结中的一个编码（事实上两个都有）。

　　这个例子还展示了这种建立联结方式的一个更复杂的后果。表9.9是来自上述讨论的部分数据。在这个数据片段的最后，卡伊拉（第6 476行）说："我们需要平衡这两种意见。"但是她的发言是在讨论各种环境指标（"磷化物、一氧化碳和水污染"）的情境下提出来的，而那些指标的讨论是由于迈克尔在这段讨论的一开始（第6 462行）提到"我们需要考虑路易斯和基努负责的利益相关团体的意见"。

表9.9　节选自"土地科学"的讨论

| 6462 | 迈克尔 | 我们需要考虑路易斯和基努调查的利益相关团体的需求 |
|---|---|---|
| 6465 | 卡伊拉 | 路易斯和我调查的是同一个团体 |
| 6466 | 卡伊拉 | 他们不希望有大量的鸟类 |
| 6467 | 卡伊拉 | 那我们来制订一个新的方案？ |
| 6471 | 基努 | 我的调查对象希望减少磷化物、一氧化碳和水污染物，并增加鸟类数量 |
| 6473 | 路易斯 | 我的也是。顺便说一下，卡伊拉和我之前是调查的同一个团体。 |
| 6475 | 卡伊拉 | 我的调查对象一点也不希望有鸟类 |
| 6476 | 卡伊拉 | 所以我们需要平衡这两种意见 |

我之所以指出这一点是因为：

1. 卡伊拉谈到了"平衡"；
2. 迈克尔的发言提到了"利益相关团体的价值取向"；而且
3. 这些讨论内容都是在以卡伊拉的发言作为参考行的节中。

换言之，虽然卡伊拉只谈到了"平衡"，但是我们的模型显示卡伊拉建立了"利益相关者的价值取向"和"平衡罗威尔地区的不同问题"之间的关联。这一点很重要，因为在小组讨论中，人们不只在自己的发言内容中建立关联，还和其他人的发言内容建立联系，而滑动分析窗正是为了研究讨论中的这种情况。在这里，滑动窗识别出卡伊拉建立的这个联结，虽然联结中的部分内容是迈克尔所说的。

这说明当我们利用ENA中的滑动分析窗来建模联系时，我们可以分析个体学生（或者个人）对团队工作的贡献，并且是在将其他团队合作者的行为考虑在内的情况下展开分析的。

ENA 能够实现这一点的原因是，滑动窗将话语中的每一行，与在参考行和它对应的节中的编码之间的联结联系了起来，即讨论的每个参与者建立了和他发言的邻近时间上下文中的主旨之间的联系。如果每一行的话语都属于一个特定的参与者，那么 ENA 就能够建模大写话语中这个参与者所提到的大写编码和其他编码之间的联结，即使这里的其他编码是由别的参与者在这一数据节中的言行所展现的。

为了构建由某一个体建立的所有联结的模型，ENA 算法只需要计算所有数据节中和这个人相关的联结的总数。还记得每一行数据是对应于滑动分析窗中的一个数据节的。在这个"土地科学"游戏的例子里，我们关注的是讨论数据，所以 ENA 计算了根据每个人的谈话建立的联结。如果我们是分析的鼠标点击数据，那我们就可以计算根据每个人的鼠标点击建立的联结。如果我们是分析用户阅读网页的数据，ENA 也可以根据每人阅读的网页来建立联结，诸如此类。

ENA 用邻接矩阵（connection matrix）来表征每个人建立的不同编码之间的联结总和。矩阵的行和列代表的是每个编码，而矩阵的每个元素代表的是两个编码在多少个数据节中同时出现的次数。用规范的语言描述，如果 i 和 j 代表数据中的编码，$m^p$ 代表个体 p 的邻接矩阵，那么元素 $m^p_{ij}$ 表示和个体 p 相关的编码 i 和 j 联结的次数。

为了更直观地说明此含义，表 9.10 展示了采用 ENA 方法计算的迈克尔的邻接矩阵。从邻接矩阵我们可以看到迈克尔在三个节中建立了平衡和利益相关者价值取向之间的联系，因为在矩阵的第三行第三列元素值为 3。这也许是由于迈克尔的一些发言中提到了平衡（或者利益相关者价值取向），而在同一个节中其他人提到了利益相关者价值取向（或者平衡），或者迈克尔自己提到了两个概念。

量化民族志：一种面向大数据的研究方法

表9.10 根据迈克尔的讨论内容建立的邻接矩阵

| | 取舍 | 模型关系 | 平衡 | 位置 | 指标 | 利益相关转化 |
|---|---|---|---|---|---|---|
| 取舍 | 0 | 0 | 1 | 0 | 0 | 1 |
| 模型关系 | 0 | 0 | 0 | 0 | 0 | 1 |
| 平衡 | 1 | 0 | 0 | 1 | 2 | 3 |
| 位置 | 0 | 0 | 1 | 0 | 1 | 0 |
| 指标 | 0 | 0 | 2 | 1 | 0 | 2 |
| 利益相关团体 | 1 | 1 | 3 | 0 | 2 | 0 |

邻接矩阵是对称的，即在对角线两侧的数据是相同的，而从左上到右下的对角线上的取值都为0。之所以矩阵上三角和下三角的取值相同是因为在模型中，我们认为连接是等价的。ENA模型也能够表示连接的次序，即考虑讨论内容之前的前后关系。但是通常我们更关心的是不同想法之间是否存在关联，而不是它们出现的先后次序。

我们可以注意到在上述邻接矩阵中最大的取值是3，也就是说迈克尔建立的平衡和利益相关者价值取向之间的关联比其他编码之间的关联都要强。这就是为何在图9.4的迈克尔的网络中平衡和利益相关者价值取向之间的连线是最粗的。网络图中线的粗细是和网络的连接权重成比例的，而权重是由数据中特定连接在节中出现的次数来决定的。换言之，ENA为每个个体（或者也可以是建模整个小组）建构的邻接矩阵是和这个个体或者小组的网络图等价的。

从邻接矩阵到构建网络图还需要几个步骤。不幸的是，这些步骤所用到的数学知识有点复杂，限于篇幅不能够详细解释。当然有许多技术性的论文文献，包括ENA网站上的工具使用指导和视频都有关于这部分内容更详细的阐述。我们这里仅对ENA处理连接矩阵的过程做简要的介绍。[20]

首先，ENA将每一个邻接矩阵作为高维空间上的一个点。我们已经知道邻接矩阵是一个对称阵，也就是说我们只需要关注其中的上三角矩阵。这个矩阵对应的高维空间中的点就可以通过上三角矩阵来表示成一个向量。比如迈克尔的矩阵用向量表示是：

$$[0,1,0,0,1,0,0,0,1,1,2,3,1,0,2]$$

前5个数字来自矩阵的第一行，接着的4个数字来自第二行，依次类推。

下一个步骤是通过转为相同长度的向量，来将这些向量标准化，即统一表示为空间中1个单位长度的向量。所以标准化后的迈克尔的向量是：

$$[0,0.323,0,0,0.323,0,0,0,0.323,0.323,0.647,0.970,0.323,0,0.647]$$

你可以验证一下这个向量的长度就是1。其实这个步骤不是必需的，ENA分析可以对向量标准化也可以不标准化。但是标准化的操作还是有用的，因为它就可以剔除掉在小组讨论中有些组员的发言比其他人多得多带来的影响。比如，一个组员发言次数是另一个组员的两倍，但是发言内容基本上是说了同样的事情，通过标准化操作，他们两个人的网络图就应该是一样的。这一点在有些情况下尤为重要，例如当你没有收集到所有你所关注的个体的同样数量的数据时。

ENA算法的第三步是旋转标准化后的向量所在的空间。有好几种不同的空间旋转方法。ENA可以采用奇异值分解（singular value decomposition）的方法来旋转空间，目的是通过旋转空间来展示数据中的最大方差，也就是突出个体之间或者小组之间数据的最大差异部分。另一种旋转方式是让两个组的均值都落在x轴上。这些空间旋转的方法基本上都是为了寻找和展示不同数据点的最大差异或者属于不同组的数据点的最大差异。[21]

这就是图9.5的网络图中绘制的所有节点的由来：它们是来自高维空间的点，依据数据的方差大小排前两位的两个维度所构成的平面上的投影，再经过空间旋转来展示数据最大差异所得到的，可

量化民族志：一种面向大数据的研究方法

以看作从某个特定视角观察一个复杂的高维空间中的邻接矩阵。所以，迈克尔在"土地科学"游戏中的所有讨论内容都转换为一个邻接矩阵，然后又转换为一个向量，并且经过标准化和旋转，最后我们可以用两个数字来表示他的言行：x=−0.466，y=0.166。这两个用括号括起来的数字表示的是一个点的坐标，x 坐标表示的是点在旋转后的平面上的最大方差所代表的维度的坐标，y 坐标表示的是第二大方差所代表的维度的坐标。当然，我们并不关心这些数值本身，真正重要的是这个坐标和其他小组成员的坐标相比的大小。[22]

所以我们可以知道迈克尔和杰洛恩通过 ENA 分析有非常不同的 x 轴坐标值，迈克尔的 ENA 中 x=−0.466，而杰洛恩的 x=0.634。这就是为什么杰洛恩的网络图在迈克尔的图的右边。

但是代表杰洛恩的网络图的点坐标在迈克尔的右边又意味着什么呢？ENA 算法的最后一步是如何确定网络图中的节点的位置，使得每个网络图的质心和在旋转后的二维平面上的点能够一一对应。我们采用一种优化技术来确定节点位置，确保所有高维网络图的质心和每个矩阵在二维旋转平面上的投影点坐标有最佳的对应关系。[23]

这有点像是射箭后，根据箭的位置来画靶心，比如我们从留在墙上的许多支箭试图发现射手瞄准的靶心的位置在哪。当我们确定了网络图中的节点位置，并建立了网络图的质心和旋转后投影平面上的点坐标之间的对应关系，那么这个二维平面上的网络图就可以告诉我们为什么有些高维认知网络更偏左边，而有些高维认知网络偏右边，有些偏上方，而另一些偏下方。如果认知网络中上方（或下方或左边或右边）的边上的权重越大，则认知网络的质心在二维平面上就越靠近上方（或下方或左边或右边）。[24]

所以迈克尔的网络图的质心靠近左边，是因为他建立了更多关联到利益相关者价值取向这个编码的联结。杰洛恩的质心更靠近右边，是因为他在平衡、模型关系和位置这三个编码之间建立了更多的联结。

我们可以看到 ENA 需要许多比较复杂的数学知识。但好消息是，就像许多统计分析方法一样，你在使用 ENA 方法时实际上不需要自己手动计算。一旦你对数据做好编码，然后确定好你的模型，ENA 工具就能够自动完成运算，你只需要利用分析结果来解读数据，比较人们在话语中如何建立不同编码之间的联结。但是就像所有统计方法一样，重要的是理解这里面的数学方法是在做什么，以及为什么要这么做。

# 结　果

所以 ENA 可以建模个体在话语中联结不同大写编码的方式，当然也可以建模成员之间话语的大写编码的联结，这也是话语本身的关键特征。

一种使用 ENA 的方式是建模大写话语组织形式的可视化表征，并进行比较：我们可以用迈克尔、杰洛恩和亚当的网络图来解释对他们在"土地科学"游戏中交流内容的定性描述，并且展示我们在列举的几行数据中看到的这种贯穿整个讨论内容转录数据的模式。

我们也可以利用 ENA 模型来检验我们从定性数据中所看到这种差异的统计显著性。通过分析话语是如何在小组之间发生改变，或者在个体的不同学习阶段发生变化，我们可以量化，从数据样本中发现的这种变化推广到总体的结论出错的概率。

例如我们在前面的例子中发现迈克尔和杰洛恩通过不同的方式建立与平衡的联结。迈克尔关注于平衡不同利益相关者的诉求，而杰洛恩侧重理解环境和社会因素如何相互关联，并通过理解两者的关系来提出一种平衡两者的解决方案，以解决罗威尔地区的土地规划问题。

现在，你也许还记得在第 4 章，我们提到参加"土地科学"游

量化民族志：一种面向大数据的研究方法

戏任务的学生会在任务的前后各完成一个访谈。作为访谈的一部分，他们需要回答一系列李克特量表的问题，其中一个问题是询问他们对于社会和环境问题之间的关联了解多少。如果告诉你杰洛恩在任务完成后的访谈中认为，自己对于这个问题有了更深的认识，你一定不会觉得奇怪。毕竟这是他在游戏过程中所关注的问题。而迈克尔对于这个访谈问题的自我评定没有明显的提高，这同样一点也不出奇，因为他没有在游戏中谈论太多关于社会和经济问题之间的关系的话题。

也就是说，如果我们分析这两个学生的表现，会发现他们扮演市政规划师角色的表现似乎和这个实习活动的结果存在一定的关联。我们也许会好奇，这种关联是否对于其他学生也同样存在。

回答这个问题的其中一种方式，也是我想要强调的完全合乎逻辑的方式是，通过定性分析迈克尔和杰洛恩所在班级的所有其他学生的表现，并和他们对两者之间关系的理解是否发生改变进行比较。由于全班有 17 名学生，那将是非常耗时的工作，但同时也是一种很好的方式来认识到，"谈论"社会和环境问题之间的关联与认为自己"理解"两者之间关系是有区别的。

因此，我们也有机会使用这些研究者们在分析迈克尔和杰洛恩所在班级的话语数据过程中，所开发的识别重要的大写编码的自动分类器，并利用我们所看到的上述 ENA 模型。

你也许还记得在第 6 章中我们介绍了，为了做统计建模，我们需要确定需要观察的数据是什么，这些数据如何组织成不同的样本，需要计算样本的哪些参数，采用哪些统计检验方法来分析数据。图 9.7 展示了用 ENA 分析迈克尔和杰洛恩所在班级的数据。

这里我们将采用简单的 $t$ 检验，一种比较两个组别的独立样本的检验方法来分析得到的 ENA 模型。第一个样本是来自班级中的一群类似杰洛恩的学生，他们通过玩"土地科学"游戏，对于环境和社会问题之间的关联有了更好的认识。对于这群学生的每个个体，我们打算比较的参数是个体网络质心 X 坐标的均值。

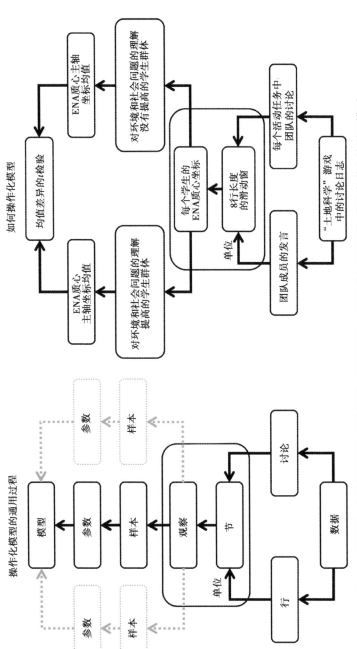

图 9.7 按照第 6 章关于模型构建的规则，如何用 ENA 构建 "土地科学" 游戏中学生的话语模型

因为统计检验的样本集是由学生的 ENA 网络质心 X 轴坐标值组成的，所以我们需要先确定 ENA 是如何构建的。分析单位是每个学生的 ENA 模型，是由 8 行长度的滑动窗作为一个节，大写的讨论定义为每个小组在一次活动中的讨论数据。大写的行定义为是每个学生的发言。而所有的数据来自参与"土地科学"游戏的这个班级的聊天日志。模型的构建是，先标准化，然后旋转空间使得两个组别的均值都落在 X 轴，我们试图发现那些李克特自评得分提高和没有变化的学生在认知网络上的最大差异。图 9.8 是分析的结果。

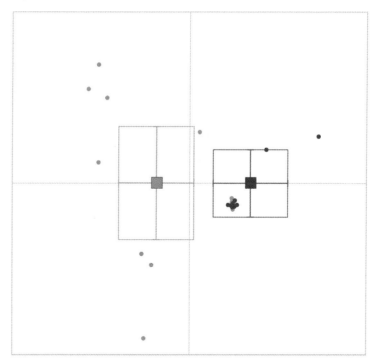

**图9.8　在玩"土地科学"游戏后自评认为有提高的学生（黑色）和没有提高的学生（灰色）的 ENA 模型**

左边灰色的点代表的是其中一个组的学生的 ENA 质心投影，这组类似迈克尔，在李克特自评问题的回答中显示没有对环境和社会问题的关系有明显的认识上的变化。右边黑色的点表示另一组像杰洛恩的学生，他们的自我评价显示有明显的认识提高。X轴上的两个实心的正方形表示两个组的质心投影的均值。这里的模型是投影到一个经过旋转的二维平面，使得质心投影的均值都落在X轴上。实心正方形的外面有一个大的带十字的矩形，表示质心投影均值的置信区间。两个置信区间没有重叠，表明独立样本 $t$ 检验的结果应该是有显著差异的。自评有提高的小组 M=0.304，SD=0.180，而没有提高的小组 M=−0.166，SD=0.283；$t(14.426)=4.173$，$p<0.001$，Cohen´s d=1.98。上面这句话是报告 $t$ 检验结果的规范写法，其中可以看到存在很大的效应量，虽然对于这样小样本的数据，效应量的大小没有太多实际意义。在这里，重要的发现是两个小组的样本均值存在显著差异。

这里的统计显著性的意思是：

如果我们下结论认为，班级中认为自己对于社会和环境问题之间关系的理解变得更好的学生相比没有变化的学生的 ENA 网络有明显的差异，我们这个结论出错的概率小于5%。

但是这里所谓 ENA 网络有明显的差异，究竟是什么样的差异呢？之前我们曾比较过迈克尔和杰洛恩的 ENA 网络的差别。现在如图9.9所示，我们可以比较所有像迈克尔的学生和像杰洛恩的学生的平均认知网络：

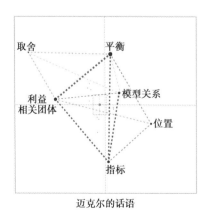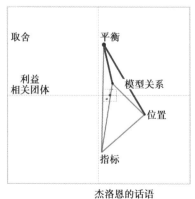

迈克尔的话语　　　　　　　　　杰洛恩的话语

**图9.9　在玩"土地科学"游戏后自评认为有提高的学生（右边）和没有提高的学生（左边）的平均认知网络**

同样我们也可以像之前比较迈克尔和杰洛恩的网络一样，通过两个平均认知网络相减来比较两个小组的网络差异，如图9.10所示。

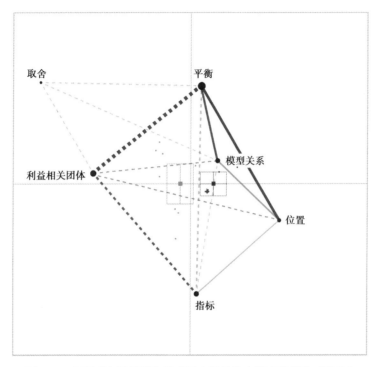

**图9.10　在玩"土地科学"游戏后自评认为有提高的学生（实线）
和没有提高的学生（虚线）的差异网络**

不难发现所有这些网络中，各组的均值位置接近平均网络图的质心位置。这也是ENA这种算法试图实现的一点。通过图9.10我们可以发现两个小组话语的主要差异在哪里。那些认为自己有提高的学生相比其他同学，更多地谈论关于在土地规划模型中利用关系和具体地块位置来创建平衡的土地规划方案。

所以，在某种意义上，ENA模型说明唐纳德·肖恩的观点是对的。玩"土地科学"游戏的学生就像是布里格斯研究的 Utkuhikhalingmiut 村庄里的玛塔，通过一个模拟的复杂系统进行学习。玛塔在模拟游戏中学习 Utkuhikhalingmiut 文化中关于情感和社会规则的复杂关系。而学生们则通过"土地科学"游戏学习市政土地规划问题所涉及的社会和环境问题之间的关系。他们所玩的是一个在线角色扮演游戏，游戏中有人扮演他们的老板、导师和利益相关团体等其他不同角色。

而这个 ENA 分析的结果说明，如肖恩所认为的那样，仅仅是在模拟仿真中实践是远远不够的，学生只有在仿真实践中花时间和他们的同伴及导师讨论相关的有意义的话题，才有可能形成对社会和环境问题更深刻的认识。这就不只是行动，而是行动和对行动的反思，两者有机结合才会提高学生的认识水平。

我还需要强调的一点是，这些分析结果并不能"证明"我们在定性数据中的发现是正确的。但是，这样的结果提供了有力的实证证据，告诉我们如果采用同样的方法分析来自这个班级的其他学生的数据，我们会发现和杰洛恩与迈克尔的话语相同的认知模式。我们的分析结果提供了这样的保证，即我们已经分析了足够多的数据来将结论推广到这个班级的其他学生。也就是我们有理论饱和的统计学证据作为支撑。这种保证和我们在第 7 章看到的，关于大写话语结构的统计学保证是类似的。但是不同于分析人们谈话的次序，我们分析的是人们讨论的内容，也就是通过他们的话语内容来理解编码之间的关联，如图 9.11 所示。

通过利用网络建模学生讨论中隐含的编码之间的系统性关联，我们就可以得到关于学生在"土地科学"的游戏化学习经历中如何建构意义的相关论断。

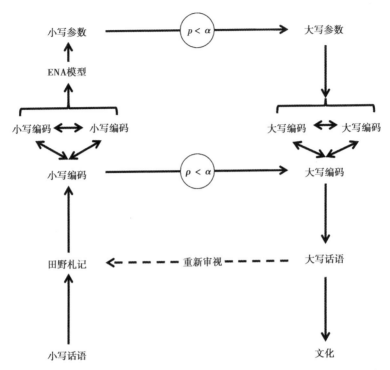

图9.11　理解关于某种文化的大写话语的路径，通过检验文化解读的结论
和数据之间的一致性来展示这一闭环的诠释路径中的关键步骤

# 有效性验证

关于理论饱和的统计学保证告诉我们，我们所发现的学生建立
的特定编码之间联系的模式是很可能在我们分析的数据中反复出现
的。统计方法和模型可以让研究者将分析结果推广到比他所编码和
分析的数据，或者展示的案例更多的样本中去。这是一种在特定数
据集中的特殊形式的一般化。

我们利用深描的数据，获得对人们如何建构意义的扎根式的理
解，也就是理解人们的大写话语是如何运作的。然后我们从大写话

语中识别出大写编码，通过生成编码方案并验证这些编码，来寻找我们所收集到的数据中存在这些大写编码的证据。最后我们采用ENA方法来建模我们对于这些大写编码在大写话语中的关联方式。

这样做的结果是，利用海量的关于人们在现实世界中的行为数据，将数据压缩为一系列数据行，进而转变为一系列数字来表征这些大写编码的存在。从这一系列数字我们构建了矩阵的集合，通过大量的数学变换来生成笛卡尔坐标系中的一系列散点。从这些散点我们可以得到量化的证据来支持我们原本的扎根式的理解。

这一系列操作实际上是大量的数据压缩。一种验证数据压缩操作效度的方法是，通过回归原始数据看模型是否能准确预测来验证所提出的模型。这在ENA分析工具中是很容易做到的，我们只需要点击任何一个认知网络图中的某一条边，就可以查看哪些数据行生成了模型中的这条联结。比如，当我们点击迈克尔网络图中连结平衡和利益相关者价值取向的边时，我们可以看到三个节中存在这两个编码，这就是他的邻接矩阵在这两个编码对应的横纵交叉元素上取值为3的由来。这样的操作可以让我们回溯到生成这个网络模型的原始定性数据表，并可以为量化分析结果提供定性的数据支持。

这当然是一种很重要的诠释数据的闭环，即图9.11中虚线所示的从大写话语或者我们对大写话语的理解返回到田野札记的路径。诠释数据的闭环，这个表示从模型回到数据的技术术语正是量化民族志研究方法的核心过程。

当然也有其他的方法来闭合这一诠释回路，包括所有传统民族志工具，比如展示数据并向其他研究者做出解读，或者将发现解释给原本担任田野观察任务的人听，并取得他们的反馈意见。

而在量化民族志中还有另外一种统计方法叫作交叉验证（cross validation），可以用来验证模型的效度，即我们用得到的模型来分析新的数据。在交叉验证时，我们用一个数据集来建立模型，通常这个数据集叫作训练数据集，因为我们利用这些数据来建立（或者说是"训练"）模型。在上面的例子中，我们训练模型来检测"土地科学"中，关于社会和环境因素的理解有提高和没有变化的学生之间的谈话差别。如果我们想要检验这个模型是否可能区分其他玩"土地科学"游戏的学生，我们只需要确保用同样的模型，分析来自另一组学生的数据，这些数据就叫作测试数据集。[25]

你也许会问什么叫确保用同样的模型？所谓同样的模型，有些方面是很直观的，比如我们需要同样类型的数据，例如都是来自"土地科学"游戏的讨论数据，并且对于大写行、大写会话、大写节的定义也一致，当然我们也需要采用同样的大写编码作为模型中的节点。我们很容易理解这些方面为何要保持相同，因为它们是我们在建立模型的时候所做出的明确的选择。但模型保持一致还有一些不太显而易见的方面。

当我们用 ENA 来建立量化模型，它采用一系列数学算法来确定如何旋转数据以展示我们作为研究者所关心的特征，并通过另外一些算法来将模型投影成为二维平面的网络图。在 ENA 的分析方法中，这些算法的分析结果叫作载荷数据集（loading set），载荷是个数学术语，用来表示 ENA 旋转数据的向量。[26]

所以当我们采用 ENA 建立了一个模型，我们实际上确定了一系列模型所具有的属性，然后 ENA 算法就根据我们确定的属性，利用原始数据生成了载荷数据集。而采用相同的模型的含义就是保持这些模型的参数是相同的，而要做到这一点是很容易的。

为了展示实际的操作过程，让我们来将迈克尔和杰洛恩所在班级的数据生成的模型，应用到同一所学校的同一位老师，在同一时段教的另一个平行班。一方面这些数据是很好的测试数据集，因为你不太可能找到比这样的数据更接近迈克尔和杰洛恩所在班级的数据了。所以，如果模型并不适用于这批学生的数据，那很有可能这个模型也不适用于其他的数据。另一方面，基于同样的理由，也可以认为这批数据并不是好的测试数据，因为如果发现这个模型适用于这批学生的数据，这样的结果并不会给我们提供太多关于模型是否适用于其他学校的其他老师所教的学生的信息。

不管怎样，当我们将这个模型用于测试数据集后发现，显然这个提供了很多关于迈克尔和杰洛恩以及他们班级学生信息的模型，并没有很好地适用于这个新的班级。如图9.12所示，新的班级中自评得分没有变化的学生的网络质心（灰色）和有提高的学生的网络质心（黑色）基本上在同样的位置。两个平均网络紧挨在一起，它们的置信区间大部分是重叠的。

不仅如此，如果我们分析两个平均网络的差异网络会发现，两个组别的学生所建立的编码之间的联结没有明显的模式特征，实线和虚线交错出现在整个图中。这说明我们将迈克尔和杰洛恩所在班级的模型用于其他班级的适用性并不好。

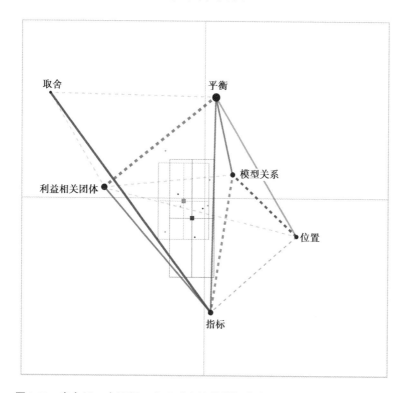

**图9.12** 来自另一个班级，在玩"土地科学"游戏后自评认为有提高的学生（实线）和没有提高的学生（虚线）的差异网络

但这并不是说这个模型是无用的。恰恰相反，这个模型告诉我们所分析的班级中学生的一些重要信息，即他们是如何在"土地科学"游戏中谈论和思考相关问题的，以及这种实践经历和他们通过游戏学习的感受有怎样的关联。这个模型正是为了告诉我们发生在这些学生中的学习情况。而这个模型所无法做到的，是根据这个班级的经验来预测其他学生的学习情况，这一点其实一点也不奇怪。

我们当然可以建立这样的模型，而且许多研究者鼓励采用他们收集到的数据的子集来建立模型，然后利用数据集中其他的数据来验证这个模型。也就是说，他们将数据分为训练数据和测试数据。这也正是我列举的这个例子中，研究者们所采用的数据分析的方式。而我之所以选择这个 ENA 分析的例子就是因为在这个例子中，一开始并不能很好地实现模型的验证。

过去很多研究成果的报告都太干净、太完美了。阅读这样的研究成果，并和我们自己坐下来、分析我们手头收集到的数据所得出的杂乱无章的结果相比，似乎我们所有的工作都是失败的。而这个例子所要传递的信息就是，任何好的模型都来自反复的迭代过程。

研究者们采用扎根法分析他们的数据，并基于分析结果建立模型，然后验证模型。有时候模型是有效的，但大部分时候，一开始模型并不有效。当模型出了问题，研究者们会回到原始数据来寻找问题的原因，修改他们的模型，并再次尝试。

这当然只是好的数据分析需要形成诠释的闭环的一种做法。我们分析数据，基于分析相信有些有趣的现象，然后我们通过操作化的方式将这种直观的感觉变成模型。模型的结果可能支持或者推翻我们的推断，但不管怎样，我们需要回到数据来看基于模型的数据分析结果是否说得通。

在定性研究方法中，特别是扎根分析中，研究者们通常提到需要倾听数据，或者让数据说话。但往往分析情形是像我们这里所看到的。数据就像是一个青少年，它不善主动沟通，但会回应你。作为研究者，我们基于对客观世界的理解进行意义建构，然后询问数据是否同意我们的想法。数据会"嘟囔"一声作为回应，然后继续戴上耳机回去观看YouTube上的视频。

在我们之前的例子中，这一声回应就是我们所看到的迈克尔和杰洛恩所在班级的表现，并没有同样出现在另一个班级，或许也不会出现在其他班级。有无数理由来解释其中的原因。也许迈克尔和杰洛恩的班级有某种特殊之处，也许我们观察的第二个班级是古怪的。又或许我们的大写编码太过具体，它们是体现迈克尔和杰洛恩数据的好的编码，但是对其他学生并不适用。

就我个人而言，在仔细审视过大量数据后，我会觉得我们在这个分析中所采用的大写编码范围有点窄化。例如"利益相关者价值取向"这个编码识别了当学生们以非常特殊的方式谈论利益相关者的情形，导致很多时候学生们谈论的利益相关者话题并没有被编码。这个大写编码，和其他一些我们用到的编码在数据中出现的频次非常低，技术上称作编码很稀疏（sparse）。而大部分的量化模型，包括ENA模型都对稀疏数据较为敏感。

当数据中的一些小的变化就会造成结果的大的改变时，我们称这样的模型是敏感的。如果数据的编码是稀疏的，也就是说数据中只有很少的几行被编码。这时，如果其中有错误使得一些数据的编码被剔除，或者如果其中一个成员讲了稍许不同的内容，就会造成模型结果的很大的改变。当模型中的分析单位较少时，例如我们这个案例中的数据是由较少的学生生成的，这个问题会变得更严重。某个成员的数据发生一点小的变化就会对模型的结果产生很大的影响。我们说这样的数据分析结果是一个相对脆弱的模型，它只适用于建立模型所使用的数据，而不能很好地推广到新的数据。

我们在这个案例中遇到的情况很有可能是由于这种原因，虽然稀疏数据并不一定是坏的。有些时候，你确实希望研究人们言行中的关键思想或行为。正如我们在第6章所见到的，不同的模型有不同的用处。寻找合适的模型来达到你所需要的分析目的永远是个挑战。

# 结　语

　　最后，阿拉斯托普、斯维茨基和他们的研究小组决定一次建模一段讨论数据，而不是分析整个"土地科学"中学生的言行。研究小组评估学生们最终提交的报告质量，即他们在游戏最后需要制订的重新变更城市地块用途的方案和对他们方案的解释。研究者们利用这份报告的打分作为学习成果的测量指标，然后采用ENA建模在"土地科学"游戏中的重要讨论内容，来分析写出高质量报告的学生们相比报告质量较差的学生群体，是否在问题的理解上有所差异。

　　实际上，通过仔细审视数据后，他们决定聚焦在更局部的、更有逻辑的讨论内容上，也就是报告质量高的小组在游戏的不同阶段所谈论的不同话题。所以研究小组所采用的分析方式是建立一些不同的ENA模型来理解"土地科学"游戏中发生的学习活动。我把他们研究工作的成果留在其他地方再做详细介绍。这里我只想强调一点，就是他们分析建立这些模型的过程和我们上面例子中见到的非常相似，都是分析数据、分割数据、开发编码方案、设计自动分类器、编码数据、建立ENA模型、验证模型、根据需要迭代完善模型。

　　在结束关于如何通过建模小写话语中小写编码之间的联结，来建模大写话语中相互关联的编码这一主题之前，我想要从这个利用ENA分析"土地科学"中学生讨论的简单案例中指出三个要点：一个是关于结构的，一个是关于概念的，还有一个是关于方法论的。

　　关于结构这一点，我希望大家暂时将注意力从上述例子中的分析方式转移到我在前文中的讲述方式。请注意我的讲述是从定性数据开始，展示当迈克尔和杰洛恩所在的班级使用"土地科学"游戏学习时学生们讨论是怎样的，这样一个具体的案例。我用定性的例子来说明，在建构作为市政规划师的工作的意义时，学生之间有何不同。迈克尔关注的是作为罗威尔市的不同利益相关团体对于土地规划的诉求如何协调这样一种平衡概念的理解；杰洛恩则关注不同的土地使用决策如何影响罗威尔市的社会和经济问题，以及对这种影响的认识如何帮助设计规划方案来平衡社会和经济问题。

然后，我基于学生的讨论数据建立的模型，采用网络图的方式提供了关于两者区别的可视化表征。这些网络图是我所呈现的定性数据中，关于迈克尔和杰洛恩认识差异的数学表征。它们揭示迈克尔对于平衡作为一种协调不同利益相关团体的方式的认识贯穿于他在游戏中的讨论内容的始终，而不仅仅是我所呈现的讨论数据的节选。同样，网络图也展示了杰洛恩的关注点在于理解社会和经济问题之间的关系是如何用于设计平衡的规划方案的。

最后，我利用一种统计检验的方法来展示，这两者的差异导致了玩土地规划游戏后的学习结果差异，或者至少是与后者相关联的。在这个班级中（我强调这个结论仅仅适用于这个特定的班级），更像杰洛恩的学生们更有可能建立社会和环境问题相互关联的认识；谈论内容更像迈克尔的学生们则不太可能觉得自己理解了这种关联。

请暂时忽略这里面的分析细节，注意到我的案例呈现方式分为三个部分：定性数据，可视化表征和统计模型。我想要强调的关于结构的问题是，不管是什么研究假设，量化民族志研究中好的结果表述应该包括这样三个部分。事实上，你回顾我在本书中所介绍的其他例子，或者其他利用 ENA 的分析案例，或者采用其他统计分析方法的量化民族志研究案例，你会发现这种模式是普遍存在的。

当然会有一些重要的差异。一是我在上文呈现的分析和在其他章节的分析都是作为介绍如何开展量化民族志研究的例子。因此，当我呈现这些案例的时候，我会把一个典型的实证研究中通常分开描述的部分糅合到一起。研究论文中的常规格式是先有理论章节，解释研究背景和情境；然后是方法论章节，解释数据如何收集如何分析，例如介绍编码本，kappa 值和 rho 值，以及所采用的 ENA 模型，如何建立这个模型，以及为何这样建立；最后是结果章节，展示量化民族志的分析三角——定性数据、可视化模型表征及统计检验结果。

当然，量化民族志研究的结果并不一定都是以这样的顺序呈现。有时候先从定性数据出发，然后利用定量分析来提供对定性结果适用于全体数据的统计保证是合理的。而另一些情况下，如果研究者先呈现量化分析结果，再通过分析定性数据来解释统计模型显著性的含义会让论证过程更清晰。

不管采用哪种呈现方法，需要牢记的是哲学家亚布拉罕·卡普兰（Abraham Kaplan）所区分的两个概念，分别是"使用的逻辑"（logic in use）和"重构的逻辑"（reconstructed logic）。用卡普兰的话讲，使用的逻辑是科学探究的过程，包括各种有疏漏的想法、错误的步骤、失败的实验、问题、混乱和一些研究者所犯的常识性错误。而重构的逻辑是在汇报研究结果的时候，解释混乱的研究过程所得到的结果的方式。它以简洁的、清晰的方式描述一系列实验结果，包括理论、研究方法、结果和讨论。使用的逻辑是关于研究者们实际做了什么的故事，而重构的逻辑是其他人需要了解的"使用的逻辑"中的一部分，其他读者通过阅读这一部分来理解研究者工作中真正关键的内容。这部分内容需要组织成尽可能让读者易懂的形式。[27]

在一个或者一系列实验中究竟哪些部分重要，并不总是清晰明了的，这主要是因为不同人会认为不同的部分重要。但是重构的逻辑始终是，研究者们介绍他们研究工作，确保他人既准确又容易地理解。但不管采用怎样的表达形式，汇报量化民族志研究结果的关键在于，**每个研究发现都同时有定性和定量的证据支撑，而理想的情形是两者通过某些可视化的表征来联系，使得这种关系更为清晰**。这就是关于结构的问题。

关于概念层面的问题，我想指出的是，上述"土地科学"中的例子是我特意选取的一个简单案例，也许是用 ENA 或者广义的量化民族志研究中的分析标准来说最简单的一个例子。在"土地科学"案例的分析中，所有的数据行都是讨论内容，而我们在探讨关于分割和编码的主题时曾经看到过，量化民族志研究中的数据并不一定是来自在线讨论或者讨论数据的转录。研究者们也利用 ENA 来分析眼动数据、姿势捕捉工具获取的触觉数据和鼠标点击数据等。**任何能够提供人们言行和对行为的意义建构的证据，任何我们用来识别大写编码的事物，都可以作为量化民族志研究的数据来源。**[28]

不仅如此，量化民族志研究也不局限于单一数据来源。事实上，许多情形都需要依赖多源的数据。比如研究者安德鲁·路易斯（Andrew Ruis）、亚历山大·罗瑟（Alexandra Rosser），与医生兼研究人员卡拉·普格（Carla Pugh）、安妮-里斯·迪安格萝（Anne-Lise D'Angelo），以及杰·纳斯瓦尼（Jay Nathwani）分析外科医生在仿真病人身上做手术的实践活动，他们拍摄外科医生在手术过程中所犯的错误和用音频记录医生们如何与护士交流以协助手术过程。路易斯、罗瑟和他们的同事发现仅分析手术操作的错误日志或者仅分析外科医生的谈话内容都不能区分表现好的和表现差的医生。（好吧，或许用表现卓越的医生和不够卓越的医生可能更恰当。）但是研究者们建立 ENA 模型，整合了医生们的行为和他们谈论关于他们行为的内容，这个模型能够很好地区分哪些医生更可能在模拟手术操作中表现成功。[29]

最后，之所以说上述"土地科学"的例子中建立的 ENA 模型是非常简单的模型，还在于我们可以采用复杂得多的方法来对例子中的数据做 ENA 分析。ENA 模型可以不只考虑人们谈话的内容，还可以考虑他们谈话的次序。举一个简单的例子，有时候学生在导师讲话之前或者之后发言是很重要的。外科医生制定下一个手术步骤的计划是在意识到他们犯了错误之前还是之后，这也是非常重要的。

ENA可以建立次序模型来考虑一个编码在另一个编码之前还是之后出现。它还可以利用加权数据来说明在一个滑动分析窗中编码出现的次数，或者利用自动分类器来给出编码出现的概率。ENA模型能够生成模型的发展轨迹来展示话语如何随时间而变化。而且虽然上述例子中我们是用 $t$ 检验来验证两个组别的学生模型的差异，但是研究者们也可以下载 ENA 模型的数据，然后利用回归或者多层次线性模型等其他统计分析工具来分析模型数据。[30]

所有这些都指向我们最后要谈的方法论问题，也就是 ENA 不仅仅是一种研究者用来建模大写话语中大写编码之间关系的工具。比如，采用主成分分析或者仅仅采用相关矩阵，就可以建模不同编码在话语中同时出现的频次。这些统计方法能够测量从整体上表征人们言行内容背后的编码之间的联系，而不考虑这些编码是否出现在同一个邻近时间上下文中。所以主成分分析或者相关矩阵模型能够揭示哪些学生既谈论平衡，又谈论了利益相关者的价值取向，但是无法确定这些学生是否在特定的时间同时谈论这两个主题。因此，就难以利用这样的模型来分析一个人的行为如何发生在其他人言行的邻近时间上下文中。值得说明的是，韦斯利·科利尔（Wesley Collier）的一项研究表明 ENA 可以发现通过主成分分析得到的联结模式，而反之则不然。所以从某种意义上说，ENA 是更为通用的分析话语的工具。[31]

再举一个例子，我们知道有一类统计方法叫作过程建模，是利用状态转移或者马尔可夫模型的各种形式来分析日志文档中不同的活动序列如何导致后续事件的发生。过程模型可以分析编码是如何在邻近时间上下文中连结的，事实上这种方法特别适合建模编码出现的次序。但是过程建模通常难以用于协作学习。用过程模型可以分析某个人的话语的意义是如何依赖于他所处的情境的，但是对于数据集中的每一个人需要建立各自独立的模型。[32]

所有这些都想要表明 ENA 不是分析量化民族志中数据内容的

唯一方法。还有许多其他的分析方法，研究者们可以且也应该采用最适合的方法来研究和诠释他们关注的大写话语。不言而喻的是，不管在量化民族志研究中采用哪种统计工具，轻易将所建立的模型和被建模的对象混为一谈都是不明智的。[33]比如我们采用ENA来量化认知框架中连线的结构，进而建模大写话语的结构。这不等于说我们建模的联结在现实中真实存在，不管现实是指个人的大脑还是大写话语所处的实践共同体。但是建模认知框架中连线的结构，是我们用来描述大写话语如何组织特定的文化规则的一种工具。它帮助我们理解，像迈克尔和杰洛恩这样的学生如何学习社会和环境问题的复杂关系，或者像玛塔这样的儿童如何理解保护之爱和依恋之爱的细微区别。它为皮克林所谓"实践的冲撞"提供了一种"机械抓地力"，即对人们意义建构活动的描述是否达到理论饱和的一种统计学保证。

　　ENA只是实现这一分析目的的途径之一，但确实是量化民族志研究工具箱中很有用的一种分析工具，因为它是在理解人们意义建构的理论基础上开发的方法。ENA被用于建模话语中的编码之间的关联，提供一种对话语内容的可视化表征，以及用于统计检验，来提供关于建构经历含义的定性论断是否达到理论饱和的统计学保证。

# 田野调查

　　对于想要进一步了解ENA更多细节的读者，网上有许多相关的用户手册和指导视频。关于这个分析工具的界面和功能的细节更新较为频繁，因此我推荐读者检索特定的资源，而不是依赖可能已经过时的论文文献。当然在写本书的时候，已经有一些可以让读者对ENA的相关理论和方法有所概览的文章发表，比如《关于认知网络分析的指导》（A Tutorial on Epistemic Network Analysis）一文是由我和韦斯利·科利尔、安德鲁·路易斯撰写。关于 ENA 如何实现滑动分析窗的细节在我的研究团队和我合作的文章《寻找会话的粒度大小：利用滑动分析窗建模语义结构》（In Search of Conversational Grain size: Modeling Semantic Structure Using Moving Stanza Windows）中有详细的论述。最后，我在几年前所写的论文《建模情境中的行为：计算机游戏和迁移问题》（Models of Situated Action: Computer Games and the Problem of Transfer）中对认知框架的思想提供了清晰简洁的理论解释。[34]

在这里，对于那些阅读本书的同时也在分析他们自己的数据的读者，我推荐尝试一种关联分析的方法，不论是 ENA 还是其他量化模型，来系统性地分析话语中的编码之间的关联。而在你着手建立关联模型的同时，有一些问题是供你思考的，并建议你记录在研究备忘录中。

# 联结分析备忘录

1. 你是如何开展联结分析的？你所关注的联结内容是什么？你是如何建模这些联结的？

2. 你的联结分析结果是什么？请用文字描述或者向别人讲述你的分析结果。

3. 提供一个定性的例子来阐述你的发现。

4. 提供一个关于研究发现的图示表征。

5. 提供一个统计结果来支持你的研究发现。

6. 解释为何别人会关心你的这一研究结果。

# 10.

## 总结

## 威斯康星州怎么了

2016年11月9日星期三凌晨唐纳德·特朗普（Donald Trump）当选为美国第45任总统的消息震惊了全世界。

特朗普是一个不同寻常的候选人。他在这次竞选活动中几乎打破了所有总统选举的常规做法：他攻击党内受人尊敬的领导人；他说如果竞选失败，他会拒绝接受选举结果；他在电视和广播广告上几乎没有花任何钱，也没有花钱在各地建立一个强有力的竞选活动组织。[1]

但在11月9日的新闻中真正令人震惊的不是政治意义上的结果，而是统计数据的结果。因为每一次重要的民意调查，以及每一次基于投票数据的统计分析，都预示着特朗普的对手希拉里·克林顿（Hillary Clinton）将获得压倒性的胜利。独立民意调查专家估计，希拉里赢得选举的可能性接近90%，其中最差的分析结果也显示希拉里有70%的可能获胜。保守派专栏作家威廉·克里斯托（William Kristol）曾预测，希拉里"会比巴拉克·奥巴马在2012年赢得更多"。《纽约时报》估计，希拉里的胜选概率为85%，特朗普仅为 15%，并预计希拉里将分别以 5、6 和 7 个百分点的优势赢下宾夕法尼亚州、威斯康星州和密歇根州。[2]

然而，特朗普横扫这些州并最终赢得选举，这对预测选举结果的任何一个数学模型都是一种否定。

事后来看，预测模型也并非完全没有道理，特朗普确实在最终得票数上是输了，而且我们当然也知道，没有一个统计模型是百分之百准确的。正如我们在之前的章节所谈到的，统计的目的是估计，如果我们根据数据结果制定决策，我们有多大的可能会犯错。如果一个预测模型是正确的，而且模型的显著性为 $p<0.01$，这意味着在特朗普和希拉里的实际得票打平的情况下，我们会看到两位候选人之间的民调差异达到如此之大的概率只有百分之一。因此，我们应该预料到，在选举前进行的数百次民意调查中，有一些预测结果是错误的。但美国的总统选举结果取决于各州实际的投票情况，一次又一次的民意调查显示特朗普会输掉的州，实际投票他却赢了。

具有讽刺意味的是，特朗普的竞争对手一直在关注这些民意调查结果，并根据这些调查结果来调整竞选策略，比如在哪里投放资源，在哪里购买广告，在哪里开展竞选活动。希拉里的竞选团队认为像密歇根和威斯康星这样的州是安全地带，因此他们将精力放在其他州。这或许就造成她在这些州丢失了许多选票，或许也是改变最终选举结果的原因。一些人批评希拉里的竞选团队利用资源助选的方式，但实际上她的团队是在基于错误的信息制定选战策略。

几乎可以肯定，问题不是出在统计学本身。毋庸置疑，会有一些民调专家用错统计方法，或者依照他们想要的结果在操纵统计模型。但特朗普获胜的结果之所以让所有人感到震惊，是因为即使业内最受尊敬的数据分析专家这次也完全预测错了。

我们之前说过，统计方法的好坏只取决于所提供的数据：垃圾输入导致垃圾输出。在这次选举中一个突出的问题是，民调中采用的模型并没有很好地分辨出哪些参与民调的民众最终在选举中投票了。

有很多迹象表明模型在预测谁会投票和他们如何投票时犯了错

误。比如，由于人们不再广泛使用固定电话，转而使用手机，因此获得具有代表性的选民样本变得十分困难，尤其是年轻选民的电话号码并不能反映出他们的居住地所在州。（民调界的一个笑话是，电话号码头三位数所代表的区号显示的是某人 2005 年时的居住地。）[3]

问题是民意调查试图预测谁会去投票，并调整他们得到的选民样本。他们部分是基于过去选举中不同的人口学群体的行为来调整样本的。他们研究女性选民、西班牙裔选民、年轻选民等群体的行为模式。民意问卷中也会包含用于筛选样本的问题，比如：你打算投票吗？基于这些信息，民调专家们构建了一个可能的选民模型，该模型给出了每个接受民意调查的人实际上会投票的概率。当民调专家做选举结果预测时，这些概率会被用来对数据进行加权。

换句话说，除了手机号码、人口统计学信息的变化、抽样误差，以及电话民意调查和网络民意调查之间的差异等所有细节之外，还有一个根本问题，那就是民意调查依赖的数据是非常单薄的选民数据，只是一些基本的人口学统计信息和对一些调查问题的回答。因此，尽管像我自己所在的威斯康星这样一些州的选举结果从统计学角度看是令人吃惊的，但从民族志研究的视角来看，这样的结果其实并不出奇。

2016 年 3 月，也就是唐纳德·特朗普胜选的 8 个月前，威斯康星大学麦迪逊分校的政治学家凯瑟琳·克莱默（Katherine Cramer）出版了《怨恨的政治：威斯康星州的乡村意识和斯科特·沃克的崛起》（*The Politics of Resentment: Rural Consciousness in Wisconsin and the Rise of Scott Walker*）。这本书中克莱默试图回答这样一个问题：为什么在经济日益不平等，以及除了最富有的人以外，其他所有人的诉求都缺乏政策回应的背景下，许多美国人还会继续投票给不代表他们利益的政客？[4]

克莱默的研究方法是到威斯康星州的农村地区人们聚集的场所，诸如餐馆、加油站和晚餐俱乐部，访问了该州 27 个不同地区的 39 个团体。她倾听人们如何与他们的朋友和邻居谈论政治和社话语题。她没有研究"为什么人们把选举结果预测错了？"的问题，而是研究"人们是怎么最终得到这个结果的？"换句话说，《怨恨的政治》一书是对威斯康星州政治状况的民族志研究，研究了人们如何看待自己的经济诉求，以及这些利益诉求是如何反过来影响政治观点和选票结果的。

克莱默得到的结论是在威斯康星州的农村，人们认为自己是"农村人"。他们生活在一个被政策制定者忽视的地方，并且在利益分配方面觉得自己没有得到政府的公平对待。他们认为自己与生活在城市的居民有着本质的区别。他们有不同的价值观，关心不同的事情，生活方式也不同。因此，他们将政府，包括公务员和政府政策，视为一种反农村的力量，一种应该尽可能限制的邪恶势力。这是克莱默倾听人们谈论特朗普的时候听到的观点，比如："我知道他令人讨厌，知道他在说一些稀奇古怪的事情，但我决不会投希拉里·克林顿的票。"[5]

当然，这种强烈的反城市、反政府情绪的出现并非威斯康星州所独有的。在克莱默著作出版的12年前，托马斯·弗兰克（Thomas Frank）讲述了一个关于堪萨斯州的类似故事：在这个有着悠久进步主义传统的州中，平民主义、反精英主义和反城市保守主义政治是如何崛起的。[6]

从这种民族志的分析视角来看，特朗普的胜利就不足为奇了。


# 混合方法

我并不是说民族志方法一定比访谈和民意调查更好。首先，民族志的研究方法需要花费很长的时间才能完成。从2007年到2012年，克莱默花了5年多的时间与她访问过的每一个群体进行交谈，每个群体的访谈次数多达4或5次。虽然这使她能得出基于胖数据的深描观点，但是用传统的民族志方法分析政治问题，以应对当下的事件是非常不现实的。

另一方面，特朗普的当选提醒人们，定量模型在预测人类行为方面总是不完美的。实际上，所有的模型都是不完美的。尤其是数学模型，因为它们被越来越多地用于制定影响人们生活的决策。我们现在会通过计算机算法筛选求职者、确定囚犯是否会获得假释机会、评估教师的工作，还有许多过去由人做出的决策现在都可以用数学模型来实现。

值得注意的是，最近的一则新闻报道讲述了纽约市中学教师汤姆·康拉德（Tom Conrad）的故事。康拉德已经教了26年英语，但是在用自动化测评技术评估他的教学水平时，满分100分他得了6分。[7]这听起来很可怕，但作为一名经验丰富的教师，康拉德并没有为了提高他的测评得分而马上改变他的教学风格。第二年，他以同样的方式授课，并再次做了相同的评估。结果第二次测评，他得到了96分。[8]

这种重测信度的问题我不想再做过多的赘述。即使不是重测信度的问题，像这样的得分也并不能提供我们很多关于康拉德教学水平的信息，所以我们真的无法解释为什么他在前一年的自动评估上表现得如此糟糕，第二年又如此出色。但是，如果我们再深入挖掘一下，就会在 ratemyteachers.com 网站上看到一些关于康拉德的评论。因为在大数据时代，学生和家长都可以在一个这样的网站上对教师做评价。

康拉德的评分实际上相当不错：基于20个人的打分，他的得分是4.4（满分5分）。与此同时，近一半的回复（20个中的9个）表明学生认为他的课程"无聊"。但请注意，这一系列测评结果中——他得了6分（满分100分），得了96分（满分100分），得了4.4分（满分5分），或20人中有9人说他无聊——没有一个能为我们提供更多关于康拉德教学水平的一针见血的意见，或者至少没有一个测评能像某位学生的评论那么深刻：[9]

> 在经历了糟糕的一年之后，他真的帮助了我和我的父母渡过了难关。如果你问我对他的看法，我个人很喜欢上他的课，不过我看得出有些人会觉得他有点无聊。如果你真正听进去了他的课，就会觉得有趣并期待下一次课。……我基本上是喜欢康拉德先生的课的。

因此，这是一位对学生富有同情心和耐心的老师，而不是一个善于取悦学生的老师，他吸引的是那些投入课堂学习的学生，他会愿意和学生沟通，而不是在那些抵触学习、只想被逗乐的学生面前作秀。

这是否能够说明康拉德是一名优秀的老师并不是我要说的重点。重点是这一小段描述性数据告诉了我们在康拉德的课堂上发生的事情以及背后的原因。

这种现象其实并不鲜见。一家市场调研公司的主管加里·斯坦（Gary Stein）最近表示，（导致全球经济衰退的）2008年房地产崩盘事件就像特朗普当选一样，让人大吃一惊，因为美国的房地产市场几乎和选举一样是受到密切监控的。但斯坦指出，和选举一样，房地产市场的模型是建基于人们对市场行为的信念。而任何模型都有出错的时候。斯坦认为，如果我们只专注于模型，而不是那些混乱的行为和互动数据，我们的模型就不是偶尔出错，而是甚至可能会犯灾难性的错误。[10]

斯坦总结道："我们永远不能仅仅依靠一个模型来告诉我们将要发生什么。我们永远不能仅通过观察过去发生的事件的数量来假装我们知道将来会发生什么。而且，大多数情况下，我们不能忽视一个显而易见的事实：数字不算什么，人才是关键。"

用斯坦的话来说，事实上，我们既需要数字也需要人：定量分析可以快速地、大规模地进行，而定性分析可以提供细节和有深度的信息。这在一定程度上解释了为什么十多年来，社会科学研究一直在使用一种通常被称为"混合方法"的方式展开研究。

在采用混合方法的研究中，研究者同时使用定性和定量的数据和分析方法。在某些情况下，这项工作是并行进行的，研究人员将一项分析的结果与另一项分析的结果进行三角互证。这可能包括研究人员收集用于定量分析的调查数据和定性分析的焦点小组数据。另一种情况可能是一个分析的结果被用于另一个分析。研究人员可能会用定性分析来决定要调查哪些群体或问什么问题，或通过访谈被选中的受访者来跟进调查结果，还有一种常见的做法是使用人口学调查来决定邀请哪些人作为焦点访谈的小组成员。[11]

你或许可以猜到这种混合研究方法的种类其实非常多。一本关于研究方法的手册列出了由近20位不同的方法论专家描述的超过70种混合方法的研究设计。虽然定性和定量的研究可能存在一些不同的排列组合方式，然而几乎所有混合方法都是不同方法的混合。[12]

如果你还记得你的基础化学，当我们将两种物质混合在一起时，就会产生一种混合物，但不会从根本上改变这两种物质。我奶奶爱丽丝最拿手的鸡汤就是一个混合物的好例子。当爱丽丝端上汤时，她把汤倒进碗里，再放上几块鸡肉、切片的胡萝卜和犹太面丸子（matzo ball，对于那些没尝过的读者，这其实是一种类似饺子的食物）。所有食材的组合是美味的，但是当汤端上来的时候，鸡肉、胡萝卜、犹太面丸子和汤的物理属性并没有改变。你可以挑出一块鸡肉，或者一个犹太面丸子，然后让它冷却，它就会像你从来没有把它放进汤里一样。[13]

考虑另一个相似的例子。小时候，我奶奶也经常给我们做柠檬水喝。她把柠檬汁、糖和水这些简单的食材像做汤一样混合在一起。但是和她的鸡汤不同，柠檬水一旦做好，就没办法分离出原本的食材了。我们不能把糖或柠檬汁从水中取出，因为汤被称为混合物，而柠檬水其实是一种溶液，即当这些做柠檬水的物质结合时，成分会发生根本性的改变。糖溶解了，柠檬汁被稀释了，这些东西都不容易再被分离出来。

重点不在于柠檬水比鸡汤好，或鸡汤比柠檬水好——尽管对喜欢吃我奶奶做的丸子汤的人来说答案是毫无疑问的。关键是制作它们的过程是完全不同的。将定量方法和定性方法结合在一起，也就是同时考虑人和数字的一种有效方法就像制作一道汤：收集定量和定性数据，用定量方法分析定量数据，用定性方法分析定性数据。在这道"研究方法汤"中，一组分析的结果用于对另一组分析的结果进行确认、反驳或阐明。并且在理想的情况下，这两组分析是在迭代过程中相互影响对方的结果的。就像我奶奶的汤一样，这样将不同的定量和定性数据进行互补分析是能够得到"美味"的结果的。

但是，我们能否创造出一种研究方法的"溶液"，而不是研究方法的"混合物"，将统计方法处理大量数据的能力和民族志方法提供深度描述的能力密不可分地联系在一起呢？

# 合适的样本

创造这样一种"研究方法溶液"的想法其实就是本书的主题，也是我发展量化民族志方法的动机。

在迄今为止的讨论中，我试图阐明使两种不同的数据分析方法——即统计学方法和民族志方法——相互兼容意味着什么。最后，我认为有三大原则可以不是从理论上，而是以非常实用的方式区分量化民族志与定性、定量方法进行混合的研究方法。

量化民族志的第一大原则是，数据就是数据。一方面，数据是既琐碎又重复的。但是对于研究方法而言，无论是正式的还是非正式的，通常都把数据看作要么是定性的，要么是定量的：问卷调查或者焦点小组；少数几个人的胖数据或者数以千计的瘦数据；数字或者文本。

然而，在大数据时代，这种区分几乎立即就会消失。之前章节所举的例子中的日志文件包含了数以千计的鼠标点击、聊天和短文，我们也可以轻松地获得数以万计的数据。事实上，我自己所在的教育技术领域，现在采集百万级的数据也非常普遍。更重要的是，我们已经看到同时使用统计学和民族志的方法和工具来研究这些数据是可能的——实际上也是至关重要的。数据本身既不是定量的，也不是定性的，使它成为定量或定性，或者理想的情况下两者兼具的途径在于我们如何使用它。

当然，我们对数据的处理是试图从数据中寻找意义：尝试理解最开始这些数据被创造出来的时候发生了什么。广义上说，我们可以采取两种主要的方法来完成这项任务。一是仔细检查数据，并从我们的检查中推断人们为什么做他们正在做的事。这就是我在本书开头提到的"根据数据进行猜测"。当然，这仅仅是通过撷取片段数据深描来进行推理的另一种说法。

另一种理解数据的方法是对正在发生的事情做出一个具体的假设，即就可以被系统性验证的数据提出某个论点。在前面的章节中，我们已经看到基于数据可以提出的观点可能非常简单，也可能非常复杂。我们可以计算学生提问的次数，或者分析学生在某些测试题目的得分是否提高了。我们也可以建模人们合作解决问题的复杂思维互动过程。类似地，有许多方法可以用于验证一个论点：从简单的统计频次并比较，到检验新数据，进行基本的统计检验，甚至使用非常复杂的模型来控制各种混杂变量。

不同的研究传统使用不同的技术来得出结论并验证这些结论。但是，任何好的数据分析都要求我们所验证的想法是根据我们现有的数据得到的，而且好的分析需要我们找到一些有效的方法可以从我们的数据中萃取想法。因此，量化民族志的第二大原则是，推断即假设，假设即推断。

换句话说，好的分析总是扎根于数据的，技术层面来看民族志分析就是扎根研究；同时好的分析也是可一般化的，技术层面来看统计学分析就是可一般化的。在之前的章节我们已经知道将这两个观点联系起来的关键概念叫作饱和。饱和是一种检验民族志论点的方法，这种检验不需要超越特定的研究情境、群体和研究者所掌握的数据。饱和意味着我们已经分析了足够多的数据，相信我们所发现的模式代表了数据整体。因此，扎根理论中的饱和在概念上类似于统计学中的抽样。两者都提供了一种方式来讨论我们检验过的数据是否代表了更多的数据。

40 年前，哲学家纳尔逊·古德曼（Nelson Goodman）撰写了《构造世界的多种方式》（*Ways of Worldmaking*），这是一本精彩的、具有开创性的书，试图理解艺术和科学在本质上的相似性。古德曼认为，尽管艺术和科学以截然不同的方式开展，但它们都是理解世界如何运作并与他人分享这种理解的方法。古德曼分析的核心是，他把任何领域的思想，即人们理解世界和分享理解的方式，称为"合适的样本"（fair sample）。[14]

合适的样本这个概念很简单。古德曼是这样解释的，假设我想要卖给你一块布，比如是用来做一个床罩或者窗帘用的。你自然就会问我要一些不同布料的样品，这些布料样品可以显示不同布料的颜色、编织和图案。

当我给你样品时，你会期望你所看到的样本代表了布料本身的样式。如果布料上有圆点花纹，你希望在样品中也看到一些。如果布料的图案是蓝色和黄色的，你希望在样品中能看到蓝色和黄色，且它们的比例和整个布料的比例大致相同。世界上不同事物的各种样本——无论是布料、DNA 还是话语——从这个意义上讲都是好的表征方式，古德曼称之为"合适的样本"。

当然，这个简单想法的应用推广会很快就会变得复杂起来。如果你不是买一块布，而是想批发，会是怎样的情况？你可能想买我所有的库存布料，这时你所需要的"合适样本"应该看起来是不同的。你需要每一块布料的样品吗？你需要知道每种布料的库存量吗？你需要知道成本数据和交货日期吗？

关键是，合适样本的构成——以及我们如何知道我们是否拥有合适的样本——取决于我们从什么地方获得合适的样本，以及我们用这个合适的样本来做什么。这就是为什么研究中有很多技术、有很多不同的领域和类型的研究。事实上，理论饱和与抽样统计——甚至量化民族志中的所有其他概念和任何一种好的研究方法中的概

量化民族志：一种面向大数据的研究方法

22. 最早关于主位和客位的讨论参见 Pike (1967)。更多的研究参见 Jardine (2004)。

23. 主位分析当然也是系统性的。因为文化是连贯的，所以主位概念（和描述文化实践的客位概念）之间是系统性地相互联系的。关键的一点是客位分析不只是非主位的，而是作为一些非主位系统的部分存在的。

24. 当然，民族志学者对于毛衣花哨的判断可以作为有意义的诠释的起点。重要且合理的疑问是：是什么让我对这种毛衣产生这样的判断？其他情境中的人群是否也这样看待这种毛衣？Jaclyn 是否意识到这种判断的存在？等等问题。

25. 希伯来圣经中讲述了这个故事。Shibbolet 被视为一个密码，因为对于非犹太人来说很难正确拼读这个单词。

26. 事实上要让这个图更完整，我们需要第三个维度来表示可投射和不可投射。但是三维图难以表示，所以这个图就只聚焦于主位和客位数据的问题。

27. 引述自 Watt (2007，p. 82)。她的论文是关于自我反思价值的一个有趣的自我反思。

28. 引述自 Glesne (1999，p. 50)。

29. 引述自 Hall 思想深刻的论文(2000，p. 656)。

30. 更多信息参见 Ochs (1979，pp. 45 - 46)。

31. 更多信息参见 Davidson (2015)。

32. 尝试避免偏见的例子参见 Tripepi，Jager，Dekker，Wanner，and Zoccali (2007)。

33. 关于本章的更多观点参见 Glesne (1999)，Hutchins (1995a，1995b)。


## 第3章　抓地力

1. 在 Shaffer (2005a)中我用的假名是 Kate 而不是 Dedre。这里

我用 Dedre 是为了和我当时写的田野札记中用的字母 D 匹配。

2. 哥伦比亚新闻评论文章参见 Kovach and Rosenstiel (2001a)。这本书在同年出版，见 Kovach and Rosenstiel (2001b)。

3. Halberstam 讲述他如何成为记者的故事 (Halberstam，1994)。

4. 有许多关于实践共同体的书籍和论文。最著名的当属 Lave and Wenger (1991)。

5. 这些小说是来自 Carman (2009) 和 Graham (2005)。

6. 演讲的全文参见 Ryle (1968)。

7. 引述自 Geertz (1973c,pp. 6–7)。

8. 引述自 Geertz (1973c，p. 15)和 Sahlins (2002，p. 12)。

9. 引述自 Geertz (1973c，pp. 14–15)。当然关于过度主位描述的问题仍然值得关注，即只有研究者自己的观点，而缺乏当事人的声音。

10. 节录自 Giles and Ingram (1996)。

11. 关于胖数据的引文参见 Glesne (1999,p. 131)。

12. 引述自 Gee (1999,p. 25)。关于大写话语和小写话语的更多论述参见 Gee (2001，p. 719)。

13. 引述自 Gee (1999，p. 25)。

14. Pickering 关于舞蹈的论述来自 Pickering (1995)。

15. 引述自 Hyatt and Simons (1999，p. 23)。

16. 虽然这里讨论的并非 Goodwin 观点最相关的部分，但是专业视野并不同于一般视角的是，学术共同体更注重前者。

17. 引述自 Goodwin (1994，p. 608)。该文是本领域的经典，值得一读。

18. 民族志研究有许多分支，例如语言人类学和交互社会语言学使用更结构化和系统性的方法进行编码。

19. 引述自 Glesne (1999，p. 133)。

20. 扎根理论的重要专著是 Glaser and Strauss (1967)。关于扎根理论的发展史和演化参见 Charmaz (2006)和 Remenyi (2014，p. 38)。

21. 引述自 Remenyi (2014，p. 41)。

22. 引述自 Coase (1995,p. 27)。

23. 理论饱和的定义来自 Glaser and Strauss (1967，p. 61)。

24. Peshkin 引自 Glesne (1999，p. 135)。

25. 这些概念在不同的研究传统中采用不同的术语。

26. 我的导师 Seymour Papert，曾用 "scientistic" 这个词来称呼那些让什么东西显得 "科学" 而不是实际上做得科学的做法。

27. 感兴趣的读者请参考 Shaffer (2005a)。

28. 引述自 Olszewski，Macey，and Lindstrom (2007，p. 365)。他们的问题是关于当将某事物作为研究目的时，研究者如何如实描述某个事物。更多关于编码的研究方法论述参见 Age (2011)，Patterson and Williams (2002)，Remenyi (2014)。

29. 引述自 Geertz (1973b，p. 45)。更多关于不可投射属性的论述参见 Epstein (1993)，Glenberg (1997)。

30. 引述自 Lakoff and Johnson (1980，p. 180)。关于指代物和被指代物的论述参见 de Saussure (1916)。

31. 引述自 Deacon (1998，p. 83) 和 de Saussure (1916)。

32. 更多关于组织系统的论述参见 Patterson and Williams (2002，pp. 45-46)。这一术语来自 Tesch (1990)。Geertz 的论述引述自 Geertz (1973b,p. 46)。他还曾将文化称为符号系统(Geertz，1973c，p. 17)。

33. 更多关于新闻记者如何交流抽象复杂想法的论述参见 Franklin (1986)。

34. 关于本章的更多参考资料来自 Geertz (1973b)，Goodwin (1994)，Pickering (1995)。

## 第4章 抽样

1. 这个故事出现在很多地方，例如 Bhikkhu (2012)。

2. 诗名为"盲人和大象"，出自 John Godfry Saxe。Merchant 的同名歌曲发行于 2010 年。

3. 这个故事出自 Andreas (2006)。引述来自该书封面。

4. BMI 计算器和计算表格能够在很多地方找到。

5. 当然，许多场合只测量少数群体就足够具有说服力了。比如，一个群体中每个人的 BMI 指数都比另一个群体中的每个人要高。那么根据这两个群体的来源，我们可能就可以断定一个群体比另一个群体的 BMI 高。

6. 你也可以这样思考该问题：如果有个数字是可接受的，但是我们不知道这个数字是多少。所以我们只是在争论这个确切的数字是多少。

7. 更多关于国家健康和营养情况的调查参见 Centers for Disease Control and Prevention (2015，December 21)。更多关于不同性别年龄的 BMI 情况参见 Centers for Disease Control and Prevention (2012；2015，May 15)，World Health Organization (2000)。对 BMI 感兴趣的读者可以参见医生 Steven Halls 的网站，有更详细的说明(Halls，n.d.)。

8. 更多关于身高和体重测量作为公共健康问题的概述参见 Ruis (2013)。

9. 这里为了简便起见，我当作两个样本群体，实际上是对一个群体的两次观察。

10. 细心的读者会发现直方图的分布不是对称的，所以严格说置信区间不应该是加减同一个值。但是为了简便起见，我采用 t 检验来获得置信区间，假设数据服从正态分布。虽然这会带来一些不精确，但是对基本的论述逻辑不造成影响。

11. 本例中配对检验是验证同一个学生的两次观察值之间是否存在差异，并提供伴随概率来说明差异是否为0。

12. Fisher 首次提出统计显著检验的思想是在他1925年出版的专著 *Statistical Methods for Research Workers* 中。Neyman and Pearson (1933) 后来介绍了标准的统计检验表示符号，参见 Fisher (1935)。

13. 伴随概率提供的是一种拒绝假设的方法：也就是根据一些规则来决定我们是否拒绝零假设。在参数统计检验中，这种拒绝假设是基于参数的统计分布理论模型做出的。后面我们还会看到其他一些拒绝假设的方法是基于模拟仿真，而不是理论模型来确定参数值符合零假设的概率。

14. 虽然这一话题超出本书范畴，但是曾经关于统计检验显著性问题在科学文献中有过激烈争论，部分原因是这种复杂逻辑经常造成统计检验的误用和结果的误读。

15. 虽然这一话题超出本书范畴，但是值得注意的是，统计特性中的样本参数到总体的一般化被简单化理解了。许多情况下，统计学家或者其他研究者不关心他们发现的符合数据集的数学模型是否具有一般化能力。我还要指出的一点，就是本章以及其他章节中所采用的都是统计学中被称作频次的方法，还有一类统计方法叫作 Bayesian 模型，是以18世纪统计学家 Thomas Bayes 命名的。Bayesian 模型采用不同的方法估计命题成立的概率，包括一般化能力。虽然数学方法不同，但是一般化思想都是相同的，即用一些数据来推断更普遍意义上的结论。

16. 关于李克特尺度问题有很多文献，例如 Dawes (2008)，Flaskerud (1988)。

17. 关于这个问题的讨论参见 Gilligan (1982) 第1章。

18. 相关性是标准化的协方差。例如身高、体重和鞋子的大小是用不同尺度测量的，所以比较身高和体重，与比较身高和鞋子尺寸的关系之间的差别有困难，除非我们能够把这两种关系，即协方差，放在同一个尺度上，这就是相关性。

19. 关于这点的例子参见 Peck and Devore (2008)。

20. 另一个版本是这样说的：Talbot 镇有洁净的空气，Green 河为当地人提供渔获。而邻近的一家大型企业打算建一家化工厂在靠近 Green 河的地方。如果让工厂建造起来，当地人怎么会开心呢？故事的结构本质相同，但是细节有所出入，这是为了避免学生死记硬背之前的答案来回答相关问题。

21. 本章相关的参考文献参见 Kushnir，Xu，and Wellman (2010)，Simanovsky (2013)，Wilkinson (1999)。

## 第 5 章　分割

1. 引述来自 International Occupational Hygiene Association (n.d.) 和 World Health Organization (2017)。

2. 引述自 Goffman (1974，p. 10)。

3. 这些想法和本节后续一些观点的更多论述参见 Gee (1991)。

4. 根据 Martin Gardner (Carroll，1999)的说法，Carroll 发明了这首诗歌中的这些词汇。

5. *The Last Tournament* 发表于 1871，是 Tennyson 的作品 *Idylls of the King* 中的一部分，这部诗歌集由发表于 1859—1885 年的 12 首叙事诗组成。Carroll 的诗也是 1871 年发表的，出现在《爱丽丝镜中奇遇记》（*Through the Looking Glass*）这本书中，其中包括 *Jabberwocky* 和 *The Walrus and the Carpenter* 这两首诗。

6. *Cabbages and Kings* 是欧亨利的短篇小说集中的一则，也是 20 世纪八九十年代的一支同名摇滚乐队的名字来源。

7. 更多关于这一点的讨论参见 Levinson (1983)。

8. 更多关于演讲即行动的论述参见 Shaffer (2012)。

9. 需要澄清的是，这些属于聊天，并不一定是和演讲相同的，尽管它们也是口语表达。

10. 图片来自"Visible Human Project"（n.d.）。

11. James Gee 曾建议说将经历分割成有意义的部分就好像分割一只鸡，要在关节处切割。他的这种说法来自柏拉图，他说苏格拉底曾在分析演讲时说过，我们要根据它的种类，在它的自然关节处分割，而不是像糟糕的厨子乱切一气。见 Plato（1995，265e）。

12. 论文是 Turing（1950），但是关于图灵测试的详细论述可参见 Russell and Norvig（2009）。

13. 更多关于整合假设的内容参见 Gernsbacher（1985）。关于如何将想法应用于这个场景的讨论请见 Murphy and Shapiro（1994）。

14. 金鱼记忆的相关信息请参见 Gee，Stephenson，and Wright（1994）。

15. 时间上下文的更多论述见 Howard and Kahana（2002），Kahana，Sederberg，and Howard（2008）。

16. 临近时间上下文的更多论述见 Suthers and Desiato（2012）。

17. 指代其他部分讨论内容和指代当前讨论内容是有区别的。关于指代当前讨论内容的一个典型例子是，只有手指某个人的时候说那个人偷了我的钱包，才有意义。有许多关于这两种指代的论述，例如 Szabó（2005）。

18. 我在这里报告的研究内容主要是由 Michael 完成的。他在后来的实验中利用更多数据，以及更准确的分析方法。远指代的距离虽然可能不同，但是这一思想都是相同的，即滑动窗的大小是由捕获每个参考行的最多指代物来决定的。

19. 更多关于滑动节窗的大小的内容参见 Graesser，Dowell，Clewley，and Shaffer（n.d.）。

20. 更多关于临近时间上下文的细节参见 Siebert-Evenstone et al. (2016)。

21. 诗歌 *haiku* 来自 Basho (2008)。

22. 粗鲁地回应，这一概念来自下一章会介绍的会话分析。会话分析聚焦人与人之间交流的细节，比如注意到某人对于陈述和问题的非预期回应，也就是粗鲁回应。关于此的详细论述参见 Schegloff (2007)。

23. 引述自 Glesne (2015，p. 193)。

24. 我们能够根据数据内容也就是人们的言行进行分割。但是需要先对数据进行编码，下一章会介绍这一主题。在基于内容的分割中，编码变量在多个分割中扮演元数据的角色。

25. 本章的参考文献见 Gee (1991)，Goffman (1974)，Kurasaki (2000)。

## 第6章　建模

1. 引述参见 Copernicus (1995，p. 19)。

2. 关于伽利略的文献很多，但是关于他因"异端邪说"遭到宗教审判的相关资料参见 Finocchiaro (2014)。

3. 在 *On the Rigor of Science* 一书中，Jorge Luis Borges 对于模型简化给予了幽默的评述，即某个帝国绘制了一张极尽精确的地图，地图的大小和国家本身面积一样大。Lewis Carroll 也讲过类似的故事。他们都是为了说明这样的地图毫无用处。参见 Borges (1981) 和 Carroll (1893)。

4. 科学启蒙运动中的一些先贤，如开普勒、伽利略、牛顿和其他学者都不只是反思托勒密和哥白尼的工作。他们提出的行星运动模型不仅能做出精确预测，而且和现代物理学理论相符，即日心说和万有引力。

5. 引述自 Bussey (1999)。

6. 更多天体模型参见 Gouguenheim，McNally， and Percy (1998)，Kaler (1996)。

7. 更多文化模型参见 D'Andrade and Strauss (1992)，Gee (1999)，Holland and Quinn (1987)。

8. 更多广播的历史参见 Douglas (2004)，Erickson (1973)。

9. 修正案的全文参见 Report and order (1964)。

10. 引述自 Hutchby (2005，p. 89)。

11. 引述自 Hutchby (2005，p. 88); 节录自 p. 92。

12. 这是复杂领域的一个简单解释。更多关于会话分析的论述见 Hutchby and Wooffitt (2008)，Psathas (1995)。可以说会话分析是基于 Goffman 的研究工作，但又和后者有许多不同。

13. 节录自 "Argument Clinic," 在 1972 年 11 月 2 日广播。

14. 此处和下文均引述自 Geertz (1973a，pp. 426，430)。

15. 数据来自美国社会安全管理网站。

16. 格言来自 Whitehead (1979，p. 39)。

17. 引述自 Tyack (1974，pp. 55–56)。

18. 引述自 Dewey (1915，pp. 36，37)。

19. 引述自 Dewey (1915)。更多关于杜威的反思的讨论见 Shaffer (2005b)。

20. 引述自 Schön (1983，p. 42)。

21. 引述自 Schön (1988，p. 6)。索福克勒斯的引述自 *Antigone* lines 989–990。

22. 引述自 Schön (1988，p. 6)。

23. 更多关于在线协作的影响参见 Arbaugh and Benbunan-Fich (2005)。

24. 这是 Von Neumann 对曼哈顿计划的同事 Enrico Fermi 所说的内容。后者用同样的话批评他的同事，物理学家 Freeman Dyson。详细信息见 Dyson (2004)。物理学家是群古怪的家伙，许多年后 Jürgen Mayer 和他的同事确实用四个变量来描述一头大象。更多相关内容见 Mayer，Khairy，and Howard (2010)。

25. 单位是根据分析来确定的，严格来说是统计单位而不是分析单位。后者通常是指在模型中用于相互比较的样本。

26. $t$ 检验的稳健性足够强，甚至可以在样本数为 2 的情形下检验假设。参见 de Winter (2013)，Minitab 17 (n.d.)。虽然 $t$ 检验有这个能力，但是汇报结果还是建议，在样本不符合正态分布的情况下采用非参数的方法。非参数的 Mann-Whitney U 检验对于相同数据能够得到的结果分别是 $p > 0.87$ 和 $p > 0.53$。换言之，统计结果不显著。

27. 本章其他参考文献见 Geertz (1973a)，Hardman (n.d.)，Hutchby (1996)。

## 第 7 章　饱和

1. 关于游戏的理论来自 Vygotsky (1978)。

2. 引述自 Norman (1993，pp. 47-48)。

3. 引述自 Norman (1993，p. 47)。

4. 引述自 Norman (1993，p. 49)。

5. 更多关于研究中的诠释闭环的论述参见 Dyke，Lund，and Girardot (2009)。

6. 更多关于识别话题转变的研究挑战的论述来自 Arguello and Rosé (2006)。

7. 更多关于滑动节窗的内容参见 Siebert-Evenstone et al. (2016)。

8. 虽然超出本书讨论的范畴，logistic 回归也需要建模数据满足一些假设，对于收集来自非严格控制实验的数据而言是非常有用处的统计分析方法。

9. 不好的方面是 logistic 回归不能够像线性回归一样得到相

关系数的等价物，但是有很多模型拟合度参数能够近似估计模型优劣，这些指标分别来自 Cox and Snell (1989)，McFadden (1974)，Nagelkerke (1991)。

10. 伴随概率 $p$ 值提供拒绝假设的方法。我们能够根据给定参数取值的概率来确定零假设是否为真。

11. 引述自 Schön (1987，p. 26)。

12. 定义来自 Lindley and Novick (1981，p. 47)。

13. 根据可交换性的定义，Lindley and Novick 定义了条件可交换性(1981，p. 47)。也可以参考 Shaffer and Serlin (2004)关于这个概念，及其与定量数据分析关系的讨论。

14. 固定效应和随机效应的讨论参见 Serlin，Wampold，and Levin (2003)。

15. 其他测量效应量的指标包括 Glass′s Δ 和 Hedges′ g。

16. 更多细节参见 Hattie (2008)。我所指同伴教学效应量中的同伴教学又被称为互惠教学，更多这种教学策略的内容参见 Brown and Palincsar (1987)。

17. 样本不等的计算稍微有点复杂，但是其基本思想是一样的。

18. 效力是测量第二类错误概率的指标，也就是零假设为假，但我们没有拒绝的概率。这一概念在统计分析中很重要，但是超出本书的讨论范畴。

19. 更多科学研究中的统计推断问题参见 Cohen (1990)，Ioannidis (2005)。

20. 慢性疲劳综合征是一种非常严重且逐步恶化的病症。美国疾控中心估计它导致400万美国人受到影响，而其中只有20%被准确诊断。更多关于该病症的信息参见美国疾控中心的网站。

21. 引述自 Cordani and Wechsler (2006)和 Lindley and Novick (1981，p. 47)。

22. 更多关于自举法和重抽样的内容参见 Bruce (2014)。假想的养老院数据来自 Liu and Palesch (1981)。

23. 引述自 Geertz (1973c，p. 26)。

24. 更多关于样本一般化和统计方法为理论饱和提供理据的论述见 Shaffer and Serlin (2004)。

25. 本章的其他参考文献见 Glaser and Strauss (1967)，Lindley and Novick (1981)，Shaffer and Serlin (2004)。

## 第8章　可靠性

1. 关于自行车骑手的引文见 Dreyfus and Dreyfus (1986)；更多关于民族志和话语的讨论见其第 2 章。

2. 原文来自 Kramer，Guillory，and Hancock (2014)，但是关于该研究的更广泛的报道来自 Meyer (2014)。

3. 原文来自 Jackson (1968)，但是该思想自 Dewey (1915)以后被广泛论述。

4. 关于该研究的更多讨论见 Hatfield (2011)和 Hatfield (2015)。

5. 关于新闻学的基本修正案参见 Gardner，Csikszentmihalyi，and Damon (2001，p. 149)。Kovach 和 Rosenstiel 关于客观性的讨论来自 Kovach and Rosenstiel (2001b)。关于新闻实践的规则有很多参考书籍，例如 Edgerton (1997)和 Giles (1969)。引述来自 David Arnold，参见 Murray (2000，pp. 25-26)。

6. 关于 kappa 参见 Cohen (1960)，更多评分者一致性内容见 Stemler (2004)。

7. 这样的表格很多，例见 Viera and Garrett (2005)。

8. 编码中社会调节的例子参见 Herrenkohl and Cornelius (2013)。该过程的论述详见 Frederiksen，Sipusic，Sherin，and Wolfe (1998)。

9. 重复抽样对于测量评分者一致性不是问题，因为在编码的过程中，评分者改进了对内容的理解。但是从抽样的参数结论直接推广到总体的参数就有问题了。

10. 相关统计的内容见 Banerjee，Capozzoli，McSweeney，and Sinha (1999)和 De Wever，Schellens，Valcke，and Van Keer (2006)。

11. 关于评分者一致性和其他统计方法的讨论见 Stemler (2004)。更多关于 rho 统计量的信息见 Eagan，Rogers，Pozen，Marquart，and Shaffer (2016)。

12. 蒙特卡洛研究的细节见 Eagan et al. (2017)和 Harwell (1992)。

13. 潜在语义分析的更多细节见 Hu，Cai，Wiemer-Hastings，Graesser，and McNamara (2007)和 Landauer，McNamara，Dennis，and Kintsch (2007)。一些用于自动化编码的自然语言处理技术在后续章节有阐述。

14. Kristine Lund，Matthieu Quignard 和我曾在量化民族志研究中用过这些编码，它们叫作多模态编码。见 Lund，Quignard，and Shaffer (n.d.)。

15. 参考文献见 Mallery (1988)，更多相关讨论见 Shahaf and Amir (2007)。

16. 设计决策的文献见 Sen and Yang (2012)。

17. 主题建模的文献见 Moldovan，Rus，and Graesser (2011)和 Arguello and Rosé (2006)。

18. 这个故事相关的研究是 Geertz (1973c)。

19. 诠释学的相关内容见 Palmer (1969)。

20. 格言来自网络。

21. 回应式讨论的概念出自 Carpini，Cook，and Jacobs (2004)和 Roberts (2004)。

22. 分割的评分一致性测量的例子见 Kurasaki (2000)。

23. 本章的其他参考文献见 Eagan et al. (2017)和 Herrenkohl

and Cornelius (2013)，Stemler (2001)。

## 第9章　联结

1. 参见 Briggs (1970)。

2. 见 Walton (1993)。

3. 这里的论述来自 Briggs (2000)。

4. 引述自 Briggs (2000，p. 160)。更多关于 Eskimo-Aleut 语言结构的信息见相关网站。

5. 引述和举例来自 Briggs (2000，pp. 162–163)。

6. 引述自 Schön (1987，p. 38)。

7. 引述自 Geertz (1973c，p. 5)。

8. 关于此的更多讨论参见 Shaffer (2012)。

9. 术语"框架"来自 Goffman (1974)。

10. 思维方式的更多论述见 Papert (1980)。

11. 专业视野的更多论述见 Goodwin (1994)。

12. 关于这些观点的更多探讨见 Saucerman，Ruis，and Shaffer (n.d.)。

13. 引述自 Lave (1988，p. 185)。

14. 引述自 Weeber，Klein，de Jong‐van den Berg，and Vos (2001，p. 548)。

15. 引述自 Novak and Cañas (2006，p. 1)。

16. 更多关于故事在增进理解过程中扮演的角色的论述来自 Nelson (1998)，Donald (1991)，以及 Dreyfus and Dreyfus (1986) 对于事件记忆指导行动的论述。Pinker (1997) 提供基于规则的认知加工的论述。关于物理环境对于理解的影响，参见 Pea (1993)。

17. 网络比较的综述见 Alper，Bach，Henry Riche，Isenberg，and Fekete (2013)。

18. 中心性和其他网络统计量参见 Batagelj and Mrvar (1998)；

Brandes and Erlebach (2005)；Newman (2004)。

19. 图示和文字说明改写自 Siebert-Evenstone et al. (2016)。

20. 更多关于 ENA 的论文、指导手册、编码数据集、示例和在线 ENA 工具可以通过访问其网站获得，详细信息参见 Shaffer，Collier，and Ruis (2016)；Shaffer and Ruis (2017)。

21. 这一步 ENA 是进行降维，类似主成分分析，但是没有做归一化处理。理论上所有降维技术都可以表征连接矩阵。一种很有用的方法是根据两个组别的数据均值来构造第一个维度，然后利用奇异值分解来构造剩下的维度。

22. 我们实际上可以选择查看第三、第四甚至第五维度，但是它们所体现出的数据差异会越来越小。

23. ENA 所采用的优化策略是将数据点放置在，对于任意样本，累积临接矩阵对应的网络模型的质心都尽可能靠近样本数据点所在的位置。

24. 降维的基向量代表网络图中的边，所以我们通过朝向不同维度的边（边所对应的两个编码）来解释维度的意义。所以通常为了简便起见，研究者将那些落在特定维度一极的那些编码，作为这个维度在这一极的命名。

25. 有许多交叉验证的方法。我这里列举的是最简单的一种，即分成两个数据集，一个作为训练集，一个作为验证集。好处是两个数据集样本量都很大。更严谨的做法叫作 K-折交叉验证，将数据平均分为 K 份，其中一份作为验证集，剩下的作为训练集。然后重复做 10 次，每次选择其中一份作为验证集，剩余的为训练集。所有这 10 次的模型构建一个单一的模型。其他还有很多交叉验证方法，但基本原理都和最简单的交叉验证一样。

26. 基向量和旋转矩阵是同义的。

27. 逻辑的运用和重构逻辑的概念可参考 Kaplan (1964) 和

Hobbs and Wright (2006)。

28. 例如 Andrist，Collier，Gleicher，Mutlu，and Shaffer (2015) 利用眼动数据构建行为的 ENA 模型。

29. 更多关于本研究的信息参见 Ruis et al. (2017)。

30. ENA 还有其他一些功能，但超出本书的讨论范畴。这些功能和方法，例如用自举法来估计模型参数的信息见其网站。

31. 更多关于本研究的信息见 Collier (2016)。

32. 过程建模或者过程挖掘是学习分析或者大数据研究中的一个研究分支。更多技术细节参见 Van der Aalst (2011)。

33. 这里的意思是说研究者构建的模型不等于现实中实际发生的事物，甚至未必等同于模型所源自的数据本身所代表的事物。模型是帮助人们理解事物的工具，但不等于事物本身。

34. 更多本章参考文献见 Shaffer (2012)；Shaffer，Collier，and Ruis (2016)；Siebert-Evenstone et al. (2016)。

## 第10章　总结

1. 更多关于特朗普这场不寻常选举的内容见 D'Antonio (2016)。

2. 更多选举预测的文献见 Bycoffe，Scheinkman，and Silver (2016)；Kristol (2016)；Tartar and Brody (2016)。

3. 我写本书的时候，还无法下结论为何这次选举预测如此失败。更多选举预测问题见 Pollard (2016)。

4. 参见 Cramer (2016)。

5. 引述自 Wallis (2016)。

6. 参见 Frank (2007)。

7. 更多自动分析的案例见 O'Neil (2016)。

8. Conrad 的故事虽然让人伤感，但是并非孤例。北卡州的教师 Angie Scioli 从一名最糟糕的教师变为全州最好教师之一，但实际上他没有做任何改变。这一事例后被拍成电影，详细信息见 Simmons (2017)。

9. 评论和引述自网络。

10. 更多关于模型和行为的信息见 Stein (2016)。

11. 更多关于混合方法研究的论述见 Creswell (2002)和 Tashakkori and Teddlie (2003)。

12. 混合研究方法的文献列表见 Creswell and Plano Clark (2010，p. 56)。

13. 坦白说，如果你让饺子浸在汤里太久，它会吸水而变软。但这不影响这里的讨论。

14. 合适样本的概念来自 Goodman (1978)。

15. 新闻学虚拟实习的更多内容见 Hatfield and Shaffer (2006，2008)；Shaffer (2007)。

16. 图来自 Shaffer (2012)。

17. 预测学生表现的许多典型方法举例见 Aguiar，Ambrose，Chawla，Goodrich，and Brockman (2014)；Gray (2014)；Gray，McGuinness，Owende，and Hofmann (2016)；Pardos，Baker，San Pedro，Gowda，and Gowda (2014)。

18. 关于该实验的更多讨论见 Lopez (2016)。

19. 更多关于 Tay 的信息见 Shead (2016)。

20. 引述自 Lee (2016)。更多聊天机器人设计的信息来自 Yao (2016)。

21. 引述自 Tashakkori and Teddlie (2003)。

22. 文献来自 Shaffer and Serlin (2004)。

23. 研究来自 Mayer，Mutchler，and Mitchell (2016)。引述自 Schneier (2015)。

24. 许多采用量化民族志方法的研究可参考 Andrist，Collier，Gleicher，Mutlu，and Shaffer (2015)；Arastoopour，Chesler，and

Shaffer (2014)；Arastoopour，Shaffer，Swiecki，Ruis，and Chesler (2016)；Chesler et al. (2015)；Hatfield (2015)；Nash and Shaffer (2013)；Quardokus Fisher，Hirshfield，Siebert-Evenstone，Arastoopour，and Koretsky (2016)；Ruis et al. (2017)；Ruis and Shaffer (2017)；Svarovsky (2011)；Wise and Shaffer (2015)。

25. 更多达达主义的信息见 Harari (2016)。

26. 引述自 Bruner (1996，pp. 164-165)。

**图书在版编目(CIP)数据**

量化民族志: 一种面向大数据的研究方法 / (美)
大卫·威廉姆斯·谢弗 (David Williamson Shaffer) 著,
吴忭译. --重庆: 重庆大学出版社, 2022.1
(万卷方法)
书名原文: Quantitative Ethnography
ISBN 978-7-5689-3046-8

Ⅰ.①量⋯ Ⅱ.①大⋯ ②吴⋯ Ⅲ.①民族志—数据
处理—研究 Ⅳ.①K18

中国版本图书馆 CIP 数据核字(2021)第 260011 号

**量化民族志:**
**一种面向大数据的研究方法**
LIANGHUA MINZUZHI:YIZHONG MIANXIANG DASHUJU DE YANJIUFANGFA
【美】大卫·威廉姆斯·谢弗 (David Williamson Shaffer) 著
吴忭 译
策划编辑: 林佳木
责任编辑: 林佳木    版式设计: 林佳木
责任校对: 王 倩    责任印制: 张 策
*
重庆大学出版社出版发行
出版人: 饶帮华
社址: 重庆市沙坪坝区大学城西路 21 号
邮编: 401331
电话: (023)88617190  88617185(中小学)
传真: (023)88617186  88617166
网址: http://www.cqup.com.cn
邮箱: fxk@cqup.com.cn(营销中心)
全国新华书店经销
印刷: 重庆市联谊印务有限公司
开本: 890mm×1240mm  1/32  印张: 13.875  字数: 390 千
2022 年 1 月第 1 版  2022 年 1 月第 1 次印刷
印数: 1—4 000
ISBN 978-7-5689-3046-8  定价: 69.00 元

版贸核渝字(2018)第 074 号